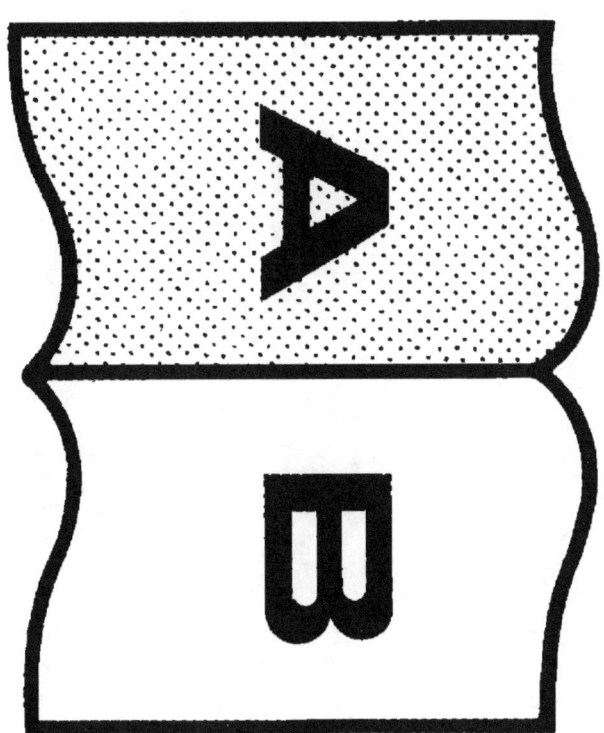

Contraste insuffisant
NF Z 43-120-14

RÉPERTOIRE

DE LA

LITTÉRATURE

ANCIENNE ET MODERNE.

IMPRIMERIE DE E. POCHARD,
RUE DU POT-DE-FER, N° 14.

RÉPERTOIRE

DE LA

LITTÉRATURE

ANCIENNE ET MODERNE,

CONTENANT :

1° LE LYCÉE DE LA HARPE, LES ÉLÉMENTS DE LITTÉRATURE DE MARMONTEL, UN CHOIX D'ARTICLES LITTÉRAIRES DE ROLLIN, VOLTAIRE, BATTEUX, etc ;

2° DES NOTICES BIOGRAPHIQUES SUR LES PRINCIPAUX AUTEURS ANCIENS ET MODERNES, AVEC DES JUGEMENTS PAR NOS MEILLEURS CRITIQUES, TELS QUE :

D'Alembert, Batteux, Bernardin de Saint-Pierre, Blair, Boileau, Chénier, Delille, Diderot, Dussault, Fénelon, Fontanes, Ginguené, La Bruyère, La Fontaine, Marmontel, Maury, Montaigne, Montesquieu, Palissot, Rollin, J.-B. Rousseau, J.-J. Rousseau, Thomas, Vauvenargues, Voltaire, etc.;

Et MM. Amar, Andrieux, Auger, Burnouf, Buttura, Chateaubriand, Duviquet, Feletz, Gaillard, Le Clerc, Lemercier, Patin, Villemain, etc ;

3° DES MORCEAUX CHOISIS AVEC DES NOTES

TOME SIXIÈME.

A PARIS,

CHEZ CASTEL DE COURVAL, LIBRAIRE-ÉDITEUR,

RUE DE RICHELIEU, N° 87.

M DCCC XXIV.

RÉPERTOIRE

DE LA

LITTÉRATURE

ANCIENNE ET MODERNE.

BRIDAINE (Jacques) naquit à Uzès le 21 mars 1701. Doué d'une imagination vive et ardente, et d'un esprit pénétrant, il perfectionna ces qualités naturelles par ses études dans le collège des jésuites d'Avignon et au séminaire de la congrégation des missions royales de Saint-Charles-de-la-Croix de la même ville. Il se distingua sur-tout pendant son noviciat, en expliquant le catéchisme dans différentes églises, et fit pressentir dès cette époque un talent extraordinaire d'improvisation et une facilité d'élocution vraiment remarquables. Aussi, à peine revêtu des premiers ordres, il fut envoyé en mission à Aigues-Mortes. Son arrivée y fit si peu de sensation qu'il se trouvait tous les jours réduit à prêcher dans le désert, lorsque, le mercredi des cendres, fatigué d'attendre son auditoire, il sort de l'église une clochette en main, et parcourt, en sonnant, toutes les rues de la ville. Une foule immense se précipite sur ses pas, entre avec lui dans le temple du Seigneur pour connaître l'issue d'une aventure si singulière. Bridaine monte en chaire au milieu des sarcasmes universels et des éclats de rire prolongés, prend la parole, et par une sublime paraphrase sur la mort fait succéder à une bruyante dérision le silence et l'admiration. De retour dans la capitale, il continua à s'acquérir la plus brillante réputation. En 1751, il prononça dans l'église de Saint-Sulpice, devant la plus illustre compagnie assemblée pour l'entendre, un discours dont l'éloquent exorde nous a été conservé par M. l'abbé Maury. Il remplit toujours avec tant de zèle ses devoirs de ministre de l'Évangile, qu'il fit, dans le cours de sa carrière, près de deux cent cinquante-six missions dans l'intérieur de la France, où, si l'on excepte les provinces du nord, il n'y a pas de ville, de bourg, de village qui n'ait entendu ce célèbre missionnaire. Le pape Benoît XIV, voulant lui prouver sa profonde estime, lui conféra le pouvoir de faire des missions dans toute la chrétienté. Bridaine donnait sans cesse ses soins aux fidèles ; il venait même de les prodiguer aux habitants de Villeneuve-lès-Avignon, quand il succomba à ses fatigues à Roquemaure, le 22 décembre 1767.

Une sensibilité vraie, des idées hardies et disparates, des traits choquants et sublimes caractérisaient son talent. Une voix forte et sonore prêtait une puissance magique à son éloquence. Mais il fut avant tout l'apôtre de la vérité : « Sire,

« disait-il à Louis XV avant de prêcher un sermon
« devant lui, si je ne vous fais pas de compliments,
« c'est parce que je n'en ai pas trouvé dans l'Évan-
« gile. » Sa vie a été publiée par l'abbé Carron, sous ce titre : *le Modèle des prêtres*, Paris,
1804 et 1805, in-12 ; ses *Cantiques spirituels* à
l'usage des missions du diocèse d'Alès ont été
réimprimés quarante sept fois.

Ad. Laugier.

JUGEMENT.

Bridaine était né avec une éloquence populaire,
pleine de verve, d'images et de mouvements. Nul
n'a possédé aussi éminemment que lui le rare talent
de s'emparer d'une multitude assemblée. Il avait
un si puissant et si heureux organe, qu'il rendait
croyable tous les prodiges que l'histoire nous raconte de la déclamation des anciens ; et il se faisait
entendre aussi aisément de dix mille personnes en
plein air, que s'il eût parlé sous la voûte du temple
le plus sonore. On remarquait dans tout ce qu'il
disait une éloquence naturelle qui jaillissait des
sources du génie ; des élans dont la vigueur agreste
découvrait plus de talent et plus d'idées que l'indigence superbe de l'imitation ; des tours naturellement oratoires ; des métaphores très hardies ; des
pensées brusques, neuves et frappantes ; une élocution très simple, mais assez noble dans sa popu-
larité ; un art parfait d'exciter et de soutenir l'attention du peuple, qui ne se lassait jamais de l'entendre ;
des apologues ingénieux, attachants et quelquefois
sublimes ; le secret merveilleux d'égayer pieusement

ses auditeurs et de les faire pleurer à volonté ; l'accent de l'indulgence mêlé aux cris déchirants d'une indignation douloureuse ; tous les caractères d'une riche imagination ; des beautés originales et inconnues, que les règles des rhéteurs n'ont jamais devinées ; quelques traits ravissants, par fois même des morceaux entiers traités avec un soin qui tempérait son imagination, et dans lesquels la régularité de sa composition attiédissait sensiblement sa chaleur ordinaire. On peut se souvenir encore de lui avoir entendu répéter le début du premier sermon qu'il prêcha dans l'église de Saint-Sulpice, à Paris, en 1751. La plus haute compagnie de la capitale voulut l'entendre par curiosité. En arrivant à la chaire, Bridaine aperçut dans l'assemblée plusieurs évêques, un grand nombre de personnes décorées, une foule innombrable d'ecclésiastiques ; et ce spectacle, loin de l'intimider, lui inspira l'exorde qu'on va lire, et qui, dans son genre, ne paraîtra peut-être pas indigne de Bossuet ou de Démosthène :

« A la vue d'un auditoire si nouveau pour moi, il
« semble, mes frères, que je ne devrais ouvrir la bou-
« che que pour vous demander grace en faveur d'un
« pauvre missionnaire dépourvu de tous les talents
« que vous exigez, quand on vient vous parler de
« votre salut. J'éprouve cependant aujourd'hui un
« sentiment bien différent ; et si je me sens humilié,
« gardez-vous de croire que je m'abaisse aux misé-
« rables inquiétudes de la vanité. A Dieu ne plaise
« qu'un ministre du ciel pense jamais avoir besoin
« d'excuse auprès de vous ! car, qui que vous soyez,

« vous n'êtes tous comme moi, au jugement de Dieu,
« que des pécheurs. C'est donc uniquement devant
« votre Dieu et le mien que je me sens pressé dans
« ce moment de frapper ma poitrine. Jusqu'à pré-
« sent j'ai publié les justices du Très-Haut dans des
« temples couverts de chaume; j'ai prêché les ri-
« gueurs de la pénitence à des infortunés dont la
« plupart manquaient de pain! j'ai annoncé aux
« bons habitants des campagnes les vérités les plus
« effrayantes de ma religion : qu'ai-je fait, malheu-
« reux? j'ai contristé les pauvres, les meilleurs amis
« de mon Dieu! j'ai porté l'épouvante et la douleur
« dans ces âmes simples et fidèles, que j'aurais dû
« plaindre et consoler! C'est ici où mes regards
« ne tombent que sur des grands, sur des riches,
« sur des oppresseurs de l'humanité souffrante ou
« sur des pécheurs audacieux et endurcis; ah! c'est
« ici seulement, au milieu de tant de scandales,
« qu'il fallait faire retentir la parole sainte dans toute
« la force de son tonnerre, et placer avec moi dans
« cette chaire, d'un côté la mort qui vous menace,
« et de l'autre, mon grand Dieu qui doit tous vous
« juger. Je tiens déjà dans ce moment votre sentence
« à la main. Tremblez donc devant moi, hommes
« superbes et dédaigneux qui m'écoutez! l'abus in-
« grat de toutes les espèces de graces, la nécessité
« du salut, la certitude de la mort, l'incertitude de
« cette heure si effroyable pour vous, l'impénitence
« finale, le jugement dernier, le petit nombre des
« élus, l'enfer, et par-dessus tout l'éternité! l'éternité!
« Voilà les sujets dont je viens vous entretenir, et

« que j'aurais dû sans doute réserver pour vous
« seuls. Eh ! qu'ai-je besoin de vos suffrages qui me
« damneraient peut-être sans vous sauver? Dieu va
« vous émouvoir, tandis que son indigne ministre
« vous parlera; car j'ai acquis une longue expérience
« de ses miséricordes. C'est lui-même, c'est lui seul
« qui, dans quelques instants, va remuer le fond de
« vos consciences. Frappés aussitôt d'effroi, pénétrés
« d'horreur pour vos iniquités passées, vous vien-
« drez vous jeter entre les bras de ma charité, en
« versant des larmes de componction et de repen-
« tance, et à force de remords vous me trouverez
« assez éloquent*. »

Qui ne sent, en lisant et après avoir lu un pareil exorde, combien cette éloquence de l'âme est au-dessus des froides prétentions du bel-esprit moderne? En s'excusant, pour ainsi dire, d'avoir prêché sur l'enfer dans les villages, Bridaine regrettait apostoliquement d'avoir été trop menaçant ou trop sévère au milieu des pauvres et bons habitants des campagnes; il se mettait, par ce zèle courageux, à sa véritable place; il prenait hautement sur son imposant auditoire tout l'ascendant qu'il avait à craindre lui-même; il exerçait dès son début toute

---

* Je n'ai pas ouï dire que Bridaine écrivit tout-à-fait si bien; mais on assure qu'il était impossible de l'entendre sans émotion, et que ces mots de mort et d'éternité, prononcés par sa voix tonnante, et prolongés dans le silence d'une enceinte religieuse et dans le recueillement d'une grande assemblée, glaçaient de terreur tous les esprits.   LA HARPE, *Cours de Litt.*

Le véhément Bridaine a déchiré plus de cœurs et fait couler plus de larmes que le savant et profond Bourdaloue, et, si j'ose le dire, que le sublime Bossuet.   MARMONTEL, *Éléments de Littérature.*

l'autorité qui appartenait à son ministère; et il préparait ainsi tous les cœurs aux terribles vérités qu'il se proposait d'annoncer. Ce ton mâle et fier avec mesure lui donnait le droit de tout dire. Plusieurs personnes dignes d'en juger ont encore présent à leur mémoire quelques traits de son sermon sur l'éternité, où il avait pris pour texte ce verset des psaumes : *Annos æternos in mente habui*, et qui était divisé en trois points : *Il y a une éternité ; nous touchons à l'éternité ; nous sommes les maîtres de notre éternité.* Une tradition récente nous a conservé le souvenir de l'effroi prodigieux qu'il répandait dans l'assemblée, lorsque, mêlant selon son usage des comparaisons populaires et frappantes à des conceptions sublimes, il s'écriait : « Eh ! sur quoi
« vous fondez-vous donc, mes frères, pour croire
« votre dernier jour si éloigné ? Est-ce sur votre
« jeunesse ? Oui, répondez-vous : je n'ai encore que
« vingt ans, que trente ans. Ah ! vous vous trompez
« du tout au tout. Non, ce n'est pas vous qui avez
« vingt ou trente ans : c'est la mort qui a déjà vingt
« ans, trente ans d'avance sur vous, trente ans de
« grace que Dieu a voulu vous accorder en vous
« laissant vivre, que vous lui devez, et qui vous ont
« rapproché d'autant du terme où la mort doit vous
« achever. Prenez-y donc garde; l'éternité marque
« déjà sur votre front l'instant fatal où elle va com-
« mencer pour vous. Eh ! savez-vous ce que c'est
« que l'éternité ? C'est une pendule dont le balancier
« dit et redit sans cesse ces deux mots seulement
« dans le silence des tombeaux : Toujours, jamais !

« jamais, toujours ! et toujours ! Pendant ces ef-
« froyables révolutions, un réprouvé s'écrie : Quelle
« heure est-il ? Et la voix d'un autre misérable lui
« répond : *l'éternité !* » L'organe tonnant de Bridaine
ajoutait dans ces occasions une nouvelle énergie à
son éloquence ; et l'auditoire, accablé par l'impétuosité de son action et la puissance de ses figures,
était alors consterné devant lui. Le silence profond
qui régnait dans l'assemblée, sur-tout quand il pré-
chait, selon sa coutume, à l'entrée de la nuit, était
interrompu de temps en temps par des soupirs longs
et lugubres qui partaient à la fois de toutes les extrémités du temple dont les voûtes retentissaient
enfin de cris inarticulés et de profonds gémissements.
Ces accents d'une douleur sourde et étouffée se dé-
mêlaient dans le lointain, au milieu des agitations
du remords qui faisait éclater bientôt son action secrète et profonde sur les consciences, par les coups
soudains et redoublés dont chacun frappait alors sa
poitrine. Orateurs, qui ne songez qu'à votre seule
renommée, reconnaissez ici votre maître ! tombez
aux pieds de cet homme apostolique, et apprenez
d'un missionnaire ce que c'est que la véritable éloquence ! Le peuple ! le peuple ! voilà le véritable,
le premier juge de votre talent, et, dans votre carrière, l'infaillible et suprême dispensateur de la
gloire !

Bridaine trouvait dans son zèle même, l'art merveilleux de se réconcilier, de soutenir et de ranimer
l'attention de la multitude pendant toute la durée
de ses plus longs sermons. Il savait en varier sans

cesse le ton et la couleur; pour mieux fixer l'intérêt de son auditoire, à la suite de ses tirades les plus véhémentes ou les plus pathétiques, il prenait tout-à-coup un air calme ; il changeait de marche et de route pour arriver à son but; et ce relâche apparent n'était qu'un nouveau moyen oratoire d'enfoncer plus avant et de retourner dans tous les sens le trait dont son éloquence cachait et augmentait ainsi la force, en le poussant au fond de tous les cœurs. On verra dans un moment sa théorie en action. Cette espèce de délassement de l'orateur missionnaire préparait ainsi l'auditoire, par un court intervalle de repos, au récit très adroit et très intéressant d'une allégorie parfaitement adaptée à son sujet, sans qu'on pût soupçonner jamais son intention, avant le dénouement de l'espèce de drame dont il se réservait le secret. C'était des apologues qu'il tirait d'une allusion ou d'une parabole de l'Écriture, des Voyages des Missions étrangères, de la Vie des Saints, de l'Histoire ecclésiastique, de son imagination ou de sa mémoire toujours inépuisable en ce genre si propre à piquer la curiosité des auditeurs, et dans lequel il savait être familier avec éloquence.

Je peux en citer un exemple qui ne manquait jamais de produire un très grand effet dans sa conférence sur la communion indigne. Après avoir tonné avec toute la puissance de son zèle, de son talent et de son organe contre les sacrilèges, il s'arrêtait, il se séparait, pour ainsi dire, de son auditoire : il regardait fixement l'autel en levant ses deux mains jointes : il semblait absorbé dans le respect et dans la douleur devant le tabernacle. Ce silence frappait encore plus que ses paroles ; il l'interrompait tout-à-coup en disant lentement, les yeux fermés, avec cette demi-voix qu'il savait si bien affaiblir, au lieu de la rendre plus sonnante, quand il voulait commander une plus grande attention : *Les aveugles ! les ingrats !..... que leur dirais-je de plus, s'ils ne partagent pas d'eux-mêmes les transes de ma foi ?.....*

« Dieu, » poursuivait-il en s'asseyant, ou plutôt en paraissant succomber à son abattement, « Dieu
« réveille en ce moment dans mon esprit le sou-
« venir d'une histoire édifiante, dont vous avez tous
« autant besoin que moi pour soulager votre piété
« du récit et du poids de ces horribles profanations.
« Il y avait donc, mes frères, très loin d'ici, dans
« une ville que je ne dois point nommer, pour ne
« pas vous faire connaître les parties intéressées ;
« il y avait, dis-je, un jeune homme d'une très
« grande famille, d'une parfaite conduite, de la
« plus belle espérance, et qui jouissait dans tout le
« pays de la meilleure réputation. C'était un fils
« unique connu par son excellent cœur, et qui fai-
« sait la gloire et les délices de ses parents. Il arriva
« que d'autres jeunes gens de son âge, avec lesquels
« il n'avait aucune liaison, se compromirent, de la
« manière la plus grave, dans une très mauvaise
« affaire avec sa propre famille qui voulut absolu-
« ment en avoir justice. On leur fit donc leur procès,
« qui fournit bientôt assez de preuves pour les pou-
« voir tous condamner à mort. La désolation était

« universelle dans la ville où ils devaient subir leur
« triste sort au milieu de la place publique. Notre
« charitable jeune homme en fut touché; et ne
« voyant point d'autre moyen d'obtenir leur grace,
« poussé par son bon naturel, il sut si bien s'y
« prendre, que, par un effort de la générosité la plus
« extraordinaire, il intervint comme partie princi-
« pale dans ce procès criminel, en se substituant
« lui-même à cette troupe de malheureux. Ce n'est
« pas tout. Il faut vous dire encore qu'il était le fils
« du seigneur du lieu; il poussa donc la charité
« jusqu'à se faire charger juridiquement, et à se
« charger par son propre fait de toute la responsa-
« bilité du crime qu'ils avaient commis, paraissant
« ainsi l'unique criminel aux yeux de la justice; de
« sorte que les juges ne virent plus et ne durent
« effectivement plus voir que lui seul à poursuivre
« et à punir.

« On l'admira, on le plaignit; mais la rigueur des
« formes et la lettre de la loi obligèrent les magis-
« trats de prononcer contre lui, quoiqu'à regret,
« un arrêt de mort. Ce fut une consternation gé-
« nérale. Le jour de l'exécution est fixé au lende-
« main. Par une disposition de la Providence, au
« moment où le bourreau arrive sur la place pour
« préparer l'échafaud, il est frappé lui-même de
« mort subite, en présence de tout le peuple. On
« s'écrie sur-le-champ que c'est une déclaration ma-
« nifeste du ciel, et qu'il faut absolument faire grace
« au pauvre patient, victime volontaire du dévoue-
« ment le plus héroïque. Tous les cœurs déchirés

« poussent à la fois le même cri en sa faveur. Mais
« tout-à-coup un autre jeune homme fait entendre
« sa voix au milieu de la multitude : c'était préci-
« sément l'un des complices impliqués dans le même
« procès criminel, et auquel un si beau sacrifice
« venait de sauver la vie. Personne ne se présente,
« dit-il, pour dresser l'échafaud; eh bien ! je prends
« sur moi ce soin. Il n'y a point de bourreau ! j'en
« ferai les fonctions, et je me charge du supplice.
« Tout le monde frissonna d'horreur, comme nous
« tous tant que nous sommes ici présents, en enten-
« dant une proposition si barbare, que les juges
« n'étaient pas en droit de rejeter. Il se mit donc à
« l'œuvre, et la sentence fut exécutée. Vous frémis-
« sez, mes frères ! à la bonne heure ! mais je suppose
« que vous me comprenez. Ce jeune homme si in-
« téressant qui vient de mourir en quelque sorte
« devant vous pour le salut de ses frères, savez-vous
« qui c'est ? c'est Jésus-Christ en son état de victime
« toujours vivante dans le sacrement de l'eucharis-
« tie! Et ce bourreau d'office, ce bourreau volontaire,
« qui est-il ? c'est vous tous, pécheurs sacrilèges qui
« m'écoutez. Jésus-Christ, votre rédempteur et le
« mien, s'était donné pour vous une seconde vie,
« par le testament et par le prodige de son amour.
« Il semblait pour toujours à l'abri d'une nouvelle
« mort dans ce tabernacle. C'est vous tous, malheu-
« reux Judas, c'est vous qui avez renouvelé son
« supplice après sa résurrection ; c'est vous qui,
« par vos communions en état de péché mortel,
« avez dit, si non en paroles, au moins par le fait,

« ce qui est pis encore : Tirez Jésus-Christ du fond
« de ce sanctuaire où il est caché sous les voiles eu-
« charistiques : livrez-le-moi sur cette table sainte :
« c'est moi qui vais le crucifier de nouveau : c'est
« moi qui veux élever de mes mains sa croix sur
« un autre Calvaire : c'est moi qui me charge d'être
« son bourreau ! »

Un prédicateur à la mode se donnerait bien de garde de hasarder un pareil mouvement d'éloquence, si son talent lui en suggérait l'idée ; malheureusement Bridaine osait être sublime.

MAURY, *Essai sur l'Eloquence de la chaire.*

BRILLANT. Il se dit de l'esprit, de l'imagination, du coloris, de la pensée. On dit d'un esprit fécond en saillies, en traits ingénieux, dont la justesse et la nouveauté nous éblouissent, qu'il est brillant. Le brillant de l'imagination consiste dans une foule d'images vives et imprévues, qui se succèdent avec l'éclat et la rapidité des éclairs. Leur abondance et leur variété font le brillant du coloris. Des idées qui jouent ensemble avec justesse et avec grace, dont les rapports sont vivement exprimés, font le brillant de la pensée. Le style est brillant par la vivacité des pensées, des images, des tours et des expressions. Le style d'Ovide, celui de l'Arioste est brillant. Dans Homère, l'allégorie de la ceinture de Vénus est une peinture brillante. J'ai cité ailleurs la description de la beauté du paon, dans la nouvelle *Histoire naturelle.* La peinture du même oiseau, quoique moins détaillée dans les *Fables de La Fontaine*, n'est pas moins éblouissante, lorsque Junon lui dit :

Est-ce à toi d'envier la voix du rossignol,
Toi que l'on voit porter à l'entour de ton col
Un arc-en-ciel nué de cent sortes de soies,
  Qui te pavanes, qui déploies
Une si riche queue, et qui semble à nos yeux
  La boutique d'un lapidaire?
  Est-il quelque oiseau sous les cieux
  Plus que toi capable de plaire?
     (Liv. II, fable 17.)

Brillant ne se dit guère que des sujets gracieux ou enjoués : dans les sujets sérieux et sublimes, le style est riche, éclatant.

Marmontel, Éléments de Littérature.

BROTIER (Gabriel), naquit à Tannay, petite ville du Nivernais, le 5 septembre 1723. Il fut d'abord prêtre du diocèse de Nevers; ensuite il entra chez les jésuites, fut bibliothécaire du collège de Louis-le-Grand, et, après la destruction de l'ordre, se retira chez l'imprimeur de La Tour, où il passa les vingt-six dernières années de sa vie. Il fut admis à l'Académie des inscriptions et belles-lettres en 1781, et mourut à Paris le 12 février 1789. Il avait acquis par un travail opiniâtre un fond de connaissances immense : histoire ancienne et moderne, sacrée et profane, chronologie, archéologie, histoire naturelle, chimie, médecine; toutes ces sciences étaient de son ressort. Il s'était aussi livré à l'étude des langues anciennes, et lisait chaque année dans l'original les livres de Salomon et ceux d'Hyppocrate : c'étaient, selon lui, les meilleurs ouvrages qu'il y eût pour guérir les maladies de l'esprit et du corps. Le nom de Brotier est immortalisé par les grands et précieux ouvrages dont il a enrichi la littérature. C'est dans la retraite qu'il s'était choisie au sein de l'étude et de l'amitié, qu'il publia ses différentes éditions des auteurs anciens. La mémoire de l'abbé Brotier mérite d'être associée à celle de ces savants laborieux, des Pétau, des Hersan, des Cossart, qui ont fait tant d'honneur à leur patrie. On a de cet écrivain une édition de *Tacite*, avec des notes, des dissertations savantes et des suppléments. Il en existe deux éditions différentes, l'une de 1771, 4 vol. in-4°, et l'autre de 1776, 7 vol. in-12, Paris. Il fit pour *Tacite* ce que Freinshémius avait fait pour *Quinte-Curce*. Cette entreprise était téméraire; mais, grace au talent de l'auteur, elle fut couronnée d'un heureux succès. Il a publié une édition de *Pline le Naturaliste*, qui n'est qu'un abrégé de celle qu'il avait préparée pour augmenter et corriger celle d'Hardouin. Il voulait y ajouter une suite qui eût renfermé l'histoire des nouvelles découvertes faites jusqu'au XVIIIe siècle. Son édition de *Pline* se fait remarquer par beaucoup de correction et de pureté; les notes en sont à la fois savantes et curieuses, et satisfont toujours les recherches du lecteur. On doit encore à Brotier une jolie édition des *Fables de Phèdre*, Paris, Barbou, 1783, in-12, et une autre des *Jardins*, de Rapin, 1780, in-12, auxquels il a joint une *Histoire des Jardins*, écrite avec une élégance exquise. Il travailla aussi à la nouvelle édition des *Lettres édifiantes*, et à celle de *Plutarque* d'Amyot, 1783, 22 vol. in-8°, qu'il commença avec Vauvilliers, et que son neveu acheva. Cet ouvrage, réimprimé depuis, a été revu et corrigé par Clavier, Paris, 1801, 25 vol. in-8°. On a aussi de lui: *Examen de l'Apologie de l'abbé de Prades*; *Conclusiones ex universâ theologiâ*; *Mémoires du Levant*, 1780; *Vita clarissimi viri de La Caille*; et un *Traité des monnaies romaines, grecques et hébraïques, comparées avec les monnaies de France*, 1760, in-4°, ouvrage nécessaire pour lire la *Bible* et les auteurs anciens.

JUGEMENT.

Ce que le président de Brosse avait fait sur *Salluste*, avec des recherches infinies, l'abbé Brotier l'a exécuté plus heureusement encore sur *Tacite* ; il en a rempli les lacunes, de manière que les yeux les plus exercés auraient peine à remarquer quelque différence entre son style et celui de l'historien romain. En rendant cette justice à son travail, nous savons combien il est difficile à un moderne, quel qu'il soit, de porter un jugement certain sur le mérite d'un auteur qui écrit dans ce qu'on appelle une langue morte. Nous nous bornons à dire ce qui nous semble vrai; c'est que, parmi les écrivains qui se sont livrés à ce genre d'écrire, nous ne connaissons pas de latinité qui nous ait paru plus pure que celle de l'abbé Brotier. Les lettres lui sont redevables de plusieurs éditions précieuses qui lui ont coûté beaucoup de recherches, et dont il a éclairci le texte par des notes pleines d'érudition et de goût. Peu de personnes ont porté plus loin la connaissance des médailles, et il en a fait souvent l'emploi le plus heureux pour remplir les vides de Tacite.

PALISSOT, *Mémoires sur la Littérature*.

BRUEYS (DAVID-AUGUSTIN DE) naquit à Aix en 1640. Issu d'une famille anoblie par des lettres patentes de Louis XI, il fut élevé dans le calvinisme, religion de ses pères, étudia la théologie, acquit une vaste érudition dans la littérature et se fit recevoir avocat. Vers ce temps, aveuglé par son amour pour une jeune personne, il l'épousa malgré l'opposition de ses parents; et forcé de quitter la ville témoin de son imprudence, il se retira à Montpellier. En sa qualité de membre du consistoire, il répondit à l'*Exposition de la foi*, de Bossuet. Ce prélat, pour toute réplique, désabusa son adversaire et lui fit abjurer ses erreurs. Le nouveau converti prit l'engagement de combattre les opinions dont il venait de reconnaître la fausseté, et publia successivement, l'*Examen des raisons qui ont donné lieu à la séparation des protestants*, 1682; la *Réponse aux plaintes des protestants contre les moyens employés pour leur réunion, et contre le livre intitulé:* la *Politique du clergé de France*, 1686; le *Traité de l'Église*, Paris 1687, 1700, et le *Traité de la Sainte Messe*, Paris 1682, 1700. Le roi voulut répandre ses graces sur le nouvel apôtre des vérités évangéliques; mais celui-ci pria Bossuet de tout refuser, afin, disait-il, qu'on ne le soupçonnât pas de s'être réconcilié avec l'Église romaine par un motif d'intérêt et d'ambition. Aussi eut-il toujours l'estime des calvinistes, même de ceux qui le combattirent, tels que Jurieu, L'Enfant et La Roque. En 1683, il perdit sa femme; son isolement, ses chagrins lui inspirèrent la résolution de prendre l'état ecclésiastique. En 1685, il reçut l'ordination des mains de l'évêque de Meaux dans le séminaire de cette ville. Son esprit enjoué, son goût pour la littérature, son enthousiasme pour Molière, le déterminèrent à abandonner la controverse pour s'adonner au théâtre. Dans un siècle où l'on observait les convenances, il fallait trouver un prête-nom, car il ne pouvait avouer des ouvrages faits pour compromettre sa réputation et son état. Palaprat, Toulousain plein de présomption, s'offrit pour le tirer d'embarras; et, sans avoir la meilleure part à ses œuvres, travailla pourtant avec lui; il les défigura quelquefois. On dit que, pendant un voyage, Brueys lui avait laissé le *Grondeur*, comédie en 5 actes; sur la demande des acteurs, afin d'obtenir la représentation, il la réduisit en trois. A son retour, Brueys dans un moment de colère dit: « Le premier « acte du *Grondeur* est de moi, il est excellent. Le « second a été gâté par quelques scènes de farces de « Palaprat, il est médiocre. Le troisième est entiè- « rement de lui, il est détestable. » *Le Muet*, imitation de *l'Eunuque* de Térence, *l'Important*, *les Empiriques*, *l'Opiniâtre*, *Gabinie*, *Asba*, sortirent de sa plume: il rajeunit et embellit l'ancienne comédie de *l'Avocat Patelin*, jouée dans le temps de Charles VII, et dont Pierre Blanchet, passe pour être le premier auteur. Il composa plusieurs autres pièces avec son collaborateur toulousain : ils vivaient en très bonne intelligence quand des évènements d'intérêt politique vinrent dissoudre leur association littéraire. Palaprat suivit à la guerre d'Italie le grand prieur de Vendôme, et son ami se retira à Montpellier, où il mourut le 25 novembre 1723, à l'âge de quatre-vingt-trois ans.

On a encore de Brueys l'*Histoire du fanatisme de notre temps*, Paris, 1737, 3 vol. in-12. Son Théâtre a été imprimé en 1735, 3 vol. in-8°.

JUGEMENTS.

I.

Dix volumes de controverse que Brueys a faits auraient laissé son nom dans l'oubli; mais la petite comédie du *Grondeur*, supérieure à toutes les farces de Molière, et celle de *l'Avocat Patelin*, ancien monument de la naïveté gauloise qu'il rajeunit, le feront connaître tant qu'il y aura en France un théâtre. Palaprat l'aida dans ces deux jolies pièces. Ce sont les seuls ouvrages de génie que deux auteurs aient composés ensemble *.

VOLTAIRE, *Siècle de Louis XIV*.

* On croit devoir relever ici un fait très singulier qui se trouve dans un *Recueil d'Anecdotes littéraires*[a], 1750, chez Durand, t. II, p. 369. Voici les paroles de l'auteur : «*Les Amours de Louis XIV* ayant été jouées en An-
« gleterre, Louis XIV voulut faire jouer aussi celles du roi Guillaume.

[a] Par l'abbé Raynal.

II.

De théologien controversiste, Brueys devint un auteur comique très estimable. La seule comédie du *Grondeur* suffirait pour lui faire une réputation distinguée: son *Muet*, imité de *l'Eunuque* de Térence, est demeuré au théâtre : enfin on lui doit encore la petite comédie de *l'Avocat Patelin*, d'après une ancienne facétie française; mais en conservant la gaieté franche de l'original, il l'a beaucoup embelli.

Il est avéré que Palaprat, avec lequel il vécut long-temps dans la familiarité la plus intime, n'eut aucune part à ses bons ouvrages.

On doit regarder cet auteur comme un de ceux qui ont conservé parmi nous le goût de la véritable comédie. Il ne fut point de l'Académie.

PALISSOT, *Mémoires sur la Littérature*.

III

Brueys et Palaprat, nés tous deux dans le midi

« L'abbé Brueys fut chargé par M. de Torcy de faire la pièce; mais, quoique
« applaudie, elle ne fut pas jouée. »

Remarquez que ce *Recueil d'Anecdotes*, qui est rempli de pareils contes, est imprimé avec approbation et privilège; jamais on ne joua les amours de Louis XIV sur aucun théâtre de Londres, et on sait que le roi Guillaume n'eut jamais de maîtresse. Quand il en aurait eu, Louis XIV était trop attaché aux bienséances pour ordonner qu'on fît une comédie des amours de Guillaume: M. de Torci n'était pas homme à proposer une chose si impertinente; enfin l'abbé Brueys ne songea jamais à composer ce ridicule ouvrage qu'on lui attribue. On ne peut trop répéter que la plupart de ces recueils d'anecdotes, de ces *ana*, de ces mémoires secrets, dont le public est inondé, ne sont que des compilations faites au hasard par des écrivains mercenaires.
VOLTAIRE, *Siècle de Louis XIV*.

de la France, et qui avaient la vivacité d'esprit et la gaieté qui caractérisent les habitants de cette belle province, réunis tous deux par la conformité d'humeur et de goût, et qui mirent en commun leur travail et leur talent, sans que cette association délicate ait jamais produit entre eux de jalousie, nous ont laissé deux pièces d'un comique naturel et gai. Je ne parle pas du *Muet*, dont le fond est imité de *l'Eunuque* de Térence: il y a des situations que le jeu du théâtre fait valoir, mais la conduite est défectueuse. La pièce, qui a cinq actes, pourrait finir au troisième. Il y a un rôle de père d'une crédulité outrée, et la scène du valet déguisé en médecin est une charge trop forte. Je veux parler d'abord de *l'Avocat Patelin*, remarquable par son ancienneté originaire, puisqu'il est du temps de Charles VII, et qui n'a rien perdu de sa naïveté quand on l'a rajeuni dans la langue du siècle de Louis XIV. C'est un monument curieux de la gaieté de notre ancien théâtre, et en même temps de sa liberté; car il paraît certain que ce fut un personnage réel, que ce Patelin joué sur les tréteaux du XVe siècle. Brueys et Palaprat l'ont fort embelli; mais les scènes principales et plusieurs des meilleures plaisanteries se trouvent dans le vieux français de la farce de *Pierre Patelin*, imprimée en 1656, sur un manuscrit de l'an 1460, sous ce titre: *Des tromperies, finesses et subtilités de maître Pierre Patelin, avocat*. Pasquier en parle dans ses *Recherches* avec des éloges exagérés, qui font voir que l'on ne connaissait encore rien de mieux. Mais le témoignage des auteurs qui ont travaillé sur les antiquités françaises, et les traductions que l'on fit de cette pièce en plusieurs langues, prouvent qu'elle eut de tout temps un très grand succès, parce qu'en effet le naturel a le même droit sur les hommes dans tous les temps, et qu'il y en a beaucoup dans cet ouvrage. Sans doute le procès de M. Guillaume contre un berger qui lui a volé des moutons, et les ruses de Patelin pour lui escroquer six aunes de drap, sont un fond bien mince, et qui est proprement d'un comique populaire : le juge Bartolin, qui prend une tête de veau pour une tête d'homme, est de la même force qu'Arlequin qui mange des chandelles et des bottes. Mais Patelin et sa femme, M. Guillaume et Agnelet, sont des personnages pris dans la nature, et le dialogue est de la plus grande vérité. Il est plein de traits naïfs et plaisants, qu'on a retenus et qui sont passés en proverbes. On rira toujours de la scène où le marchand drapier confond sans cesse son drap et ses moutons; et celle où Patelin, à force de patelinage (car son nom est devenu celui d'un caractère), vient à bout d'attraper une pièce de drap, sans la payer, à un vieux marchand avare et retors, est menée avec toute l'adresse possible. Il y a bien loin du moment où le rusé fripon aborde M. Guillaume, dont il n'est pas même connu, à celui où il emporte le drap; et pourtant il fait si bien, que la vraisemblance est conservée, et qu'on voit que le marchand doit être dupe.

Le Grondeur doit être mis fort au-dessus de *l'Avocat Patelin* : il est vrai que le troisième acte, qui est tout entier du genre de la farce, ne vaut pas, à beaucoup près, celle de Patelin; mais les deux premiers sont bien faits, et il y a ici un caractère parfaitement dessiné, soutenu d'un bout à l'autre et toujours en situation, celui de M. Grichard. La pièce fut mal reçue dans sa nouveauté; mais le temps en a décidé le succès, et on la regarde aujourd'hui comme une de nos petites pièces qui a le plus de mérite et d'agrément.

La Harpe, *Cours de Littérature.*

BRUMOY (Pierre), né à Rouen en 1688, jésuite en 1704, enseigna d'abord les humanités en province, et fut ensuite appelé à Paris où on le chargea de l'éducation du prince de Talmont et de la rédaction de quelques articles du *journal de Trévoux.* Éditeur de l'*Histoire de Tamerlan* de Margat, son confrère, il fut forcé d'abandonner la capitale pour subir un exil qui fut très court. A son retour il accepta la continuation de l'*Histoire de l'Église anglicane*, conduite jusqu'au XIe vol. par les PP. de Longueval et Fontenay; il publia le XIe et il mettait la main au XIIe quand la mort le frappa, le 7 avril 1742. Ses principaux ouvrages sont: le *Théâtre des Grecs*, 3 vol. in-4° et 6 vol. in-12., ouvrage d'un mérite reconnu, malgré ses imperfections, et malgré la préférence que l'auteur accorde toujours par un préjugé de collège aux anciens sur les modernes. On désirerait moins de métaphores et plus de précision dans le style; mais on doit louer l'auteur d'avoir su couvrir d'un voile tout ce qui pouvait blesser la pudeur. Cet éloge, dit-on, devrait être partagé; car le P. Fleuriau donna des soins à la composition de ce répertoire; *Recueil de diverses pensées en prose et en vers*, 4 vol. in-12. On lit avec plaisir le poème *sur les passions* plein de noblesse et de descriptions variées. Un autre *poème sur la verrerie*, d'ailleurs orné de très beaux vers, occupe agréablement l'esprit. *Apologie des Anglais et des Français*, ou observations sur le livre de Muralt intitulé : *Lettre sur les Anglais et les Français*, 1726, in-12. Desfontaines fut son collaborateur. *Examen du poème de la Grace*, Bruxelles, Paris, 1723, in-8°, fait avec les PP. Rouillé et Longnant, tous deux membres de la société de Jésus.

Il composa enfin quelques tragédies, parmi lesquelles on distingue *le Sacrifice d'Isaac*, qui rachète la lâcheté et la faiblesse du style par de grandes beautés. Il termina les *Révolutions d'Espagne* du P. d'Orléans, revit l'*Histoire de Rienzi* du P. du Cerceau. Il avait donné pour son coup d'essai la *Vie de l'impératrice Éléonore*.

JUGEMENTS.

I.

Le *Théâtre des Grecs* du P. Brumoy passe pour le meilleur ouvrage qu'on ait en ce genre, malgré ses fautes et l'infidélité de la traduction. Il a prouvé par ses poésies qu'il est bien plus aisé de traduire et de louer les anciens, que d'égaler par ses propres productions les grands modernes. On peut d'ailleurs lui reprocher de n'avoir pas assez senti la supériorité du théâtre français sur le grec, et la prodigieuse différence qui se trouve entre le *Misanthrope* et les *Grenouilles*.

VOLTAIRE, *Siècle de Louis XIV*.

II.

Le *Théâtre des Grecs* du P. Brumoy eût été mieux fait, si son état eût pu lui permettre de se familiariser davantage avec les chefs-d'œuvre de notre scène. Il a trop souvent le défaut des scoliastes, qui est de se passionner avec excès pour les ouvrages qu'ils entreprennent de commenter ou de traduire; mais son livre n'en est pas moins très utile, et le plus complet que nous ayons encore sur cette belle partie de la littérature antique. Il a rendu les Grecs dans leur noble simplicité, et (ce qui n'est pas un faible éloge) de manière à conserver, dans sa traduction, l'intérêt qu'ils ont dans leur propre langue. On ose croire, du moins, que ceux qui ne sont pas à portée de lire *Sophocle*, jugeraient, par la seule traduction du P. Brumoy, que l'*OEdipe* et le *Philoctète* sont en effet d'admirables tragédies. Il ne serait pas si aisé d'apprécier, d'après elle, le génie d'Aristophane, parce que le traducteur est presque toujours obligé d'expliquer les plaisanteries de l'original, et que des plaisanteries commentées perdent nécessairement beaucoup de leur sel. Il faut avouer cependant que, dans cette partie-là même, l'ouvrage du P. Brumoy est encore très estimable. Ses remarques supposent des recherches profondes; la plupart nous paraissent très judicieuses; et si ses conjectures ne sont pas toujours justes, on doit le lui pardonner d'autant plus que, dès à présent, il nous échappe quantité de choses dans Molière, et qu'à plus forte raison il doit en échapper bien davantage dans un poète comique de deux mille ans. Le P. Brumoy a plus péché contre le goût, par la préférence souvent aveugle qu'il ne manque jamais de donner aux anciens sur les modernes. Personne ne respecte plus que nous les grands modèles de l'antiquité; mais il faut convenir que si Racine n'est véritablement qu'Euripide, c'est du moins Euripide bien perfectionné.

Palissot, *Mémoires sur la Littérature.*

BRUNETTE. On donne ce nom à une espèce de chanson, dont l'air est facile et simple, et le style galant et naturel, quelquefois tendre, et souvent enjoué. On les appelle ainsi, parce qu'il est arrivé souvent que, dans ces chansons, le poète, s'adressant à une jeune fille, lui a donné le nom de *Brunette*, petite brune.

> Brunette, mes amours,
> Languirai-je toujours?

Un vrai modèle dans ce genre est cette chanson de Dufresny:

> Philis, plus avare que tendre,
> Ne gagnant rien à refuser,
> Un jour exigea de Sylvandre
> Trente moutons pour un baiser.

> Le lendemain, nouvelle affaire:
> Pour le berger le troc fut bon;

Car il obtint de la bergère
Trente baisers pour un mouton.

Le lendemain Philis plus tendre,
Tremblant de se voir refuser,
Fut trop heureuse de lui rendre
Trente moutons pour un baiser.

Le lendemain Philis peu sage
Aurait donné moutons et chien,
Pour un baiser que le volage
A Lisette donna pour rien.

Marmontel, *Éléments de Littérature.*

BUDÉE ou BUDÉ (Guillaume) naquit à Paris, en 1467, d'une famille riche et noble. Son père, seigneur d'Hyères, de Villiers-sur-Marne et de Marly, grand audiencier en la chancellerie de France, n'était pas étranger aux études, telles qu'on les faisait de son temps. Il donna des maîtres à son fils Guillaume, dès que celui-ci fut capable d'apprendre; mais « la barbarie qui régnait alors dans les col-
« léges le dégoûta et l'empêcha de faire de grands
« progrès. C'était la coutume de passer à l'étude du
« droit dès qu'on savait un peu de latin; il le suivit
« comme les autres, et alla à Orléans pour ce sujet;
« mais il y demeura trois ans sans rien apprendre.
« Il n'entendait presque point les auteurs latins, et
« par conséquent n'était pas en état de comprendre
« les écrits et les leçons de ses professeurs. Ainsi il
« revint à Paris aussi ignorant qu'il en était parti,
« et plus dégoûté de l'étude qu'auparavant*. »

* *Mémoires des hommes illustres*, du P. Niceron, art. G. Budé.

Il nous apprend lui-même qu'il passa ensuite plusieurs années* à se livrer aux plaisirs que peut se procurer un jeune homme qui jouit d'une fortune aisée; il aima la chasse, la pêche; il eut des chiens et des chevaux; cependant il était encore jeune quand il se mit à étudier avec une ardeur qui ne le quitta plus tout le reste de sa vie.

Il ne se borna pas aux études littéraires; il apprit à fond les mathématiques, ou du moins ce qu'on en savait alors; il étudia les antiquités, la politique, la morale, le droit, la médecine, les sciences naturelles; enfin tous les genres de connaissance devinrent l'objet de son insatiable désir d'apprendre. Il sentit particulièrement l'indispensable nécessité de posséder la langue grecque. Jean Lascaris, Grec illustre, réfugié en Italie après la prise de Constantinople, vint à Paris vers ce temps : Budée le rechercha; mais Lascaris, qui était employé dans des affaires importantes, ne put lui donner que quelques conseils en passant. Ainsi notre savant fut réduit à peu près à lui-même pour acquérir la connaissance de cette langue si abondante et si variée; il finit par la savoir si bien, qu'il pouvait facilement, à la première vue, lire tout haut en grec un livre latin, et en latin un livre grec.

Les premiers ouvrages de Budée furent, à ce qu'il paraît, des traductions latines de plusieurs traités de Plutarque, et d'une belle lettre de saint Basile à saint Grégoire de Nazianze, *sur les avantages de la solitude.*

---

* Epist. Budæi ad Erasmum, *lib. II*, Erasmi Epist.

Il eut, jeune encore, assez de réputation pour que le roi Charles VIII désirât de le voir et l'accueillît avec bonté. Son successeur, Louis XII, traita aussi notre savant favorablement; il lui confia deux fois des missions politiques en Italie; et Budée en profita pour faire connaissance avec les littérateurs qui illustraient alors cette contrée; en même temps, il s'acquitta si bien de ses fonctions, qu'à son retour, le roi, pour lui montrer sa satisfaction, le nomma un de ses secrétaires. On lui offrit aussi une charge importante de judicature; mais il la refusa, parce qu'elle lui aurait pris trop de temps au préjudice de ses travaux favoris.

C'était chez lui une passion que l'étude; il y donnait les jours et les nuits; il en perdait le boire et le manger. On remarqua que, le jour même de son mariage, il s'enferma seul trois heures pour lire et pour étudier. On raconte de lui un trait qui prouve qu'absorbé tout entier dans l'étude, il oubliait tout le monde et lui-même, et ne voulait pas souffrir que rien le détournât de cette profonde application. Un domestique entre un jour dans son cabinet, en criant avec effroi que le feu est à la maison : « Avertissez ma femme, dit tranquillement Budée; vous savez bien que je ne me mêle pas des affaires du ménage. »

Son père lui avait fait d'utiles remontrances sur les dangers auxquels l'excès du travail exposerait sa santé. Ce qui lui avait été prédit arriva : il devint sujet à des pesanteurs de tête fréquentes; il maigrit et pâlit : ses cheveux tombèrent; il prit une habitude de taciturnité sérieuse et triste; mais cet état de souffrance ne lui fit point discontinuer sa vie studieuse et appliquée. Son historien remarque, non sans admiration, que presque tous ses ouvrages ont été composés par lui dans le temps même où sa santé était le plus altérée par cette maladie, qui dura un certain nombre d'années.

Entre ses principales productions, il faut placer son livre *de asse et partibus ejus, libri V*, que Louis Leroi appelle *divinum opus*. Que de lectures, de recherches et d'études furent nécessaires pour composer un pareil ouvrage! combien il offrait de difficultés! mais aussi quel service rendu aux lettres et à l'érudition!

Un Italien, nommé Léonard Portius, prétendit dérober à Budée une partie de sa gloire, et s'attribuer le mérite d'avoir le premier éclairci ce sujet important. Mais Budée n'entendit pas raillerie, et prouva que Portius avait été son plagiaire.

Un autre ouvrage non moins considérable de Budée, ce sont ses *Commentaires sur la langue grecque*, dédiés à François Ier par une épître en grec, que sûrement le roi ne lut pas, au moins dans l'original.

Il a composé en français un livre de l'*Institution d'un prince*, et il y a de lui quelques poésies françaises, entre autres un chant royal présenté à François Ier, lors de son retour de la prison de Madrid.

Peu de temps après l'avènement de ce prince au trône, Budée fut encore employé dans une négociation en Italie : on l'envoya près du pape Léon X, qui aimait les savants et les artistes. Budée en reçut un bon accueil.

François Ier l'appela auprès de lui en 1520, *au camp du Drap-d'Or*, près Ardres, lieu de l'entrevue de ce monarque avec Henri VIII, roi d'Angleterre; et depuis ce temps, Budée fut du nombre des savants, des artistes, des hommes distingués en tout genre, que le *père des lettres* recherchait, et avec lesquels il avait de fréquents entretiens. Il le fit son bibliothécaire, et lui donna l'emploi de maître des requêtes; la ville de Paris nomma Budée son prévôt des marchands, place honorable et importante; car c'était celle du magistrat chargé en chef de l'administration municipale.

Budée fit un digne usage de son crédit : François Ier ayant eu l'utile et noble idée de la fondation du collège Royal pour l'enseignement des trois langues hébraïque, grecque et latine, des mathématiques, de la médecine, etc..., Budée l'y confirma de tout son pouvoir, la lui rappela souvent, et l'on peut dire qu'il eut sa grande part de gloire dans l'exécution de ce projet. Cette fondation fit époque dans l'histoire des études : elle marque véritablement, en France, la *restauration des lettres*. Les théologiens apprirent le grec et l'hébreu : l'université de Paris rivalisa de zèle et de science avec les professeurs du nouveau collège.

Le célèbre Érasme fut consulté sur cet important établissement : Budée, son ami, aurait bien voulu qu'il en acceptât la direction; il désirait de l'attirer en France, et le roi ne le désirait pas moins vivement : on fit des offres brillantes au savant de Rotterdam; François Ier interrogeait souvent Budée sur les progrès de cette négociation ; enfin Érasme n'accepta point; mais il fut reconnaissant envers Budée de ce que celui-ci avait voulu lui procurer la faveur et les bienfaits d'un grand prince.

Budée, Érasme, Vivès, jésuite espagnol, étaient alors regardés comme les trois hommes les plus savants de l'Europe; et tous trois étaient liés ensemble, non-seulement par la ressemblance des goûts et des études, mais par les nœuds d'une véritable amitié.

Mais ce n'est pas impunément, ce n'est pas sans s'exposer à des contrariétés, souvent même à de grands périls, qu'on parvient à instruire les hommes; la vanité, l'intérêt, les vieilles habitudes, repoussent les vérités nouvelles, et le moindre inconvénient auquel doivent s'attendre ceux qui ont trop tôt raison, c'est qu'on les tourne en ridicule. Ce fut là ce qu'éprouva Budée; les courtisans ne lui épargnèrent pas les railleries, et les théologiens le traversèrent tant qu'ils purent dans ses projets pour l'avancement des lettres. « Ils ne cessent, dit-il, dans
« une de ses lettres au fameux Rabelais, de décrier
« l'étude du grec, qu'ils ne connaissent point, et de
« semer des soupçons de luthéranisme sur ceux qui
« pensent autrement qu'eux au sujet des avantages
« de cette étude. »

Budée cessa pendant un temps d'aller à la cour ou du moins il n'y allait qu'autant que le devoir de sa charge l'exigeait : la raison de sa retraite fut qu'i s'était brouillé avec le chancelier Duprat, et cette circonstance fait honneur à Budée. Retiré dans une maison de campagne qu'il avait à Saint-Maur-lès-Fossés, notre savant continua à se livrer avec ardeur à l'étude : il possédait à Paris, rue Saint-Martin, dans la paroisse Saint-Nicolas-des-Champs, une maison qu'il avait fait bâtir, et sur la porte de laquelle on voyait encore au XVIIe siècle une inscription qu'il y avait fait placer comme étant sa devise et sa règle de conduite :

Summum crede nefas animam præferre pudori,
Et propter vitam vivendi perdere causas.
(Juvénal, *Sat.* VIII, 82.)

Après la mort de Duprat, le chancelier Poyet, qui ne valait pas beaucoup mieux, il faut l'avouer, que son prédécesseur, prit Budée en affection, et voulut l'avoir souvent avec lui. Le roi ayant fait dans l'été de 1540 un voyage sur les côtes de Normandie, Budée y accompagna le chancelier : des chaleurs excessives lui occasionèrent une fièvre qu'il ne tarda pas à reconnaître pour très dangereuse, et il se fit transporter à Paris, afin d'y mourir dans le sein de sa nombreuse famille.

Et en effet il acheva de vivre à l'âge de soixante-treize ans, le 23 août 1540, laissant une veuve et onze enfants vivants, dont sept fils et quatre filles.

Il avait ordonné par son testament qu'on l'enterrât « la nuit, sans semonce (*sans publicité*), à « une torche ou deux seulement.... Je n'approuvai « jamais, dit-il, la coutume des cérémonies lugubres « et pompes funèbres. »

Cela fut ainsi exécuté : mais on ne put empêcher que le corps ne fût suivi par une foule de citoyens qui voulurent lui payer ce dernier tribut. C'est ce que prouve l'épigramme de Melin de Saint-Gelais, qui commence par ces vers :

> Quel est ce corps que si grand peuple suit?
> Las ! c'est Budée au cercueil étendu, etc.

Il obtint pendant sa vie la considération, le respect, et s'assura la gloire après sa mort. Les immenses travaux de Budée, les services qu'il a rendus aux lettres, aux bonnes études, à la saine philosophie, à la raison humaine, peuvent à peine être appréciés aujourd'hui. L'hommage que nous lui rendons nous est dicté non-seulement par la reconnaissance qu'on doit aux savants illustres dont les travaux ont éclairé et amélioré les hommes, mais encore par le désir d'offrir aux jeunes gens studieux et amis des lettres un beau modèle, qu'ils pourront essayer de suivre au moins de loin, s'ils désespèrent de l'atteindre.

ANDRIEUX.

BUFFON (George-Louis LECLERC, comte de), trésorier de l'Académie des sciences, de l'Académie française, de l'Académie royale de Londres, des académies d'Edimbourg, Pétersbourg, Berlin, de l'institut de Bologne, naquit à Montbard le 7 septembre 1707, de Benjamin Leclerc de Buffon, conseiller au parlement de Bourgogne, et de mademoiselle Marlin.

Animé dès sa jeunesse du désir d'apprendre, éprouvant à la fois et le besoin de méditer et celui d'acquérir de la gloire, M. de Buffon n'en avait pas moins les goûts de son âge; et sa passion pour l'étude, en l'empêchant d'être maîtrisé par son ardeur pour le plaisir, contribuait plus à la conserver qu'à l'éteindre. Le hasard lui offrit la connaissance du jeune lord Kingston, dont le gouverneur aimait et cultivait les sciences : cette société réunissait pour M. de Buffon l'instruction et l'amusement; il vécut avec eux à Paris et à Saumur, les suivit en Angleterre, les accompagna en Italie.

Ni les chefs-d'œuvre antiques, ni ceux des modernes qui, en les imitant, les ont souvent surpassés, ni ces souvenirs d'un peuple-roi sans cesse rappelés par des monuments dignes de sa puissance, ne frappèrent M. de Buffon; il ne vit que la nature, à la fois riante, majestueuse et terrible, offrant des asyles majestueux et de paisibles retraites entre des torrents de laves et sur les débris des volcans, prodiguant ses richesses à des campagnes qu'elle menace d'engloutir, sous des monceaux de cendres ou de fleuves enflammés, et montrant à chaque pas les vestiges et les preuves des antiques révolutions du globe. La perfection des ouvrages des hommes, tout ce que leur faiblesse a pu y imprimer de grandeur, tout ce que le temps a pu leur donner d'intérêt ou de majesté, disparut à ses yeux devant les œuvres de cette main créatrice dont la puissance s'étend sur tous les mondes, et pour qui, dans son éternelle activité, les générations humaines sont

3.

à peine un instant. Dès lors il apprit à voir la nature avec transport comme avec réflexion ; il réunit le goût de l'observation à celui des sciences contemplatives ; et, les embrassant toutes dans l'universalité de ses connaissances, il forma la résolution de leur dévouer exclusivement sa vie.

Une constitution qui le rendait capable d'un travail long et soutenu, une ardeur qui lui faisait dévorer sans dégoût et presque sans ennui les détails les plus fastidieux, un caractère où il ne se rencontrait aucune de ces qualités qui repoussent la fortune, le sentiment qu'il avait déjà de ses propres forces, le besoin de la considération, tout semblait devoir l'appeler à la magistrature, où sa naissance lui marquait sa place, où il pouvait espérer des succès brillants et se livrer à de grandes espérances : elles furent sacrifiées aux sciences, et ce n'est point le seul exemple que l'histoire de l'Académie puisse présenter de ce noble dévouement. Ce qui rend plus singulier celui de M. de Buffon, c'est qu'alors il n'était entraîné vers aucune science en particulier par cet attrait puissant qui force l'esprit à s'occuper d'un objet, et ne laisse pas à la volonté le pouvoir de l'en distraire. Mais tout ce qui élevait ses idées ou agrandissait son intelligence avait un charme pour lui : il savait que si la gloire littéraire est, après la gloire des armes, la plus durable et la plus brillante, elle est de toutes celle qui peut le moins être contestée ; il savait enfin que tout homme qui attire les regards du public par ses ouvrages ou par ses actions, n'a plus besoin de place pour prétendre à la considération, et peut l'attendre de son caractère et de sa conduite.

Les premiers travaux de M. de Buffon furent des traductions ; anecdote singulière que n'a encore présentée la vie d'aucun homme destiné à une grande renommée. Il désirait se perfectionner dans la langue anglaise, s'exercer à écrire dans la sienne, étudier dans Newton le calcul de l'infini, dans Hales les essais d'une physique nouvelle, dans Tull les premières applications des sciences à l'agriculture ; il ne voulait pas en même temps qu'un travail nécessaire à son instruction retardât l'instant où il commencerait à fixer sur lui les regards du public, et il traduisit les livres qu'il étudiait.

Chacune de ces traductions est précédée d'une préface. M. de Buffon a obtenu depuis, comme écrivain, une célébrité si grande et si méritée, que les essais de sa jeunesse doivent exciter la curiosité. Il est naturel d'y chercher les premiers traits de son talent, de voir ce que les observations et l'exercice ont pu y ajouter ou y corriger, de distinguer en quelque sorte les dons de la nature et l'ouvrage de la réflexion. Mais on ne trouve dans ces préfaces qu'un des caractères du style de M. de Buffon, cette gravité noble et soutenue qui ne l'abandonne presque jamais. Son goût était déjà trop formé pour lui permettre de chercher des ornements que le sujet eût rejetés, et son nom trop connu pour le risquer. La timidité et la hardiesse peuvent être également le caractère du premier ouvrage d'un homme de génie ; mais la timidité, qui suppose un goût inspiré par la nature et une sagesse prématurée, a été le partage des écrivains qui ont montré le talent le plus pur et le plus vrai. Rarement ceux dont une crainte salutaire n'a point arrêté les pas au commencement de la carrière, ont pu en atteindre le terme et ne pas s'y égarer.

M. de Buffon parut d'abord vouloir se livrer uniquement aux mathématiques : regardées, surtout depuis Newton, comme le fondement et la clef des connaissances naturelles, elles étaient en quelque sorte devenues parmi nous une science à la mode; avantage qu'elles devaient en partie à ce que M. de Maupertuis, le savant alors le plus connu des gens du monde, était un géomètre. Mais si M. de Buffon s'occupa quelque temps de recherches mathématiques, c'était sur-tout pour s'étudier lui-même, essayer ses forces, et connaître la trempe de son génie. Bientôt il sentit que la nature l'appelait à d'autres travaux, et il essaya une nouvelle route que le goût du public lui indiquait encore.

A l'exemple de M. Duhamel, il voulut appliquer les connaissances physiques à des objets d'une utilité immédiate; il étudia en physicien les bois dont il était obligé de s'occuper comme propriétaire, et publia sur cette partie de l'agriculture plusieurs Mémoires remarquables sur-tout par la sagesse avec laquelle, écartant tout système, toute vue générale, mais incertaine, il se borne à raconter des faits, à détailler des expériences. Il n'ose s'écarter de l'esprit qui commençait alors à dominer parmi les savants, de cette fidélité sévère et scrupuleuse à ne prendre pour guides que l'observation et le calcul, à s'arrêter dès l'instant où ces fils secourables se brisent ou échappent de leurs mains. Mais s'il fut depuis moins timide, il faut lui rendre cette justice, qu'en s'abandonnant trop facilement peut-être à des systèmes spéculatifs, dont l'adoption peut tout au plus égarer quelques savants et ralentir leur course, jamais il n'étendit cet esprit systématique sur des objets immédiatement applicables à l'usage commun, où il pourrait conduire à des erreurs vraiment nuisibles.

Parmi les observations que renferment ces Mémoires, la plus importante est celle où il propose un moyen de donner à l'aubier une dureté au moins égale à celle du cœur du bois, qui est elle-même augmentée par ce procédé ; il consiste à écorcer les arbres sur pied dans le temps de la sève, et et à les y laisser se dessécher et mourir. Les ordonnances défendaient cette opération ; car elles ont trop souvent traité les hommes comme si, condamnés à une enfance éternelle ou à une incurable démence, on ne pouvait leur laisser sans danger la disposition de leurs propriétés et l'exercice de leurs droits.

Peu de temps après, M. de Buffon prouva par le fait la possibilité des miroirs brûlants d'Archimède et de Proclus. Tzetzès en a laissé une description qui montre qu'ils avaient employé un système de miroirs plans. Les essais tentés par Kircher avec un petit nombre de miroirs, ne laissaient aucun doute sur le succès; M. Dufay avait répété cette expérience; Hartsoeker avait même commencé une machine construite sur ce principe; mais il reste à M. de Buffon l'honneur d'avoir montré, le premier parmi les modernes, l'expérience extraordinaire d'un incendie allumé à deux cents pieds de distance; expérience qui n'avait été vue avant lui qu'à Syracuse et à Constantinople. Bientôt après, il proposa l'idée d'une loupe à échelons, n'exigeant plus ces masses énormes de verres si difficiles à fondre et à travailler, absorbant une moindre quantité de lumière, parce qu'elle peut n'avoir jamais qu'une petite épaisseur, offrant enfin l'avantage de corriger une grande partie de l'aberration de sphéricité. Cette loupe, proposée en 1748 par M. de Buffon, n'a été exécutée que par M. l'abbé Rochon plus de trente ans après, avec assez de succès pour montrer qu'elle mérite la préférence sur les lentilles ordinaires. On pourrait même composer de plusieurs pièces ces loupes à échelons; on y gagnerait plus de facilité dans la construction, une grande diminution de dépense; l'avantage de pouvoir leur donner plus d'étendue, et celui d'employer, suivant le besoin, un nombre de cercles plus ou moins grand, et d'obtenir ainsi d'un même instrument différents degrés de force.

En 1739, M. de Buffon fut nommé intendant du Jardin du Roi. Les devoirs de cette place fixèrent pour jamais son goût, jusqu'alors partagé entre différentes sciences; et sans renoncer à aucune, ce ne fut plus que dans leurs rapports avec l'histoire naturelle qu'il se permit de les envisager.

Obligé d'étudier les détails de cette science si vaste, de parcourir les compilations immenses où l'on avait recueilli les observations de tous les pays et de tous les siècles, bientôt son imagination éprouva le besoin de peindre ce que les autres avaient décrit; sa tête, exercée à former des combinaisons, sentit celui de saisir des ensembles où les observateurs ne lui offraient que des faits épars et sans liaison.

Il osa donc concevoir le projet de rassembler tous ces faits, d'en tirer des résultats généraux qui devinssent la théorie de la nature, dont les observations ne sont que l'histoire; de donner de l'intérêt et de la vie à celle des animaux, en mêlant un tableau philosophique de leurs mœurs et de leurs habitudes à des descriptions embellies de toutes les couleurs dont l'art d'écrire pouvait les orner; de créer enfin pour les philosophes, pour tous les hommes qui ont exercé leur esprit ou leur âme, une science qui n'existait encore que pour les naturalistes.

L'immensité de ce plan ne le rebuta point; il prévoyait sans doute qu'avec un travail assidu de tous les jours, continué pendant une longue vie, il n'en pourrait encore exécuter qu'une partie: mais il s'agissait sur-tout de donner l'exemple et d'imprimer le mouvement aux esprits. La difficulté de répandre de l'intérêt sur tant d'objets inanimés ou insipides ne l'arrêta point ; il avait déjà cette conscience du talent qui, comme la conscience morale, ne trompe jamais quand on l'interroge de bonne foi, et qu'on la laisse dicter seule la réponse. Dix années furent employées à préparer des matériaux, à former des combinaisons, à s'instruire dans la science des faits, à s'exercer dans l'art d'écrire, et au bout de ce terme le premier volume de l'*Histoire naturelle* vint étonner l'Europe. En parlant de cet ouvrage, que tous les hommes ont lu, que presque tous ont admiré, qui a rempli, soit par le travail de la composition, soit par des études préliminaires, la vie entière de M. de Buffon, nous ne prendrons pour guide que la vérité (car pourquoi chercherions-nous vainement à flatter par des éloges qui ne dureraient qu'un jour, un nom qui doit vivre à jamais ?); et en évitant, s'il est possible, l'influence de toutes les causes qui peuvent agir sur l'opinion souvent passagère des contemporains, nous tâcherons de prévoir l'opinion durable de la postérité.

La théorie générale du globe que nous habitons, la disposition, la nature et l'origine des substances qu'il offre à nos regards, les grands phénomènes qui s'opèrent à sa surface ou dans son sein ; l'histoire de l'homme et les lois qui président à sa formation, à son développement, à sa vie, à sa destruction ; la nomenclature et la description des quadrupèdes ou des oiseaux, l'examen de leurs facultés, la peinture de leurs mœurs : tels sont les objets que M. de Buffon a traités.

Nous ne connaissons, par des observations exactes, qu'une très petite partie de la surface du globe; nous n'avons pénétré dans ses entrailles que conduits par l'espérance, plus souvent avide qu'observatrice, d'en tirer ce qu'elles renferment d'utile à nos besoins, de précieux à l'avarice ou au luxe; et lorsque M. de Buffon donna sa *Théorie de la Terre*, nos connaissances n'étaient même qu'une faible partie de celles que nous avons acquises, et qui sont si imparfaites encore. On pouvait donc regarder comme téméraire l'idée de former dès lors une théorie générale du globe, puisque cette entreprise le serait encore aujourd'hui. M. de Buffon connaissait trop les hommes pour ne pas sentir qu'une science qui n'offrirait que des faits particuliers, ou ne présenterait des résultats généraux que sous la forme de simples conjectures, frapperait peu les esprits vulgaires, trop faibles pour supporter le poids du doute. Il savait que Descartes n'avait attiré les hommes à la philosophie que par la hardiesse de ses systèmes; qu'il ne les avait arrachés au joug de l'autorité, à leur indifférence pour la vérité, qu'en s'emparant de leur imagination, en ménageant leur paresse; et qu'ensuite, libres de leurs fers, livrés à l'avidité de connaître, eux-mêmes avaient su choisir la véritable route. Il avait vu enfin dans l'histoire des sciences, que l'époque de leurs grands progrès avait presque toujours été celle des systèmes célèbres, parce que, ces systèmes exaltant à la fois l'activité de leurs adversaires et celle de leurs défenseurs, tous les objets sont alors soumis à une discussion dans laquelle l'esprit de parti, si difficile sur les preuves du parti contraire, oblige à les multiplier. C'est alors que chaque combattant s'appuyant sur tous les faits reçus, ils sont tous soumis à un examen rigoureux ; c'est alors qu'ayant épuisé ses premières armes, on cherche de nouveaux faits pour s'en procurer de plus sûres et d'une trempe plus forte.

Ainsi la plus austère philosophie peut pardonner à un physicien de s'être livré à son imagination, pourvu que ses erreurs aient contribué aux progrès des sciences, ne fût-ce qu'en imposant la nécessité de le combattre ; et si les hypothèses de M. de Buffon, sur la formation des planètes, sont contraires à ces mêmes lois du système du monde, dont il avait été en France un des premiers, un des plus zélés défenseurs, la vérité sévère, en condamnant ces hypothèses, peut encore applaudir à l'art avec lequel l'auteur a su les présenter.

Les objections de quelques critiques, des observations nouvelles, des faits anciennement connus, mais qui lui avaient échappé, forcèrent M. de Buffon d'abandonner quelques points de sa *Théorie de la Terre*.

Mais dans ses *Époques de la Nature*, ouvrage destiné à rendre compte de ses vues nouvelles, à modifier ou à défendre ces principes, il semble redoubler de hardiesse à proportion des pertes que son système a essuyées, le défendre avec plus de force, lorsqu'on l'aurait cru réduit à l'abandonner, et balancer par la grandeur de ses idées, par la magnificence de son style, par le poids de son nom, l'autorité des savants réunis, et même celle des faits et des calculs.

La *Théorie de la Terre* fut suivie de l'*Histoire de l'Homme*, qui en a reçu ou usurpé l'empire.

La nature a couvert d'un voile impénétrable les lois qui président à la reproduction des êtres ; M. de Buffon essaya de le lever ou plutôt de deviner ce qu'il cachait. Dans des liqueurs où les autres naturalistes avaient vu des animaux, il n'aperçut que des molécules organiques, éléments communs de tous les êtres animés. Les infusions de diverses matières animales et celles des graines présentaient les mêmes molécules avec plus ou moins d'abondance : elles servent donc également à la reproduction des êtres, à leur accroissement, à leur conservation ; elles existent dans les aliments dont ils se nourrissent, circulent dans leurs liqueurs, s'unissent à chacun de leurs organes pour réparer les pertes qu'il a pu faire. Quand ces organes ont encore la flexibilité de l'enfance, les molécules organiques, se combinant de manière à en conserver ou modifier les formes, en déterminent le développement et les progrès : mais après l'époque de la jeunesse, lorsqu'elles sont rassemblées dans des organes particuliers, ou échappant à la force qu'exerce sur elle le corps auquel elles ont appartenu, elles peuvent former de nouveaux composés ; elles conservent, suivant les différentes parties où elles ont existé, une disposition à se réunir de manière à présenter les mêmes formes, et reproduisent par conséquent des individus semblables à ceux de qui elles sont émanées. Ce système brillant eut peu de partisans ; il était trop difficile de se faire une idée de cette force en vertu de laquelle les molécules enlevées à toutes les parties d'un corps conservaient une tendance à se replacer dans un ordre semblable. D'ailleurs les recherches de Haller sur la formation du poulet contredisaient cette opinion avec trop de force ; l'identité des membranes de l'animal naissant, et de celles de l'œuf, se refusait trop à l'hypothèse d'un animal formé postérieurement, et ne s'y étant attaché que pour y trouver sa nourriture. Les observations de Spallanzani sur les mêmes liqueurs et sur les mêmes infusions semblaient également détruire, jusque dans son principe, le système des molécules organiques. Mais lorsque, dégagé des liens de ce système, M. de Buffon n'est plus que peintre, historien et philosophe, avec quel intérêt, parcourant l'univers sur ses traces, on voit l'homme, dont le fond est partout le même, modifié lentement par l'action continue du climat, du sol, des habitudes, des préjugés, changer de couleur et de physionomie comme de goût et d'opinion, acquérir ou perdre de la force, de l'adresse, de la beauté, comme de l'intelligence, de la sensibilité et des vertus ! Avec quel plaisir on suit dans son ouvrage l'histoire des progrès de l'homme et même celle de sa décadence ! On étudie les lois de cette correspondance constante entre les changements physiques des sens ou des organes, et ceux qui s'opèrent dans l'entendement ou dans les passions ; on apprend à connaître le mécanisme de nos sens, ses rapports avec nos sensations ou nos idées, les erreurs auxquelles ils nous exposent, la manière dont nous apprenons à voir, à toucher, à entendre, et comment l'enfant, de qui les yeux faibles et incertains apercevaient à peine un amas confus de couleurs, parvient, par l'habitude et la réflexion, à saisir d'un coup d'œil le tableau d'un vaste horizon, et s'élève jusqu'au pouvoir de créer et de combiner des images. Avec quelle curiosité enfin on observe ces détails qui intéressent le plus vif de nos plaisirs et le plus doux de nos sentiments, ces secrets de la nature et de la pudeur auxquels la majesté du style et la sévérité des réflexions donnent de la décence et une sorte de dignité philosophique, qui permettent aux sages mêmes d'y arrêter leurs regards et de les contempler sans rougir !

Les observations dispersées dans les livres des anatomistes, des médecins et des voyageurs, forment le fond de ce tableau, offert pour la première fois aux regards des hommes avides de se connaître, et surpris de tout ce qu'ils apprenaient sur eux-mêmes, et de retrouver ce qu'ils avaient éprouvé, ce qu'ils avaient vu sans en avoir eu la conscience ou conservé la mémoire.

Avant d'écrire l'histoire de chaque espèce d'animaux, M. de Buffon crut devoir porter ses recherches sur les qualités communes à toutes, qui les distinguent des êtres des autres classes. Semblables à l'homme dans presque tout ce qui appartient au corps; n'ayant avec lui dans leurs sens, dans leurs organes, que ces différences qui peuvent exister entre des êtres d'une même nature, et qui indiquent seulement une infériorité dans des qualités semblables; les animaux sont-ils absolument séparés de nous par leurs facultés intellectuelles? M. de Buffon essaya de résoudre ce problème, et nous n'oserions dire qu'il l'ait résolu avec succès. Craignant d'effaroucher des regards faciles à blesser en présentant ses opinions autrement que sous un voile, celui dont il les couvre a paru trop difficile à percer. On peut aussi lui reprocher avec quelque justice de n'avoir pas observé les animaux avec assez de scrupule; de n'avoir point porté ses regards sur des détails petits en eux-mêmes, mais nécessaires pour saisir les nuances très fines de leurs opérations. Il semble n'avoir aperçu dans chaque espèce qu'une uniformité de procédés et d'habitudes, qui donne l'idée d'êtres obéissant à une force aveugle et mécanique, tandis qu'en observant de plus près, il aurait pu apercevoir des différences très sensibles entre les individus, et des actions qui semblent appartenir au raisonnement, qui indiquent même des idées abstraites et générales.

La première classe d'animaux décrite par M. de Buffon est celle des quadrupèdes; la seconde, celle des oiseaux; et c'est à ces deux classes que s'est borné son travail. Une si longue suite de descriptions semblait devoir être monotone, et ne pouvait intéresser que les savants : mais le talent a su triompher de cet obstacle. Esclaves ou ennemis de l'homme, destinés à sa nourriture, ou n'étant pour lui qu'un spectacle, tous ces êtres, sous le pinceau de M. de Buffon, excitent alternativement la terreur, l'intérêt, la pitié ou la curiosité. Le peintre philosophe n'en appelle aucun sur cette scène toujours attachante, toujours animée, sans marquer la place qu'il occupe dans l'univers, sans montrer ses rapports avec nous. Mais s'agit-il des animaux qui sont connus seulement par les relations des voyageurs, qui ont reçu d'eux des noms différents, dont il faut chercher l'histoire et quelquefois discuter la réalité au milieu de récits vagues et souvent défigurés par le merveilleux, le savant naturaliste impose silence à son imagination; il a tout lu, tout extrait, tout analysé, tout discuté : on est étonné de trouver un nomenclateur infatigable dans celui de qui on n'attendait que des tableaux imposants ou agréables ; on lui sait gré d'avoir plié son génie à des recherches si pénibles ; et ceux qui lui auraient reproché peut-être d'avoir sacrifié l'exactitude à l'effet, lui pardonnent, et sentent ranimer leur confiance.

Des réflexions philosophiques mêlées aux descriptions, à l'exposition des faits et à la peinture des mœurs, ajoutent à l'intérêt, aux charmes de cette lecture et à son utilité. Ces réflexions ne sont pas celles d'un philosophe qui soumet toutes ses pensées à une analyse rigoureuse, qui suit sur les divers objets les principes d'une philosophie toujours une : mais ce ne sont pas non plus ces réflexions isolées que chaque sujet offre à l'esprit, qui se présentent d'elles-mêmes, et n'ont qu'une vérité passagère et locale. Celles de M. de Buffon s'attachent toujours à quelque loi générale de la nature, ou du moins à quelque grande idée.

Dans ses discours sur les animaux domestiques, sur les animaux carnassiers, sur la dégénération des espèces, on le voit tantôt esquisser l'histoire du règne animal considéré dans son ensemble, tantôt parler en homme libre de la dégradation où la servitude réduit les animaux, en homme sensible de la destruction à laquelle l'espèce humaine les a soumis, et en philosophe de la nécessité de cette destruction, des effets lents et sûrs de cette servitude, de son influence sur la forme, sur les facultés, sur les habitudes morales des différentes espèces. Des traits qui semblent lui échapper caractérisent la sensibilité et la fierté de son âme ; mais elle paraît toujours dominée par une raison supérieure : on croit, pour ainsi dire, converser avec une pure intelligence, qui n'aurait de la sensibilité humaine que ce qu'il en faut pour se faire entendre de nous et intéresser notre faiblesse.

Dans son discours sur les perroquets, il fait sentir la différence de la perfectibilité de l'espèce entière, apanage qu'il croit réservé à l'homme, et de cette perfectibilité individuelle que l'animal sauvage doit à la nécessité, à l'exemple de son espèce, et l'animal domestique aux leçons de son maître. Il montre comment l'homme, par la durée de son enfance, par celle du besoin physique des secours maternels, contracte l'habitude d'une communication intime qui le dispose à la société, qui dirige vers ses rapports avec ses semblables le développement de ses facultés, susceptibles d'acquérir une perfection plus grande dans un être plus heureusement organisé et né avec de plus grands besoins.

Peut-être cette nuance entre nous et les animaux est-elle moins tranchée que M. de Buffon n'a paru le croire; peut-être, comme l'exemple des castors semble le prouver, existe-t-il des espèces d'animaux susceptibles d'une sorte de perfectibilité non moins réelle, mais plus lente et plus bornée : qui pourrait même assurer qu'elle ne s'étendrait pas bien au-delà des limites que nous osons lui fixer, si les espèces qui nous paraissent les plus ingénieuses, affranchies de la crainte dont les frappe la présence de l'homme, et soumises par des circonstances locales à des besoins assez grands pour exciter l'activité, mais trop faibles pour la détruire, éprouvaient la nécessité et avaient en même temps la liberté de déployer toute l'énergie dont la nature a pu les douer? Des observations long-temps continuées pourraient seules donner le droit de prononcer sur cette question; il suffit, pour la sentir, de jeter un regard sur notre espèce même. Supposons que les nations européennes n'aient pas existé, que les hommes soient sur toute la terre ce qu'ils sont en Asie et en Afrique, qu'ils soient restés partout à ce même degré de civilisation et de connaissances auquel ils étaient déjà dans le temps où commence pour nous l'histoire : ne serait-on pas alors fondé à croire qu'il est un terme que, dans chaque climat, l'homme ne peut passer? Ne regarderait-on pas comme un visionnaire le philosophe qui oserait promettre à l'espèce humaine les progrès qu'elle a faits et qu'elle fait journellement en Europe ?

La connaissance anatomique des animaux est une portion importante de leur histoire. M. de Buffon eut, pour cette partie de son ouvrage, le bonheur de trouver des secours dans l'amitié généreuse d'un célèbre naturaliste, qui, lui laissant la gloire attachée à ces descriptions brillantes, à ces peintures de mœurs, à ces réflexions philosophiques qui frappent tous les esprits, se contentait du mérite plus modeste d'obtenir l'estime des savants par des détails exacts et précis, par des observations faites avec une rigueur scrupuleuse, par des vues nouvelles qu'eux seuls pouvaient apprécier. Ils ont regretté que M. de Buffon n'ait pas, dans l'histoire des oiseaux, conservé cet exact et sage coopérateur: mais ils l'ont regretté seuls, nous l'avouons sans peine et sans croire diminuer par-là le juste tribut d'honneur qu'ont mérité les travaux de M. Daubenton.

A l'histoire des quadrupèdes et des oiseaux, succéda celles des substances minérales.

Dans cette partie de son ouvrage, peut-être M. de Buffon n'a-t-il pas attaché assez d'importance aux travaux des chimistes modernes, à cette foule de faits précis et bien prouvés dont ils ont enrichi la science de la nature, à cette méthode analytique qui conduit si sûrement à la vérité, oblige de l'attendre lorsqu'elle n'est pas encore à notre portée, ne permet jamais d'y substituer des erreurs. En [ef]fet, l'analyse chimique des substances minérales [p]eut seule donner à leur nomenclature une base [so]lide, répandre la lumière sur leur histoire, sur [le]ur origine, sur les antiques évènements qui ont [d]éterminé leur formation.

Malgré ce juste reproche, on retrouve dans [l']histoire des minéraux le talent et la philosophie [d]e M. de Buffon, ses aperçus ingénieux, ses vues [g]énérales et grandes, ce talent de saisir dans la [s]uite des faits tout ce qui peut appuyer ses vues, [d]e s'emparer des esprits, de les entraîner où il [v]eut les conduire, et de faire admirer l'auteur, [l]ors même que la raison ne peut adopter ses prin[c]ipes.

L'*Histoire naturelle* renferme un ouvrage d'un genre différent, sous le titre d'*Arithmétique morale*. Une application de calcul à la probabilité de la durée de la vie humaine entrait dans le plan de l'*Histoire naturelle*; M. de Buffon ne pouvait guère traiter ce sujet sans porter un regard philosophique sur les principes même de ce calcul et sur la nature des différentes vérités. Il y établit cette opinion, que les vérités mathématiques ne sont point des vérités réelles, mais de pures vérités de définition : observation juste, si on veut la prendre dans la rigueur métaphysique, mais qui s'applique également alors aux vérités de tous les ordres, dès qu'elles sont précises et qu'elles n'ont pas des individus pour objet. Si ensuite on veut appliquer ces vérités à la pratique, et les rendre dès lors individuelles, semblables encore à cet égard aux vérités mathématiques, elles ne sont plus que des vérités approchées. Il n'existe réellement qu'une seule différence : c'est que les idées dont l'identité forme les vérités mathématiques ou physiques sont plus abstraites dans les premières; d'où il résulte que, pour les vérités physiques, nous avons un souvenir distinct des individus dont elles expriment les qualités communes, et que nous ne l'avons plus pour les autres. Mais la véritable réalité, l'utilité d'une proposition quelconque est indépendante de cette différence ; car on doit regarder une vérité comme réelle, toutes les fois que, si on l'applique à un objet réellement existant, elle reste une vérité absolue, ou devient une vérité indéfiniment approchée.

M. de Buffon proposait d'assigner une valeur précise à la probabilité très grande que l'on peut regarder comme une certitude morale, et de n'avoir au-delà de ce terme aucun égard à la petite possibilité d'un évènement contraire. Ce principe est vrai, lorsque l'on veut seulement appliquer à l'usage commun le résultat d'un calcul; et dans ce sens tous les hommes l'ont adopté dans la pratique, tous les philosophes l'ont suivi dans leurs raisonnements; mais il cesse d'être juste si on l'introduit dans le calcul même, et sur-tout si on veut l'employer à établir des théories, à expliquer des paradoxes, à prouver ou à combattre des règles générales. D'ailleurs cette probabilité, qui peut s'appeler *certitude morale*, doit être plus ou moins grande, suivant la nature des objets que l'on considère et les principes qui doivent diriger notre conduite; et il aurait fallu marquer pour chaque genre de vérités et d'actions le degré de probabilité où il commence à être raisonnable de croire et permis d'agir.

C'est par respect pour les talents de notre illustre confrère que nous nous permettons de faire ici ces observations. Lorsque des opinions qui paraissent erronées se trouvent dans un livre fait pour séduire l'esprit comme pour l'éclairer, c'est presque un devoir d'avertir de les soumettre à un examen rigoureux. L'admiration dispose si facilement à la croyance, que les lecteurs, entraînés à la fois par le nom de l'auteur et par le charme du style, cèdent sans résistance, et semblent craindre que le doute, en affaiblissant un enthousiasme qui leur est cher, ne diminue leur plaisir. Mais on doit encore ici à M. de Buffon, sinon d'avoir répandu une lumière nouvelle sur cette partie des mathématiques et de la philosophie, du moins d'en avoir fait sentir l'utilité, peut-être même d'en avoir appris l'existence à une classe nombreuse qui n'aurait pas été en chercher les principes dans les ouvrages des géomètres, enfin d'en avoir montré la liaison avec l'histoire naturelle de l'homme. C'est avoir contribué aux progrès d'une science qui, soumettant au calcul les évènements dirigés par des lois que nous nommons irrégulières, parce qu'elles nous sont inconnues, semble étendre l'empire de l'esprit humain au-delà de ses bornes naturelles, et lui offrir un instrument à l'aide duquel ses regards peuvent s'étendre sur des espaces immenses, que peut-être il ne lui sera jamais permis de parcourir.

On a reproché à la philosophie de M. de Buffon non-seulement ces systèmes généraux dont nous avons parlé, et qui reparaissent trop souvent dans le cours de ses ouvrages, mais on lui a reproché un esprit trop systématique, ou plutôt un esprit trop prompt à former des résultats généraux d'après les premiers rapports qui l'ont frappé, et de négliger trop ensuite les autres rapports qui auraient pu ou jeter des doutes sur ces résultats, ou en diminuer la généralité, ou leur ôter cet air de grandeur, ce caractère imposant si propre à entraîner les imaginations ardentes et mobiles. Les savants qui cherchent la vérité étaient fâchés d'être obligés sans cesse de se défendre contre la séduction, et de ne trouver souvent, au lieu de résultats et de faits propres à servir de base à leurs recherches et à leurs observations, que des opinions à examiner et des doutes à résoudre.

Mais si l'*Histoire naturelle* a eu parmi les savants des censeurs sévères, le style de cet ouvrage n'a trouvé que des admirateurs.

M. de Buffon est poète dans ses descriptions; mais, comme les grands poètes, il sait rendre intéressante la peinture des objets physiques, en y mêlant avec art des idées morales qui intéressent l'âme, en même temps que l'imagination est amusée ou étonnée. Son style est harmonieux; non de cette harmonie qui appartient à tous les écrivains corrects à qui le sens de l'oreille n'a pas été refusé, et qui consiste presque uniquement à éviter les sons durs ou pénibles ; mais de cette harmonie qui est une partie du talent, ajoute aux beautés par une sorte d'analogie entre les idées et les sons, et fait que la phrase est douce et sonore, majestueuse ou légère, suivant les objets qu'elle doit peindre et les sentiments qu'elle doit réveiller.

Si M. de Buffon est plus abondant que précis, cette abondance est plutôt dans les choses que dans les mots : il ne s'arrête pas à une idée simple, il en multiplie les nuances ; mais chacune d'elles est exprimée avec précision. Son style a de la majesté, de la pompe ; mais c'est parce qu'il présente des idées vastes et de grandes images. La force et l'énergie lui paraissent naturelles ; il semble qu'il lui ait été impossible de parler, ou plutôt de penser autrement. On a loué la variété de ses tons ; on s'est plaint de sa monotonie : mais ce qui peut être fondé dans cette censure est encore un sujet d'éloge. En peignant la nature sublime ou terrible, douce ou riante ; en décrivant la fureur du tigre, la majesté du cheval, la fierté et la rapidité de l'aigle, les couleurs brillantes du colibri, la légèreté de l'oiseau-mouche, son style prend le caractère des objets ; mais il conserve sa dignité imposante : c'est toujours la nature qu'il peint, et il sait que, même dans les petits objets, elle a manifesté toute sa puissance. Frappé d'une sorte de respect religieux pour les grands phénomènes de l'univers, pour les lois générales auxquelles obéissent les diverses parties du vaste ensemble qu'il a entrepris de tracer, ce sentiment se montre partout, et forme en quelque sorte le fond sur lequel il répand de la variété, sans que cependant on cesse jamais de l'apercevoir.

Cet art de peindre en ne paraissant que raconter, ce grand talent du style porté aux objets qu'on avait traités avec clarté, avec élégance, et même embellis par des réflexions ingénieuses, mais auxquels jusqu'alors l'éloquence avait paru étrangère, frappèrent bientôt tous les esprits : la langue française était déjà devenue la langue de l'Europe, et M. de Buffon eut partout des lecteurs et des disciples. Mais, ce qui est plus glorieux parce qu'il s'y joint une utilité réelle, le succès de ce grand ouvrage fut l'époque d'une révolution dans les esprits ; on ne put le lire sans avoir envie de jeter au moins un coup d'œil sur la nature, et l'histoire naturelle devint une connaissance presque vulgaire ; elle fut pour toutes les classes de la société ou un amusement, ou une occupation ; on voulut avoir un cabinet comme on voulait avoir une bibliothèque. Mais le résultat n'en est pas le même ; car dans les bibliothèques on ne fait que répéter les exemplaires des mêmes livres : ce sont au contraire des individus différents qu'on rassemble dans les cabinets ; ils s'y multiplient pour les naturalistes, à qui dès lors les objets dignes d'être observés échappent plus difficilement.

La botanique, la métallurgie, les parties de l'histoire naturelle immédiatement utiles à la médecine, au commerce, aux manufactures, avaient été encouragées : mais c'est à la science même, à cette science, comme ayant pour objet la connaissance de la nature, que M. de Buffon a su le premier intéresser les souverains, les grands, les hommes publics de toutes les nations. Plus sûrs d'obtenir des récompenses, pouvant aspirer enfin à cette gloire populaire que les vrais savants savent apprécier mieux que les autres hommes, mais qu'ils ne méprisent point, les naturalistes se sont livrés à leurs travaux avec une ardeur nouvelle : on les a vus se multiplier à la voix de M. de Buffon dans les provinces comme dans les capitales, dans les autres parties du monde comme dans l'Europe. Sans doute on avait cherché avant lui à faire sentir la nécessité de l'étude de la nature ; la science n'était pas négligée ; la curiosité humaine s'était portée dans les pays éloignés, avait voulu connaître la surface de la terre, et pénétrer dans son sein : mais on peut appliquer à M. de Buffon ce que lui-même a dit d'un autre philosophe également célèbre, son rival dans l'art d'écrire, comme lui plus utile peut-être par l'effet de ses ouvrages que par les vérités qu'ils renferment : *D'autres avaient dit les mêmes choses ; mais il les a commandées au nom de la nature, et on lui a obéi.*

Peut-être le talent d'inspirer aux autres son enthousiasme, de les forcer de concourir aux mêmes vues, n'est-il pas moins nécessaire que celui des découvertes, au perfectionnement de l'espèce humaine ; peut-être n'est-il pas moins rare, n'exige-t-il pas moins ces grandes qualités de l'esprit qui nous forcent à l'admiration. Nous l'accordons à ces harangues célèbres que l'antiquité nous a transmises, et dont l'effet n'a duré qu'un seul jour; pourrions-nous la refuser à ceux dont les ouvrages produisent sur les hommes dispersés, des effets plus répétés et plus durables? Nous l'accordons à celui dont l'éloquence, disposant des cœurs d'un peuple assemblé, lui a inspiré une résolution généreuse ou salutaire; pourrait-on la refuser à celui dont les ouvrages ont changé la pente des esprits, les ont portés à une étude utile, et ont produit une révolution qui peut faire époque dans l'histoire des sciences?

Si donc la gloire peut avoir l'utilité pour mesure, tant que l'espèce humaine n'obéira pas à la seule raison, tant qu'il faudra non-seulement découvrir des vérités, mais forcer à les admettre, mais inspirer le désir d'en chercher de nouvelles, les hommes éloquents, nés avec le talent de répandre la vérité ou d'exciter le génie des découvertes, mériteront d'être placés au niveau des inventeurs, puisque sans eux ces inventeurs n'auraient pas existé, ou auraient vu leurs découvertes demeurer inutiles et dédaignées.

Quand même une imitation mal entendue de M. de Buffon aurait introduit dans les livres d'histoire naturelle le goût des systèmes vagues et des vaines déclamations, ce mal serait nul en comparaison de tout ce que cette science doit à ses travaux: les déclamations, les systèmes passent, et les faits restent. Ces livres qu'on a surchargés d'ornements pour les faire lire, seront oubliés : mais ils renferment quelques vérités, elles survivront à leur chute.

On peut diviser en deux classes les grands écrivains dont les ouvrages excitent une admiration durable, et sont lus encore lorsque les idées qu'ils renferment, rendues communes par cette lecture même, ont perdu leur intérêt et leur utilité. Les uns, doués d'un tact fin et sûr, d'une âme sensible, d'un esprit juste, ne laissent dans leurs ouvrages rien qui ne soit écrit avec clarté, avec noblesse, avec élégance, avec cette propriété de termes, cette précision d'idées et d'expressions qui permet au lecteur d'en goûter les beautés sans fatigue, sans qu'aucune sensation pénible vienne troubler son plaisir.

Quelque sujet qu'ils traitent, quelques pensées qui naissent dans leur esprit, quelque sentiment qui occupe leur âme, ils l'expriment tel qu'il est avec toutes ses nuances, avec toutes les images qui l'accompagnent. Ils ne cherchent point l'expression, elle s'offre à eux ; mais ils savent en éloigner tout ce qui nuirait à l'harmonie, à l'effet, à la clarté : tels furent Despréaux, Racine, Fénelon, Massillon, Voltaire. On peut sans danger les prendre pour modèles : comme le grand secret de leur art est de bien exprimer ce qu'ils pensent ou ce qu'ils sentent, celui qui l'aura saisi dans leurs ouvrages, qui aura su se le rendre propre, s'approchera d'eux, si ses pensées sont dignes des leurs; l'imitation ne paraîtra point servile, si ses idées sont à lui, et il ne sera exposé ni à contracter des défauts, ni à perdre de son originalité.

Dans d'autres écrivains, le style paraît se confondre davantage avec les pensées. Non-seulement si on cherche à les séparer, on détruit les beautés, mais les idées elles-mêmes semblent disparaître, parce que l'expression leur imprimait le caractère particulier de l'âme et de l'esprit de l'auteur, caractère qui s'évanouit avec elle : tels furent Corneille, Bossuet, Montesquieu, Rousseau, tel fut M. de Buffon.

Ils frappent plus que les autres, parce qu'ils ont une originalité plus grande et plus continue; parce que, moins occupés de la perfection et des qualités du style, ils voilent moins leurs hardiesses; parce qu'ils sacrifient moins l'effet au goût et à la raison; parce que leur caractère, se montrant sans cesse dans leurs ouvrages, agit à la longue plus fortement et se communique davantage : mais en même temps ils peuvent être des modèles dangereux. Pour imiter leur style, il faudrait avoir leurs pensées, voir les objets, comme ils les voient, sentir comme ils sentent : autrement, si le modèle vous offre des idées originales et grandes, l'imitateur vous présentera des idées communes, chargées d'expressions extraordinaires; si l'un ôte aux vérités abstraites leur sécheresse en les rendant par des images brillantes, l'autre présentera des demi-pensées que des métaphores bizarres rendent inintelligibles. Le modèle a parlé de tout avec chaleur, parce que son âme était toujours agitée : le froid imitateur cachera son indifférence sous des formes passionnées. Dans ces écrivains, les défauts tiennent souvent aux beautés, ont la même origine, sont plus difficiles à distinguer ; et ce sont ces défauts que l'imitateur ne manque jamais de transporter dans ses copies. Veut-on les prendre pour modèles, il ne faut point chercher à saisir leur manière, il ne faut point vouloir leur ressembler, mais se pénétrer de leurs beautés, aspirer à produire des beautés égales, s'appliquer comme eux à donner un caractère original à ses productions, sans copier celui qui frappe ou qui séduit dans les leurs.

Il serait donc injuste d'imputer à ces grands écrivains les fautes de leurs enthousiastes, de les accuser d'avoir corrompu le goût, parce que des gens qui en manquaient les ont parodiés en croyant les imiter. Ainsi on aurait tort de reprocher à M. de Buffon ces idées vagues, cachées sous des expressions ampoulées, ces images incohérentes, cette pompe ambitieuse du style, qui défigure tant de productions modernes ; comme on aurait tort de vouloir rendre Rousseau responsable de cette fausse sensibilité, de cette habitude de se passionner de sang-froid, d'exagérer toutes les opinions, enfin de cette manie de parler de soi sans nécessité, qui sont devenues une espèce de mode, et presque un mérite. Ces erreurs passagères dans le goût d'une nation cèdent facilement à l'empire de la raison et à celui de l'exemple : l'enthousiasme exagéré, qui fait admirer jusqu'aux défauts des hommes illustres, donne à ces maladroites imitations une vogue momentanée ; mais à la longue il ne reste que ce qui est vraiment beau ; et comme Corneille et Bossuet ont contribué à donner à notre langue, l'un plus de force, l'autre plus d'élévation et de hardiesse, M. de Buffon lui aura fait acquérir plus de magnificence et de grandeur, comme Rousseau l'aura instruite à former des accents plus fiers et plus passionnés.

Le style de M. de Buffon n'offre pas toujours le même degré de perfection ; mais dans tous les morceaux destinés à l'effet, il a cette correction, cette pureté, sans lesquelles, lorsqu'une langue est une fois formée, on ne peut atteindre à une célébrité durable. S'il s'est permis quelquefois d'être négligé c'est uniquement dans les discussions purement scientifiques, où les taches qu'il a pu laisser ne nuisent point à des beautés, et servent peut-être à faire mieux goûter les peintures brillantes qui les suivent.

C'était par un long travail qu'il parvenait à donner à son style ce degré de perfection, et il continuait de le corriger jusqu'à ce qu'il eût effacé toutes les traces du travail, et qu'à force de peine il lui eût donné de la facilité ; car cette qualité si précieuse n'est, dans un écrivain, que l'art de cacher ses efforts, de présenter ses pensées, comme s'il les avait conçues d'un seul jet, dans l'ordre le plus naturel ou le plus frappant, revêtues des expressions les plus propres ou les plus heureuses ; et cet art, auquel le plus grand charme du style est attaché, n'est cependant que le résultat d'une longue suite d'observations fugitives et d'attentions minutieuses.

M. de Buffon aimait à lire ses ouvrages, non par vanité, mais pour s'assurer, par expérience, de leur clarté et de leur effet; les deux qualités peut-être sur lesquelles on peut le moins se juger soi-même. Avec une telle intention, il ne choisissait pas ses auditeurs; ceux que le hasard lui offrait semblaient devoir mieux représenter le public dont il voulait essayer sur eux la manière de sentir : il ne se bornait pas à recevoir leurs avis ou plutôt leurs éloges; souvent il leur demandait quel sens ils attachaient à une phrase, quelle impression ils avaient éprouvée; et s'ils n'avaient pas saisi son idée, s'il avait manqué l'effet qu'il voulait produire, il en concluait que cette partie de son ouvrage manquait de netteté, de mesure ou de force, et il l'écrivait de nouveau. Cette méthode est excellente pour les ouvrages de philosophie qu'on destine à devenir populaires; mais peu d'auteurs auront le courage de l'employer. Il ne faut pas cependant s'attendre à trouver un égal degré de clarté dans toute l'*Histoire naturelle;* M. de Buffon a écrit pour les savants, pour les philosophes et pour le public, et il a su proportionner la clarté de chaque partie au désir qu'il avait d'être entendu d'un nombre plus ou moins grand de lecteurs.

Peu d'hommes ont été aussi laborieux que lui, et l'ont été d'une manière si continue et si régulière. Il paraissait commander à ses idées plutôt qu'être entraîné par elles. Né avec une constitution à la fois très saine et très robuste, fidèle au principe d'employer toutes ses facultés jusqu'à ce que la fatigue l'avertît qu'il commençait à en abuser, son esprit était toujours également prêt à remplir la tâche qu'il lui imposait. C'était à la campagne qu'il aimait le plus à travailler : il avait placé son cabinet à l'extrémité d'un vaste jardin sur la cime d'une montagne ; c'est là qu'il passait les matinées entières, tantôt écrivant dans ce réduit solitaire, tantôt méditant dans les allées de ce jardin dont l'entrée était alors rigoureusement interdite ; seul, et dans les moments de distraction nécessaires au milieu d'un travail long-temps continué, n'ayant autour de lui que la nature, dont le spectacle, en délassant ses organes, le ramenait doucement à ses idées que la fatigue avait interrompues. Ces longs séjours à Montbart étaient peu compatibles avec ses fonctions de trésorier de l'Académie ; mais il s'était choisi pour adjoint M. Tillet, dont il connaissait trop le zèle actif et sage, l'attachement scrupuleux à tous ses devoirs, pour avoir à craindre que ses confrères pussent jamais se plaindre d'une absence si utilement employée.

On doit mettre au nombre des services qu'il a rendus aux sciences les progrès que toutes les parties du Jardin du Roi ont faits sous son administration. Les grands dépôts ne dispensent point d'étudier la nature. La connaissance de la disposition des objets et de la place qu'ils occupent à la surface ou dans le sein de la terre, n'est pas moins importante que celle des objets eux-mêmes ; c'est par là seulement qu'on peut connaître leurs rapports, et s'élever à la recherche de leur origine et des lois de leur formation : mais c'est dans les cabinets qu'on apprend à se rendre capable d'observer immédiatement la nature; c'est là encore qu'après l'avoir étudiée, on apprend à juger ses propres observations, à les comparer, à en tirer des résultats, à se rappeler ce qui a pu échapper au premier coup d'œil. C'est dans les cabinets que commence l'éducation du naturaliste, et c'est là aussi qu'il peut mettre la dernière perfection à ses pensées. Le Cabinet du Roi est devenu entre les mains de M. de Buffon, non un simple monument d'ostentation, mais un dépôt utile et pour l'instruction publique, et pour le progrès des sciences. Il avait su intéresser toutes les classes d'hommes à l'histoire naturelle ; et pour le récompenser du plaisir qu'il leur avait procuré, tous s'empressaient d'apporter à ses pieds les objets curieux qu'il leur avait appris à chercher et à connaître. Les savants y ajoutaient aussi leur tribut ; car ceux mêmes qui combattaient ses opinions, qui désapprouvaient sa méthode de traiter les sciences, reconnaissaient cependant qu'ils devaient une partie de leurs lumières aux vérités qu'il avait recueillies, et une partie de leur gloire à cet enthousiasme pour l'histoire naturelle, qui était son ouvrage. Les souverains lui envoyaient les productions rares ou curieuses dont la nature avait enrichi leurs états : c'est à lui que ces présents étaient adressés ; mais il les remettait dans le Cabinet du Roi, comme dans le lieu où, exposés aux regards d'un grand nombre d'hommes éclairés, ils pouvaient être plus utiles.

Dans les commencements de son administration, il avait consacré à l'embellissement du Cabinet une gratification qui lui était offerte, mais qu'il ne voulait pas accepter pour lui-même : procédé noble et doublement utile à ses vues, puisqu'il lui donnait le droit de solliciter des secours avec plus de hardiesse et d'opiniâtreté.

La botanique était celle des parties de l'histoire naturelle dont il s'était le moins occupé; mais son goût particulier n'influa point sur les fonctions de l'intendant du Jardin du Roi. Agrandi par ses soins, distribué de la manière la plus avantageuse pour l'enseignement et pour la culture, d'après les vues des botanistes habiles qui y président, ce jardin est devenu un établissement digne d'une nation éclairée et puissante. Parvenu à ce degré de splendeur, le Jardin du Roi n'aura plus à craindre sans doute ces vicissitudes de décadence et de renouvellement dont notre histoire nous a transmis le souvenir, et le zèle éclairé du successeur de M. de Buffon suffirait seul pour en répondre à l'Académie et aux sciences.

Ce n'est pas seulement à sa célébrité que M. de Buffon dut le bonheur de lever les obstacles qui s'opposèrent long-temps à l'entier succès de ses vues; il le dut aussi à sa conduite. Des louanges insérées dans l'*Histoire naturelle* étaient la récompense de l'intérêt que l'on prenait aux progrès de la science, et l'on regardait comme une sorte d'assurance d'immortalité l'honneur d'y voir inscrire son nom. D'ailleurs M. de Buffon avait eu le soin constant d'acquérir et de conserver du crédit auprès des ministres et de ceux qui, chargés par eux des détails, ont sur la décision et l'expédition des affaires une influence inévitable. Il se conciliait les uns en ne se permettant jamais d'avancer des opinions qui pussent les blesser, en ne paraissant point prétendre à les juger ; il s'assurait des autres en employant avec eux un ton d'égalité qui les flattait, et en se dépouillant de la supériorité que sa gloire et ses talents pouvaient lui donner. Ainsi aucun des moyens de contribuer aux progrès de la science à laquelle il s'était dévoué, n'avait été négligé. Ce fut l'unique objet de son ambition : sa considération, sa gloire, y étaient liées sans doute ; mais tant d'hommes séparent leurs intérêts de l'intérêt général, qu'il serait injuste de montrer de la sévérité pour ceux qui savent les réunir. Ce qui prouve à quel point M. de Buffon était éloigné de toute ambition vulgaire, c'est qu'appelé à Fontainebleau par le feu roi, qui voulait le consulter sur quelques points relatifs à la culture des forêts, et ce prince lui ayant proposé de se charger en chef de l'administration de toutes celles qui composent les domaines, ni l'importance de cette place, ni l'honneur si désiré d'avoir un travail particulier avec le roi, ne purent l'éblouir : il sentait qu'en interrompant ses travaux, il allait perdre une partie de sa gloire ; il sentait en même temps la difficulté de faire le bien : sur-tout il voyait d'avance la foule des courtisans et des administrateurs se réunir contre une supériorité si effrayante, et contre les conséquences d'un exemple si dangereux.

Placé dans un siècle où l'esprit humain s'agitant dans ses chaînes, les a relâchées toutes et en a brisé quelques-unes, où toutes les opinions ont été examinées, toutes les erreurs combattues, tous les anciens usages soumis à la discussion, où tous les esprits ont pris vers la liberté un essor inattendu, M. de Buffon parut n'avoir aucune part à ce mouvement général. Ce silence peut paraître singulier dans un philosophe dont les ouvrages prouvent qu'il avait considéré l'homme sous tous les rapports, et annoncent en même temps une manière de penser mâle et ferme, bien éloignée de ce penchant au doute, à l'incertitude qui conduit à l'indifférence.

Mais peut-être a-t-il cru que le meilleur moyen de détruire les erreurs en métaphysique et en morale, était de multiplier les vérités d'observation dans les sciences naturelles; qu'au lieu de combattre l'homme ignorant et opiniâtre, il fallait lui inspirer le désir de s'instruire : il était plus utile, selon lui, de prémunir les générations suivantes contre l'erreur, en accoutumant les esprits à se nourrir de vérités même indifférentes, que d'attaquer de front les préjugés enracinés et liés avec l'amour-propre, l'intérêt ou les passions de ceux qui les ont adoptés. La nature a donné à chaque homme son talent, et la sagesse consiste à y plier sa conduite : l'un est fait pour combattre, l'autre pour instruire ; l'un pour corriger et redresser les esprits, l'autre pour les subjuguer et les entraîner après lui.

D'ailleurs, M. de Buffon voulait élever le monument de l'*Histoire naturelle*, il voulait donner une nouvelle forme au Cabinet du Roi ; il avait besoin et de repos et du concours général des suffrages : or, quiconque attaque des erreurs, ou laisse seulement entrevoir son mépris pour elles, doit s'attendre à voir ses jours troublés, et chacun de ses pas embarrassé par des obstacles. Un vrai philosophe doit combattre les ennemis qu'il rencontre sur la route qui le conduit à la vérité, mais il serait maladroit d'en appeler de nouveaux par des attaques imprudentes.

Peu de savants, peu d'écrivains, ont obtenu une gloire aussi populaire que M. de Buffon, et il eut le bonheur de la voir continuellement s'accroître à mesure que les autres jouissances diminuant pour lui, celles de l'amour-propre lui devenaient plus nécessaires. Il n'essuya que peu de critiques, parce qu'il avait soin de n'offenser aucun parti, parce que la nature de ses ouvrages ne permettait guère à la littérature ignorante d'atteindre à sa hauteur. Les savants avaient presque tous gardé le silence, sachant qu'il y a peu d'honneur et peu d'utilité pour les sciences à combattre un système qui devient nécessairement une vérité générale si les faits le confirment, ou tombe de lui-même s'ils le contrarient.

D'ailleurs, M. de Buffon employa le moyen le plus sûr d'empêcher les critiques de se multiplier ; il ne répondit pas à celles qui parurent contre ses premiers volumes. Ce n'est point qu'elles fussent toutes méprisables ; celles de M. Haller, de M. Bonnet, de M. l'abbé de Condillac, celles même que plusieurs savants avaient fournies à l'auteur des *Lettres américaines*, pouvaient mériter des réponses qui n'eussent pas toujours été faciles. Mais en répondant, il aurait intéressé l'amour-propre de ses adversaires à continuer leurs critiques, et perpétué une guerre où la victoire, qui ne pouvait jamais être absolument complète, ne l'aurait pas dédommagé d'un temps qu'il était sûr d'employer plus utilement pour sa gloire.

Les souverains, les princes étrangers qui visitaient la France, s'empressaient de rendre hommage à M. de Buffon, et de le chercher au milieu de ces richesses de la nature rassemblées par ses soins. L'impératrice de Russie, dont le nom est lié à celui de nos plus célèbres philosophes, qui avait proposé inutilement à M. d'Alembert de se charger de l'éducation de son fils, et appelé auprès d'elle M. Diderot, après avoir répandu sur lui des bienfaits dont la délicatesse avec laquelle ils étaient offerts augmentait le prix ; qui avait rendu M. de Voltaire le confident de tout ce qu'elle entreprenait pour répandre les lumières, établir la tolérance et adoucir les lois ; l'impératrice de Russie prodiguait à M. de Buffon les marques de son admiration les plus capables de le toucher, en lui envoyant tout ce qui, dans ses vastes états, devait le plus exciter sa curiosité, et en choisissant, par une recherche ingénieuse, les productions singulières qui pouvaient servir de preuves à ses opinions. Enfin il eut l'honneur de recevoir dans sa retraite de Montbart ce héros en qui l'Europe admire le génie de Frédéric, et chérit l'humanité d'un sage, et qui vient aujourd'hui mêler ses regrets aux nôtres, et embellir par l'éclat de sa gloire la modeste simplicité des honneurs académiques.

M. de Buffon n'était occupé que d'un seul objet, n'avait qu'un seul goût; il s'était créé un style, et s'était fait une philosophie par ses réflexions plus encore que par l'étude : on ne doit donc pas s'étonner de ne trouver ni dans ses lettres, ni dans quelques morceaux échappés à sa plume, cette légèreté, cette simplicité qui doivent en être le caractère; mais presque toujours quelques traits font reconnaître le peintre de la nature, et dédommagent d'un défaut de flexibilité incompatible peut-être avec la trempe mâle et vigoureuse de son esprit. C'est à la même cause que l'on doit attribuer la sévérité de ses jugements, et cette sorte d'orgueil qu'on a cru observer en lui. L'indulgence suppose quelque facilité à se prêter aux idées et à la manière d'autrui, et il est difficile d'être sans orgueil, quand, occupé sans cesse d'un grand objet qu'on a dignement rempli, on est forcé en quelque sorte de porter toujours avec soi le sentiment de sa supériorité.

Dans la société, M. de Buffon souffrait sans peine

la médiocrité ; ou plutôt, occupé de ses propres idées, il ne l'apercevait pas, et préférait en général les gens qui pouvaient le distraire sans le contredire et sans l'assujettir au soin fatigant de prévenir leurs objections ou d'y répondre. Simple dans la vie privée ; y prenant sans effort le ton de la bonhomie, quoique aimant par goût la magnificence et tout ce qui avait quelque appareil de grandeur, il avait conservé cette politesse noble, ces déférences extérieures pour le rang et les places, qui étaient dans sa jeunesse le ton général des gens du monde, et dont plus d'amour pour la liberté et l'égalité, au moins dans les manières, nous a peut-être trop corrigés ; car souvent les formes polies dispensent de la fausseté, et le respect extérieur est une barrière que l'on oppose avec succès à une familiarité dangereuse. On aurait pu tirer de ces déférences qui paraissaient exagérées, quelques inductions défavorables au caractère de M. de Buffon, si dans des circonstances plus importantes il n'avait montré une hauteur d'âme et une noblesse supérieures à l'intérêt comme au ressentiment.

Il avait épousé en 1752 mademoiselle de Saint-Belin, dont la naissance, les agréments extérieurs et les vertus réparèrent à ses yeux le défaut de fortune. L'âge avait fait perdre à M. de Buffon une partie des agréments de la jeunesse ; mais il lui restait une taille avantageuse, un air noble, une figure imposante, une physionomie à la fois douce et majestueuse. L'enthousiasme pour le talent fit disparaître aux yeux de madame de Buffon l'inégalité d'âge; et dans cette époque de la vie où la félicité semble se borner à remplacer par l'amitié et les souvenirs mêlés de regrets un bonheur plus doux qui nous échappe, il eut celui d'inspirer une passion tendre, constante, sans distraction comme sans nuage : jamais une admiration plus profonde ne s'unit à une tendresse plus vraie. Ces sentiments se montraient dans les regards, dans les manières, dans les discours de madame de Buffon, et remplissaient son cœur et sa vie. Chaque nouvel ouvrage de son mari, chaque nouvelle palme ajoutée à sa gloire, étaient pour elle une source de jouissances d'autant plus douces, qu'elles étaient sans retour sur elle-même, sans aucun mélange de l'orgueil que pouvait lui inspirer l'honneur de partager la considération et le nom de M. de Buffon; heureuse du seul plaisir d'aimer et d'admirer ce qu'elle aimait, son âme était fermée à toute vanité personnelle, comme à tout sentiment étranger. M. de Buffon n'a conservé d'elle qu'un fils, M. le comte de Buffon, major en second du régiment d'Angoumois, qui porte avec honneur, dans une autre carrière, un nom à jamais célèbre dans les sciences, dans les lettres et dans la philosophie.

M. de Buffon fut long-temps exempt des pertes qu'amène la vieillesse : il conserva également et toute la vigueur des sens et toute celle de l'âme; toujours plein d'ardeur pour le travail, toujours constant dans sa manière de vivre, dans ses délassements comme dans ses études, il semblait que l'âge de la force se fût prolongé pour lui au-delà des bornes ordinaires. Une maladie douloureuse vint troubler et accélérer la fin d'une si belle carrière : il lui opposa la patience, eut le courage de s'en distraire par une étude opiniâtre ; mais il ne consentit jamais à s'en délivrer par une opération dangereuse. Le travail, les jouissances de la gloire, le plaisir de suivre ses projets pour l'agrandissement du Jardin et du Cabinet du Roi, suffisaient pour l'attacher à la vie ; il ne voulut pas la risquer contre l'espérance d'un soulagement souvent passager et suivi quelquefois d'infirmités pénibles, qui, lui ôtant une partie de ses forces, auraient été pour une âme active plus insupportables que la douleur. Il conserva presque jusqu'à ses derniers moments le pouvoir de s'occuper avec intérêt de ses ouvrages et des fonctions de sa place, la liberté entière de son esprit, toute la force de sa raison, et pendant quelques jours seulement il cessa d'être l'homme illustre dont le génie et les travaux occupaient l'Europe depuis quarante ans.

Les sciences le perdirent le 16 avril 1788.

Lorque de tels hommes disparaissent de la terre, aux premiers éclats d'un enthousiasme augmenté par les regrets, et aux derniers cris de l'envie expirante, succède bientôt un silence redoutable, pendant lequel on prépare avec lenteur le jugement de la postérité. On relit paisiblement, pour l'examiner, ce qu'on avait lu pour l'admirer, le critiquer, ou seulement pour le vain plaisir d'en parler. Des opinions conçues avec plus de réflexion, motivées avec plus de liberté, se répandent peu à peu, se modifient, se corrigent les unes les autres; et à la fin une voix presque unanime s'élève, et prononce un arrêt que rarement les siècles futurs doivent révoquer.

Ce jugement sera favorable à M. de Buffon; il restera toujours dans la classe si peu nombreuse des philosophes dont une postérité reculée lit encore les ouvrages. En général, elle se rappelle leurs noms; elle s'occupe de leurs découvertes, de leurs opinions : mais c'est dans des ouvrages étrangers qu'elle va les rechercher, parce qu'elles s'y présentent débarrassées de tout ce que les idées particulières au siècle, au pays où ils ont vécu, peuvent y avoir mêlé d'obscur, de vague ou d'inutile; rarement le charme de style peut-il compenser ces effets inévitables du temps et du progrès des esprits; mais M. de Buffon doit échapper à cette règle commune, et la postérité placera ses ouvrages à côté des Dialogues du disciple de Socrate, et des Entretiens du philosophe de Tusculum.

L'histoire des sciences ne présente que deux hommes qui, par la nature de leurs ouvrages, paraissent se rapprocher de M. de Buffon, Aristote et Pline. Tous deux infatigables comme lui dans le travail, étonnants par l'immensité de leurs connaissances, et par celle des plans qu'ils ont conçus et exécutés, tous deux respectés pendant leur vie et honorés après leur mort par leurs concitoyens, ont vu leur gloire survivre aux révolutions des opinions et des empires, aux nations qui les ont produits, et même aux langues qu'ils ont employées; et ils semblent par leur exemple promettre à M. de Buffon une gloire non moins durable.

Aristote porta sur le mécanisme des opérations de l'esprit humain, sur les principes de l'éloquence et de la poésie, le coup d'œil juste et perçant d'un philosophe, dicta au goût et à la raison des lois auxquelles ils obéissent encore, donna le premier exemple, trop tôt oublié, d'étudier la nature dans la seule vue de la connaître et de l'observer avec précision comme avec méthode.

Placé dans une nation moins savante, Pline fut plutôt un compilateur de relations qu'un philosophe observateur; mais comme il avait embrassé dans son plan tous les travaux des arts et tous les phénomènes de la nature, son ouvrage renferme les mémoires les plus précieux et les plus étendus que l'antiquité nous ait laissés pour l'histoire des progrès de l'espèce humaine.

Dans un siècle plus éclairé, M. de Buffon a réuni ses propres observations à celles que ses immenses lectures lui ont fournies; son plan, moins étendu que celui de Pline, est exécuté d'une manière plus complète; il présente et discute les résultats qu'Aristote n'avait osé qu'indiquer.

Le philosophe grec n'a mis dans son style qu'une précision méthodique et sévère, et n'a parlé qu'à la raison.

Pline, dans un style noble, énergique et grave,

laisse échapper des traits d'une imagination forte, mais sombre, et d'une philosophie souvent profonde, mais presque toujours austère et mélancolique.

M. de Buffon, plus varié, plus brillant, plus prodigue d'images, joint la facilité à l'énergie, les graces à la majesté ; sa philosophie, avec un caractère moins prononcé, est plus vraie et moins affligeante. Aristote semble n'avoir écrit que pour les savants, Pline pour les philosophes, M. de Buffon pour tous les hommes éclairés.

Aristote a été souvent égaré par cette vaine métaphysique des mots, vice de la philosophie grecque, dont la supériorité de son esprit ne put entièrement le garantir.

La crédulité de Pline a rempli son ouvrage de fables qui jettent de l'incertitude sur les faits qu'il rapporte, lors même qu'on n'est pas en droit de les reléguer dans la classe des prodiges.

On n'a reproché à M. de Buffon que ses hypothèses : ce sont aussi des espèces de fables, mais des fables produites par une imagination active qui a besoin de créer, et non par une imagination passive qui cède à des impressions étrangères.

On admirera toujours dans Aristote le génie de la philosophie ; on étudiera dans Pline les arts et l'esprit des anciens, on y cherchera ces traits qui frappent l'âme d'un sentiment triste et profond : mais on lira M. de Buffon pour s'intéresser comme pour s'instruire ; il continuera d'exciter pour les sciences naturelles un enthousiasme utile, et les hommes lui devront long-temps et les doux plaisirs que procurent à une âme jeune encore les premiers regards jetés sur la nature, et ces consolations qu'éprouve une âme fatiguée des orages de la vie, en reposant sa vue sur l'immensité des êtres paisiblement soumis à des lois éternelles et nécessaires.

CONDORCET, *Éloge de Buffon.* *

JUGEMENTS.

I.

Ses écrits m'instruiront et me plairont toute ma vie. Je lui crois des égaux parmi ses contemporains en qualité de penseur et de philosophe; mais en qualité d'écrivain je ne lui en connais point : c'est la plus belle plume de son siècle; je ne doute point que ce ne soit là le jugement de la postérité.

J.-J. ROUSSEAU, *Lettre à M. D***.*

II.

Le milieu du XVIIIe siècle fut marqué par trois grandes entreprises, l'*Esprit des lois*, l'*Histoire naturelle*, et l'*Encyclopédie*, trois mémorables productions qui parurent presqu'en même temps, mais qui n'avaient pas, à beaucoup près, le même ca-

---

* Voyez encore l'Éloge de Buffon par Vicq-d'Azyr, son successeur à l'Académie française, et la *Notice sur la vie et les ouvrages de Buffon*, mise en tête de la belle édition des *OEuvres complètes* de cet auteur, par M. le comte de Lacépède : Paris, Rapet, 1817—19, 17 volumes in-8°, avec figures.

Le libraire Verdière publie en ce moment, par souscription, une très belle édition des *OEuvres complètes de Buffon*, avec les descriptions anatomiques par Daubenton, 40 vol. in-8°, ornés de jolies figures lithographiées

ractère ni le même dessein, quoique appartenant toutes trois à cet esprit philosophique dont je dois suivre la marche et les différents effets. La seconde de ces trois productions, qui par elle-même appartient aux sciences physiques, nous serait ici étrangère, si l'auteur, qui sut réunir aux connaissances du naturaliste le talent de l'écrivain, n'exigeait pas de nous, sous ce rapport, le tribut d'honneur que tout Français doit à un homme tel que Buffon, dont le nom est un des titres de la gloire nationale. Je laisse aux savants à examiner ce qu'il a été dans la science; mais on convient qu'il en a embelli la langue; et ses hypothèses, qui depuis long-temps ne séduisent plus personne, n'ôtent rien au mérite de son style qui, dans la partie descriptive et historique de ses ouvrages, a toujours charmé ses lecteurs, dont la plupart ne peuvent guère savoir, ou même s'embarrassent peu s'il les a trompés. Il est du petit nombre des écrivains originaux qui ont donné à l'idiome qu'ils maniaient le caractère de leur génie, en même temps qu'ils l'appropriaient à des sujets nouveaux. Beaucoup d'auteurs avaient écrit sur la physique; mais Buffon fut le premier qui des immenses richesses de cette science ait fait celles de la langue française, sans corrompre ou dénaturer ni l'une ni l'autre. Son livre est, en ce genre, un trésor de beautés inconnues avant lui. Il y règne un ton d'élévation soutenue. Sa phrase a du nombre, et son expression a de la force. Ce sont là les qualités de son talent, auquel il n'a manqué, ce me semble, qu'un peu plus de souplesse et de flexibilité. L'historien de la nature est noble, fécond, majestueux comme elle, mais pas toujours aussi varié*. Comme elle, il s'élève sans efforts et sans secousse : il sait ensuite descendre aux petits détails sans y paraître étranger; mais il nous attacherait encore davantage si le travail, qui soigne toujours sa composition, ne lui ôtait pas la grace de la simplicité. Ce n'est pas qu'il soit jamais ni raide comme Thomas, ni apprêté comme Fontenelle; mais la noblesse de sa diction, toujours travaillée, ne lui permet guère le gracieux que les lecteurs délicats peuvent désirer, parce que le sujet le comportait. D'ailleurs, sublime quand il déploie à nos yeux l'immensité des êtres, quand il peint les bienfaits ou les rigueurs de la nature, les productions de la terre et les influences des climats, il est peut-être moins intéressant lorsqu'il nous raconte les mœurs de ces animaux devenus nos amis et nos bienfaiteurs, qu'il n'est énergique et terrible quand il décrit ceux que leur férocité sauvage a mis contre nous en état de guerre. Juste envers les anciens qui l'ont précédé dans le même genre, il loue de bonne foi Pline et Aristote; et, dans l'opinion générale, il est plus grand écrivain que tous les deux.

* Je dois avouer qu'ici je restreins en ce point l'éloge que j'avais fait de lui il y a vingt ans, et qui se trouve dans mes articles de littérature et de critique. Je disais alors *varié comme elle*. Je l'avais lu avec moins d'attention, et j'avais trop pris l'intention de varier pour la variété même. Je me suis aperçu depuis que Buffon manquait de cette flexibilité qui fait que l'auteur paraît changer de style et d'esprit en changeant de sujet. Buffon ne va pas jusque-là : sa manière d'écrire, pour peu qu'on y regarde de près, a partout de la ressemblance, et j'en explique ici les raisons

N'a-t-on pas outré la critique quand on lui a fait une sorte de reproche de cette même éloquence de style qui a fait sa gloire et la fortune de son livre? J'ose croire que cette critique, qui est de Voltaire, est une de ces injustices trop fréquentes, qui, successivement rappelées et démontrées, infirmeront plus ou moins son autorité dans les matières même où elle est en général reconnue : il aurait voulu que Buffon se réduisît à *instruire*; mais, excepté les sciences de calcul, je ne connais, je l'avoue, aucun genre où il soit défendu de plaire en instruisant, pourvu qu'il n'y ait pas disconvenance entre le genre et les ornements. Est-elle dans Buffon? Je ne l'y ai pas vue; et ce n'est pas de lui qu'il fallait dire :

Dans un style ampoulé parlez-nous de physique.
(VOLTAIRE.)

Du moins je ne me suis point aperçu qu'il y eût chez lui d'enflure, et je ne l'aime pas plus qu'un autre. Le plaisir ne nuit point à l'instruction; au contraire, c'est le plaisir même que l'on trouvait à lire Buffon qui a familiarisé parmi nous l'étude de la nature; et ses détracteurs lui font un tort de ce qui est un mérite, non pas par l'agrément seul, mais encore par l'utilité, s'il est vrai qu'il y en ait eu à répandre parmi nous le goût de cette science, et généralement il y en a. Je sais que la mode, qui, en France, se mêle de tout pour tout gâter, en avait fait un abus; et j'avoue que je n'approuve pas plus les femmes qui suivaient les cours de physique, de chimie et d'anatomie, que Boileau n'approuvait les écolières de Sauveur et de Roberval. Mais c'est l'inconvénient attaché à tout, et il ne détruit pas ce qui est bien en soi : le remède d'ailleurs naît bientôt de la même source que le mal, parce qu'une mode succédant à une mode, toutes passent ainsi l'une après l'autre, et il n'en reste bientôt que l'avantage de l'instruction pour ceux qui doivent être instruits.

Si Buffon eût donné dans l'affectation et l'emphase, je ne songerais pas à l'excuser ; mais il ne me paraît pas qu'il aille chercher le sublime hors de l'occasion et hors des choses ; il le saisit quand il se présente à lui. Longin, qui l'admet dans les historiens, ne l'aurait pas interdit sans doute à celui de la nature. Pourquoi voudrait-on que le style de Buffon fût moins élevé et moins riche que son génie et son sujet? Et quel sujet! En est-il un plus fait pour agrandir la pensée et l'expression? Quoi! l'aspect de la nature, considérée seulement dans les objets qu'elle offre à tous les yeux, émeut tout homme qui n'est pas insensible; elle frappe notre imagination par des impressions continuelles et contrastées : les horreurs d'une solitude sauvage dans le moment où la nuit vient encore la noircir, et le charme d'une campagne riante quand le jour vient l'éclairer, les détours des bocages et les profondeurs des cavernes, la fraîcheur des prairies et la vieillesse des forêts, le menaçant orgueil des montagnes et l'agreste simplicité du hameau qui est à leurs pieds, la majesté des mers dans leur calme et dans leur courroux; tous ces objets agissent sur nous, nous donnent de nouvelles sensations et de nouvelles idées; le voyageur, même vulgaire, devient éloquent quand il a vu les Alpes : et celui dont les regards embrassent l'universalité de la création, et dont l'intelligence habite dans l'infini; celui qu'une contemplation habituelle arrête sur un spectacle toujours sublime, n'aurait pas le droit de l'être ! C'est parce que Buffon l'a été, c'est parce que son imagination a bien servi l'écrivain, qu'elle me paraît plus excusable d'avoir égaré le philosophe. Je serais beaucoup moins porté à excuser celui-ci, comme on l'a fait quelquefois, en regardant ses conjectures inconséquentes et erronées comme une espèce de force : je ne sais ce que c'est qu'une force qui vous écarte du but; et si quelquefois ce peut en être une, ce n'est pas du moins en philosophie; la philosophie n'en a point d'autre que la vérité. Le vrai sage ne peut être irrité ni humilié des bornes que la nature universelle ne lui oppose que quand il veut sortir de la sienne propre. L'homme est assez grand par le seul usage de sa pensée et par l'espace qu'il lui est permis de parcourir; et, soit qu'il soumette les cieux à ses calculs, soit que l'organisation d'un insecte confonde sa raison, il doit sentir toute sa puissance sans orgueil, et toute sa faiblesse sans découragement.

Les erreurs de Buffon l'ont exposé à un reproche plus grave, dont j'ai déjà parlé, et que je ne rappelle ici que pour observer à sa louange qu'il a du moins, autant qu'il était en lui, prévenu, par un acte solennel de soumission à l'Église, l'abus qu'on pourrait faire de ses théories conjecturales sur la formation du globe. Il sut que la religion y avait paru compromise ; et il se hâta de déclarer, dans un des volumes de son *Histoire naturelle*, qu'il professait le plus profond respect pour nos saintes Écritures, et pour l'autorité de l'Église, qui en est la seule interprète. Il expliqua ses hypothèses de manière à faire voir qu'elles pouvaient s'accorder avec le récit de la création dans la Genèse, et désavoua formellement toutes les conséquences que l'irréligion en voudrait tirer. La Sorbonne, qui était prête à le censurer, crut devoir se contenter de cet acte de christianisme ; et, plus prudente que l'Inquisition d'Italie, qui avait autrefois condamné Galilée fort mal à propos de toute manière[*], la Sorbonne se souvint du *mundum tradidit disputationi eorum*, et pensa qu'on pouvait laisser conjecturer les physiciens sur ce que l'auteur de la nature n'avait pas jugé nécessaire d'expliquer.

La Harpe, *Cours de Littérature*.

III.

Il est autant supérieur à Pline, que la saine philosophie de nos jours l'emporte sur les erreurs de l'ancienne physique. Son *Histoire naturelle* est un monument d'éloquence et de génie qui nous est envié par toute l'Europe, et qui a eu dans MM. Gué-

[*] Si l'inquisition eût alors été plus instruite, elle aurait vu que le mouvement de la terre ou le mouvement du soleil était absolument indifférent à un miracle de la toute puissance divine, qui peut déroger, quand il lui plaît, à un ordre de choses qui n'est que contingent, et que par conséquent le système de Galilée ne contredisait nullement le miracle de Josué. (*Voyez* dans l'*Apologie de la Religion*, le chapitre *des Miracles*, et ce qui est dit du mouvement)

neau de Montbeillard et de Lacépède, des continuateurs dignes de coopérer à cet immortel ouvrage.

Le plus grand éloge que nous puissions faire de Buffon est de reconnaître que partout il a été égal à son sujet. Non-seulement il est admirable dans les plus petits détails, mais lorsqu'on lit sa *Première* et sa *Seconde Vue*, on serait tenté de croire que, participant à l'intelligence suprême, il a surpris les secrets du Créateur pour lever le plan de la nature.

Son style a paru trop poétique à quelques esprits chagrins et jaloux qui ont prétendu qu'il avait écrit le roman plutôt que l'histoire de la nature*. Mais à

---

* Voltaire faisait allusion à Buffon dans ce vers :

Dans un style ampoulé parlez-nous de physique.

On citait un jour devant Voltaire l'*Histoire naturelle* : *Pas si naturelle*, dit-il. On a bien justifié Buffon du reproche d'enflure et d'affectation que renferment ce vers et cette saillie. Le jugement de Voltaire pouvait être un peu suspect, non d'envie, comme on l'a prétendu, mais de ressentiment. Pour avoir soutenu que les bancs de coquillages découverts au sommet des Alpes n'étaient autre chose que des coquilles détachées du chaperon ou du collet des pèlerins qui allaient à Rome, il s'était attiré des railleries fort piquantes de la part de Buffon ; il les lui rendit, en se moquant de la terre qui n'était qu'une éclaboussure du soleil, des moules organiques intérieurs, et enfin du style de l'*Histoire naturelle*. On persuada facilement à ces deux grands écrivains de se réconcilier. Buffon ayant envoyé une nouvelle édition de ses Œuvres à Voltaire, celui-ci lui écrivit une lettre de remercîment fort aimable, où il lui parlait de son prédécesseur *Archimède premier*. Buffon répondit qu'on ne dirait jamais *Voltaire second*, et cet échange de politesses mit fin à tout démêlé entre eux. « Je ne veux pas, disait « Voltaire, rester brouillé avec M. de Buffon pour des coquilles. »

D'Alembert, qu'on ne peut comparer à Voltaire pour le goût, et qui n'aimait point l'auteur de l'*Histoire naturelle*, disait un jour à Rivarol : « Ne « me parlez pas de votre Buffon, de ce comte de Tuffière, qui, au lieu de « nommer simplement le *cheval*, dit : *La plus noble conquête que l'homme*

qui convenait-il de peindre, sinon à l'historien des merveilles de l'univers? Et le moyen de peindre en maître, sans dérober quelquefois le feu sacré de la poésie!

Palissot, *Mémoires sur la Littérature.*

IV.

Quel est celui qui s'avance d'un pas ferme et gigantesque dans cette route encore infréquentée? C'est un orateur, c'est un poète, c'est un philosophe, c'est Buffon! Buffon, dont la tête est vaste comme le monde, dont l'imagination est féconde comme la nature. Les siècles qui se sont écoulés, les siècles qui s'écouleront, lui sont présents : ni la hauteur des cieux, ni les profondeurs de la terre, ni l'immensité que le regard humain ne peut embrasser, ni l'exiguité qu'il ne peut saisir, ne dérobent un secret à son génie. Confident de l'origine et de la fin des choses, il voit, il devine, il explique, depuis l'énorme quadrupède qui pèse sur le globe, jusqu'au chétif animal dont l'herbe abrite la petitesse; ses yeux ont tout observé, sa plume a tout décrit : exact et magnifique, majestueux et simple, il semble imaginer quand il définit; quand il peint, il semble créer. Un idiome vulgaire ne traduit qu'imparfaitement les conceptions de cet esprit supérieur. Cette langue neuve et sublime comme

---

« ait jamais faite, est celle de ce fier et fougueux animal, etc. Oui, re-
« prit Rivarol, c'est comme ce sot de J.-B. Rousseau qui s'avise de dire :

Des bords sacrés où naît l'aurore
Aux bords enflammés du couchant,

« au lieu de dire, *de l'est à l'ouest.* » La réponse est vive et plaisante.

ses idées, cette langue que parle Buffon, il se l'est faite.

ARNAULT.

V.

Il ne manquerait rien à Buffon s'il avait eu autant de sensibilité que d'éloquence. Remarque étrange, que nous avons lieu de faire à tous moments, que nous répétons jusqu'à satiété, et dont nous ne saurions trop convaincre le siècle : *sans religion point de sensibilité*. Buffon surprend par son style; mais rarement il attendrit. Lisez l'admirable article du chien; tous les chiens y sont : le chien chasseur, le chien berger, le chien sauvage, le chien grand seigneur, le chien petit-maître, etc. Qu'y manque-t-il enfin? le chien de l'aveugle. Et c'est celui-là dont se fût d'abord souvenu un chrétien.

En général, les rapports tendres ont échappé à Buffon. Et néanmoins rendons justice à ce grand peintre de la nature : son style est d'une perfection rare. Pour garder aussi bien les convenances, pour n'être jamais ni trop haut ni trop bas, il faut avoir soi-même beaucoup de mesure dans l'esprit et dans la conduite.

CHATEAUBRIAND, *Génie du Christianisme.*

VI.

Dans les discours intitulés : *Première, Seconde et Troisième Vues de la Nature*, Buffon a manifesté comment la vigueur d'un noble esprit peut fournir une vaste carrière sans repos et sans lassitude, la parcourir d'un vol toujours tendu, se maintenir sur les sommités, et planant, pour ainsi dire, dans le sublime, monter au plus haut degré pour mieux embrasser le magnifique ensemble des détails aperçus et recueillis dans sa route, et assister de là au grand spectacle des mouvements de l'univers. Il a vu d'abord la terre sortir informe en sa naissance des mains du créateur; sa force en sa verte jeunesse lui apparaît inculte, brute, hérissée, et n'enfantant que des animaux sauvages. Bientôt dans sa maturité, il la voit travaillée, fertilisée, enrichie en tous ses continents par l'industrie des hommes. Les révolutions des âges lui figurent enfin sa vieillesse : son appauvrissement lui rappelle les générations qu'elle a nourries et qui l'ont épuisée; mais sa force végétative se ranime, la renouvelle, et le monde physique se succède à perpétuité devant son historien. A peine a-t-on lu ces courtes pages qu'elles ont imprimé en abrégé dans la mémoire un ineffaçable exemplaire du livre de tant de merveilles, où la création est peinte en un tableau lumineux, vivant, parfait, immense et durable comme son modèle.

LEMERCIER, *Cours analytique de Littérature.*

VII.

Le génie de Buffon avait plus d'un rapport avec celui qui animait ces philosophes de la Grèce, dont l'imagination était si vive et si hardie. Il s'indigna contre ceux qui voulaient faire de l'histoire de la nature une simple nomenclature, un recueil de faits unis entre eux par des liens artificiels. La chaleur de son esprit s'appliqua à pénétrer tout d'un coup dans les principes de la nature, pour révéler son secret; et aussi à la présenter sous ses rapports pittoresques. Tel est le double emploi que Buffon a fait de son éloquence.

Le caractère et les habitudes des animaux, l'aspect et la physionomie des contrées, furent retracés par son pinceau avec une inconcevable magie. L'impression souvent vague que nous recevons de la première vue des objets, est par lui reproduite avec une précision et une simplicité qui étonnent à chaque instant. En lisant *Buffon*, on sent de nouveau ce qu'on avait éprouvé sans bien le définir; on retrouve le sentiment qu'avait fait naître en nous l'aspect du cheval parcourant fièrement la prairie, ou de l'âne portant son fardeau avec patience. La peinture des frimats éternels revient glacer tous nos sens; et quand il nous représente les marais fangeux de l'Amérique méridionale, une impression profonde de dégoût et d'horreur nous saisit entièrement. Jamais peintre ne montra plus d'imagination que Buffon. Son langage, où quelques personnes ne veulent voir que les traces de la patience et de l'art, est en même temps la représentation fidèle des sensations les plus vives. Souvent il a une telle vérité, que le lecteur se sent ému jusqu'au fond du cœur, comme si l'auteur avait voulu peindre les effets des passions. On agit sur l'âme dès qu'on parvient à représenter avec justesse et profondeur le moindre de ses mouvements.

Le style de Buffon n'est pas moins parfait lorsqu'il remonte aux causes générales, et qu'il expose ses brillantes hypothèses; il est alors d'une clarté et d'une simplicité persuasives; il participe à la grandeur du sujet; les preuves et l'observation des faits sont fondues avec la théorie d'une manière insensible. Rien ne sent la peine dans ses *Discours;* ils ont quelque chose de grave et d'élevé à la fois; ils sont dignes sans être ambitieux. L'auteur semble, d'un vaste regard, embrasser la nature, sans être troublé d'un tel spectacle, bien qu'il en apprécie la grandeur; en un mot, aucun écrivain du XVIIIe siècle ne parla un plus beau langage que Buffon, ou, pour mieux dire, n'eut de plus grandes pensées. Il se rapproche plus que tout autre des auteurs du siècle précédent, qui disposaient si hardiment de la langue, de manière à lui imprimer le caractère de leur âme et de leurs pensées. Mais Buffon a traité des sujets d'un intérêt moins profond et moins général.

On doit observer, dans les écrits et dans la science de Buffon, les traces du temps où il vivait. Un siècle avant, un homme s'était, comme lui, occupé de l'étude de la nature. Descartes avait eu aussi la noble ambition de la connaître; mais ce qui avait sur-tout agité son esprit, c'était la liaison de la nature morale à la nature physique. Pendant toute sa vie, il s'occupa à leur trouver un centre commun; et en lisant ses ouvrages, on voit combien cette importante question pesa sur son âme. Pascal lui reprocha d'avoir fait tout son possible pour se passer de Dieu dans son système, sans songer qu'un tel génie ne pouvait rendre un plus éclatant hommage à la divinité, et à toutes les idées morales, qui ne peuvent se rattacher qu'à cette première source. Buffon, placé à une autre époque, ne songea qu'à la nature physique. On s'était lassé de vouloir aller plus haut ; les esprits avaient pris un autre cours ; on était parvenu à se passer de Dieu, ou du moins il était écarté de tous les travaux des philosophes ; ceux qui abordaient la grande question, penchaient à n'admettre qu'une seule nature, la nature physique. Buffon se tint toujours éloigné d'un pareil sujet, et, malgré la grandeur de son esprit, ne se montra point animé du désir de s'en occuper.

DE BARANTE, *De la Littérature française pendant le XVIIIe siècle.*

MORCEAUX CHOISIS.

I. Au Dieu de Paix.

Grand Dieu, dont la seule présence soutient la nature et maintient l'harmonie des lois de l'univers ; vous qui, du trône immobile de l'empirée, voyez rouler sous vos pieds toutes les sphères célestes, sans choc et sans confusion ; qui, du sein du repos, reproduisez à chaque instant leurs mouvements immenses, et seul régissez dans une paix profonde ce nombre infini de cieux et de mondes ; rendez, rendez enfin le calme à la terre agitée ! Qu'elle soit dans le silence ! Qu'à votre voix la discorde et la guerre cessent de faire retentir leurs clameurs orgueilleuses.

Dieu de bonté, auteur de tous les êtres, vos regards paternels embrassent tous les objets de la création ; mais l'homme est votre être de choix ; vous avez éclairé son âme d'un rayon de votre lumière immortelle ; comblez vos bienfaits en pénétrant son cœur d'un trait de votre amour : ce sentiment divin, se répandant partout, réunira les nations ennemies; l'homme ne craindra plus l'aspect de l'homme, le fer homicide n'armera plus sa main; le feu dévorant de la guerre ne fera plus tarir la source des générations; l'espèce humaine, maintenant affaiblie, mutilée, moissonnée dans sa fleur, germera de nouveau, et se multipliera sans nombre; la nature accablée sous le poids des fléaux, stérile, abandonnée, reprendra bientôt, avec une nouvelle vie, son ancienne fécondité; et nous, Dieu bienfaiteur, nous la seconderons, nous la cultiverons, nous l'observerons sans cesse, pour vous offrir à chaque instant un nouveau tribut de reconnaissance et d'admiration!

Époques de la Nature.

II. Le premier homme raconte ses premières impressions *.

Je me souviens de cet instant plein de joie et de trouble où je sentis pour la première fois ma singulière existence : je ne savais ce que j'étais, où j'étais, d'où je venais. J'ouvris les yeux : quel surcroît de sensation! la lumière, la voûte céleste, la verdure de la terre, le cristal des eaux, tout m'occupait, m'animait, et me donnait un sentiment inexprimable de plaisir. Je crus d'abord que tous ces objets étaient en moi, et faisaient partie de moi-même.

Je m'affermissais dans cette pensée naissante, lorsque je tournai les yeux vers l'astre de la lumière; son éclat me blessa; je fermai involontairement la

* Voyez le même sujet, traité par Delille, à l'article M...on

paupière, et je sentis une légère douleur. Dans ce moment d'obscurité, je crus avoir perdu tout mon être.

Affligé, saisi d'étonnement, je pensais à ce grand changement, quand tout-à-coup j'entends des sons : le chant des oiseaux, le murmure des airs, formaient un concert dont la douce impression me remuait jusqu'au fond de l'âme; j'écoutai long-temps, et je me persuadai bientôt que cette harmonie était moi.

Attentif, occupé tout entier de ce nouveau genre d'existence, j'oubliais déjà la lumière, cette autre partie de mon être que j'avais connue la première, lorsque je rouvris les yeux. Quelle joie de me retrouver en possession de tant d'objets brillants! Mon plaisir surpassa tout ce que j'avais senti la première fois, et suspendit pour un temps le charmant effet des sons.

Je fixai mes regards sur mille objets divers; je m'aperçus bientôt que je pouvais perdre et retrouver ces objets, et que j'avais la puissance de détruire et de reproduire à mon gré cette belle partie de moi-même; et, quoiqu'elle me parût immense en grandeur, et par la quantité des accidents de lumière, et par la variété des couleurs, je crus reconnaître que tout était contenu dans une portion de mon être.

Je commençais à voir sans émotion, et à entendre sans trouble, lorsqu'un air léger dont je sentis la fraîcheur, m'apporta des parfums qui me causèrent un épanouissement intime, et me donnèrent un sentiment d'amour pour moi-même.

Agité par toutes ces sensations, pressé par les plaisirs d'une si belle et si noble existence, je me levai tout d'un coup, et je me sentis transporté par une force inconnue.

Je ne fis qu'un pas; la nouveauté de ma situation me rendit immobile, ma surprise fut extrême, je crus que mon existence fuyait : le mouvement que j'avais fait avait confondu les objets; je m'imaginais que tout était en désordre.

Je portai la main sur ma tête, je touchai mon front et mes yeux, je parcourus mon corps : ma main me parut être alors le principal organe de mon existence. Ce que je sentais dans cette partie était si distinct et si complet; la jouissance m'en paraissait si parfaite, en comparaison du plaisir que m'avait causé la lumière et les sons, que je m'attachai tout entier à cette partie solide de mon être, et je sentis que mes idées prenaient de la profondeur et de la réalité.

Tout ce que je touchais sur moi semblait rendre à ma main sentiment pour sentiment, et chaque attouchement produisait dans mon âme une double idée.

Je ne fus pas long-temps sans m'apercevoir que cette faculté de sentir était répandue dans toutes les parties de mon être; je reconnus bientôt les limites de mon existence, qui m'avait paru d'abord immense en étendue.

J'avais jeté les yeux sur mon corps; je le jugeais d'un volume énorme, et si grand, que tous les objets qui avaient frappé mes yeux ne me paraissaient, en comparaison, que des points lumineux.

Je m'examinai long-temps; je me regardais avec

plaisir, je suivais ma main de l'œil, et j'observais ses mouvements. J'eus sur tout cela les idées les plus étranges; je croyais que le mouvement de ma main n'était qu'une espèce d'existence fugitive, une succession de choses semblables; je l'approchai de mes yeux : elle me parut alors plus grande que tout mon corps, et elle fit disparaître à ma vue un nombre infini d'objets.

Je commençai à soupçonner qu'il y avait de l'illusion dans cette sensation qui me venait par les yeux. J'avais vu distinctement que ma main n'était qu'une petite partie de mon corps, et je ne pouvais comprendre qu'elle fût augmentée au point de me paraître d'une grandeur démesurée. Je résolus donc de ne me fier qu'au toucher, qui ne m'avait pas encore trompé, et d'être en garde sur toutes les autres façons de sentir et d'être.

Cette précaution me fut utile : je m'étais remis en mouvement, et je marchais la tête haute et levée vers le ciel; je me heurtai légèrement contre un palmier; saisi d'effroi, je portai ma main sur ce corps étranger; je le jugeai tel, parce qu'il ne me rendit pas sentiment pour sentiment. Je me détournai avec une espèce d'horreur, et je connus, pour la première fois, qu'il y avait quelque chose hors de moi.

Plus agité par cette nouvelle découverte que je ne l'avais été par toutes les autres, j'eus peine à me rassurer; et, après avoir médité sur cet évènement, je conclus que je devais juger des objets extérieurs comme j'avais jugé des parties de mon corps, et qu'il n'y avait que le toucher qui pût m'assurer de leur existence.

Je cherchais donc à toucher tout ce que je voyais : je voulais toucher le soleil; j'étendais les bras pour embrasser l'horizon, et je ne trouvais que le vide des airs.

A chaque expérience que je tentais, je tombais de surprise en surprise; car tous les objets paraissaient être également près de moi, et ce ne fut qu'après une infinité d'épreuves que j'appris à me servir de mes yeux pour guider ma main; et comme elle me donnait des idées toutes différentes des impressions que je recevais par le sens de la vue, mes sensations n'étant pas d'accord entre elles, mes jugements n'en étaient que plus imparfaits, et le total de mon être n'était encore pour moi-même qu'une existence en confusion.

Profondément occupé de moi, de ce que j'étais, de ce que je pouvais être, les contrariétés que je venais d'éprouver m'humilièrent. Plus je réfléchissais, plus il se présentait de doutes. Lassé de tant d'incertitudes, fatigué des mouvements de mon âme, mes genoux fléchirent, et je me trouvai dans une situation de repos. Cet état de tranquillité donna de nouvelles forces à mes sens.

J'étais assis à l'ombre d'un bel arbre : des fruits d'une couleur vermeille descendaient, en forme de grappe, à la portée de ma main. Je les touchai légèrement; aussitôt ils se séparèrent de la branche, comme la figue s'en sépare dans le temps de sa maturité.

J'avais saisi un de ces fruits; je m'imaginai avoir fait une conquête, et je me glorifiai de la faculté que je sentais de pouvoir contenir dans ma main un autre être tout entier. Sa pesanteur, quoique peu sensible, me parut une résistance animée, que je me faisais un plaisir de vaincre. J'avais approché ce fruit de mes yeux; j'en considérais la forme et les couleurs. Une odeur délicieuse me le fit approcher davantage; il se trouva près de mes lèvres; je tirais à longues inspirations le parfum, et je goûtais à longs traits les plaisirs de l'odorat. J'étais intérieurement rempli de cet air embaumé. Ma bouche s'ouvrit pour l'exhaler; elle se rouvrit pour en reprendre; je sentis que je possédais un odorat intérieur plus fin, plus délicat encore que le premier; enfin, je goûtai.

Quelle saveur! quelle nouveauté de sensation! Jusque-là je n'avais eu que des plaisirs; le goût me donna le sentiment de la volupté. L'intimité de la jouissance fit naître l'idée de la possession. Je crus que la substance de ce fruit était devenue la mienne, et que j'étais le maître de transformer les êtres.

Flatté de cette idée de puissance, incité par le plaisir que j'avais senti, je cueillis un second et un troisième fruits, et je ne me lassais pas d'exercer ma main pour satisfaire mon goût : mais une langueur agréable s'emparant peu à peu de tous mes sens, appesantit mes membres, et suspendit l'activité de mon âme. Je jugeai de mon inaction par la mollesse de mes pensées; mes sensations émoussées arrondissaient tous les objets, et ne me présentaient que des images faibles et mal terminées. Dans cet instant, mes yeux, devenus inutiles, se fermèrent; et ma tête, n'étant plus soutenue par la force des muscles, pencha pour trouver un appui sur le gazon. Tout fut effacé, tout disparut. La trace de mes pensées fut interrompue, je perdis le sentiment de mon existence. Ce sommeil fut profond; mais je ne sais s'il fut de longue durée, n'ayant point encore l'idée du temps, et ne pouvant le mesurer. Mon réveil ne fut qu'une seconde naissance, et je sentis seulement que j'avais cessé d'être. Cet anéantissement que je venais d'éprouver me donna quelque idée de crainte, et me fit sentir que je ne devais pas exister toujours.

J'eus une autre inquiétude : je ne savais si je n'avais pas laissé dans le sommeil quelque partie de mon être. J'essayai mes sens; je cherchai à me reconnaître....

Dans cet instant, l'astre du jour, sur la fin de sa course, éteignit son flambeau. Je m'aperçus à peine que je perdais le sens de la vue; j'existais trop pour craindre de cesser d'être, et ce fut vainement que l'obscurité où je me trouvai me rappela l'idée de mon premier sommeil.

Histoire naturelle de l'Homme. Des sens en général.

III. La Mort.

Pourquoi craindre la mort, si l'on a assez bien vécu pour n'en pas craindre la suite ? Pourquoi redouter cet instant, puisqu'il est préparé par une infinité d'autres instants du même ordre, puisque la mort est aussi naturelle que la vie, et que l'une et l'autre nous arrivent de la même façon sans que nous le sentions, sans que nous puissions nous en apercevoir? Qu'on interroge les hommes accoutumés à observer les actions des mourants, et à recueillir leurs derniers sentiments ; ils conviendront qu'à l'exception d'un très petit nombre de maladies aiguës, où l'agitation, causée par des mouvements convulsifs, semble indiquer les souffrances du malade, dans tous les autres on meurt tranquillement, doucement et sans douleurs ; et même ces terribles agonies effraient plus les spectateurs qu'elles ne tourmentent les malades; car combien n'en a-t-on pas vu qui, après avoir été à cette dernière extrémité, n'avaient aucun souvenir de ce qui s'était passé, non plus que de ce qu'ils avaient senti! Ils avaient réellement cessé d'être pour eux pendant ce temps, puisqu'ils sont obligés de rayer du nombre de leurs jours tous ceux qu'ils ont passés dans cet état, duquel il ne leur reste aucune idée.

La plupart des hommes meurent donc sans le savoir; et, sur le petit nombre de ceux qui conservent de la connaissance jusqu'au dernier soupir, il ne s'en trouve peut-être pas un qui ne conserve en même temps de l'espérance, et qui ne se flatte d'un retour vers la vie. La nature a, pour le bonheur de l'homme, rendu ce sentiment plus fort que la raison. Un malade dont le mal est incurable, qui peut juger son état par des exemples fréquents et familiers, qui en est averti par les mouvements inquiets de sa famille, par les larmes de ses amis, par la contenance ou l'abandon des médecins, n'en est pas plus convaincu qu'il touche à sa dernière heure; l'intérêt est si grand qu'on ne s'en rapporte qu'à soi; on n'en croit pas les jugements des autres, on les regarde comme des larmes peu fondées; tant qu'on se sent et qu'on pense, on ne réfléchit, on ne raisonne que pour soi, et tout est mort, que l'espérance vit encore.

Jetez les yeux sur un malade qui vous aura dit cent fois qu'il se sent attaqué à mort, qu'il voit bien qu'il ne peut pas en revenir, qu'il est prêt à expirer; examinez ce qui se passe sur son visage, lorsque, par zèle ou par indiscrétion, quelqu'un vient à lui annoncer que sa fin est prochaine en effet; vous le verrez changer comme celui d'un homme auquel on annonce une nouvelle imprévue; ce malade ne croit donc pas ce qu'il dit lui-même : tant il est vrai qu'il n'est nullement convaincu qu'il doit mourir! il a seulement quelque doute, quelque inquiétude sur son état; mais il craint toujours beaucoup moins qu'il n'espère; et si l'on ne réveillait pas ses frayeurs par ces tristes soins et cet appareil lugubre qui devancent la mort, il ne la verrait point arriver.

La mort n'est donc pas une chose aussi terrible que nous nous l'imaginons; nous la jugeons mal de loin; c'est un spectre qui nous épouvante à une certaine distance, et qui disparaît lorsqu'on vient à en approcher de près; nous n'en avons donc que des notions fausses; nous la regardons non-seulement comme le plus grand malheur, mais encore comme un mal accompagné de la plus vive douleur et des plus pénibles angoisses; nous avons même cherché à grossir dans notre imagination ces funestes images, et à augmenter nos craintes en raisonnant sur la nature de la douleur. Elle doit être extrême, a-t-on dit, lorsque l'âme se sépare du corps; elle peut aussi être de très longue durée, puisque, le temps n'ayant d'autre mesure que la succession de nos idées, un instant de douleur très vive, pendant lequel ces idées se succèdent avec une rapidité proportionnée à la violence du mal, peut nous paraître plus long qu'un siècle pendant lequel elles coulent lentement et relativement aux sentiments tranquilles qui nous affectent ordinairement. Quel abus de la philosophie dans ce raisonnement! il ne mériterait pas d'être relevé, s'il était sans conséquence; mais il influe sur le malheur du genre humain. Il rend l'aspect de la mort mille fois plus affreux qu'il ne peut être; et, n'y eût-il qu'un très petit nombre de gens trompés par l'apparence spécieuse de ces idées, il serait toujours utile de les détruire, et d'en faire voir la fausseté.

Lorsque l'âme vient à s'unir à notre corps, avons-nous un plaisir excessif, une joie vive et prompte qui nous transporte et nous ravisse? Non, cette union se fait sans que nous nous en apercevions; la désunion doit s'en faire de même, sans exciter aucun sentiment. Quelle raison a-t-on pour croire que la séparation de l'âme et du corps ne puisse se faire sans une douleur extrême? Quelle cause peut produire cette douleur, ou l'occasioner? La fera-t-on résider dans l'âme ou dans le corps? La douleur de l'âme ne peut être produite que par la pensée; celle du corps est toujours proportionnée à sa force et à sa faiblesse : dans l'instant de la mort naturelle, le corps est plus faible que jamais; il ne peut donc éprouver qu'une très petite douleur, si même il en éprouve aucune.

Histoire de l'Homme.

IV. La Nature brute et la Nature cultivée.

La nature est le trône extérieur de la magnificence divine. L'homme qui la contemple, qui l'étudie, s'élève par degrés au trône intérieur de la toute-puissance. Fait pour adorer le Créateur, il commande à toutes les créatures; vassal du ciel, roi de la terre, il l'ennoblit, la peuple et l'enrichit; il établit entre les êtres vivants l'ordre, la subordination, l'harmonie; il embellit la nature même; il la cultive, l'étend et la polit, en élague le chardon et la ronce, y multiplie le raisin et la rose. Voyez ces plages désertes, ces tristes contrées où l'homme n'a jamais résidé, couvertes ou plutôt hérissées de bois épais et noirs dans toutes les parties élevées; des arbres sans écorce et sans cime, courbés, rompus, tombant de vétusté; d'autres, en plus grand nombre, gisant au pied des premiers, pour pourrir sur des monceaux déjà pourris, étouffent, ensevelissent les germes prêts à éclore. La nature, qui partout ailleurs brille par sa jeunesse, paraît ici dans la décrépitude; la terre, surchargée par le poids, surmontée par les débris de ses productions, n'offre, au lieu d'une verdure florissante, qu'un espace encombré, traversé de vieux arbres chargés de plantes parasites, de lichens, d'agarics, fruits impurs de la corruption. Dans toutes les parties basses, des eaux mortes, croupissantes, faute d'être conduites et dirigées : des terrains fangeux, qui n'étant ni solides, ni liquides, sont inabordables, et demeurent également inutiles aux habitants de la terre et des eaux : des marécages qui, couverts de plantes aquatiques et fétides, ne nourrissent que des insectes venimeux, et servent de repaire aux animaux immondes.

Entre ces marais infects qui occupent les lieux bas, et les forêts décrépites qui couvrent les terres élevées, s'étendent des espèces de landes, des savanes, qui n'ont rien de commun avec nos prairies : les mauvaises herbes y surmontent, y étouffent les bonnes : ce n'est point ce gazon fin qui semble faire le duvet de la terre; ce n'est point cette pelouse émaillée qui annonce sa brillante fécondité : ce sont des végétaux agrestes, des herbes dures, épineuses, entrelacées les unes dans les autres, qui semblent moins tenir à la terre qu'elles ne tiennent entre elles, et qui se desséchant, et se repoussant successivement les unes sur les autres, forment une bourre grossière, épaisse de plusieurs pieds. Nulle route, nulle communication, nul vestige d'intelligence dans ces lieux sauvages.

L'homme, obligé de suivre les sentiers de la bête féroce, s'il veut les parcourir, est contraint de veiller sans cesse pour éviter d'en devenir la proie; effrayé de leurs rugissements, saisi du silence même de ces profondes solitudes, il rebrousse

chemin, et dit : « La nature brute est hideuse et
« mourante : c'est moi seul qui peux la rendre
« agréable et vivante. Desséchons ces marais, ani-
« mons ces eaux mortes, en les faisant couler : for-
« mons-en des ruisseaux, des canaux; employons
« cet élément actif et dévorant qu'on nous avait
« caché, et que nous ne devons qu'à nous-mêmes;
« mettons le feu à cette bourre superflue, à ces
« vieilles forêts déjà à demi consumées : achevons
« de détruire avec le fer ce que le feu n'aura pu
« consumer : bientôt, au lieu du jonc, du nénu-
« phar, dont le crapaud composait son venin, nous
« verrons paraître la renoncule, le trèfle, les herbes
« douces et salutaires ; des troupeaux d'animaux
« bondissants fouleront cette terre jadis imprati-
« cable; ils y trouveront une subsistance abondante,
« une pâture toujours renaissante; ils se multiplie-
« ront pour se multiplier encore. Servons-nous
« de ces nouveaux aides pour achever notre ou-
« vrage : que le bœuf soumis au joug emploie ses
« forces et le poids de sa masse à sillonner la terre ;
« qu'elle rajeunisse par la culture : une nature nou-
« velle va sortir de nos mains. »

Qu'elle est belle cette nature cultivée ! Que, par
les soins de l'homme, elle est brillante et pompeu-
sement parée ! Il en fait lui-même le principal ornement ; il en est la production la plus noble : en se
multipliant, il en multiplie le germe le plus précieux ; elle-même aussi semble se multiplier avec
lui ; il met au jour par son art tout ce qu'elle re-
célait dans son sein. Que de trésors ignorés ! que

de richesses nouvelles ! Les fleurs, les fruits, les grains perfectionnés, multipliés à l'infini ; les espèces utiles d'animaux transportées, propagées, augmentées sans nombre; les espèces nuisibles réduites, confinées, reléguées : l'or, et le fer plus nécessaire que l'or, tirés des entrailles de la terre ; les torrents contenus, les fleuves dirigés, resserrés : la mer soumise, reconnue, traversée d'un hémisphère à l'autre ; la terre accessible partout, partout rendue aussi vivante que féconde ; dans les vallées, de riantes prairies ; dans les plaines, de riches pâturages ou des moissons encore plus riches; les collines chargées de vignes et de fruits, leurs sommets couronnés d'arbres utiles et de jeunes forêts ; les déserts devenus des cités, habités par un peuple immense, qui, circulant sans cesse, se répand de ces centres jusqu'aux extrémités : des routes ouvertes ou fréquentées, des communications établies partout comme autant de témoins de la force et de l'union de la société : mille autres monuments de puissance et de gloire démontrent assez que l'homme, maître du domaine de la terre, en a changé, renouvelé la surface entière, et que de tout temps il partage l'empire avec la nature.

Cependant il ne règne que par droit de conquête ; il jouit plutôt qu'il ne possède ; il ne conserve que par des soins toujours renouvelés ; s'ils cessent, tout languit, tout s'altère, tout change, tout rentre sous la main de la nature : elle reprend ses droits, efface les ouvrages de l'homme, couvre de poussière et de mousse ses plus fastueux monuments, les détruit avec le temps, et ne lui laisse que le regret d'avoir perdu, par sa faute, ce que ses ancêtres avaient conquis par leurs travaux. Ces temps où l'homme perd son domaine, ces siècles de barbarie pendant lesquels tout périt, sont toujours préparés par la guerre, et arrivent avec la disette et la dépopulation. L'homme, qui ne peut que par le nombre, qui n'est fort que par sa réunion, qui n'est heureux que par la paix, a la fureur de s'armer pour son malheur, et de combattre pour sa ruine : excité par l'insatiable avidité, aveuglé par l'ambition encore plus insatiable, il renonce aux sentiments d'humanité, tourne toutes ses forces contre lui-même, cherche à s'entre-détruire, se détruit en effet; et, après des jours de sang et de carnage, lorsque la fumée de la gloire s'est dissipée, il voit d'un œil triste la terre dévastée, les arts ensevelis, les nations dispersées, les peuples affaiblis, son propre bonheur ruiné, et sa puissance réelle anéantie.

Histoire naturelle.

V. Les Déserts de l'Arabie Pétrée.

Qu'on se figure un pays sans verdure et sans eau, un soleil brûlant, un ciel toujours sec, des plaines sablonneuses, des montagnes encore plus arides, sur lesquelles l'œil s'étend et le regard se perd, sans pouvoir s'arrêter sur aucun objet vivant; une terre morte, et pour ainsi dire écorchée par les vents, laquelle ne présente que des ossements, des cailloux jonchés, des rochers debout ou renversés; un désert entièrement découvert, où le voyageur n'a jamais respiré sous l'ombrage; où rien ne l'accompagne, rien ne lui rappelle la nature vivante : solitude absolue, mille fois plus affreuse que celle des forêts; car les arbres sont encore des êtres pour l'homme, qui se voit seul plus isolé, plus dénué, plus perdu dans ces lieux vides et sans bornes : il voit partout l'espace comme son tombeau; la lumière du jour, plus triste que l'ombre de la nuit, ne renaît que pour éclairer sa nudité, son impuissance, et pour lui présenter l'horreur de sa situation, en reculant à ses yeux les barrières du vide, en étendant autour de lui l'abîme de l'immensité qui le sépare de la terre habitée, immensité qu'il tenterait en vain de parcourir : car la faim, la soif et la chaleur brûlante pressent tous les instants qui lui restent entre le désespoir et la mort.

Ibid.

VI. L'Homme.

L'homme a la force et la majesté; les graces et la beauté sont l'apanage de l'autre sexe.

Tout annonce dans tous deux les maîtres de la terre : tout marque dans l'homme, même à l'extérieur, sa supériorité sur tous les êtres vivants; il se soutient droit et élevé ; son attitude est celle du commandement; sa tête regarde le ciel, et présente une face auguste sur laquelle est imprimé le caractère de sa dignité; l'image de l'âme y est peinte par la physionomie; l'excellence de sa nature perce à travers les organes matériels, et. anime d'un feu divin les traits de son visage; son port majestueux, sa démarche ferme et hardie, annoncent sa noblesse et son rang; il ne touche à la terre que par ses extrémités les plus éloignées, il ne la voit que de loin, et semble la dédaigner; les bras ne lui sont pas donnés pour servir de piliers, d'appui à la masse du corps; sa main ne doit pas fouler la terre, et perdre, par des frottements réitérés, la finesse du toucher dont elle est le principal organe; le bras et la main sont faits pour servir à des usages plus nobles, pour exécuter les ordres de la volonté, pour saisir des choses éloignées, pour écarter les obstacles, pour prévenir les rencontres et le choc de ce qui pourrait nuire, pour embrasser et retenir tout ce qui peut plaire, pour le mettre à portée des autres sens.

Lorsque l'âme est tranquille, toutes les parties du visage sont dans un état de repos : leur proportion, leur union, leur ensemble, marquent encore assez la douce harmonie des pensées, et répondent au calme de l'intérieur; mais lorsque l'âme est agitée, la face humaine devient un tableau vivant, où les passions sont rendues avec autant de délicatesse que d'énergie, où chaque mouvement de l'âme est exprimé par un trait, chaque action par un caractère dont l'impression vive et prompte devance la volonté, nous décèle, et rend au dehors, par des signes pathétiques, les images de nos secrètes agitations.

C'est sur-tout dans les yeux qu'elles se peignent, et qu'on peut les reconnaître : l'œil appartient à l'âme plus qu'aucun autre organe; il semble y toucher et participer à tous ses mouvements; il en exprime les passions les plus vives et les émotions les plus tumultueuses, comme les mouvements les plus doux et les sentiments les plus délicats; il les rend dans toute leur force, dans toute leur pureté, tels qu'ils viennent de naître; il les transmet par des traits rapides qui portent dans une autre âme le feu, l'action, l'image de celle dont ils partent; l'œil reçoit et réfléchit en même temps la lumière de la pensée et la chaleur du sentiment; c'est le sens de l'esprit et la langue de l'intelligence.

Ibid.

VII. Le Chien*.

Le chien, fidèle à l'homme, conservera toujours une portion de l'empire, un degré de supériorité

---

* Même sujet.

A leur tête est le chien, aimable autant qu'utile,
Superbe et caressant, courageux, mais docile.
Formé pour le conduire et pour le protéger,
Du troupeau qu'il gouverne il est le vrai berger.
Le ciel l'a fait pour nous, et, dans leur cour rustique,
Il fut des rois-pasteurs le premier domestique.
Redevenu sauvage, il erre dans les bois :
Qu'il aperçoive l'homme, il rentre sous ses lois ;
Et, par un vieil instinct qui jamais ne s'efface,
Semble de ses amis reconnaître la race.

    Gardant du bienfait seul le doux ressentiment,
Il vient lécher ma main après le châtiment ;
Souvent il me regarde ; humide de tendresse,
Son œil affectueux implore une caresse.
J'ordonne, il vient à moi ; je menace, il me fuit ;
Je l'appelle, il revient ; je fais signe, il me suit ;
Je m'éloigne, quels pleurs ! je reviens, quelle joie !
Chasseur sans intérêt, il m'apporte sa proie.
Sévère dans la ferme, humain dans la cité,
Il soigne le malheur, conduit la cécité ;
Et moi, de l'Hélicon malheureux Bélisaire,
Peut-être un jour ses yeux guideront ma misère.
Est-il hôte plus sûr, ami plus généreux ?

sur les autres animaux; il leur commande, il règne lui-même à la tête d'un troupeau, il s'y fait mieux entendre que la voix du berger; la sûreté, l'ordre et la discipline sont le fruit de sa vigilance et de son activité; c'est un peuple qui lui est soumis, qu'il conduit, qu'il protège, et contre lequel il n'emploie jamais la force que pour y maintenir la paix. Mais c'est sur-tout à la guerre, c'est contre les animaux ennemis ou indépendants, qu'éclate son courage, et que son intelligence se déploie tout entière. Les talents naturels se réunissent ici aux qualités acquises. Dès que le bruit des armes se fait entendre, dès que le son du cor ou la voix du chasseur a donné le signal d'une guerre prochaine, brûlant d'une ardeur nouvelle, le chien marque sa joie par les plus vifs transports; il annonce par ses mouvements et par ses cris l'impatience de combattre et le désir de vaincre; marchant ensuite en silence,

Un riche marchandait le chien d'un malheureux ;
Cette offre l'affligea : « Dans mon destin funeste,
« Qui m'aimera, dit-il, si mon chien ne me reste? »
Point de trêve à ses soins, de borne à son amour,
Il me garde la nuit, m'accompagne le jour.
Dans la foule étonnée on l'a vu reconnaître,
Saisir et dénoncer l'assassin de son maître ;
Et, quand son amitié n'a pu le secourir,
Quelquefois sur sa tombe il s'obstine à mourir.

Enfin le grand Buffon écrivit son histoire ;
Homère l'a chanté, rien ne manque à sa gloire·
Et, lorsqu'à son retour le chien d'Ulysse absent
Dans l'excès du plaisir meurt en le caressant,
Oubliant Pénélope, Eumée, Ulysse même,
Le lecteur voit en lui le héros du poème.

DELILLE, *Les Trois Règnes*, ch. VIII.

il cherche à reconnaître le pays, à découvrir, à surprendre l'ennemi dans son fort ; il recherche ses traces, il les suit pas à pas ; et par des accents différents, indique le temps, la distance, l'espèce, et même l'âge de celui qu'il poursuit.

Le chien, indépendamment de la beauté de sa forme, de la vivacité, de la force, de la légèreté, a par excellence toutes les qualités intérieures qui peuvent lui attirer les regards de l'homme. Un naturel ardent, colère, même féroce et sanguinaire, rend le chien sauvage redoutable à tous les animaux, et cède, dans le chien domestique, aux sentiments les plus doux, au plaisir de s'attacher et au désir de plaire ; il vient en rampant mettre aux pieds de son maître son courage, sa force, ses talents ; il attend ses ordres pour en faire usage ; il le consulte, il l'interroge, il le supplie ; un coup d'œil suffit, il entend les signes de sa volonté : sans avoir, comme l'homme, la lumière de la pensée, il a toute la chaleur du sentiment, il a de plus que lui la fidélité, la constance dans ses affections ; nulle ambition, nul intérêt, nul désir de vengeance, nulle crainte que celle de déplaire ; il est tout zèle, tout ardeur et tout obéissance ; plus sensible au souvenir des bienfaits qu'à celui des outrages, il ne se rebute pas par les mauvais traitements ; il les subit, les oublie, ou ne s'en souvient que pour s'attacher davantage ; loin de s'irriter ou de fuir, il s'expose de lui-même à de nouvelles épreuves ; il lèche cette main, instrument de douleur, qui vient de le frapper ; il ne lui oppose que la plainte, et la désarme enfin par la patience et la soumission. Plus docile que l'homme, plus souple qu'aucun des animaux, non-seulement le chien s'instruit en peu de temps, mais même il se conforme aux mouvements, aux manières, à toutes les habitudes de ceux qui lui commandent; il prend le ton de la maison qu'il habite, comme les autres domestiques; il est dédaigneux chez les grands, et rustre à la campagne : toujours empressé pour son maître, et prévenant pour ses seuls amis, il ne fait aucune attention aux gens indifférents, et se déclare contre ceux qui, par état, ne sont faits que pour importuner; il les connaît aux vêtements, à la voix, à leurs gestes, et les empêche d'approcher. Lorsqu'on lui a confié pendant la nuit la garde de la maison, il devient plus fier, et quelquefois féroce; il veille, il fait la ronde; il sent de loin les étrangers; et, pour peu qu'ils s'arrêtent ou tentent de franchir les barrières, il s'élance, s'oppose, et, par des aboiements réitérés, des efforts et des cris de colère, il donne l'alarme, avertit et combat : aussi furieux contre les hommes de proie que contre les animaux carnassiers, il se précipite sur eux, les blesse, les déchire, leur ôte ce qu'ils s'efforçaient d'enlever; mais content d'avoir vaincu, il se repose sur les dépouilles, n'y touche pas, même pour satisfaire son appétit, et donne en même temps des exemples de courage, de tempérance et de fidélité.

Ibid.

VIII. Le Cheval.

Voyez tome II, page 493 de ce *Répertoire*.

IX. La Chèvre et la Brebis.

La chèvre a, de sa nature, plus de sentiment et de ressource que la brebis ; elle vient à l'homme volontiers, elle se familiarise aisément, elle est sensible aux caresses, et capable d'attachement ; elle est aussi plus forte, plus légère, plus agile et moins timide que la brebis ; elle est vive, capricieuse, lascive et vagabonde. Ce n'est qu'avec peine qu'on la conduit et qu'on peut la réduire en troupeau : elle aime à s'écarter dans les solitudes, à grimper sur les lieux escarpés, à se placer, et même à dormir sur la pointe des rochers et sur le bord des précipices ; elle est robuste, aisée à nourrir ; presque toutes les herbes lui sont bonnes, et il y en a peu qui l'incommodent. Le tempérament, qui, dans tous les animaux, influe beaucoup sur le naturel, ne paraît cependant pas dans la chèvre différer essentiellement de celui de la brebis. Ces deux espèces d'animaux, dont l'organisation intérieure est presque entièrement semblable, se nourrissent, croissent et se multiplient de la même manière, et se ressemblent encore par le caractère des maladies, qui sont les mêmes, à l'exception de quelques-unes auxquelles la chèvre n'est pas sujette : elle ne craint pas, comme la brebis, la trop grande chaleur ; elle dort au soleil, et s'expose volontiers à ses rayons les plus vifs sans en être incommodée, et sans que cette ardeur lui cause ni étourdissement, ni vertiges ; elle ne s'effraie point des orages, ne s'impatiente pas à la pluie, mais elle paraît sensible à la rigueur du froid. Les mouvements extérieurs, lesquels, comme nous l'avons dit, dépendent beaucoup moins de la conformation du corps que de la force et de la variété des sensations relatives à l'appétit et au désir, sont, par cette raison, beaucoup moins mesurés, beaucoup plus vifs dans la chèvre que dans la brebis. L'inconstance de son naturel se marque par l'irrégularité de ses actions; elle marche, elle s'arrête, elle court, elle bondit, elle saute, s'approche, s'éloigne, se montre, se cache ou fuit, comme par caprice, et sans autre cause déterminante que celle de la vivacité bizarre de son sentiment intérieur; et toute la souplesse des organes, tous les nerfs du corps suffisent à peine à la pétulance et à la rapidité de ces mouvements qui lui sont naturels.

Ibid.

X. Le Lion et le Tigre.

Dans la classe des animaux carnassiers, le lion est le premier, le tigre est le second; et comme le premier, même dans un mauvais genre, est toujours le plus grand et souvent le meilleur, le second est ordinairement le plus méchant de tous. A la fierté, au courage, à la force, le lion joint la noblesse, la clémence, la magnanimité, tandis que le tigre est bassement féroce, cruel sans justice, c'est-à-dire sans nécessité. Il en est de même dans tout ordre de choses où les rangs sont donnés par la force; le premier qui peut tout est moins tyran que l'autre qui, ne pouvant jouir de la puissance plénière, s'en venge en abusant du pouvoir qu'il a pu s'arroger. Aussi le tigre est-il plus à craindre que le lion; celui-ci souvent oublie qu'il est le roi, c'est-à-dire le plus fort de tous les animaux; marchant d'un pas tranquille, il n'attaque jamais l'homme, à moins qu'il ne soit provoqué; il ne précipite ses pas, il ne court, il ne chasse que quand la faim le presse. Le tigre, au contraire, quoique rassasié de chair, semble toujours être altéré de sang; sa fureur n'a d'autres intervalles que ceux du temps qu'il faut pour dresser des embûches; il saisit et déchire une nouvelle proie avec la même rage qu'il vient d'exercer, et non pas d'assouvir, en dévorant la première; il désole le pays qu'il habite; il ne craint ni l'aspect, ni les armes de l'homme; il égorge, il dévaste les troupeaux d'animaux domestiques, met à mort toutes les bêtes sauvages, attaque les petits éléphants, les jeunes rhinocéros, et quelquefois même ose braver le lion.

La forme du corps est ordinairement d'accord avec le naturel. Le lion a l'air noble : la hauteur de ses jambes est proportionnée à la longueur de son corps; l'épaisse et grande crinière qui couvre ses épaules et ombrage sa face, son regard assuré, sa démarche grave, tout semble annoncer sa fière et majestueuse intrépidité. Le tigre, trop long de corps, trop bas sur ses jambes, la tête nue, les yeux hagards, la langue couleur de sang, toujours hors de la gueule, n'a que le caractère de la basse méchanceté et de l'insatiable cruauté; il n'a pour tout instinct qu'une rage constante, une fureur aveugle, qui ne connaît, qui ne distingue rien, et qui lui fait souvent dévorer ses propres enfants, et déchirer leur mère, lorsqu'elle veut les défendre. Que ne l'eût-il à l'excès cette soif de son sang, et que ne pût-il l'éteindre en détruisant, dès leur naissance, la race entière des monstres qu'il produit!

Ibid.

XI. L'Écureuil.

L'écureuil est un joli petit animal qui n'est qu'à demi sauvage, et qui, par sa gentillesse, par sa docilité, par l'innocence de ses mœurs, mériterait d'être épargné; il n'est ni carnassier, ni nuisible, quoiqu'il saisisse quelquefois des oiseaux; sa nourriture ordinaire sont des fruits, des amandes, des noisettes, de la faine et du gland; il est propre, leste, vif, très alerte, très éveillé, très industrieux; il a les yeux plein de feu, la physionomie fine, le corps nerveux, les membres très dispos : sa jolie figure est encore rehaussée, parée par une belle queue en forme de panache, qu'il relève jusque dessus sa tête, et sous laquelle il se met à l'ombre. Il est, pour ainsi dire, moins quadrupède que les autres; il se tient ordinairement assis presque debout, et se sert de ses pieds de devant, comme d'une main, pour porter à sa bouche; au lieu de se cacher sous terre, il est toujours en l'air; il approche des oiseaux par sa légèreté; il demeure comme eux sur la cime des arbres, parcourt les forêts en sautant de l'un à l'autre, y fait son nid, cueille les graines, boit la rosée, et ne descend à terre que quand les arbres sont agités par la violence des vents. On ne le trouve point dans les champs, dans les lieux découverts, dans les lieux de plaine; il n'approche jamais des habitations; il ne reste point dans les taillis, mais dans les bois de hauteur, sur les vieux arbres des plus belles futaies. Il craint l'eau plus encore que la terre, et l'on assure que, lorsqu'il faut la passer, il se sert d'une écorce pour vaisseau, et de sa queue pour voile et pour gouvernail. Il ne s'engourdit pas, comme le loir, pendant l'hiver; il est en tout temps très éveillé ; et, pour peu qu'on touche au pied de l'arbre sur lequel il repose, il sort de sa petite bauge, fuit sur un autre arbre, ou se cache à l'abri d'une branche. Il ramasse des noisettes pendant l'été, en remplit les troncs, les fentes d'un vieux arbre, et a recours en hiver à sa provision ; il les cherche aussi sous la neige qu'il détourne en grattant. Il a la voix éclatante et plus perçante encore que celle de la fouine; il a de plus un murmure à bouche fermée, un petit grognement de mécontentement qu'il fait entendre toutes les fois qu'on l'irrite. Il est trop léger pour marcher, il va ordinairement par petits sauts, et quelquefois par bonds; il a les ongles si pointus et les mouvements si prompts, qu'il grimpe en un instant sur un hêtre dont l'écorce est fort lisse.

Ibid.

XII. La Fauvette.

Le triste hiver, saison de mort, est le temps du sommeil, ou plutôt de la torpeur de la nature ; les insectes sans vie, les reptiles sans mouvement, les végétaux sans verdure et sans accroissement, tous les habitants de l'air détruits ou relégués, ceux des eaux renfermés dans des prisons de glace, et la plupart des animaux terrestres confinés dans les cavernes, les antres et les terriers; tout nous présente les images de la langueur et de la dépopulation; mais le retour des oiseaux au printemps est le premier signal et la douce annonce du réveil de la nature vivante, et les feuillages renaissants, et les bocages revêtus de leur nouvelle parure, sembleraient moins frais et moins touchants sans les nouveaux hôtes qui viennent les animer.

De ces hôtes des bois, les fauvettes sont les plus nombreuses comme les plus aimables; vives, agiles, légères et sans cesse remuées, tous leurs mouvements ont l'air du sentiment, tous leurs accents le ton de la joie, et tous leurs jeux l'intérêt de l'amour. Ces jolis oiseaux arrivent au moment où les arbres développent leurs feuilles, et commencent à laisser épanouir leurs fleurs; ils se dispersent dans toute l'étendue de nos campagnes : les uns viennent habiter nos jardins; d'autres préfèrent les avenues et les bosquets; plusieurs espèces s'enfoncent dans les grands bois, et quelques-unes se cachent au milieu des roseaux. Ainsi les fauvettes remplissent tous les lieux de la terre, et les animent par les mouvements et les accents de leur tendre gaieté. Mais la nature semble avoir oublié de parer leur plumage. Il est obscur et terne.

La fauvette à tête noire est de toutes les fauvettes celle qui a le chant le plus agréable et le plus continu; il tient un peu de celui du rossignol, et l'on en jouit plus long-temps; car plusieurs semaines après que ce chantre du printemps s'est tu, l'on entend les bois résonner partout du chant de ces fauvettes; leur voix est facile, pure et légère, et leur chant s'exprime par une suite de modulations peu étendues, mais agréables, flexibles et nuancées ; ce chant semble tenir de la fraîcheur des lieux où il se fait entendre ; il en peint la tranquillité, il en exprime même le bonheur ; car les cœurs sensibles n'entendent pas sans une douce émotion les accents inspirés par la nature aux êtres qu'elle rend heureux.

Ibid.

XIII. Le Serin et le Rossignol.

Si le rossignol est le chantre des bois, le serin est le musicien de la chambre ; le premier tient tout de la nature, le second participe à nos arts : avec moins de force d'organe, moins d'étendue dans la voix, moins de variété dans les sons, le serin a plus d'oreille, plus de facilité d'imitation, plus de mémoire ; et comme la différence du caractère, sur-tout dans ces animaux, tient de très près à celle qui se trouve entre leurs sens, le serin, dont l'ouïe est plus attentive, plus susceptible de recevoir et de conserver les impressions étrangères, devient aussi plus social, plus doux, plus familier ; il est capable de connaissance, et même d'attachement ; ses caresses sont aimables ; ses petits dépits innocents, et sa colère ne blesse ni n'offense. Ses habitudes naturelles le rapprochent encore de nous : il se nourrit de graines, comme nos autres oiseaux domestiques ; on l'élève plus aisément que le rossignol, qui ne vit que de chair ou d'insectes, et qu'on ne peut nourrir que de mets préparés. Son éducation, plus facile, est est aussi plus heureuse ; on l'élève avec plaisir, parce qu'on l'instruit avec succès ; il quitte la mélodie de son chant naturel, pour se prêter à l'harmonie de nos voix et de nos instruments ; il applaudit, il accompagne, et nous rend au-delà de ce qu'on peut lui donner.

Le rossignol, plus fier de son talent, semble vouloir le conserver dans toute sa pureté; au moins paraît-il faire assez peu de cas des nôtres : ce n'est qu'avec peine qu'on lui apprend à répéter quelques unes de nos chansons. Le serin peut parler et siffler; le rossignol méprise la parole autant que le sifflet, et revient sans cesse à son brillant ramage. Son gosier, toujours nouveau, est un chef-d'œuvre de la nature auquel l'art humain ne peut rien changer, ni ajouter; celui du serin est un modèle de graces, d'une trempe moins ferme, que nous pouvons modifier. L'un a donc bien plus de part que l'autre aux agréments de la société : le serin chante en tout temps, il nous récrée dans les jours les plus sombres, il contribue même à notre bonheur; car il fait l'amusement de toutes les jeunes personnes, les délices des recluses ; il charme au moins les ennuis du cloître, porte de la gaieté dans les âmes innocentes et captives.

Ibid.

XIV. Le Paon.

Si l'empire appartenait à la beauté, et non à la force, le paon serait, sans contredit, le roi des oiseaux; il n'en est point sur qui la nature ait versé ses trésors avec plus de profusion : la taille grande, le port imposant, la démarche fière, la figure noble, les proportions du corps élégantes et sveltes, tout ce qui annonce un être de distinction lui a été donné; une aigrette mobile et légère, peinte des plus riches couleurs, orne sa tête, et l'élève sans la charger; son incomparable plumage semble réunir tout ce qui flatte nos yeux dans le coloris tendre et frais des plus belles fleurs, tout ce qui les éblouit dans les reflets pétillants des pierreries, tout ce qui les étonne dans l'éclat majestueux de l'arc-en-ciel : non-seulement la nature a réuni sur le plumage du paon toutes les couleurs du ciel et de la terre, pour en faire le chef-d'œuvre de sa magnificence, elle les a encore mêlées, assorties, nuancées, fondues de son inimitable pinceau, et en a fait un tableau unique, où elles tirent de leur mélange avec des nuances plus sombres, et de leurs oppositions entre elles, un nouveau lustre, et des effets de lumière si sublimes, que notre art ne peut ni les imiter, ni les décrire.

Tel paraît à nos yeux le plumage du paon, lorsqu'il se promène paisible et seul dans un beau jour de printemps ; mais si sa femelle vient tout-à-coup à paraître, si les feux de l'amour, se joignant aux secrètes influences de la saison, le tirent de son repos, lui inspirent une nouvelle ardeur et de nouveaux désirs, alors toutes ses beautés se multiplient, ses yeux s'animent et prennent de l'expression, son aigrette s'agite sur sa tête, et annonce l'émotion intérieure; les longues plumes de sa queue déploient, en se relevant, leurs richesses éblouissantes; sa tête et son cou, se renversant noblement en arrière, se dessinent avec grace sur ce front radieux, où la lumière du soleil se joue en mille manières, se perd et se reproduit sans cesse, et semble prendre un nouvel éclat plus doux et plus moelleux, de nouvelles couleurs plus variées et plus harmonieuses; chaque mouvement de l'oiseau produit des milliers de nuances nouvelles, des gerbes de reflets ondoyants et fugitifs, sans cesse remplacés par d'autres reflets et d'autres nuances toujours diverses et toujours admirables.

Mais ces plumes brillantes, qui surpassent en éclat les plus belles couleurs, se flétrissent aussi comme elles, et tombent chaque année; le paon, comme s'il sentait la honte de sa perte, craint de se faire voir dans cet état humiliant, et cherche les retraites les plus sombres pour s'y cacher à tous les yeux, jusqu'à ce qu'un nouveau printemps, lui rendant sa parure accoutumée, le ramène sur la scène pour y jouir des hommages dus à sa beauté; car on prétend qu'il en jouit en effet; qu'il est sensible à l'admiration; que le vrai moyen de l'engager à étaler ses belles plumes, c'est de lui donner des regards d'attention et des louanges; et qu'au contraire, lorsqu'on paraît le regarder froidement et sans beaucoup d'intérêt, il replie tous ses trésors, et les cache à qui ne sait point les admirer.

Ibid.

XV. Le Cygne*.

Le lion et le tigre sur la terre, l'aigle et le vautour dans les airs, ne règnent que par la guerre.

---

* Même sujet.

Le cygne, toujours beau, soit qu'il vienne au rivage,
Certain de ses attraits, s'offrir à notre hommage;
Soit que, de nos vaisseaux le modèle achevé,

ne dominent que par l'abus de la force et par la cruauté : au lieu que le cygne règne sur les eaux à tous les titres qui fondent un empire de paix; la grandeur, la majesté, la douceur, avec des puissances, des forces, du courage, et la volonté de n'en pas abuser, et de ne les employer que pour la défense : il sait combattre et vaincre, sans jamais attaquer : roi paisible des oiseaux d'eau, il brave les tyrans de l'air ; il attend l'aigle sans le provoquer, sans le craindre; il repousse ses assauts, en opposant à ses armes la résistance de ses plumes, et les coups précipités d'une aile vigoureuse qui lui sert d'égide ; et souvent la victoire couronne ses efforts. Au reste il n'a que ce fier ennemi ; tous les oiseaux de guerre le respectent, et il est

> Se rabaissant en proue, en poupe relevé,
> L'estomac pour carène, et de sa queue agile
> Mouvant le gouvernail en timonier habile,
> Les pieds pour avirons, pour flotte ces oiseaux
> Qui se pressent en foule autour du roi des eaux,
> Pour voile enfin son aile au gré des vents enflée,
> Fier, il vole au milieu de son escadre ailée.
> Mais quand son feu l'atteint dans l'humide séjour,
> De quel charme nouveau vient l'embellir l'amour!
> Que de folâtres jeux, que d'aimables caresses !
> Doux et passionné dans ses vives tendresses ;
> Déployant mollement son plumage amoureux,
> De quel air caressant pour l'objet de ses feux,
> Il prouve aux flots émus par son ardeur féconde
> Que la mère d'Amour est la fille de l'onde;
> Et de son corps, choisi pour plaire à deux beaux yeux,
> Justifie, en aimant, le monarque des Dieux !
> La fable de sa voix a vanté la merveille;
> L'œil enchanté sans doute avait séduit l'oreille.
>
> DELILLE, *Les Trois Règnes*, ch. VII.

en paix avec toute la nature ; il vit en ami plutôt qu'en roi au milieu des nombreuses peuplades des oiseaux aquatiques, qui toutes semblent se ranger sous sa loi ; il n'est que le chef, le premier habitant d'une république tranquille, où les citoyens n'ont rien à craindre d'un maître qui ne demande qu'autant qu'il leur accorde, et ne veut que calme et liberté.

Les graces de la figure, la beauté de la forme, répondent dans le cygne à la douceur du naturel ; il plaît à tous les yeux ; il décore, embellit tous les lieux qu'il fréquente ; on l'aime, on l'applaudit, on l'admire ; nulle espèce ne le mérite mieux. La nature, en effet, n'a répandu sur aucune autant de ces graces nobles et douces qui nous rappellent l'idée de ses plus charmants ouvrages : coupe de corps élégante, formes arrondies, gracieux contours, blancheur élégante et pure, mouvements flexibles et ressentis, attitudes tantôt animées, tantôt laissées dans un mol abandon ; tout dans le cygne respire la volupté, l'enchantement que nous font éprouver les graces et la beauté ; tout nous l'annonce, tout le peint comme l'oiseau de l'amour ; tout justifie la spirituelle et riante mythologie d'avoir donné ce charmant oiseau pour père à la plus belle des mortelles.

A sa noble aisance, à la facilité, la liberté de ses mouvements sur l'eau, on doit le reconnaître, non-seulement comme le premier des navigateurs ailés, mais comme le plus beau modèle que la nature nous ait offert pour l'art de la navigation. Son cou élevé, et sa poitrine relevée et arrondie, semblent en effet figurer la proue du navire fendant l'onde; son large estomac en représente la carène; son corps, penché en avant pour cingler, se redresse en arrière, et se relève en poupe; sa queue est un vrai gouvernail; ses pieds sont de larges rames, et ses grandes ailes demi-ouvertes au vent, et doucement enflées, sont les voiles qui poussent le vaisseau vivant, navire et pilote à la fois.

Fier de sa noblesse, jaloux de sa beauté, le cygne semble faire parade de tous ses avantages; il a l'air de chercher à recueillir des suffrages, à captiver les regards; et il les captive en effet, soit que, voguant en troupe, on voie de loin, au milieu des grandes eaux, cingler la flotte ailée; soit que s'en détachant, et s'approchant du rivage aux signaux qui l'appellent, il vienne se faire admirer de plus près, en étalant ses beautés, et développant ses graces par mille mouvements doux, ondulants et suaves.

Aux avantages de la nature, le cygne réunit ceux de la liberté; il n'est pas du nombre de ces esclaves que nous puissions contraindre ou renfermer; libre sur nos eaux, il n'y séjourne, ne s'y établit qu'en y jouissant d'assez d'indépendance pour exclure tout sentiment de servitude et de captivité; il veut à son gré parcourir les eaux, débarquer au rivage, s'éloigner au large, ou venir, longeant la rive, s'abriter sous les bords, se cacher dans les joncs, s'enfoncer dans les anses les plus écartées; puis, quittant sa solitude, revenir à la société, et jouir du plaisir qu'il paraît prendre et goûter en s'approchant de l'homme, pourvu qu'il trouve en nous ses hôtes et ses amis, et non ses maîtres et ses tyrans.

Chez nos ancêtres, trop simples ou trop sages pour remplir leurs jardins des beautés froides de l'art, en place des beautés vives de la nature, les cygnes étaient en possession de faire l'ornement de toutes les pièces d'eau; ils animaient, égayaient les tristes fossés des châteaux; ils décoraient la plupart des rivières, et même celle de la capitale, et l'on vit l'un des plus sensibles et des plus aimables de nos princes mettre au nombre de ses plaisirs celui de peupler de ces beaux oiseaux les bassins de ses maisons royales.

Ibid.

XVI. L'Hirondelle.

Le vol est l'état naturel, je dirais presque l'état nécessaire de l'hirondelle. Elle mange en volant, elle boit en volant, se baigne en volant, et quelquefois donne à manger à ses petits en volant..... Elle sent que l'air est son domaine, elle en parcourt toutes les dimensions et dans tous les sens, comme pour en jouir dans tous les détails, et le plaisir de cette jouissance se marque par de petits cris de gaieté. Tantôt elle donne la chasse aux insectes voltigeants, et suit avec une agilité souple leur trace oblique et tortueuse; tantôt elle rase légèrement la surface de la terre, pour saisir ceux que la pluie ou la fraîcheur y rassemble; tantôt elle échappe elle-même à l'impétuosité de l'oiseau de proie par la flexibilité preste de ses mouvements; toujours maîtresse de son vol dans sa plus grande vitesse, elle en change à tout instant la direction; elle semble décrire au milieu des airs un dédale mobile et fugitif, dont les routes se croisent, s'entrelacent, se fuient, se rapprochent, se heurtent, se roulent, montent, descendent, se perdent et reparaissent pour se croiser, se rebrouiller en mille manières, et dont le plan, trop compliqué pour être représenté aux yeux par l'art du dessin, peut à peine être indiqué à l'imagination par le pinceau de la parole.

Ibid.

XVII. L'Oiseau-Mouche *.

De tous les êtres animés, voici le plus élégant pour la forme et le plus brillant pour les couleurs. Les pierres et les métaux polis par notre art ne sont pas comparables à ce bijou de la nature : elle l'a placé dans l'ordre des oiseaux au dernier degré de

---

* Même sujet.

Enfin, pour achever ces nombreux parallèles,
Avec la lourde autruche et ses mesquines ailes,
Comparez cet oiseau qui, moins vu qu'entendu,
Ainsi qu'un trait agile à mes yeux est perdu,
Du peuple ailé des airs brillante miniature,
Où le ciel des couleurs épuisa la parure;
Et, pour tout dire enfin, le charmant colibri
Qui, de fleurs, de rosée, et de vapeurs nourri,
Jamais sur chaque tige un instant ne demeure,
Glisse et ne pose pas, suce moins qu'il n'effleure:
Phénomène léger, chef-d'œuvre aérien,
De qui la grace est tout et le corps presque rien ;
Vif, prompt, gai, de la vie aimable et frêle esquisse,
Et des dieux, s'ils en ont, le plus charmant caprice.

Delille, *Les Trois Règnes*, ch. VII.

l'échelle de grandeur ; son chef-d'œuvre est le petit oiseau-mouche ; elle l'a comblé de tous les dons qu'elle n'a fait que partager aux autres oiseaux : légèreté, rapidité, prestesse, grace et riche parure, tout appartient à ce petit favori. L'émeraude, le rubis, la topaze, brillent sur ses habits ; il ne les souille jamais de la poussière de la terre ; et, dans sa vie tout aérienne, on le voit à peine toucher le gazon par instants ; il est toujours en l'air, volant de fleurs en fleurs ; il a leur fraîcheur, comme il a leur éclat ; il vit de leur nectar, et n'habite que les climats où sans cesse elles se renouvellent.

C'est dans les contrées les plus chaudes du Nouveau-Monde que se trouvent toutes les espèces d'oiseaux-mouches ; elles sont assez nombreuses, et paraissent confinées entre les deux tropiques ; car ceux qui s'avancent en été dans les zones tempérées, n'y font qu'un court séjour ; ils semblent suivre le soleil, s'avancer, se retirer avec lui, et voler sur l'aile des zéphirs à la suite d'un printemps éternel.

Les Indiens, frappés de l'éclat et du feu que rendent les couleurs de ces brillants oiseaux, leur avaient donné les noms de *rayons* ou *cheveux du soleil*. Pour le volume, les petites espèces de ces oiseaux sont au-dessous de la grande mouche asile (le taon) pour la grandeur, et du bourdon pour la grosseur. Leur bec est une aiguille fine, et leur langue un fil délié ; leurs petits yeux noirs ne paraissent que deux points brillants ; les plumes de leurs ailes sont si délicates qu'elles en paraissent transparentes. A peine aperçoit-on leurs pieds, tant ils sont courts et menus : ils en font peu d'usage ; et ils ne se posent que pour passer la nuit, et se laissent, pendant le jour, emporter dans les airs ; leur vol est continu, bourdonnant et rapide : on compare le bruit de leurs ailes à celui d'un rouet. Leur battement est si vif, que l'oiseau, s'arrêtant dans les airs, paraît non-seulement immobile, mais tout-à-fait sans action. On le voit s'arrêter ainsi quelques instants devant une fleur, et partir comme un trait pour aller à une autre; il les visite toutes, plongeant sa petite langue dans leur sein, les flattant de ses ailes, sans jamais s'y fixer, mais aussi sans les quitter jamais. Il ne presse ses inconstances que pour mieux suivre ses amours et multiplier ses jouissances innocentes : car cet amant léger des fleurs vit à leurs dépens sans les flétrir ; il ne fait que pomper leur miel, et c'est à cet usage que sa langue paraît uniquement destinée : elle est composée de deux fibres creuses, formant un petit canal, divisé au bout en deux filets; elle a la forme d'une trompe, dont elle fait les fonctions : l'oiseau la darde hors de son bec, et la plonge jusqu'au fond du calice des fleurs pour en tirer les sucs.

Rien n'égale la vivacité de ces petits oiseaux, si ce n'est leur courage, ou plutôt leur audace. On les voit poursuivre avec furie des oiseaux vingt fois plus gros qu'eux, s'attacher à leur corps, et, se laissant emporter par leur vol, les becqueter à coups redoublés jusqu'à ce qu'ils aient assouvi leur petite colère. Quelquefois même ils se livrent entre eux de très vifs combats : l'impatience paraît être leur âme ; s'ils s'approchent d'une fleur, et qu'ils la trouvent fanée, ils lui arrachent les pétales avec une précipitation qui marque leur dépit. Ils n'ont d'autre voix qu'un petit cri fréquent et répété ; ils le font entendre dans les bois dès l'aurore, jusqu'à ce qu'aux premiers rayons du soleil tous prennent l'essor, et se dispersent dans les campagnes.

Ibid.

XVIII. Du Style.

Voyez à l'article STYLE.

BURLESQUE. Genre de style ou de poésie qui travestit les choses les plus nobles et les plus sérieuses en plaisanteries bouffonnes.

Ceux qui se sont élevés sérieusement contre le burlesque, ont perdu leur peine à prouver ce que tout le monde savait. Les écrivains même qui se sont égayés dans ce genre, ne doutaient pas qu'il ne fût contraire au bon sens et au bon goût. Mais ne serait-on pas ridicule de représenter à un homme qui se déguise grotesquement pour aller au bal, que cet habit n'est pas à la mode ? Assurément l'auteur du *Roman comique* savait bien ce qu'il faisait en travestissant l'*Énéide.* Mais il y a de bons et de mauvais bouffons ; et sous l'enveloppe du burlesque il peut se cacher souvent beaucoup de philosophie et d'esprit. Le but moral de ce genre d'écrits est de faire voir que tous les objets ont deux faces, de déconcerter la vanité humaine, en présentant les plus grandes choses et les plus sérieuses d'un côté ridicule et bas, et en prouvant à l'opinion qu'elle tient souvent à des formes. De ce contraste du grand au petit, continuellement opposés l'un à l'autre, naît, pour les âmes susceptibles de l'impression du ridicule, un mouvement de surprise et de joie si vif, si soudain, si rapide, qu'il arrive souvent à l'homme le plus mélancolique d'en rire tout seul aux éclats; et c'est quelquefois l'homme du monde qui a le plus de sens et de goût, mais à qui la folie et la gaieté du poète font oublier pour un moment le sérieux des bienséances. La preuve que cette secousse, que le burlesque donne à l'âme, vient du contraste inattendu dont elle est fortement frappée, c'est que mieux on connaît Virgile et mieux on en sent les beautés, plus on s'amuse à le voir travesti par l'imagination plaisante et folle de Scarron.

L'*Énéide* travestie n'est autre chose qu'une mascarade, comme Scarron le dit lui-même ; et cette mascarade n'est pas aussi grotesque qu'on le pense communément. Ce sont des dieux et des héros déguisés en bourgeois de Paris, mais tous avec leur propre caractère, dont Scarron a saisi le côté ridicule avec beaucoup de justesse et d'esprit. C'est ainsi que de Jupiter il a fait un bon homme; de Junon, une commère acariâtre ; de Vénus, une mère complaisante et facile ; d'Énée, un dévot larmoyant, un peu timide et un peu niais; de Didon, une veuve ennuyée de l'être; d'Anchise, un vieux bavard; de Calchas, un vieux fourbe; de la Sibylle, une devineresse, *une diseuse de logogryphes*, et de l'oracle d'Apollon, *un faiseur de rébus picards.* Quant au personnage qu'il a pris lui-même, c'est celui d'un conteur naïf et ignorant, qui confond les temps et les mœurs, et qui fait parler tout son monde comme on parle dans son quartier. Tel est ce genre de comique; et si l'on veut en avoir une idée plus juste, on peut le voir dans cette réponse de Jupiter aux plaintes de Vénus:

>Ce dieu donc, des dieux le plus sage,
>Se radoucissant le visage,
>Et la prenant sous le menton,
>Lui dit : « Bon Dieu ! que dirait-on
>« Si l'on vous voyait ainsi faire ?
>« N'avez-vous point honte de braire
>« Ainsi que la mère d'un veau?
>« Ah ! vraiment cela n'est pas beau.
>« Ne pleurez plus, la Cythérée,
>« Et tenez pour chose assurée
>« Tout ce qu'a prédit le Destin
>« D'Énée et du pays latin. »

Ce comique, qui naît du contraste du langage et de la personne, a souvent, il faut l'avouer, le défaut d'être grossier et bas; mais quelquefois il a de la finesse; et, par exemple, dans ce dialogue de Vénus avec son fils Énée, après qu'il lui a dit :

>» Vous sentez la dame divine,
>« J'en jurerais sur votre mine: »

quel est l'homme de goût qui ne sourirait point en voyant Vénus faire l'Agnès, et le héros troyen transformé en Nicaise ?

« Je ne suis pas, en vérité,
« D'une si haute qualité,
« Dit Vénus, mais votre servante.
« Ah! vous êtes trop obligeante,
« Ce dit-il, et j'en suis confus.
« Et moi, si jamais je la fus,
« Ce dit-elle. Et lui de sourire,
« Disant: Cela vous plaît à dire; »
Puis sa tête désaffubla.
Ses deux jarrets elle doubla,
Pour lui faire la révérence.
Il fit une circonférence
Du pied gauche à l'entour du droit,
Et cela d'un air tant adroit,
Ce pauvre fugitif de Troie,
Que sa mère en pleura de joie.

La première entrevue d'Énée avec Didon est du même tour de plaisanterie:

La reine donc fut étonnée
De l'apparition d'Énée,
Et lui dit, parlant un peu gras,
L'ayant pris par le bout du bras,
(C'est par la main que je veux dire):
« Comment vous portez-vous, beau sire?
« Moi, lui dit-il, je n'en sais rien:
« Si vous êtes bien, je suis bien;
« Et j'ai pour le moins la migraine,
« S'il faut que vous soyez mal saine.
« Vous vous portez bien, Dieu merci;
« Je me porte donc bien aussi. »

Scarron est diffus par négligence; il est ce qu'on appelle *polisson* par gaieté; il a porté trop loin la licence de son humeur, le *genio indulgere ;* mais qu'on ne s'étonne pas de m'entendre dire que c'était un des hommes de son temps qui avaient le plus de goût. Les critiques les plus fines de l'*Iliade* et de l'*Énéide* sont dans le *Virgile travesti.* Son génie me semble avoir quelque ressemblance avec celui de Marot; et si on les veut comparer l'un à l'autre, voici deux morceaux du même genre, où ils se rapprochent assez. Marot, prisonnier au Châtelet, qu'il appelle l'*Enfer,* passe par l'audience, et demande à son guide ce que c'est que tous ces gens-là. Son guide lui répond :

« Je te fais assavoir
« Que ce mordant, que l'on dit si fort bruire,
« De corps et biens veut son prochain détruire ;
« Ce grand criard, qui tant la gueule tord,
« Pour le grand gain tient du riche le tort.
« Celui qui parle, illec, sans éclater,
« Le juge assis veut corrompre et flatter.
« Ami, voilà quelque peu des menées
« Qui aux faubourgs d'enfer sont démenées
« Par nos grands loups ravissants et famis,
« Qui aiment plus cent sous que cent amis,
« Et dont, pour vrai, le moindre et le plus neuf
« Trouverait bien à tondre sur un œuf. »

Ensuite il lui décrit la génération des procès :

« En cetui parc, où ton regard épands,
« Une manière il y a de serpents
« Qui, de petits, viennent grands et félons,
« Non pas volants, mais traînants et bien longs,
« Et ne sont pas pourtant couleuvres froides,

« Ne verds lézards, ne dragons forts et roides :
« Ce sont serpents enflés, envenimés,
« Mordants, maudits, ardents et animés,
« Jetant un feu qu'à peine on peut éteindre,
« Et, en piquant, dangereux à l'atteindre.
« C'est la nature au serpent plein d'excès,
« Qui par son nom est appelé Procès.
« Celui qui tire ainsi hors sa languette,
« Détruira bref quelqu'un, s'il ne s'en guette ;
« Celui qui siffle et a les dents si drucs,
« Mordra quelqu'un qui en courra les rues ;
« Et ce froid-là, qui lentement se traîne,
« Par son venin a bien su mettre haine
« Entre la mère et les mauvais enfants ;
« Car serpents froids sont les plus échauffants.
« Tu dois savoir qu'issues sont ces bêtes
« Du grand serpent Hydra, qui eut sept têtes,
« Contre lequel Hercule combattait ;
« Et quand de lui une tête abattait,
« Pour une morte en revenait sept vives.
« Ainsi est-il de ces bêtes noisives.

Écoutons à présent Scarron dans la description de l'enfer :

> Ceux que pend à tort la justice
> Par la cruauté du destin
> (Qui n'est sans doute qu'un lutin
> Qui fait tout sans poids ni mesure,
> Et sert ou nuit à l'aventure),
> Font mille clameurs sans succès
> Pour faire revoir leur procès ;
> Ils parlent tous à tue-tête.
> Minos, qui reçoit leur requête,
> Président du parlement noir,

Ne fait que placets recevoir;
Et, ce qui fait crever de rire,
Comme il les reçoit les déchire.
Maint avocat porte-bonnet,
Qui trahit son client tout net
En procès ou en arbitrage,
Reçoit en ce lieu maint outrage :
On le fait ronger par les rats,
Ou l'on l'assomme à coup de sacs....
Tout auprès de pauvres poètes,
Qui rarement ont des manchettes,
Y récitent de pauvres vers :
On les regarde de travers,
Et personne ne les écoute;
Ce qui les fâche fort sans doute.

Il décrit ainsi le Tartare :

Phlégéton, un fleuve de souffre,
Court à l'entour, creux comme un gouffre,
Et roule à grand bruit du brasier,
Au lieu de sable ou de gravier.
Une tour qui flanque la porte,
Si haute, ou le diable m'emporte,
Qu'elle atteint au plancher d'enfer,
Est toute d'airain et de fer.
Tisiphone en est la portière,
Carogne aussi superbe et fière
Que le portier d'un favori.
La vilaine n'a jamais ri...
Ænéas eut l'âme étonnée
Du bruit de la troupe damnée...
Le grand et petit Châtelet
N'ont rien de funeste et de laid
Auprès de ce château terrible,

Aux gens de bien inaccessible :
Radamanthe, effroyable à voir,
En soutane de bougran noir,
Sur un siège de fer préside.
Onc ne fut juge plus rigide :
Les commissaires d'aujourd'hui
Sont des moutons auprès de lui,
Quoiqu'en matières criminelles
Nous ayons de doctes cervelles.
Ce juge criminel d'enfer,
Vrai cœur de bronze ou bien de fer,
En veut sur-tout aux chatemites ;
Aux faux béats, aux hypocrites :
Quand il en attrape quelqu'un,
De leur chair il fait du petun ;
Et ce petun le déconstipe,
N'en eût-il fumé qu'une pipe.

On voit qu'en badinant, Sarron, ainsi que Marot, ne laisse pas de tancer les mœurs. C'est ainsi qu'en parcourant les supplices du Tartare, il dit :

Ceux qui haïssent leurs parents,
Les pères et mères tyrans,
Les enfans qui battent leurs pères,
Rencontrent là des belles-mères.
Belle-mère est un animal
Qui plus qu'un diable fait du mal...
Les mangeuses de patenôtres,
Toujours en effroi pour les autres,
Pour elles en tranquillité,
Qui médisent par charité,
Disant que c'est blâmer le vice,
Endurent là, pour tout supplice,

D'être sans cesse à marmotter,
Sans qu'aucun les puisse noter ;
Et ce tourment de n'être en vue,
Mille fois pour une les tue.
Tous ceux qui, par ambition,
Professent la dévotion,
Sont condamnés, sans qu'on les voie,
De faire de leur peau corroie,
De plus à vivre en gens de bien
Sans que personne en sache rien.

Le burlesque de ce ton-là doit plaire aux esprits les plus difficiles ; et quant à celui qui, pour rendre les contrastes plus plaisants, va d'un extrême à l'autre et du plus sublime au plus bas, cette secousse est un besoin peut-être pour des âmes froides et phlegmatiques. Nous ne sommes pas tous également sensibles au chatouillement du ridicule ; et ceux à qui le plus léger suffit, ne doivent pas être étonnés qu'une sensibilité moins délicate y désire moins de finesse et plus de force. De là vient que les meilleurs esprits ont pu se partager à l'égard du burlesque ; les uns le trouver détestable, et les autres très amusant.

Observons seulement que plus une nation sera légère et moins elle attachera d'importance aux formes que l'habitude et l'opinion auront fait prendre à ses idées, plus aisément elle se prêtera à cette espèce de badinage ; et en cela l'orgueil n'entend pas aussi bien la plaisanterie que la vanité ; il est jaloux de son opinion et chagrin lorsqu'on le détrompe : aussi le burlesque sera-t-il toujours mieux reçu chez une nation vaine que chez une nation orgueilleuse. Mais chez aucun peuple éclairé, il n'est à craindre que le burlesque devienne le goût dominant, et l'*insanire licet* sera toujours sans conséquence.

Au reste, quoi que l'on pense de ce genre, c'est peut-être celui de tous qui demande le plus de verve, de saillie et d'originalité. Rien de plat, rien de froid, rien de forcé n'y est supportable, par la raison que de tous les personnages, le plus ennuyeux est celui d'un mauvais bouffon. Scarron était né ce qu'il est dans son *Virgile travesti*. Il voyait tout du côté plaisant. Il trouvait au moins aussi naturel, aussi vraisemblable que ses héros eussent tenu le langage qu'il leur faisait tenir, que celui que leur prêtait Virgile. Les détails de ses decriptions et de ses portraits étaient pour lui des couleurs aussi vraies que celles du poète héroïque. Parmi les *nippes* qu'Énée avait pu sauver du sac de Troye, son imagination trouvait

> La béquille de Priamus,
> Le livre de ses orémus,
> Un almanach fait par Cassandre,
> Où l'on ne pouvait rien comprendre.

Il disait, songeant à Didon :

> C'était une grosse dondon,
> Grasse, vigoureuse, bien saine,
> Un peu camuse à l'Africaine,
> Mais agréable au dernier point.

En un mot, il voyait tout avec ses yeux, il écrivait avec son caractère; et comme aucun de ses imitateurs n'a eu cette humeur enjouée et bouffonne, aucun d'eux n'a eu son talent : il est unique dans son genre.

Marmontel, *Eléments de Littérature*.

BURNET (Gilbert) naquit à Édimbourg, le 18 septembre 1643. Son père, habile jurisconsulte, donna les plus grands soins à son éducation, et le destina à l'état ecclésiastique. Quand ses études furent achevées, le jeune Burnet, désireux de voyager pour s'instruire encore, parcourut la Hollande, la France, la Flandre, se liant avec les hommes célèbres et les savants. De retour en Angleterre, il fut, en 1665, ordonné prêtre selon le rit anglican, et placé à la cure de Salton, en Écosse. C'est vers ce temps qu'il commença à travailler, et à rassembler des matériaux sur l'histoire. En 1673, il alla à Londres pour solliciter la permission de faire paraître la *Vie de Jacques et Guillaume, ducs d'Hamilton*. Présenté à Charles II, par son protecteur, le duc de Lauderdale, il plut à ce prince, qui lui témoigna beaucoup de bienveillance. A l'avènement de Jacques II, dont il avait encouru la disgrace pour être entré dans le projet de faire exclure ce prince du trône, Burnet quitta l'Angleterre, et voyagea en France, en Suisse, en Italie et en Allemagne. Il se trouvait en Hollande, lorsqu'il dressa un manifeste en faveur du prince d'Orange, et s'embarqua sur la flotte chargée de porter cet usurpateur. Après le détrônement du malheureux Jacques, Burnet se vit au comble de la faveur : il obtint l'évêché de Salisbury, et fut ensuite nommé précepteur du duc de Glocester. Quoique d'une constitution très robuste, il mourut, d'un rhume négligé, le 17 mars 1715.

« Burnet, dit Feller, était regardé en Angleterre « comme Bossuet l'était en France ; mais l'Écossais « avait bien moins de génie, moins de conduite, « de modération et de sagesse que l'évêque français. « Son emportement contre l'Église romaine a désho- « noré sa plume et ses ouvrages. »

On a de Burnet plusieurs ouvrages d'histoire et de controverse. Les seuls que l'on consulte encore sont ses *Mémoires pour servir à l'Histoire de la Grande-Bretagne, sous Charles II, Jacques II, Guillaume III et la reine Anne*; ils ont été traduits en français; son *Voyage en Suisse et en Italie*, dont on a aussi une traduction ; et l'*Histoire de la Réformation de l'église anglicane*, traduite en français par Rosemond. Amsterdam, 1687, 4 vol. in-12.

JUGEMENT.

L'évêque Burnet raconte avec précision et avec clarté, mais c'est le seul mérite de cet écrivain; son style trop peu soigné n'a pas assez de noblesse; ses caractères, il est vrai, sont dessinés avec hardiesse et énergie, mais ils ne sont pas, en général, assez indiqués, et se composent d'un trop grand nombre de traits satiriques ; il a d'ailleurs tellement prodigué les anecdotes qui lui sont personnelles, qu'il semble avoir moins écrit une histoire que rédigé des mémoires historiques.

BLAIR, *Leçons de Rhétorique.*

MORCEAU CHOISI.

Prise de Rome par les Goths, en 410.

Depuis six cent quatre-vingt-dix ans, Rome n'avait pas été violée par la présence d'un ennemi étranger. La population montait à cette époque à douze cent mille habitants; mais les nobles étaient entièrement plongés dans le luxe et la mollesse; la populace vile et misérable s'était continuellement recrutée par l'affranchissement des esclaves et l'admission des étrangers. Dans cet état de décadence universelle, les Romains étoient plus disposés à négocier qu'à combattre. Aussi ils reçurent pour empereur Attale, préfet de la ville, qui leur fut imposé par Alaric, roi des Goths.

Lorsque Alaric se fut retiré, Attale, parvenu à la suprême grandeur, fut si enivré de sa puissance, qu'il rompit avec son protecteur : celui-ci ne tarda pas à le déposer.

Rome elle-même était le prix du combat, et pour la racheter du pillage, au lieu d'employer les armes, on eut recours à des présents qui ne firent qu'exciter l'avarice des barbares. Honorius retardait l'accomplissement de ses promesses : Alaric en pressait vivement l'exécution. Pendant les négociations, la famine avait fait de terribles ravages dans Rome; la guerre avait empêché la culture des terres, et les ports étant bloqués, les habitants se trouvèrent dans la dernière détresse. On vendit publiquement de la chair humaine, et on rapporte que des mères dévorèrent leurs propres enfants. Des citoyens réduits à cet horrible état auraient été incapables d'une longue défense ; mais une conspiration abrégea la durée du siége. La porte Salarienne fut ouverte à minuit, et la cité impériale fut abandonnée à la fureur des tribus sauvages de la Germanie et de la Scythie. « Toutes les richesses du monde sont ramassées « dans ces lieux ; je vous les abandonne, dit Alaric « à ses soldats, en entrant dans Rome ; mais je vous « ordonne de ne verser que le sang des hommes « armés, et d'épargner ceux qui cherchent un re- « fuge dans les temples. »

Le pillage dura six jours, selon les récits les plus authentiques. Les Goths incendièrent la ville en plusieurs endroits, et rasèrent une partie des plus beaux édifices. Il est impossible de calculer le nombre des citoyens qui furent massacrés, malgré la défense d'Alaric, ni la multitude de ceux qui, d'un rang honorable et d'une brillante fortune, descendirent à la misérable condition de captifs et d'exilés. Rome, cette magnifique et orgueilleuse capitale de l'univers, qui depuis onze cent soixante-trois ans étendait ses bras puissants d'un bout de la terre à l'autre, et qui s'était enrichie des dépouilles des nations vaincues, devint elle-même la proie des barbares. Elle éprouva à son tour le sort qu'elle avait fait subir tant de fois, et souffrit tous les malheurs qu'elle avait fait peser sur tant d'autres villes et de nations.

BUSSY-RABUTIN (Roger de Rabutin comte de Bussy), aussi connu par sa jactance que par la malignité de ses écrits, naquit à Épiry, en Nivernais, le 3 avril 1618, d'une des plus anciennes et des plus illustres familles de la Bourgogne. Destiné, comme ses ancêtres, à suivre la carrière des armes, il fut envoyé à l'armée dès l'âge de douze ans. Lorsqu'il en eut dix-huit, son père lui céda le régiment dont il était propriétaire, et lui laissa ensuite, par sa mort, la lieutenance de roi du Nivernais.

Détenu pendant cinq mois à la Bastille pour n'avoir pas su maintenir l'ordre dans son régiment, Bussy y connut le vieux maréchal de Bassompierre, et peut-être dut-il à cette fréquentation l'idée d'écrire des mémoires, ainsi que cette causticité de caractère et ce ton de fatuité qui eurent une si fâcheuse influence sur sa vie. Il continua son métier d'homme de guerre jusqu'à la paix des Pyrénées, et s'y distingua souvent par sa valeur. Pendant les troubles de la régence, il s'attacha d'abord au parti du grand Condé, qui défendait alors Mazarin contre le parlement; puis il fit la guerre au roi, après l'arrestation des princes, et les abandonna enfin pour faire sa paix avec la cour, ce qui lui valut le grade de maréchal de camp et le commandement du Nivernais. Ayant obtenu depuis la charge de maistre de camp général de la cavalerie légère, il montra tant d'arrogance dans l'exercice de cette charge, que Turenne ne le vit plus qu'avec déplaisir, et s'amusa beaucoup d'un petit échec que sa présomption lui avait attiré. Bussy voulut s'en venger par un méchant couplet contre le héros, qui, usant de représailles, écrivit au roi que « M. de Bussy était, pour

« les chansons, le meilleur officier qu'il eût dans
« ses troupes. »

En quittant l'armée, Bussy y laissa beaucoup d'ennemis, et vint s'en faire un bien plus grand nombre à la cour par sa chronique scandaleuse, connue sous le titre d'*Histoire Amoureuse des Gaules*. Une copie de l'ouvrage étant tombée dans des mains infidèles, on la livra à l'impression, et un cri général s'éleva contre l'auteur. Cependant les plaintes qu'on portait de toutes parts au pied du trône fussent peut-être demeurées sans effet, si Bussy n'eût eu la hardiesse de faire une chanson indécente contre le roi lui-même : il fut payé de son audace par la perte de sa charge, une année de détention à la Bastille, et un exil qui ne dura pas moins de seize ans. Pendant ce long espace de temps, il excéda Louis XIV de ses louanges et de ses protestations d'amour et de respect ; mais ce fut inutilement, parce que le prince ne les crut point sincères : il ne se trompait pas ; car Bussy, tout en lui prodiguant les plus basses flatteries, était animé contre lui d'un profond ressentiment, et se soulageait quelquefois par des traits amers dans sa correspondance intime. Cependant, moins touché que fatigué de ses prières, le roi lui permit de reparaître à la cour ; mais, ayant été reçu avec beaucoup de froideur, Bussy s'aperçut aisément qu'il ne regagnerait jamais ses bonnes graces, et prit dès lors le sage parti de retourner dans ses terres cacher son humiliation et son dépit. Il mourut à Autun, le 9 avril 1693, âgé de soixante-quinze ans.

Bussy, dont la vanité était extrême, croyait n'avoir point d'égal pour la naissance, la valeur, l'esprit et les agréments personnels. Il dut rencontrer souvent des incrédules; on ne peut nier, cependant, qu'il n'eût beaucoup d'esprit, mais cet esprit était sec, froid et compassé; et la postérité a mis une très grande distance, pour les agréments du style épistolaire, entre lui et sa cousine, madame de Sévigné, à laquelle sans doute il se croyait bien supérieur. Les *Lettres de Bussy*, recueillies et publiées par son ami, le P. Bouhours, formant 7 vol. in-12, ont eu dans leur temps beaucoup de réputation, et ont été réimprimées plusieurs fois. On y rencontre des traits agréables, mais beaucoup plus d'idées communes: en général, il y règne un ton d'égoïsme et de satisfaction intérieure qui suffirait pour gâter les meilleures choses. Ses *Mémoires*, 2 vol. in-4°, Paris 1694, souvent réimprimés, renferment peu de faits vraiment curieux : la vanité de l'auteur se met tout-à-fait à l'aise dans cet ouvrage. Ses prouesses guerrières et galantes y tiennent la meilleure place : dans l'édition de 1731, on trouve un *Rabutiana*. Son *Discours à ses enfants, sur le bon usage des adversités et sur les divers évènements de la vie*, 1 vol. in-12, Paris, 1694, est un écrit fort édifiant, mais fort ennuyeux. Bussy eût mieux fait de prêcher d'exemple en supportant sa disgrace avec une plus noble résignation et en réformant les vices de caractère qui avaient causé ses malheurs. Son *Histoire abrégée de Louis-le-Grand*, 1 vol. in-12, est un panégyrique dont l'exagération serait à peine excusable de la part d'un homme qui aurait écrit selon sa pensée. Le seul de ses ouvrages qu'on recherche et qu'on lise encore est son *Histoire amoureuse des Gaules*, dont la dernière édition est de Paris, 1754, 5 vol. in-12. On comprend communément sous ce titre plusieurs écrits du même genre, dont quelques-uns furent composés depuis sa disgrace, et qui tous ont pour objet de peindre les mœurs galantes, ou plutôt dissolues, de la cour de France pendant la jeunesse du roi. En général, les peintures de Bussy peuvent être accusées de malignité, mais non pas d'exagération, encore moins de fausseté. L'auteur a été appelé le *Pétrone français*; cette qualification est à la fois une injure et un excès d'honneur pour Bussy, qui n'a ni l'obscénité ni l'élégance de ce poète. Tout ce qu'il mérite de louanges sous le rapport du style se renferme dans ce peu de mots de Voltaire : « Il écrivit avec pureté. »

Bussy avait été reçu de l'Académie française peu de temps avant sa disgrace. Son discours de réception est bien plus remarquable par le ton de suffisance et de forfanterie qui y règne, que par l'esprit qu'on a voulu y trouver. Il commence ainsi : « Si
« j'étais à la tête de la cavalerie, et que je fusse
« obligé de lui parler pour la mener au combat, la
« croyance où je serais qu'elle aurait quelque res-
« pect pour moi, et que de tous ceux qui m'écoute-
« raient, il n'y en aurait peut-être guère de plus ha-
« bile, me le ferait faire sans être fort embarrassé;
« mais ayant à parler devant la plus célèbre assem-
« blée de l'Europe, et la plus éclairée, etc. » Heu-

reusement, cette harangue est fort courte; mais cela même était encore un trait de fatuité.

Son fils Bussy (Michel-Celse-Roger de Rabutin, comte de), évêque de Luçon, qui se signala par son zèle pour la bulle *Unigenitus*, hérita de son esprit sans hériter de ses défauts. Il était né pour plaire, et fut appelé de son temps le *Dieu de la bonne compagnie*. L'Académie française le reçut en 1732, après la mort de Lamotte, comme pour remplacer le plus aimable des gens de lettres par le plus aimable des hommes de la cour. Il ne produisit rien; mais son goût sûr et délicat, formé par la lecture des meilleurs auteurs anciens et modernes, le rendait très bon juge des productions des autres. Gresset lui adressa ces jolis vers :

> Vous, dont l'esprit héréditaire,
> Et par les graces même orné,
> Aux talents d'un illustre père
> Joint l'agrément de Sévigné, etc.

Mais Voltaire, dans son *Temple du Goût*, a caractérisé le père et le fils d'une manière bien plus piquante.

« Je cherchais, dit-il, le fameux comte de Bussy; « madame de Sévigné, qui est aimée de tous ceux « qui habitent le temple, me dit que son cher cou« sin, homme de beaucoup d'esprit, un peu trop « vain, n'avait jamais pu réussir à donner au dieu « du goût cet excès de bonne opinion que le comte « de Bussy avait de messire Roger de Rabutin.

« Bussy, qui s'estime et qui s'aime

« Jusqu'au point d'en être ennuyeux
« Est censuré dans ces beaux lieux
« Pour avoir, d'un ton glorieux,
« Parlé trop souvent de lui-même.
« Mais son fils, son aimable fils,
« Dans le temple est toujours admis ;
« Lui qui, sans flatter, sans médire,
« Toujours d'un aimable entretien,
« Sans le croire, parle aussi bien
« Que son père croyait écrire. »

BUTLER (SAMUEL), né en 1612, à Strensham, dans le comté de Worcester, était fils d'un riche laboureur. Il alla faire ses études à l'université de Cambridge ; placé ensuite chez un partisan de Cromwel, il n'en resta pas moins fidèle au parti de son roi. Quoique son poème d'*Hudibras* eût servi à décrier la faction de l'usurpateur, il ne reçut aucune récompense de Charles II, et mourut dans l'indigence en 1680.

Le poème d'*Hudibras* a été traduit en vers français par J. Touwneley, officier anglais au service de France, avec des remarques par Larcher. On en a donné une 2e édition en 1819.

JUGEMENT.

Il y a un poème anglais difficile à faire connaître aux étrangers ; il s'appelle *Hudibras*. C'est un ouvrage tout comique, et cependant le sujet est la guerre civile du temps de Cromwel. Ce qui a fait verser tant de sang et tant de larmes a produit un poème qui force le lecteur le plus sérieux à rire. On trouve un exemple de ce contraste dans notre satire *Ménippée*. Certainement les Romains n'auraient point fait un poème burlesque sur les guerres de César et de Pompée, et sur les proscriptions d'Octave et d'Antoine. Pourquoi donc les malheurs affreux que causa la ligue en France, et ceux que les guerres du roi et du parlement étalèrent en Angleterre, ont-ils pu fournir des plaisanteries? C'est qu'au fond il y avait un ridicule caché dans ces querelles funestes.

Le poème d'*Hudibras* semble être un composé de la satire *Ménippée* et de *Don Quichotte*; il a sur eux l'avantage des vers, il a celui de l'esprit : la satire *Ménippée* n'en approche pas; elle n'est qu'un ouvrage très médiocre; mais à force d'esprit, l'auteur d'*Hudibras* a trouvé le secret d'être fort au-dessous de *Don Quichotte*. Le goût, la naïveté, l'art de narrer, celui de bien entremêler les aventures, celui de ne rien prodiguer, valent bien mieux que de l'esprit; aussi *Don Quichotte* est lu de toutes les nations, et *Hudibras* n'est lu que des Anglais.

L'auteur de ce poème si extraordinaire était contemporain de Milton, et eut infiniment plus de réputation que lui, parce qu'il était plaisant, et que le poème de Milton était fort triste. Butler tournait les ennemis du roi Charles II en ridicule, et toute la récompense qu'il en eut fut que le roi citait souvent ses vers. Les combats du chevalier Hudibras furent plus connus que les combats des anges et des diables du *Paradis perdu* : mais la cour d'Angleterre ne traita pas mieux le plaisant Butler que la cour céleste ne traita le sérieux Milton, et tous deux moururent de faim, ou à peu près.

Le héros du poème de Butler n'était pas un personnage feint, comme le *Don Quichotte* de Michel Cervantes : c'était un chevalier baron très réel, qui avait été un des enthousiastes de Cromwel, et un de ses colonels. Il s'appelait sir Samuel Luke.

Un homme qui aurait dans l'imagination la dixième partie de l'esprit comique bon ou mauvais qui règne dans cet ouvrage, serait encore très plaisant : mais il se donnerait bien de garde de traduire *Hudibras*. Le moyen de faire rire des lecteurs étrangers de ridicules déjà oubliés chez la nation même où ils ont été célèbres ! On ne lit plus le *Dante* dans l'Europe, parce que tout y est allusion à des faits ignorés : il en est de même d'*Hudibras*. La plupart des railleries de ce livre tombent sur la théologie et les théologiens du temps. Il faudrait à tout moment un commentaire. La plaisanterie expliquée cesse d'être plaisanterie; et un commentateur de bons mots n'est guère capable d'en dire.

Voltaire.

MORCEAUX CHOISIS.

I. Armes et costume de sir Hudibras.

Ainsi était-il doté et enrichi des dons les plus rares, nous voulons dire intérieurement; pour l'extérieur, c'est autre chose. Nous allons maintenant examiner ce point : écoutez bien, Messieurs, voici son portrait fidèle. Sa barbe jaune était à la fois le symbole de sa sagesse et l'ornement de sa face :

pour la forme et la couleur, elle ressemblait si bien à une tuile, qu'elle aurait trompé l'œil au premier aspect. La partie supérieure était blanchâtre, l'autre orangé mêlé de gris. Cette comète à longue chevelure annonçait la chute des sceptres et des couronnes*; elle représentait, par un emblême, sinistre la décadence des gouvernements, et, par sa structure hiéroglyphique, semblait dire que son tombeau et celui de l'état étaient préparés : comme les cheveux de Samson, elle croissait pour être un jour le fléau de tout un peuple, destinée à tomber en sacrifice, pour entraîner la ruine d'un empire. Cette barbe, toute monastique, s'était engagée dans les ordres saints par des vœux solennels, et elle observait un régime aussi sévère que celui de rigides cordeliers : elle était dévouée à souffrir généreusement les persécutions et le martyre, à braver la haine et la vengeance de l'état irrité; elle semblait même défier sa fureur, prête à se voir épilée, arrachée, torturée avec un fer brûlant, vilipendée, conspuée et suppliciée. Quoi qu'il en soit, elle devait tenir ferme aussi long-temps que subsisterait la monarchie.;

* Voltaire a traduit ou plutôt imité quelques passages du poème d'*Hudibras*, en les réduisant beaucoup :

> Au nez du chevalier antique,
> Deux grandes moustaches pendaient,
> A qui les parques attachaient
> Le destin de la république.
> Il les garde soigneusement ;
> Et si jamais on les arrache,
> C'est la chute du parlement :
> L'état entier en ce moment
> Doit tomber avec sa moustache.

mais, quand l'état commencerait à chanceler, elle devait se soumettre à l'acier fatal, et tomber en expiation de la chute du trône. Les sœurs inexorables avaient uni étroitement sa destinée à celle de ses moustaches, et avaient si bien mêlé le fil de leurs jours, que le temps ne pouvait les séparer ni à la vie, ni à la mort, mais devait trancher leur sort d'un seul coup avec sa faux redoutable.

Son dos, ou plutôt sa protubérance, avait l'air de succomber sous son propre poids. Car ainsi qu'Énée porta jadis à travers les flammes son père sur ses épaules, de même notre chevalier portait sur les siennes le fardeau non moins pesant d'une croupe énorme qui commençait même à dépasser sa tête faute de croupière. Afin de rétablir un équilibre parfait, il portait par devant une bedaine de même calibre, qu'il avait grand soin de bourrer de menus morceaux, tels que tartes, crêmes, fromages, comme on en trouve dans une grasse métairie, et autres comestibles, à propos desquels nous donnerons bientôt de plus amples détails, quand nous aurons occasion de parler de son haut-de-chausse, qui d'ordinaire lui servait de buffet pour garder ses vivres. Son pourpoint était de buffle solide, à l'épreuve, sinon de l'épée, du moins du bâton, et partant très propre à son usage, car il ne craignait rien tant que les contusions.

Sa culotte était d'une étoffe de laine épaisse : elle avait assisté au siége de Boulogne, et elle était si bien connue du vieux roi Henri, que certains chroniqueurs croient qu'elle lui avait appartenu. Au demeurant elle était garnie de mainte provision de pain bis, de fromage et de boudin gras, aliment très convenable pour les guerriers qui aiment le sang : car, ainsi que nous l'avons dit, il choisissait volontiers son haut-de-chausse pour y serrer ses vivres. L'occasion engageait souvent les rats et les souris à surprendre ses munitions, et quand par hasard il portait la main à ses magasins, les ennemis se mettaient bravement en défense, tiraient même du sang à l'agresseur, et, à moins d'être délogés de leur poste et pris d'assaut, ils n'abandonnaient jamais la redoute où ils s'étaient fortifiés. Si l'on en croit quelques rêveurs, jadis les chevaliers errants ne mangeaient ni ne buvaient, parce que, quand ils traversaient de vastes déserts et des solitudes sauvages, ils n'y trouvaient guère de quoi garnir leur panse, et que d'ailleurs on ne voit pas dans leur histoire un seul mot sur leurs provisions : ce qui a fait dire à quelques auteurs, un peu légèrement, qu'ils n'avaient d'appétit que pour se battre : mais c'est une grave erreur ; car le roi Arthur portait avec lui une grande table, ronde comme un panier, devant laquelle, avec leur chemise tirée par derrière, voire même par devant, ses braves chevaliers dînaient bel et bien. Quoique quelques érudits soupçonnent que ce n'était pas une table, mais une ample culotte où il entassait autant de vivres que ses chevaliers et lui pouvaient en expédier, quand ils déposaient leurs damas et leurs gourdins, et qu'ils se mettaient à déjeûner ou à goûter sans façon. Mais laissons pour le moment cette question, de peur de nous égarer dans une digression superflue, comme font de doctes auteurs auxquels nous laissons ce privilège. Ainsi revenons à notre héros.

Sa vaillante épée était suspendue à son flanc, près de son noble cœur. elle avait une garde en forme d'entonnoir où il mettait son potage, en sorte qu'elle servait à la fois pour combattre et pour dîner. Il y fondait aussi des dragées de plomb pour envoyer à ses ennemis, et quelquefois aux poulets, auxquels il gardait une rancune si implacable qu'il ne leur faisait jamais quartier. Sa lame tranchante, sa fidèle flamberge, faute d'exercice, était devenue rouillée, et se rongeait elle-même dans son ardeur impatiente de hacher et de couper. Le paisible fourreau où elle reposait avait senti le courroux de sa pointe aiguë, car elle l'avait raccourci de quatre doigts, tant elle était belliqueuse et indignée de languir dans sa gaîne, comme si elle n'osait montrer sa face. Dans plus d'une rencontre désespérée, pour signifier des exploits ou des sentences par défaut à des contumaces, elle avait signalé son courage avec plus de vigueur que le sergent Pousse-cul, si redoutable aux épaules : souvent elle avait pris possession de leur domicile, et les avait contraints de se rendre ou de courir.

Cette épée avait pour auxiliaire une dague malheureusement un peu courte pour son âge, et qui lui servait d'escorte, comme ces nains qui accompagnent les chevaliers errants. C'était un respectable tranchelard, propre également pour le combat et pour la cuisine : quand il avait pourfendu ou cassé une tête, il pouvait aussi ratisser un plateau, chapeler du pain, aider à rôtir du fromage ou du lard pour amorcer une souricière, ce dont il s'inquiétait fort peu : il servait encore à nettoyer des souliers et à planter dans la terre des poireaux, des oignons et autres légumes. Il avait été en apprentissage chez un brasseur, où il avait souffert ces épreuves et beaucoup d'autres; mais il avait quitté le commerce, comme quelques honnêtes gens ont fait depuis peu, et pour les mêmes raisons.

Le chevalier portait en outre dans les fourreaux de ses arçons deux antiques pistolets, avec le surplus des vivres qu'il ne pouvait faire entrer dans son haut-de-chausse. L'odeur alléchait souvent les rats, qui venaient marauder quand les ressorts étaient tendus, et quelquefois il les surprenait, par une brusque manœuvre, aussi lestement qu'avec le meilleur piège. Ces pistolets avaient encore une autre consigne : ils étaient chaque nuit en sentinelle pour défendre les magasins du haut-de-chausse contre les assaillants bipèdes et quadrupèdes.

Hudibras, chant I.

II. Le cheval d'Hudibras.

L'animal était robuste, grand et superbe : il avait la bouche tendre et les yeux vairons; je devrais dire l'œil, car il n'en avait qu'un, selon l'opinion la plus commune : quelques-uns disent qu'il n'en avait point. Son encolure était hardie, son port grave et majestueux. En dépit de l'éperon et de la baguette, on ne le vit jamais galoper ou doubler le pas, non plus qu'un Espagnol fouetté; et cependant il bondissait avec tant de vigueur, qu'il semblait craindre de toucher la terre; en sorte que le cheval de César qui, si l'on en croit la renommée, avait des cors aux pieds, n'était pas pourvu d'un sabot si délicat, et ne trottait pas plus légèrement; et de même que ce fameux coursier, suivant quelques historiens, pliait les genoux et se baissait pour prendre son maître, de même celui d'Hudibras, et c'est un fait bien connu, en faisait quelquefois autant pour mettre le sien à terre. Ses os pointus dessinaient de chaque côté sur ses flancs des sillons pareils à ceux qu'il avait autrefois creusés, car sous les arçons de sa selle on voyait une profonde cavité entre les intervalles de ses côtes. Sa queue traînante ramassait la boue, qu'il envoyait au visage de son cavalier, quand celui-ci lui piquait les flancs de son aiguillon acéré, ou le bourrait de son talon : car Hudibras ne portait jamais qu'un éperon; il calculait sagement que s'il pouvait faire aller au trot un côté de sa monture, l'autre moitié de la croupe ne resterait pas en arrière*.

Ibid.

* Notre grand héros d'Albion,
Grimpé dessus sa haridelle,
Pour venger la religion,
Avait à l'arçon de sa selle,
Deux pistolets et du jambon,
Mais il n'avait qu'un éperon :
C'était de tous temps sa manière;
Sachant que si la talonnière
Pique une moitié du cheval,
L'autre moitié de l'animal
Ne resterait point en arrière.
VOLTAIRE.

BYRON (Georges-Gordon, lord) vient de succomber, mais la mort ne sera point l'oubli pour cet homme célèbre; il laisse un nom imposant dans les fastes littéraires. Quel que soit le genre *romantique*, tant controversé, Byron en est le coryphée, il a les honneurs du premier rang, et il serait injuste de ne pas décerner la palme du génie à ce poète qui fut doué d'une prodigieuse imagination.

Petit-fils du fameux amiral Byron, lord Byron naquit le 22 janvier 1788, d'une des plus illustres familles de la Grande-Bretagne. Ses ancêtres, originaires de Normandie, étaient venus s'établir en Angleterre à la suite de Guillaume-le-Conquérant; par sa mère, Catherine Gordon, il descendait de la maison de Stuart. Après avoir fait ses premières études au collége de Harrow, où avaient été élevés Williams Jones et Shéridan, il fut envoyé à l'Université de Cambridge : c'est là qu'il commença de sacrifier aux Muses. Sorti de l'Université, et retiré dans la solitude de Newstead-Abbey, domaine de ses pères, il fit un choix de ses premiers essais poétiques, qu'il publia sous le titre de *Hours of idleness* (Heures de loisirs). Ce début, qui méritait plus que des encouragements, fut signalé au public par la malveillance la plus outrée des folliculaires anglais; la *Revue d'Édimbourg* elle-même ne fut pas plus juste dans ses attaques remplies d'amertume, et la critique dégénéra en satire personnelle. Byron, à son tour, voulut montrer que la satire était aussi en son pouvoir; son indignation s'arma du sarcasme, et le nouvel Ossian devint un nouveau Juvénal.

De bonne heure se manifesta chez lord Byron ce caractère étrange qui a donné lieu à tant de calomnies. Homme à part, et *solitaire au milieu de la foule*, comme il le dit lui-même (*Childe-Harold*, canto III), le barde anglais présente un phénomène moral non moins intéressant à étudier que ses ouvrages. On l'a comparé à J.-J. Rousseau : les différences qui existent entre eux semblent plus prononcées que les similitudes. N'y aurait-il pas une analogie plus sensible entre Byron et Alfieri ? dans tous les deux même indépendance désordonnée, même enthousiasme, même fougue indomptable. Disons mieux : dans ces parallèles toujours incomplets d'hommes extraordinaires, le rapport qui frappe davantage, c'est qu'aucun d'eux n'a ressemblé à rien de ce qui est. Le développement du caractère de Byron se trouve, à n'en point douter, dans sa poésie; et cependant, telle est la nature équivoque de ce caractère, il sympathise si peu avec nos idées reçues, avec nos habitudes sociales, qu'il nous paraît encore inexplicable après sa révélation, et que, pour obtenir la clé de cette énigme, il faut avoir fouillé tous les replis secrets du cœur humain.

La jeunesse du poète fut orageuse. Conduit à la misanthropie par la satiété des plaisirs; en prise avec son âme ardente qui se débattait contre les institutions, en perpétuelle contradiction avec la société, il entreprit un pèlerinage dans la patrie des héros et des Muses. Bizarre en tout, dans son enthousiasme pour les monuments de l'ancienne Grèce, il voulut vérifier les récits d'Ovide et de Musée, et renouvela l'exploit de Léandre, en traversant à la nage le détroit d'Abydos*; mais Héro n'était pas sur la rive pour le recevoir; il n'y trouva que la fièvre, comme il nous l'apprend dans des stances fort originales. De retour en Angleterre, en 1812, il publia, sous le titre de *Childe-Harold*, les deux premières parties de son Voyage poétique. L'indépendance exaltée de l'homme, les inspirations hardies du poète, excitèrent des transports unanimes. *La Fiancée d'Abydos*, *le Giaour*, *Lara*, *le Corsaire*, vinrent mettre le sceau à sa réputation. Proclamé, à vingt-quatre ans, le premier poète de l'Angleterre, lord Byron devint l'objet de l'empressement général. Son rang et ses voyages, les singularités même de son extérieur, et sa physionomie en harmonie avec son imagination mélancolique; le charme impérieux de son style; ce qu'il y avait d'inconnu dans sa vie errante et aventureuse; tout se réunit pour exciter une curiosité d'autant plus grande qu'elle était moins satisfaite, un enthousiasme d'autant plus vif qu'il se portait sur quelque chose de mystérieux et d'indéterminé.

Lord Byron commit l'erreur de croire que le bonheur domestique était fait pour lui. En 1815, il s'unit à la fille de sir Ralph Milbanck Noël, héritière de la maison de Wentworth. Malheureusement, la naissance d'une fille, qui devait resserrer le lien conjugal, fut bientôt suivie d'une séparation scanda-

* Le détroit d'Abydos ou de Hellé, dont Homère, par un privilège de poète, agrandit beaucoup la largeur, n'a guère qu'un demi-mille d'étendue.

leuse entre les époux. Nous nous abstiendrons de prononcer sur les causes de cet évènement. Les torts du noble poète ont sans doute été exagérés par la médiocrité jalouse de sa gloire. Mais qu'on relise son élégie des *Adieux*, et les vers si touchants qu'il adresse à sa fille (*Childe-Harold*, commencement et fin du 3ᵉ chant), et qu'on décide s'il est vraisemblable qu'il ait voulu s'affranchir de tous liens de famille. Ses regrets si tendrement exprimés pour la mère de son *Ada*, son attachement pour sa sœur (mistress Leigh), son amitié constante pour Walter-Scott, Hobhouse, Thomas Moore, etc., sa bienfaisance envers les infortunés, et, plus tard, son dévouement généreux à la cause des Grecs, répondent victorieusement aux absurdes calomniateurs qui ont prétendu faire de lord Byron un homme dangereux et même sanguinaire.

Après l'évènement fatal de son divorce, lord Byron repassa sur le continent. Il visita la plaine sanglante de Waterloo, parcourut les rives du Rhin, et séjourna quelque temps en Suisse. Là, il reçut l'hospitalité de madame de Staël, alors retirée à Coppet; et, inspiré par les grands tableaux, par les doux souvenirs que présente le Léman, il consacra des vers admirables à la gloire de Jean-Jacques. Il traversa ensuite les Alpes, en célébrant leurs sombres beautés, visita l'Italie, et s'établit, non loin de Venise, et sur les bords de la Brenta, dans une antique abbaye, dont la solitude sauvage convenait sans doute au tumulte de ses pensées. C'est de cette retraite qu'il envoya à Londres le dernier chant de *Childe-*

Harold, poème descriptif, où étincellent mille beautés du premier ordre. *Parisina, le Prisonnier de Chillon, le Siège de Corinthe, Mazeppa*, et d'autres poëmes qui se succédèrent avec une inconcevable rapidité, rendirent européenne la renommée de lord Byron : c'est encore en Italie qu'il composa ces bizarres poëmes de *Beppo*, de *Don Juan;* ces singulières tragédies de *Caïn*, des *Deux-Foscari;* ce drame plus singulier de *Manfred*, conception gigantesque et par fois sublime, qu'on ne peut lire de sang-froid, où règne une exaltation d'idées, une sorte d'exaspération de sentiments qui confondent; ouvrage qui séduit, bien que le scepticisme y revête des formes lugubres, bien que la destinée humaine y soit représentée comme un abîme. Quels que soient les préjugés qu'on affiche contre le romantisme, on ne peut se défendre d'admirer la souplesse et la variété du génie de Byron : s'il y a du Dante dans le *Manfred*, il y a de l'Arioste dans le *Don Juan*.

Le genre romantique ne paraît pas encore bien défini : madame de Staël ne nous en donne qu'une signification confuse*; d'autres esprits ingénieux nous offrent des idées spécieuses, mais rien de positif sur cette matière. Le style de l'auteur de *Corinne* est empreint de romantisme; il abonde ouvertement dans les écrits de M. de Châteaubriand; il a passé chez plusieurs poètes de notre siècle; nous le sentons, et ne le définissons pas; plusieurs même doutent si c'est un *genre*, et si cette littérature vague et passionnée est une expression vraie de notre so-

---

* Voyez *l'Allemagne*, 2ᵉ partie, chap. XI.

ciété. Cette dernière question, qui n'en est pas une pour les nations du nord, portées de leur nature vers une philosophie spiritualiste, vers une contemplation rêveuse, est à peine encore française. La gravité en est trop manifeste pour qu'on ose l'aborder ici. Sans empiéter sur le domaine de la critique, je hasarderai pourtant une observation. Le romantisme, indigène dans les contrées septentrionales, conserve chez nous une allure étrangère qui peut nous éblouir par l'attrait de formes inusitées; mais l'étonnement qu'il nous cause dénote assez qu'il n'est pas encore approprié à nos mœurs : toutefois, dix mille exemplaires des traductions de lord Byron, enlevés avec rapidité, la vogue des autres romantiques étrangers que nous avons traduits, et celle de nos propres essais, semblent déceler une tendance vers une manière qui s'annonce comme un schisme en littérature.

Lord Byron habitait l'Italie, quand éclata la révolution hellénique dont le dénouement est encore inconnu. Son âme impétueuse s'échauffe à l'aspect de la croix arborée contre le croissant; il avait gémi sur l'avilissement des Grecs; non content d'applaudir à leur régénération, il va seconder leur noble essor; il vend son patrimoine; il achète des canons, des munitions, des vêtements; il vole consacrer à sa nouvelle patrie d'adoption sa fortune, son glaive et ses chants; il a revu la terre de Miltiade et d'Homère...... Le trépas l'y attendait : frappé d'une maladie soudaine, il meurt à Missolonghi, le 19 avril 1824. Le chef des romantiques expirant sur le sol classique de la Grèce, offre sans doute un spectacle frappant par son contraste, et la mort de Byron n'est pas une des moindres singularités de sa vie. Nous connaissons les écarts de son style, déguisés sous l'éclat d'une imagination brillante ; ses *Mémoires*, où, à l'instar de Jean-Jacques, il s'était montré, dit-on, *intùs et in cute*, nous eussent fait connaître les écarts de son bouillant caractère ; mais on assure que l'amitié de sir Walter-Scott, dépositaire de cette confession publique, a cru devoir l'anéantir. Cet abus de confiance est diversement jugé : ce qu'il y a de certain, c'est que la postérité est toujours indulgente pour les torts du génie.

M. Léon Thiessé, littérateur, qui, jeune encore, s'est acquis de la réputation, est le premier qui ait fait connaître lord Byron en français : il publia, en 1816, *Zuleika et Sélim*, ou *la Vierge d'Abydos*, 2 vol. in-12. Il a paru depuis chez Ladvocat plusieurs traductions des œuvres de lord Byron, dans les formats in-8°, in-12 et in-18. Elles sont toutes en prose. On assure qu'une nouvelle traduction en vers alexandrins sera incessamment donnée au public par M. Constant-Taillard.

H. LEMONNIER.

PORTRAIT DE LORD BYRON.

Figurez-vous un jeune homme[*] tour à tour vif, orgueilleux, timide, arrêtant sur vous des regards tels que le pinceau de Raphaël les eût inventés pour

---

[*] Lord Byron n'était âgé que de trente-six ans quand la mort l'a frappé. L'auteur de ce portrait peu flatté avait connu le poète pendant son séjour à Venise.

l'image d'un grand poète ; entraînant à lui, comme dans le tourbillon d'une grande âme, tout ce qui l'approche. Ivre de sa noblesse comme un sot, de son génie comme un roturier; plus fier de la publicité qu'une miss riche et célèbre donna, par vengeance, à ses lettres d'amour, que des éloges publiés en son honneur par toutes les gazettes de l'Europe; aimant la liberté comme la source de tout ce qui est généreux et vrai, et les femmes comme l'image la moins imparfaite du beau, que rêvent tous les arts; chérissant la solitude, cette première de toutes les inspirations, et qui n'est autre que cette Égérie, à qui le législateur des Romains allait demander le génie et la sagesse; tantôt silencieux, tantôt inspiré, selon ses interlocuteurs, parlant le langage elliptique du génie; car plus on pense moins on explique; préférant dans ses entretiens les spéculations morales aux dissertations littéraires, parce qu'il vaut mieux discuter des idées que des mots; prompt à saisir avec la vivacité d'une imagination qui double ce qu'elle entend, comme ce qu'elle voit, les récits, les pensées, les rapports qui échappent dans la conversation aux hommes les plus vulgaires, et empressé de traduire en beaux vers l'émotion qu'il a reçue, de sorte que tous ses poèmes ne sont qu'un miroir plus étendu, plus animé, plus pur des impressions extérieures réfléchies par son imagination. Tels sont les principaux traits du caractère et des habitudes de lord Byron; telle est, à mes yeux, la révélation d'un poète.

J. D. P.

BYRON.

JUGEMENTS.

I.

Qui que tu sois, Byron, bon ou fatal génie,
J'aime de tes concerts la sauvage harmonie,
Comme j'aime le bruit de la foudre et des vents
Se mêlant dans l'orage à la voix des torrents.
La nuit est ton séjour, l'horreur est ton domaine :
L'aigle, roi des déserts, dédaigne ainsi la plaine ;
Il ne veut, comme toi, que des rocs escarpés,
Que l'hiver a blanchis, que la foudre a frappés,
Des rivages couverts des débris du naufrage,
Ou des champs tout noircis des restes du carnage ;
Et, tandis que l'oiseau qui chante ses douleurs,
Bâtit au bord des eaux son nid parmi les fleurs,
Lui, des sommets d'Athos franchit l'horrible cime,
Suspend aux flancs des monts son aire sur l'abîme,
Et là, seul, entouré de membres palpitants,
De rochers, d'un sang noir sans cesse dégouttants,
Trouvant sa volupté dans les cris de sa proie,
Bercé par la tempête, il s'endort dans sa joie.
 Et toi, Byron, semblable à ce brigand des airs,
Les cris du déséspoir sont tes plus doux concerts :
Le mal est ton spectacle, et l'homme est ta victime.
Ton œil, comme Satan, a mesuré l'abîme,
Et ton âme, y plongeant loin du jour et de Dieu,
A dit à l'espérance un éternel adieu !...
. . . .
. . . .
Ah ! si jamais ton luth, amolli par tes pleurs,
Soupirait sous tes doigts l'hymne de tes douleurs,
Ou si, du sein profond des ombres éternelles,
Comme un ange tombé tu secouais tes ailes,

Et, prenant vers le jour un lumineux essor,
Parmi les chœurs sacrés tu t'asseyais encor ;
Jamais, jamais l'écho de la céleste voûte,
Jamais ces harpes d'or que Dieu lui-même écoute,
Jamais des séraphins les chœurs mélodieux
De plus divins accords n'auraient ravi les cieux :
Courage ! enfant déchu d'une race divine,
Tu portes sur ton front ta superbe origine !
Tout homme, en te voyant, reconnaît dans tes yeux
Un rayon éclipsé de la splendeur des cieux.
Roi des chants immortels, reconnais-toi toi-même !
Laisse aux fils de la nuit le doute et le blasphème ;
Dédaigne un faux encens qu'on t'offre de si bas ;
La gloire ne peut être où la vertu n'est pas.

A. DE LAMARTINE, *Méditations poétiques*.

II.

Un grand poète qui s'abandonne comme lord Byron à l'impulsion de son génie, est un de ces esprits toujours libres et indépendants envoyés par la nature pour parcourir l'univers. Shakspeare lui-même se soumet aux entraves de l'histoire et de la société ; mais, dans *Childe-Harold*, lord Byron traverse la terre, emporté comme par le tourbillon de ses pensées. Partout où une forêt étend ses sombres rameaux, partout où un temple s'élève, le poète a le privilège de s'arrêter. Parfois sa rêverie solitaire sera soudain interrompue par le murmure de la fontaine mystérieuse du désert ; il descendra tantôt au milieu des cités populeuses et bruyantes, et tantôt il errera solitaire dans le silence des villes abandonnées. Tout ce qui a vie, tout ce qui n'est plus, tout ce qui peut un jour recevoir l'existence, tout ce qui peut l'inspirer enfin est du domaine de sa muse : il n'est enchaîné ni par l'unité des temps, ni par celle des lieux ; il nous entraîne avec lui de montagne en montagne, de monuments en monuments, planant toujours sur la solitude de la nature ou sur les chefs-d'œuvre de l'art. Lorsque les annales de l'histoire lui semblent trop obscures ou trop stériles, il se tourne vers les événements extraordinaires de nos jours : les images des rois et des conquérants de l'antiquité le cèdent aux souverains qui vivent encore sur le trône ou dans l'exil...; et c'est une des sources principales du charme de la poésie de *Childe-Harold* que ces sujets qui intéressent la génération actuelle, soit que lord Byron adopte les sentiments de son lecteur, soit qu'il veuille le forcer d'adopter les siens.

Beaux en eux-mêmes, ces ouvrages reçoivent un nouveau charme des climats qu'ils nous font parcourir, et du costume oriental qui y est décrit d'une manière si pittoresque. La Grèce, ce berceau de la poésie et des beaux-arts, avec laquelle nos premières études nous ont familiarisés, est peinte par lord Byron avec ses ruines et ses douleurs. Jadis consacrée à ces divinités qui, détrônées et bannies de l'Olympe, conservent encore un empire poétique, cette terre d'enchantements s'offre à notre admiration et à notre sympathie, et lord Byron n'a pas négligé l'effet moral qui résulte de la comparaison de son antique gloire et de son abjection actuelle.

Chercherons-nous sérieusement à réfuter le reproche si souvent adressé à lord Byron, de s'être peint lui-même dans les héros qu'il célèbre? Sans doute qu'il leur a prêté à tous quelques-unes de ses idées, et peut-être le fond de son caractère. Tous sont revêtus des mêmes attributs que *Childe-Harold;* tous ont des âmes qui luttent fièrement contre leur fortune, et réunissent à un vif sentiment de ce qui est honorable une susceptibilité toujours prompte dans les outrages et les injustices, susceptibilité qu'on découvre sous le manteau de leur stoïcisme orgueilleux et méprisant. La force de leurs passions, l'ardeur de leur jeunesse, ont été glacées ou domptées par une suite d'imprudences ou de crimes, et la satiété a été le fruit d'une expérience précoce dans tous ces héros, initiés de bonne heure dans la vanité des désirs de l'homme; mais la malignité et l'envie ont pu seules conclure de quelques indiscrétions et de quelques imprudences de lord Byron dans sa jeunesse, qu'une cause réelle excitait ses remords et sa misanthropie. Quelques traits d'analogie entre lord Byron et Conrad et Lara ont été les prétextes de mille calomnies absurdes.

Par quelle bizarrerie un auteur d'un si beau talent et si habile à retracer les sombres empreintes que le crime et le remords laissent sur les hommes, se fait-il une étude d'attribuer ses propres pensées à des brigands et à des corsaires qu'il nous peint, il faut l'avouer, avec un pinceau digne de Salvator? On pourrait répondre diversement à cette question sans oser garantir aucune des suppositions qu'elle suggère. Cela peut venir d'un de ces tempéraments naturellement mélancoliques qui, comme celui d'Hamlet, prédisposent l'âme à s'identifier avec des scènes de ce genre d'intérêt profond que font naître les angoisses d'une conscience luttant contre l'énergie indomptable de l'orgueil. Lord Byron aime à se placer dans des situations fantastiques de crime et de danger, comme il est des hommes qui aiment par instinct à traverser le pont étroit d'un précipice, ou à se suspendre par une faible branche sur l'abîme où vont se perdre les eaux menaçantes d'un torrent.

Les déguisements ne sont peut-être que le choix du caprice de l'auteur, comme il en est qui préfèrent, aux jours de la folie, se masquer avec le manteau, le poignard et la lanterne sourde d'un voleur.

Peut-être encore, sentant son talent à peindre les scènes horribles et sombres, lord Byron, dans l'exaltation de ses idées, s'oublie dans les personnages qu'il met en scène, comme nous voyons tous les jours le Roscius français s'oublier dans le héros tragique qu'il représente.

Enfin il n'est pas non plus impossible que lord Byron, en contradiction aux critiques qui furent prodiguées au caractère moins odieux de *Childe-Harold*, ait voulu prouver au public le peu de cas qu'il en faisait, et se soit piqué de fixer la sympathie sur lui-même en prêtant encore quelques-uns de ses traits à des pirates et à des criminels.

Nous concevons donc que lord Byron ait senti en lui la possibilité d'éprouver ce désordre de pensées qui caractérise ses héros, et qu'il se soit peint dans un idéal aussi extraordinaire : ni Homère, ni Shakspeare, ni Milton, ne se dessinent ainsi dans leurs personnages poétiques qui n'ont aucun rapport avec eux-mêmes; ce sont des créations distinctes, indépendantes de leur âme, et produites dans toute la liberté de leur intelligence. Il semble que lord Byron n'ait pas le choix libre de ses héros. Chez lui le caractère est tout. On dirait qu'il écrit sous la dictée d'une puissance secrète et irrésistible, et que les évènements obéissent. Ses poèmes, malgré leur beauté et leur énergie, ne sont point, comme ceux de Walter Scott, des narrations complètes d'une histoire bien ordonnée et offrant un tableau de la vie humaine; ce sont plutôt des amplifications obscures et confuses de passions indomptables; ce sont les fragments des sombres rêveries d'un poète. On sent que ses personnages sont imaginaires, quelques couleurs animées que le pinceau du poète leur prête, et l'impression qu'ils nous font vient en grande partie de leur rapport avec lord Byron lui-même. Nous retrouvons dans tous l'audacieuse conception d'une âme forte, son extrême sensibilité, ses émotions tumultueuses; dans tous il nous pénètre d'admiration pour la grandeur qui survit encore dans les ruines d'un cœur bouleversé par les tempêtes morales. Mais il n'est aucune de ses productions qui ne respire le sentiment du sublime et du vrai beau; sentiment que l'orage des passions éloigne momentanément de la surface agitée de la vie, mais qui revient sans cesse dans ses créations bizarres, comme l'oiseau du calme reparaît avec ses ailes argentées avant que la guerre des éléments soit tout-à-fait apaisée par le sourire du soleil.

Le sentiment exquis du beau semble se perfectionner de plus en plus dans l'âme de Byron. *Parisina*, le mieux fini de ses poèmes, et le *Prisonnier de Chillon*, en sont la preuve à chaque page; mais, c'est dans *Manfred* qu'il brille et éclate au milieu des fleuves et des cascades, sur la cime des monts et dans les plaines de l'air. Quelques défauts de plan et de conduite qu'on puisse reprocher à ce grand drame, on y reconnaît l'originalité de lord Byron plus que dans toutes les productions précédentes. C'est là qu'avec un talent admirable il a revêtu de formes corporelles des conceptions toutes métaphysiques. Il n'existe point de poème où l'aspect de la nature extérieure nous parle avec une expression à la fois aussi belle, aussi solennelle, aussi majestueuse. Shakspeare avait déjà su donner à ces abstractions de la vie humaine, qui ne sont réelles que pour l'intelligence spirituelle, des formes aussi pleines, aussi claires et aussi animées que les formes idéalisées de la nature visible : chaque mot que prononce Ariel (*the Tempest*) nous peint son existence merveilleuse : nous retrouvons dans Manfred des imitations remarquables de cette magie poétique. Lord Byron y donne des formes visibles à ses sentiments et à ses idées, pour pouvoir les saisir, s'y attacher et les embrasser dans son enthousiasme. La fée des Alpes semble une émanation de l'écume lumineuse de la cataracte, comme si les yeux du poète, mécontents des charmes de la nature inanimée, évoquaient ces apparitions brillantes pour en nourrir la passion exaltée de son âme.

Le caractère moral de la poésie de lord Byron a souvent été attaqué, et peut-être avec raison; mais il semble, dans *Manfred* et dans le dernier chant de *Childe-Harold*, que son âme s'éclaircit comme un beau jour après une matinée orageuse. Un sentiment moral plane en quelque sorte sur ce drame, comme un sombre nuage recélant l'éclair et la foudre. Il fallait un crime aussi obscurément indiqué que l'est celui de Manfred pour donner un exemple aussi terrible des aberrations effrayantes de la nature humaine, lorsque, devenue la proie de ses désirs violents et de son imagination, elle conserve encore une certaine noblesse et une certaine majesté.

Arstarté, aimée d'abord avec un cœur si pur et si tendre, est enfin outragée et profanée. L'amour, le crime, l'horreur, le remords déchirant et la mort impitoyable, se succèdent d'une manière terrible, et enchaînés dans de sombres liens. Arstarté victime, jeune, belle, innocente, et bientôt coupable, égarée, immolée, jugée et pardonnée, nous apparaît avec la voix de la douleur, et pâle encore de ses peines terrestres. Nous n'avions fait qu'entrevoir sa beauté et son innocence lorsqu'elle se montre tout-à-coup silencieuse comme une ombre, les yeux immobiles, ternes et glacés, pour nous révéler la mort, la justice divine et l'éternité. La morale respire dans chaque mot de Manfred; dans sa mélancolie, ses douleurs, son délire, son désespoir et sa fin. Nous reconnaissons dans ce désordre confus d'idées les éléments d'une existence plus pure.

Le scepticisme de lord Byron est un phénomène remarquable de la poésie de notre siècle ; la source en est dans cette vague inquiétude et ce doute désolant que font naître nos méditations sur les secrets de l'univers et les destinées futures de l'homme. Parmi les grands poètes romantiques, trois seulement ont osé retracer dans toute leur énergie les angoisses auxquelles sont livrés les esprits penseurs et méditatifs, par l'éternel retour d'un scepticisme profond, et cette espèce de malaise de l'âme que la foi seule peut dissiper. Un seul des trois a osé se représenter lui-même comme la victime de ces tourments qu'on ne peut guère définir ni nommer. Goëthe choisit pour exposer ses doutes le terrible déguisement du magicien Faust; Schiller, avec plus d'audace, plaça les mêmes angoisses dans l'âme altière et héroïque de Wallenstein; mais Byron n'a point cherché de symbole extérieur pour exprimer sa sombre inquiétude. Il prend le monde et tous ses habitants pour son arène et ses spectateurs : il se livre à leur curiosité dans sa lutte continuelle contre le démon qui le poursuit. Parfois il y a quelque chose de déplorable et d'accablant dans son scepticisme ; mais plus souvent il est d'un caractère plus élevé, plus solennel, et approchant d'une foi confiante. Quelque croyance qu'adopte le poète, nous nous sentons, en le lisant, trop ennoblis par sa mélancolie pour que ses doutes mêmes, conçus et exprimés avec tant de majesté, ne nous raffermissent pas dans nos principes. Son scepticisme, s'il ressemble jamais à une religion raisonnée, porte avec lui sa réfutation dans sa grandeur. Il n'y a ni philosophie, ni charité dans ces condamnations amères et sans appel qu'on prodigue si souvent à la disposition involontaire d'une âme qui flotte dans le doute. Hélas ! les ombres et les spectres qui assiègent l'imagination de Byron n'ont-ils donc jamais troublé la nôtre ? Ne soyons pas aveugles aux éclairs fréquents qui percent les ténèbres dont il est entouré. Reconnaissons que la sublime tristesse que lui inspirent les mystères de l'existence mortelle est toujours mêlée à un désir de l'immortalité, et exprimée dans un langage digne du ciel.

Pichot.

III.

Le genre de talent de lord Byron tient beaucoup aux orages qui ont agité sa vie, ou plutôt les mêmes passions et le même caractère ont animé la veine bouillante du poète, et précipité la conduite déréglée de l'homme. Ses poésies satiriques sont peut-être celles où il a le plus fortement imprimé la marque d'un génie original. Généralement les muses qui l'inspirent ne sont pas des divinités bienveillantes ni amies de l'humanité. Les désordres des passions, les dépravations de l'esprit, les perversités du cœur, la bassesse dans le crime, des misères sans dignité, des souffrances ou l'absence du sentiment moral, laissent à la douleur tout ce qu'elle a de hideux ; tels sont les sujets qu'elles choisissent de préférence, et qu'elles aiment à mêler aux plus brillantes images de la poésie et aux plus magnifiques scènes de la nature. Avec de pareils tableaux, on peut produire de fortes et profondes impressions; mais l'âme ne saurait y résister long-temps. Si tous les hommes sont naturellement susceptibles d'émotions agréables au spectacle des nobles et tragiques infortunes, il y en a heureusement peu qui puissent se plaire à la vue des tortures, des roues et des bourreaux.

Bruguière de Sorsum.

IV.

Par la tristesse de son génie, par l'orgueil de son caractère, par les tempêtes de sa vie, lord Byron est le type du genre de poésie dont il a été l'interprète. Tous ses ouvrages sont profondément marqués du sceau de son individualité. C'est toujours une figure sombre et hautaine que le lecteur voit passer dans chaque poème comme à travers un crêpe de deuil. Sujet quelquefois comme tous les penseurs profonds, au vague et à l'obscurité, il a des paroles qui sondent toute une âme, des soupirs qui racontent toute une existence. Il semble que son cœur s'entr'ouvre à chaque pensée qui en jaillit, comme un volcan qui vomit des éclairs. Les douleurs, les joies, les passions n'ont point pour lui de mystères, et s'il ne fait voir les objets terrestres qu'à travers un voile, il montre à nu les régions idéales. On peut lui reprocher de négliger absolument l'ordonnance de ses plans; défaut grave, car un poème qui manque de plan est un édifice sans charpente ou un tableau sans perspective. Il pousse également trop loin le lyrique dédain des transitions, et l'on désirerait parfois que ce peintre si fidèle des émotions intérieures, jetât sur les descriptions physiques des clartés moins fantastiques et des teintes moins vaporeuses. Son génie ressemble trop souvent à un promeneur sans but qui rêve en marchant, et qui, absorbé dans une intention profonde, ne rapporte qu'une image confuse des lieux qu'il a parcourus. Quoiqu'il en soit, dans ses moins louables productions, cette capricieuse imagination s'élève à des hauteurs où l'on ne parvient pas sans des ailes. L'aigle a beau fixer ses yeux sur la terre, il n'en conserve pas moins le regard sublime dont la portée s'étend jusqu'au soleil.

Victor Hugo.

MORCEAUX CHOISIS.

I. La Grèce moderne.

Celui qui s'est courbé sur un corps sans vie, quand le premier jour de la mort n'a pas fui sans retour; ce jour, le premier d'un néant mystérieux, le dernier d'épreuve et de misère; avant que les outrages irréparables du temps aient flétri les traits où règne encore la beauté : celui qui a observé la douceur angélique, le calme ravissant dont ils sont l'image; les teintes monotones mais délicates qui se mêlent à la langueur de ces joues inanimées.... sans le voile sombre de cet œil éteint qui ne brille plus, ne séduit plus, ne verse plus de larmes désormais; sans ce front immobile, où la froide main du trépas semble empreinte, et qui porte l'effroi dans l'âme du spectateur inquiet, comme si la contagion du fatal sommeil qu'il redoute et contemple pouvait l'atteindre à son tour; oui, sans ces tristes et seuls indices, quelques instants peut-être dans une trompeuse illusion, il douterait encore du triomphe de la destinée tyrannique, tant il est doux, paisible et touchant, le premier, le dernier tableau où la mort se révèle!

Tel est l'aspect de ce rivage : c'est la Grèce, mais ce n'est plus la Grèce vivante! A la vue de ces froids attraits, de ces charmes flétris, on tressaille, car il manque là une âme. Elle conserve, comme la beauté sans vie, toutes les graces que ne ravit point le dernier soupir; avec cet éclat languissant, ce pâle coloris qui la suivent jusqu'au tombeau; ce faible rayon d'une expression mourante, ce reflet douteux qui erre sur le lit funèbre, cette fugitive lueur d'une sensibilité qui s'éteint, étincelle de cette flamme, peut-être d'une origine céleste, qui éclaire encore, mais qui n'échauffe plus son bien-aimé séjour!

Patrie des braves d'immortelle mémoire! terre où on voyait en tous lieux, depuis les vallons jusqu'aux antres des montagnes, l'asyle de la liberté ou le tombeau de la gloire! noble débris de la grandeur, voilà donc tout ce qui reste de toi!

Approche, lâche et vil esclave! parle : ne sont-ce pas là les Thermopyles? Les flots azurés qui baignent ces bords, ô servile postérité d'un peuple libre, apprends-moi quelle est cette mer, quels sont ces rivages : le golfe, le rocher de Salamine! Ces plages, leur histoire n'est pas inconnue! Levez-vous, et reprenez votre patrie; cherchez parmi les cendres de vos pères quelques feux épars de leur antique ardeur! Celui qui succombera dans ce généreux effort mêlera à leur souvenir l'effroi d'un nom que la tyrannie ne pourra entendre sans trembler, et laissera à ses enfants une espérance, une gloire qu'ils ne trahiront jamais : car le glaive de la liberté, une fois arraché du fourreau, et légué par le père expirant à son fils, après quelques revers, est toujours sûr de la victoire. J'en atteste, ô Grèce, tes fastes immortels et plus d'une glorieuse époque de ton histoire! Tandis que les rois, ensevelis dans un ténébreux oubli, ont laissé de vaines pyramides, tes héros, quoique la loi commune du sort ait brisé la colonne de leur mausolée, conservent un plus auguste monument, les montagnes de leur terre natale : c'est là que ta muse montre à l'œil de l'étranger les tombeaux de ceux qui ne mourront pas. Il serait trop long de marquer et trop pénible de suivre chaque pas qui t'a conduite de la splendeur à l'opprobre. Il suffit. Jamais un barbare vainqueur n'aurait pu étouffer toutes tes vertus, si tu n'avais toi-même forfait à ta gloire. Oui, l'avilissement a frayé la route aux fers de l'esclavage et au sceptre du despotisme.

Le Giaour.

II. Le combat du Taureau.

La lice est ouverte, l'arène spacieuse est prête; mille et mille spectateurs sont assis à l'entour sur des gradins : bien avant que les premiers sons de la trompette bruyante aient retenti, il ne reste aucune place pour le curieux accouru trop tard. Là, s'empressent la noblesse, les grands, mais sur-tout les dames, habiles dans l'art de lancer une œillade meurtrière, assez humaines toutefois pour guérir la blessure : car, n'en déplaise à quelques poètes rêveurs, nul n'est condamné à mourir de leurs froids dédains, sous les flèches cruelles de l'amour.

Le murmure confus des voix se calme; sur de généreux coursiers, avec un panache blanc, des éperons d'or, et une lance légère, quatre cavaliers se disposent à ce combat aventureux, et s'inclinent humblement en entrant dans la carrière. Leur écharpe est riche, et leurs chevaux bondissent avec grace. Dans ce périlleux tournoi, s'ils brillent aujourd'hui, les cris joyeux de la foule, et les doux regards des belles, digne prix de la valeur, seront leur salaire; et tout ce qu'obtinrent jamais les rois ou les capitaines récompensera leurs exploits.

Dans un galant costume et une pompeuse parure, l'agile matadore s'avance à pied au centre de l'arène, impatient d'attaquer le roi des troupeaux mugissants: mais il parcourt d'abord toute la lice d'un pas défiant, de peur que sur le terrain inégal quelque piège secret n'arrête sa course. Ses armes sont un dard : il combat de loin; c'est tout ce que peut l'homme sans le secours du fidèle coursier, trop souvent, hélas! condamné à souffrir et à succomber pour lui.

Le cor a retenti trois fois : le signal est donné; la barrière s'entr'ouvre, et un silence attentif règne dans l'enceinte du vaste amphithéâtre. L'animal vigoureux s'élance d'un bond dans l'arène, promène autour de lui des regards farouches, et fait voler le sable en frappant la terre de ses pieds. Mais il ne se précipite pas sur ses ennemis avec une aveugle fureur : il tourne çà et là son front menaçant, cherche où doivent tomber ses premiers coups, bat ses flancs de sa queue irritée, et roule dans leurs larges orbites ses yeux rouges de sang.

Soudain il s'arrête; son œil a fait un choix : fuis, fuis bien loin, jeune imprudent! prépare ton arme acérée : c'est maintenant qu'il faut périr ou signaler cette adresse qui peut s'opposer encore à sa course impétueuse. Les légers coursiers se détournent avec une agile souplesse : loin d'eux passe le taureau écumant, mais non sans recevoir plus d'une atteinte. Un torrent de pourpre jaillit de son flanc : il bondit, il tourne sur lui-même, poursuivi par les cruels aiguillons ; les dards suivent les dards, les lances heurtent les lances: d'affreux mugissements attestent ses douleurs.

Il revient sur ses pas : ni les dards ni les lances n'arrêtent sa rage, ni le rapide élan du cheval renversé dans son passage : en vain l'homme et les armes terribles de l'homme lui opposent une barrière; les armes et les efforts sont impuissants. Un coursier généreux roule expirant sur l'arène; un autre, affreux spectacle! laisse voir ses flancs entr'ouverts, et ses entrailles palpitantes découvrent les sources de la vie. Mais, malgré cette atteinte mortelle, il traîne son corps débile, et porte en chancelant le maître dont il a sauvé les jours aux dépens des siens.

Épuisé, sanglant, hors d'haleine, mais toujours furieux, le taureau se tient au centre de l'amphithéâtre, au milieu des débris de dards et de lances, et des ennemis blessés ou abattus dans cette lutte barbare. Déjà les matadores l'environnent, secouent le voile de pourpre, et agitent le glaive brillant. Il s'élance encore une fois avec l'impétuosité de la foudre : vains transports ! le manteau s'échappe de la main adroite, et couvre ses yeux farouches; c'en est fait, il tombe sur le sable.

Le glaive fatal s'enfonce dans son large cou, à l'endroit où il s'unit à l'épine. Il se redresse, tressaille ; mais, résigné à son destin, il retombe lentement, au milieu des cris de victoire, et meurt sans se plaindre, sans pousser un gémissement. Le char triomphal s'avance : on y place le corps avec pompe; doux spectacle pour les yeux du vulgaire! Quatre coursiers impatients du frein, et dont la vitesse égale la fierté, emportent loin des regards la triste victime.

Le Pèlerinage de Childe-Harold, chant I.

III. Le Corsaire.

Bien différent des héros de tous les siècles antiques, vrais démons par leurs exploits, mais dieux par leurs traits, Conrad n'a rien dans son air qui semble digne d'admiration, quoique ses noirs sourcils ombragent des yeux de flamme : robuste, mais sans offrir à la vue les proportions d'un Hercule, et vigoureux sans une stature colossale. Toutefois ceux qui s'arrêtent pour le contempler de nouveau découvrent en lui quelque chose de plus que dans le vulgaire;

ils l'observent encore, et leur étonnement redouble ; ils éprouvent la même impression, mais pourquoi? ils ne sauraient le deviner. Ses joues, brûlées par le soleil et son front haut et pâle sont voilés par une épaisse forêt de cheveux d'ébène ; et parfois malgré lui le mouvement de ses lèvres décèle ses hardis projets qu'elles taisent, mais renferment à peine. Quoique sa voix soit douce et son air calme, on y démêle quelque chose qu'on tremble d'approfondir. Les traits expressifs et la couleur changeante de son visage attirent quelquefois et embarrassent les yeux, comme si dans le sombre abîme de son âme s'agitaient de sinistres mais vagues pensées. Tel était son aspect, qu'on ne pouvait guère définir ; son farouche regard arrêtait un examen trop attentif. Peu de mortels se rencontraient dont la vue pût soutenir l'éclair de son coup d'œil pénétrant. Il avait l'art, quand les yeux de la ruse cherchaient à sonder les replis de son cœur et à interroger sa face mobile, de lire à la fois le dessein de l'observateur curieux, et de reporter sur lui-même son attention inquiète, de peur de dévoiler à Conrad quelque secret au lieu de surprendre celui de ce capitaine. Il y avait dans son sourire une ironie infernale qui excitait un sentiment de rage et de terreur ; et quand il laissait tomber les regards menaçants de la vengeance, l'espoir éperdu fuyait, et la pitié gémissante disait adieu pour toujours.

Le Corsaire, chant I.

IV. Les Pirates.

Sur les riantes plaines de la mer azurée, non

moins fougueux dans nos passions, non moins libres dans nos désirs, aussi loin que peut nous porter le souffle des vents et que mugit la vague écumante, nous parcourons notre empire, et nous contemplons notre patrie. Voilà notre domaine; point de bornes à nos conquêtes; notre pavillon est le sceptre auquel obéissent tous ceux qui paraissent devant nous. Jouir de l'indépendance, errer au gré de nos caprices, passer des fatigues au repos en changeant de plaisir, tel est notre partage. Oh ! qui peut dire.... ce n'est pas toi, fastueux esclave, dont le cœur se soulève sur la vague menaçante ; ce n'est pas toi, méprisable lord, ami de la mollesse et des voluptés, pour qui le sommeil n'a plus de pavots, ni le plaisir plus d'attraits : oh! qui peut dire, excepté celui dont le cœur l'a éprouvé, et a frémi de joie sur l'abîme des flots, les ravissants transports, les émotions délicieuses qui font battre le sein du voyageur dans ce désert sans limite? Qui peut le dire, excepté celui qui attend avec impatience le signal du combat, et qui fait ses délices des périls que tant d'autres évitent; qui cherche avec ardeur ce que le lâche fuit de tout son pouvoir; qui, lorsque l'homme pusillanime est près de défaillir, peut sentir tout son cœur tressaillir d'espérance et palpiter d'allégresse ? La mort, nous ne la craignons pas, pourvu que notre ennemi tombe avec nous; seulement elle nous paraît encore plus triste que le repos. Qu'elle vienne quand elle voudra : nous savourons les jouissances de la vie, et quand nous la perdons, qu'importe que ce soit par les maux ou dans les combats? Laissons celui qui préfère une longue agonie se rouler sur sa couche, languir des années entières, pousser une pénible haleine, et secouer sa tête débile; pour nous, le frais gazon et non un lit efféminé reçoit nos derniers soupirs. Tandis qu'il rend lentement son âme avec de douloureux sanglots, la nôtre s'échappe d'un seul coup et sans effort. Ses cendres peuvent s'enorgueillir de leur urne et de leur étroit mausolée; ceux que fatigua son existence peuvent orner sa tombe; pour nous, nous emportons quelques larmes sincères, quand l'Océan s'entr'ouvre et ensevelit nos froides dépouilles. Aux banquets de l'amitié la coupe vermeille inspire encore de fidèles regrets pour notre mémoire, et une courte épitaphe honore notre nom au jour du danger, quand les vainqueurs partagent enfin leur proie, et s'écrient, le front voilé d'une sombre tristesse : Combien se réjouirait maintenant le brave qui n'est plus !

Ibid, chant I.

V. Le Léman.

Limpide Léman ! le contraste de ton lac paisible avec le monde orageux au milieu duquel j'ai vécu m'avertit d'abandonner les vagues de la terre pour une onde plus pure. La voile de la nacelle sur laquelle je parcours ta surface polie semble une aile silencieuse qui me détache d'une vie bruyante ; j'aimais jadis les mugissements de l'Océan furieux, mais ton doux murmure m'attendrit comme la voix d'une sœur qui me reprocherait d'avoir trop aimé les plaisirs sévères *.

* Léman, je te salue ! oh ! que ton lac paisible,

Voici l'heure de la nuit et du silence. Depuis tes bords jusqu'aux montagnes, tous les objets sont voilés des couleurs du crépuscule, et seront bientôt confondus dans les ténèbres; pourtant tous se distinguent encore, excepté le Jura, dont les sombres hauteurs semblent des précipices escarpés; plus près de ta rive on respire les doux parfums qu'exhale le calice des fleurs à peine écloses. On entend le bruit léger des gouttes d'eau qui découlent de la rame suspendue sur le lac, pendant que le taupe-grillon salue la nuit de ses chants répétés*.

> Balancé mollement dans ses vastes contours,
> Offre à mes yeux charmés le contraste sensible
> De ce monde orageux qui fatigue mes jours.
> Léman, je t'ai compris! maintenant je préfère
> Une onde calme et pure aux vagues de la terre.
> Cette voile rapide, amante du zéphyr,
> Qui suspend ma nacelle à ta surface unie,
> Semble une aile magique, un céleste désir,
> Qui détachent mes sens d'une bruyante vie.
> Je tressaillais jadis quand j'écoutais mugir
> L'Océan transporté d'une impuissante rage;
> Mais ton faible murmure, expirant sur la plage,
> Dans mon cœur attendri se plaît à retentir,
> Comme la douce voix d'une sœur qui m'engage
> A dédaigner l'attrait d'un farouche plaisir.
>
> Félix Parent.

* Voici l'heure où la nuit ramène le silence,
  Le crépuscule étend sa douteuse couleur;
  Tout déjà se confond sur ton rivage immense.
  Un rideau ténébreux, une fraîche vapeur,
  De ces monts orgueilleux abaissent la hauteur;
  Et le royal Jura, dont les horribles cimes
  Sur des rocs foudroyés prolongent leurs abymes,
  Par les ombres vaincu, se dérobe à nos yeux.
  Près de tes bords chéris que Flore favorise,

C'est le joyeux insecte des soirées, qui, exempt de souci, passe sa vie à chanter ; par intervalles un oiseau fait entendre sa voix au milieu des fougères, et se tait aussitôt. Il semble qu'une légère pluie tombe sur la colline avec un paisible murmure, mais ce n'est qu'une illusion ; car la rosée n'interrompt point le silence de la nuit en humectant le sein de la nature, qu'elle impreigne de ses riches couleurs*.

Étoiles, qui êtes la poésie du ciel ! si nous tentons de lire dans cette page brillante du grand livre de la création les destinées futures des hommes et des empires, vous devez pardonner à notre ambition orgueilleuse d'oser franchir notre sphère mortelle,

    Du sein des jeunes fleurs une odorante brise
S'exhale, et de parfums embaume au loin les cieux.
De son bruit cadencé la rame obéissante
Frappe l'onde, et soudain l'écume blanchissante
Imprime sur les flots un fugitif sillon.
Par ses chants répétés le noir taupe-grillon
Appelle le retour de sa compagne absente.
                            Le même.

* Le grillon de la nuit est l'insecte joyeux ;
Exempt d'inquiétude à tous moments il chante.
Un oiseau quelquefois, chantre mélodieux,
Redit à la fougère une plainte touchante,
Et se tait aussitôt. Il semble au voyageur
Qu'une légère pluie inonde la colline,
Et glisse en murmurant dans la plaine voisine ;
Mais l'oreille est trompée, et ce n'est qu'une erreur,
Car, en quittant les cieux, la nocturne rosée
Du tranquille univers n'interrompt point la paix ;
Elle humecte sans bruit la nature épuisée,
Et de ses pleurs féconds enrichit les guérets.
                            Le même.

et d'aspirer à nous unir à vous. Vous êtes parées d'une beauté mystérieuse, et vous nous inspirez, du haut de la voûte céleste, tant d'amour et de vénération, que la fortune, la gloire, la puissance et la vie ont pris une étoile pour emblême*.

Le ciel et la terre sont plongés dans un calme profond, mais non dans le sommeil; on dirait qu'ils respirent à peine comme le mortel qui éprouve une émo ion trop vive, et qu'ils sont muets comme lui lorsque son esprit est absorbé dans de sérieuses pensées.

Depuis le cortège silencieux des astres de la nuit jusqu'aux montagnes et au lac paisible, tout semble concentré dans une vie de méditation que partagent même le dernier rayon lumineux, l'air et le feuillage. Tout respire le sentiment du grand être qui a créé et qui conserve le monde.

* Étoiles, vous, du ciel brillante poésie !
De la création livre mystérieux !
Pardonnez aux transports dont mon âme est saisie,
J'ai soif de l'avenir..... Mes regards curieux
Désertent sans effroi notre sphère mortelle.....
Oui, je veux, franchissant cette voûte éternelle,
Dans vos signes sacrés interroger les dieux.
De la chaîne des temps comblez les intervalles ;
Déroulez devant moi les terrestres annales,
Et de l'aveugle sort les bienfaits et les coups.....
Étoiles, pardonnez à l'orgueil qui m'égare !
Que suis-je pour oser m'élancer jusqu'à vous ?
Mais l'homme vénérant la beauté qui vous pare,
Dans vos globes de feu trouve un attrait si doux,
Que l'honneur, la puissance et la vie elle-même
De l'étoile céleste ont adopté l'emblême.

LE MÊME.

C'est dans de semblables moments que nous sommes moins seuls que jamais ; c'est alors que se réveille en nous la conscience intime de l'infini. Ce sentiment émeut et purifie tout notre être. Il est tout à la fois l'âme et la source d'une mélodie qui nous révèle l'éternelle harmonie, et répand un charme nouveau sur chaque objet, comme la ceinture fabuleuse de Cythérée. Ce charme seul désarmerait la mort, si la mort frappait les hommes avec une arme matérielle.

Qu'elle était sublime l'idée des premiers Persans, d'élever leurs autels sur les hauteurs et sur le sommet des montagnes ! de prier l'Éternel dans un temple sans faste et sans murailles, regardant comme indignes de lui les monuments religieux construits par la main des hommes.

Comparez la terre et l'air, ces temples de la nature, à vos colonnes, à vos idoles et à vos temples grecs ou gothiques, et vous cesserez enfin de renfermer vos prières dans des enceintes si bornées.

Mais le ciel change d'aspect. Quelle majesté dans ce spectacle nouveau ! L'orage vient mêler son horreur aux horreurs de la nuit; j'y trouve encore des charmes comparables aux regards de feu d'une beauté aux yeux noirs. Dans le lointain, les échos retentissent du fracas du tonnerre, qui bondit de rocher en rocher. Ce n'est plus un seul nuage qui recèle la foudre; chaque montagne a trouvé une voix, et du milieu des sombres vapeurs qui le cachent, le Jura répond aux bruyants transports des Alpes.

Partout règne la nuit : nuit glorieuse ! tu ne fus pas destinée au sommeil ! Que ne puis-je partager tes sauvages plaisirs, et faire partie de la tempête et de toi. Le lac, comme enflammé par les éclairs, semble une mer phosphorique ! La pluie tombe en flots précipités. Bientôt tout est replongé dans les ténèbres, et soudain la voix terrible des montagnes se fait encore entendre, comme si elles se réjouissaient de la naissance d'un tremblement de terre.

Le Rhône rapide s'ouvre un passage entre deux rochers, tels que deux amants séparés par la haine lorsqu'elle succède à l'amour. Ils se sont dit un éternel adieu, et rien ne peut plus les réunir malgré le désespoir de leurs cœurs. L'amour a lui-même inspiré les transports jaloux qui flétrissent la fleur de leur jeunesse ; en fuyant il laisse à leurs âmes glacées un siècle de tristes hivers et tous les tourments d'un remords implacable.

Sur ces rochers élevés mugissent les plus furieuses tempêtes ; de nombreux tonnerres, lancés de tous côtés comme des traits embrasés, annoncent que plusieurs ouragans ont déclaré la guerre à la nuit. C'est entre ces monts escarpés que le plus terrible dirige ses foudres, comme s'il prévoyait qu'aux lieux où la destruction a exercé de tels ravages, les feux du ciel peuvent tout dévorer impunément.

Cieux, montagnes, fleuve, vents, lac, j'ai une âme capable de vous comprendre ! la nuit, les nuages et les éclats de la foudre peuvent m'inspirer; l'écho lointain de l'orage est une voix qui s'adresse à ce qui veille toujours en moi...... si je goûte jamais quelques instants de repos. Mais quel est, ô tempêtes, le terme de votre course vagabonde? êtes-vous comme celles qui naissent dans le cœur de l'homme? ou bien trouvez-vous enfin, comme les aigles, quelque asyle élevé?

Si je pouvais donner un corps à mes pensées les plus intimes, si je pouvais leur trouver une expression matérielle et peindre d'un seul mot mon âme, mon cœur, mon esprit, mes passions, mes sentiments, enfin tout ce que j'ai souffert et tout ce que je souffre encore; si ce mot était la voix du tonnerre, je parlerais; mais je vis et je meurs sans révéler mon secret; les paroles manquent à ma pensée, semblable à une épée qui reste dans le fourreau.

L'aurore reparaît, humide de rosée; son haleine est un parfum délicieux, les roses colorent ses joues, son sourire fait fuir au loin les nuages; elle répand partout la lumière et la vie, comme si la terre ne renfermait aucun tombeau dans son sein. Nous pouvons reprendre le cours de l'existence. Je me trouve encore sur ton rivage, beau Léman! que d'objets s'offrent à mes rêveries! quel site ravissant, où je puis reposer mes yeux charmés!

Childe-Harold, chant III, str. 85—98.

VI. Les Ténèbres*.

De silence entouré, je dormais ; j'eus un songe
Dont l'effrayant tableau n'était pas tout mensonge.
Le soleil n'était plus ; sur l'obscur firmament
Tous les astres éteints erraient aveuglément,
Et la terre, durcie en un globe de glace,
Roulait sombre au milieu de l'éternel espace.
A l'heure que le temps prescrit à son retour,
Le matin se leva sans ramener le jour ;
De l'homme épouvanté l'égoïste prière
Ne demandait au ciel qu'un rayon de lumière,
Et craignant pour lui seul dans cette immense horreur,
Tout autre sentiment était mort dans son cœur.
Mille bûchers ardents de leurs clartés funèbres,
Sans pouvoir les percer, rougissaient les ténèbres ;
Les rangs se confondaient à l'entour de ces feux.
La chaumière rampante, et le dôme orgueilleux,
Les fruits des longs travaux, les hameaux et les villes,
Les trônes, les palais, leurs richesses stériles
Servaient de vaste torche, et les humains tremblants
Se pressaient à l'envi contre leurs toits brûlants
Pour pouvoir une fois se regarder encore.
Dans cette nuit sans fin que ne suit point l'aurore,
Heureux ceux qui, voisins des volcans enflammés,

---

* L'*Edinburgh Review*, du mois de décembre 1816, n° 64, dit en parlant de ce poème :

« Cet ouvrage est une esquisse majestueuse et sombre des évènements qui accompagneraient, suivant l'imagination du poète, l'extinction entière du soleil et des corps célestes. Ce sujet est traité sans doute avec une grande et terrible énergie, mais avec une certaine exagération germanique, et se termine par un dénouement dont la hardiesse est bizarre. Il faut l'avouer, c'est une conception qui surpasse toute calamité connue, c'est un tableau dont la vue est trop accablante pour qu'on puisse le contempler avec plaisir, même dans le reflet de la poésie. »

Voyaient couler leur lave en fleuves allumés!
Les bois étaient en feu, mais, ressource dernière,
D'heure en heure déjà s'effaçait leur lumière,
Et du sommet des monts, avec bruit s'écroulant
Leurs débris embrasés s'éteignaient en roulant;
Tout restait noir... Parfois lorsqu'un éclair rapide
Devoilait des mortels le visage livide,
Leurs traits défigurés n'offraient plus rien d'humain.
L'un, résignant sa tête aux rigueurs du destin,
Verse des pleurs muets; l'autre, dans son délire,
Avec un rire affreux de ses mains se déchire;
Ceux-ci, gardant encore un espoir chancelant,
Raniment les charbons d'un bûcher défaillant,
Et consultent des airs l'obscurité profonde,
Vaste drap funéraire étendu sur le monde;
Ceux-là grincent des dents et blasphêment les dieux.
Les flottantes tribus, hôtes légers des cieux,
S'abattent sur la terre, et leur aile lassée
En vain s'obstine à fuir sa surface glacée;
Il n'est point au désert de monstre redouté
Qui ne soit maintenant par la terreur dompté;
Et la vipère même, à la foule mêlée,
Sans darder son venin se traîne déroulée.
Dans ce premier moment d'universelle horreur,
La guerre avait laissé s'endormir sa fureur;
Mais de nouveau, la faim l'éveillant au carnage,
Dans l'ombre en tâtonnant elle exerçait sa rage,
Et de chaque repas le meurtre était le prix.
Plus d'espoir, plus d'amour! Et dans tous les esprits
N'était qu'une pensée odieuse et certaine,
La mort! la mort sans gloire, infaillible, prochaine.
Chaque instant de la vie éteignait le flambleau,
Et les os et les chairs demeuraient sans tombeau.

La faim pour s'assouvir n'avait plus qu'une voie,
Le mourant du mourant était partout la proie,
Les chiens même assaillaient leur maître méconnu,
Ingrats, hormis un seul... Par l'amour retenu
Près d'un cadavre froid, triste objet de son zèle,
Il semblait le couvrir de sa fureur fidèle;
De ces restes chéris, naguères animés,
Il repoussait de tous les assauts affamés;
Sans cesse il gémissait, et l'écho pitoyable
Répondait, dans la nuit, à son cri lamentable.
Auprès de son ami tombant lui-même enfin
Il exhala sa vie en lui léchant la main.
Ainsi tout finissait... Dans une ville immense,
Qu'avait déjà la mort couverte du silence,
Deux hommes survivaient; ils étaient ennemis.
Se rencontrant auprès d'un autel en débris
Où, de quelque chaleur sous la cendre enfermée,
S'échappait en filets un reste de fumée,
Tous les deux frissonnant, de leurs débiles mains,
Ils dressent en monceau quelques tisons éteints;
Puis de l'effort uni d'un souffle peu fidèle,
Ils tâchent d'exciter l'expirante étincelle;
Elle rougit, pétille; un rayon égaré
Un seul instant a lui sur leur front abhorré,
Et l'un l'autre à la fois retirant son haleine,
À vu son ennemi, recule et meurt de haine.
Le temps enfin s'arrête et tout est consommé.
Le monde n'était plus qu'un bloc inanimé,
Sans saisons, sans couleurs, sans êtres et sans vie,
Qu'un bloc de mort, chaos de matière durcie.
Les rivières, les lacs, l'océan enchaînés,
A l'éternel repos demeuraient condamnés,
Et rien ne s'agitait dans leur sein immobile.

Le vaisseau voyageur, désormais inutile,
Insensible aux écueils, veuf de ses matelots,
Pourrissait endormi sur l'abîme sans flots.
Plus de balancements, d'ondoyante marée,
Avant elles déjà leur reine est expirée ;
La foudre avait perdu sa colère et son bruit,
Les vents s'étaient taris dans les flancs de la nuit,
Transformée en glaçons avait péri la nue ;
Enfin l'obscurité sans bornes étendue,
Et d'un crêpe invincible enveloppant les airs,
N'avait plus besoin d'aide... Elle était l'univers *.

Trad. de Bruguière de Sorsum.

VII. Tableau des maux de la Grèce.

Séide est à Coron. Sa flotte rappelée
Dans la baie à sa voix vient d'être rassemblée ;
Les tours de la cité brillent de mille feux,
Et l'allégresse éclate en ces murs malheureux.
Certain de triompher, le Turc par une fête
Célèbre de Conrad l'infaillible défaite.
Il voit, dans son orgueil, les vaincus enchaînés,
A ses pieds, deux à deux, pour mourir amenés ;
Et, comme à vaincre ainsi tout succès est facile,
Partage leurs trésors et brûle leur asyle.
Ses soldats, comme lui, furieux insensés,
Dans les champs d'alentour à l'envi dispersés,
Vont essayer leurs bras sur les Grecs sans défense,
Et du fer des guerriers égorger l'innocence :
Dignes exploits des fils du fourbe conquérant
Qui, le glaive à la main, prêchait un Dieu clément.
Aux yeux épouvantés des enfants, des esclaves,
Ils font insolemment briller l'arme des braves ;
Dévastent du vieillard l'héritage sacré ;
Outragent des époux le titre révéré ;

Et, frappant dans les bras de la plus tendre mère
L'innocent qui sourit aux bourreaux de son père,
Du nom d'homme, avili, déshonoré par eux,
Font rougir à la fois tous les cœurs généreux :
Trop heureux que l'orgueil, qui toujours les dévore,
Dans leurs plus grands excès parle et domine encore !
Ce sang que la fortune abandonne à leurs coups,
Et qu'autrefois le monde adorait à genoux ;
Ce beau sang qui jadis circulait dans les veines
Des sages et des dieux de la superbe Athènes,
De ces lâches tyrans aujourd'hui méprisé,
Vaut à peine à leurs yeux l'honneur d'être versé ;
Ou s'ils daignent parfois en abreuver la terre....
O Grecs de Marathon ! frémissez de colère,
Frémissez au nom seul de pareils attentats :
On massacre vos fils pour feindre des combats.

Le Corsaire, trad. inédite de Constant-Taillard.

VIII. Adieu (élégie).

« Hélas ! ils s'aimaient dans leur jeunesse : mais des langues perfides
« savent empoisonner la vérité, et la constance n'habite que les
« cieux ! Les sentiments de la vie sont hérissés d'épines ; la jeunesse
« n'est que vanité ; la colère contre ce qu'on aime est une véritable
« démence . . . .
« Ils ne purent jamais se réunir pour adoucir les peines de leurs
« cœurs, portant d'éternelles cicatrices ; ils ne se virent plus que
« de loin, comme deux rochers séparés par les travaux des hom-
« mes : une mer odieuse coule entre leurs fragments divisés ; mais
« ni les étés, ni les hivers, ni la foudre ne pourront effacer entière-
« ment les marques de ce qu'ils furent autrefois. »

(Christabel, *Poème de Colleridge.*)

Adieu !... quoi ! tes serments seront irrévocables !
Du refus d'un pardon vainement tu m'accables ;
Jamais, jamais mon cœur, contre toi révolté,
Ne voudra s'affranchir du joug qu'il a porté.

Que ne puis-je à tes yeux dévoiler ma pensée!
T'ouvrir ce sein brûlant, où si souvent, pressée,
Tu goûtais, dans les bras d'un époux éperdu,
Ce paisible sommeil que tes yeux ont perdu!

Puisses-tu, de mes jours terminant le supplice,
Dans mon cœur entr'ouvert lire ton injustice!
Tu connaîtrais alors que de ta cruauté
Il reçoit un mépris qu'il n'a point mérité.

Quand d'un monde léger le frivole sourire
Applaudit, en raillant, au trait qui me déchire;
Quand son perfide éloge exalte ta rigueur,
Tu dois être offensée : il insulte au malheur.

J'eus des torts, il est vrai; mon regret les abhorre :
Hélas ! fallait-il donc, pour me frapper encore,
Choisir ce même bras qui de son doux contour,
Enlaça tant de fois mon sein ivre d'amour!

Tu t'abuses toi-même, et tes rigueurs sont feintes :
L'amour peut succomber à de lentes atteintes;
Mais d'un coup violent, par un effort soudain,
Nul ne pourra jamais l'arracher de son sein.

Ton cœur, tout me l'assure, oui, l'amour le dévore :
Blessé d'un coup mortel, le mien palpite encore;
Un avenir affreux le livre au désespoir....
Il faut, oui, pour toujours renoncer à te voir!

Pour toujours! mot cruel! les cyprès funéraires
N'entendirent jamais de plaintes plus amères;
Quoi! tous deux nous vivrons! tous deux, d'un triste jour,
Sur un lit solitaire, attendrons le retour!

Et quand tu chercheras l'enfant qui te console,
Quand ta fille essaîra sa première parole,

Mon père ! ce doux nom lui sera-t-il redit,
Bien que de sa mémoire il doive être proscrit?

Quand ses petites mains, prodigues de tendresses,
Des baisers maternels chercheront les caresses,
Ah ! pense quelquefois à l'être infortuné
Qu'à d'éternels chagrins toi-même as condamné !

Et si quelqu'un des traits de son charmant visage,
D'un époux malheureux te retrace l'image,
Ton cœur, en la voyant, fidèle malgré toi,
D'un souvenir d'amour palpitera pour moi.

Tu connais mes erreurs, tu connais mon offense ;
Mais nul de mes transports ne sait la violence.
Mon espoir te poursuit, il ne te quitte pas ;
Et partout il expire où tu portes tes pas.

Je ne me connais plus. Cette tête si fière,
Qui n'aurait pas fléchi devant l'Europe entière,
S'humilie à ton nom. Abandonné par toi,
Force, courage, orgueil, tout a fui loin de moi.

Je ne le vois que trop, mes prières sont vaines ;
Sans pitié pour mon sort, tu méprises mes peines.
J'aurais dû les cacher ; mais il est des regrets
Dont nos cœurs, malgré nous, trahissent les secrets.

Adieu donc ! isolé, privé de ce que j'aime,
Privé de tout espoir, sépvré de moi-même,
Je vois dans la douleur mes beaux jours se flétrir,
Et, pour comble de maux, je ne puis pas mourir.

Trad. de P<small>H</small>. T<small>AVIAN</small>.

CABALE. On appelle ainsi une espèce de milice que les amis ou les ennemis d'un poète, qui donne une pièce de théâtre, vont lever dans les carrefours et dans les cafés de Paris, quelquefois même dans le monde, pour se répandre dans le parterre et dans les loges, et pour blâmer ou applaudir au gré de celui qui l'assemble. On peut juger des lumières d'un siècle, par le plus ou le moins d'ascendant que la cabale amie ou ennemie a pris sur l'opinion publique, par l'espace de temps qu'elle a soutenu de mauvais ouvrages, ou qu'elle en a déprimé de bons.

Le chef d'une cabale amie est communément un connaisseur, un amateur, qui veut être important, et n'est souvent que ridicule. Le chef de la cabale ennemie est presque toujours un envieux, lâche et bas, mais ardent, et doué d'une éloquence populaire. Il parle avec facilité, il prononce, il décide, il tranche, il annonce avec impudence qu'il connaît ce qu'il n'a point vu ; ou s'il ne peut médire de l'ouvrage, il déclame contre l'auteur, l'accuse d'orgueil, d'insolence, et le peint quelquefois des plus noires couleurs, afin de le rendre odieux. J'ai ouï parler dans ma jeunesse d'une scène qui peut donner l'idée de cette espèce de ligueurs. Dans un café que les gens de lettres fréquentaient alors, un de ces chefs de cabale se déchaînait contre le jeune auteur dont on allait jouer la pièce. L'un de ceux qui l'écoutaient lui demanda s'il connaissait ce jeune homme. « Assurément, dit-il, je le connais, et je « m'intéressais à lui ; mais sa présomption opiniâtre « me l'a fait abandonner : la pièce qu'il donne au- « jourd'hui, il me l'a lue, je lui en ai montré les « défauts ; mais il est si plein de lui-même, qu'il « n'a rien voulu corriger. J'ai eu tort, lui dit le jeune

« homme auquel il répondait ; mais, Monsieur, ce
« n'est pas assez de connaître les gens, il faut les
« reconnaître. »

Du reste, dans un siècle dont le goût est formé, ces cabales, si effrayantes pour de jeunes poètes, ne leur font du mal qu'un moment : jamais un bon ouvrage n'y a succombé ; et c'est ce que doivent savoir ceux qui entrent dans la carrière, pour n'être pas découragés.

La cabale, en faveur des talents médiocres ne leur est guère plus utile : elle les soutient quelques jours, mais ils retombent avec elle ; et, à la longue, rien ne peut empêcher l'opinion publique d'être juste, et de marquer à chaque chose le dégré d'admiration, d'estime ou de mépris qui lui est dû.

Dans le même sens, mais plus étendu, on appelle cabale, dans le monde, à la cour, un parti bruyant et remuant, pour ou contre quelque personne ou quelque chose. L'intrigue et le mouvement que se donne l'ambitieux pour réussir par des moyens obscurs, honteux ou indécents, dont l'honnête homme rougirait ; la brigue est le parti obscur et peu nombreux que l'intrigant forme et suscite pour travailler en sa faveur ; la ligue est un parti puissant et qui agit à force ouverte ; la cabale est une ligue moins étendue et composée de gens méprisables par état ou par caractère. C'est le mot de dénigrement que l'on attache à un parti qu'on veut décrier, avilir. Rien de plus commode, par exemple, en parlant d'un homme qui a pour lui la voix publique et les vœux de la nation, que de dire qu'*il a une forte cabale;* et si autrefois on eût parlé comme aujourd'hui, on aurait dit la *cabale* de Turenne, la *cabale* de Sully.

MARMONTEL, *Éléments de Littérature.*

CABANIS (PIERRE-JEAN-GEORGES), fils de Jean-Baptiste Cabanis, avocat et cultivateur distingué, naquit à Conac en 1757. Deux prêtres du voisinage ayant remarqué en lui d'heureuses dispositions, se chargèrent de sa première éducation, et à dix ans il entra au collège de Brive, tenu par les doctrinaires. Dirigé par ces maîtres habiles, son caractère, jusque-là violent et emporté, parut changer entièrement. Il devint docile et studieux par affection, prit un goût décidé pour l'étude et une sorte de passion pour les grands maîtres d'éloquence et de poésie qui furent mis entre ses mains. Quelques traitements durs qu'il essuya de la part d'un de ses professeurs, pendant son année de rhétorique, le révoltèrent et le firent revenir à cette première violence de caractère qu'il semblait avoir abandonnée. Il fut renvoyé à son père, qui le mena à Paris, et le livra à lui-même, au milieu des dangers de cette grande ville, à l'âge de quatorze ans. Son goût pour l'étude se réveilla avec une sorte de fureur, et il reprit en sous-œuvre toutes les différentes parties de son éducation.

A seize ans, il partit à la suite d'un seigneur polonais, en qualité de secrétaire. Il assista à cette fameuse diète de 1773, dans laquelle il s'agissait de faire approuver par les Polonais le premier partage de la Pologne : les moyens de terreur et de corruption qu'on y employa lui offrirent un spectacle bien affligeant, et furent l'origine de ce mépris pour les hommes, de cette mélancolie qu'il contracta, et que sa bonté naturelle, comme il le dit lui-même, avait peine à maîtriser. Après deux ans d'un exil volontaire, il revint à Paris. Une fatale expérience du monde, peu propre à lui en donner le goût, et la connaissance de la langue allemande, furent les seuls fruits qu'il recueillit de son voyage. L'Académie française ayant proposé pour sujet de prix un fragment de traduction d'Homère, il osa non-seulement concourir, mais encore entreprendre la traduction entière de l'Iliade.

Le morceau qu'il envoya à l'Académie ne fut pas même remarqué; seulement les applaudissements de quelques cercles, qui disposaient alors de la renommée, le dédommagèrent, sans lui en imposer longtemps; il sentit le vide de son existence, et résolut d'embrasser une profession utile. Il se décida pour la médecine, qu'il étudia pendant six ans avec tant d'ardeur, que sa santé en fut altérée, et que le séjour de la campagne lui devint nécessaire. Retiré à Auteuil, c'est là qu'il fit la connaissance de madame Helvétius, qu'il se lia avec Turgot, d'Holbach, Franklin, d'Alembert, Diderot et d'autres philosophes, qui furent depuis sa société habituelle. Quelques années après, il épousa la sœur de madame de Condorcet; et ce fut à cette union qu'il dût le bonheur du reste de sa vie. Dès le commencement de la révolution, il se montra défenseur aussi ardent des principes sur lesquels elle était fondée, qu'ennemi déclaré des fureurs qui l'ont souillée. En 1789, quelque temps avant qu'il fût nommé administrateur des hôpitaux de Paris, il publia un petit ouvrage intitulé : *Observations sur les Hôpitaux*.

Des opinions et des liaisons communes l'avaient rendu l'ami et le collaborateur zélé de Mirabeau. Le *Travail sur l'éducation publique*, qui fut trouvé dans les papiers de Mirabeau, et publié en 1791, était rédigé par Cabanis. En l'an III, lorsqu'on forma les écoles centrales, il fut nommé professeur d'hygiène aux écoles de Paris. Il fut élu l'année suivante membre de l'Institut national des sciences et des arts; en l'an V, professeur de clinique à l'école de médecine de Paris; et l'année d'après, représentant du peuple au conseil des cinq cents : il l'était encore lors de la révolution du 18 brumaire, en l'an VIII, et il fut nommé peu de temps après membre du sénat-conservateur. Quelques années après, sa santé se trouvant très affaiblie par ses longs travaux et l'agitation des affaires, il quitta Auteuil et se retira près de Meulan, dans la maison de campagne de M. Grouchy, son beau-père : il y mourut le 5 mai 1808.

Le seul ouvrage purement littéraire qu'il nous ait laissé, est intitulé : *Mélanges de Littérature allemande*, Paris, 1797, in-8°. Il a publié deux ouvrages de philosophie médicale : *Degrés de certitude de la médecine*, 1797, in-8°, réimprimé en 1802, et *Coup-d'œil sur les révolutions et la réforme de la mé-*

decine, Paris, 1804, in-8°. Ils sont tous deux traités avec beaucoup de justesse et de précision : mais l'ouvrage qui fait le principal fondement de la réputation de Cabanis, est, sans contredit, celui dans lequel il expose les *Rapports du physique et du moral de l'homme*, Paris, 1802, réimprimé en 1803, avec des augmentations de l'auteur. On lui doit aussi quelques autres écrits concernant la médecine.

JUGEMENTS.

I.

M. Cabanis est un des philosophes dont les travaux ont le plus honoré les derniers temps. Des vérités lumineuses remplissent les douze Mémoires qui composent son livre sur les *Rapports du physique et du moral de l'homme*. L'auteur commence par observer que l'étude de l'homme moral n'offre que des hypothèses plus ou moins incertaines, quand elle cesse d'être liée à l'étude de l'homme physique. Locke et ses successeurs ont rapproché ces deux études; mais elles doivent encore être plus intimement unies, et la seconde est la base invariable sur laquelle il faut replacer l'édifice entier des sciences morales. Tel est le but que M. Cabanis s'est proposé dans son ouvrage. Le premier Mémoire détermine avec précision l'indissoluble alliance qui existe entre l'organisation physique de l'homme et ses facultés intellectuelles. Les nerfs sont les organes de la sensibilité; le cerveau, ou centre cérébral, est l'organe spécial de la pensée. Les deux Mémoires suivants sont consacrés à l'histoire physiologique des sensations; et là, des faits, exposés avec méthode, démontrent les vérités qui déjà se trouvaient établies par des considérations générales. De nouveaux développements se présentent en foule; tout, dans la nature, est mis en mouvement, décomposé, recomposé, détruit et reproduit sans cesse. En suivant la marche que suit la nature, en examinant l'un après l'autre tous les genres d'influence qu'elle exerce sur l'espèce humaine, M. Cabanis expose, dans six Mémoires, comment nos idées et nos affections morales sont modifiées par la succession des âges, par la différence des sexes, par la variété des tempéraments, par les altérations passagères ou durables qui résultent des maladies, par les effets du régime, par l'action puissante du climat. Le dixième Mémoire traite de l'instinct, raison première qui enseigne à chaque être vivant les moyens de se conserver; de la sympathie, nouvel instinct qui attire l'un vers l'autre des individus différents; du sommeil, où les facultés de l'homme agissent encore, mais agissent en désordre; et du délire, qui, à cet égard, n'est qu'un sommeil prolongé. L'influence du moral sur le physique est l'objet du onzième Mémoire : il faut entendre, par cette influence, l'action de la pensée, dont le siège est dans le cerveau, sur l'ensemble des organes de l'homme. L'auteur, en terminant son ouvrage, examine les tempéraments acquis, c'est-à-dire ceux qui, par des causes accidentelles, ont perdu leur caractère primitif, et sont entièrement changés. Ici, peut-être l'ordre des idées est un peu interverti; nous croyons du moins que ce douzième

Mémoire devrait être le dixième, et venir immédiatement après l'exposition des six causes naturelles qui modifient l'homme tout entier. En risquant cette observation critique, peu grave en elle-même, et pourtant la seule que nous ayons à faire, nous la soumettons, comme un simple doute, aux lumières de l'auteur, trop habile à la fois et trop sage pour ne pas apprécier ce qu'elle peut avoir de justesse. Du reste, le plan de son livre est aussi bien exécuté qu'il est bien conçu; les questions y sont traitées avec profondeur, et l'élégance du style leur donne autant d'intérêt qu'elles ont d'importance. Aussi la renommée de ce bel ouvrage est faite en Europe; elle y doit encore augmenter. Plus il sera lu, plus on sentira combien de sortes de connaissances, combien de genres de mérite il fallait réunir pour appliquer, avec autant de succès l'analyse de l'entendement à la physiologie transcendante, et l'art d'écrire à toutes les deux.

M. J. Chénier, *Tableau de la Littérature française.*

II.

M. Cabanis a refait toute cette portion du livre d'Helvétius, où ce dernier établit que la sensibilité physique est la cause productrice de toutes nos pensées. M. Cabanis a approfondi ce que son prédécesseur avait à peine soupçonné. Il était trop savant pour voir, dans tous les gros rouages de l'organisation physique, les facultés morales qui distinguent l'homme; il a poussé ses recherches plus avant, et a voulu reconnaître ces facultés dans les ressorts les plus fins, et pour ainsi dire les plus mystérieux de la nature physique. Son habileté n'a servi qu'à faire voir encore mieux combien l'essence de la nature morale est étrangère aux lois qui peuvent régir la matière. Quelque vif que fût son désir de rattacher le moral au physique, il n'a pu approcher du but où il tendait; et il a eu assez peu de philosophie pour se montrer amoureux de cette opinion, qu'il ne pouvait parvenir à démontrer.

DE BARANTE, *De la Littérature française*, *pendant le XVIIIe siècle.*

III.

En repassant les opinions des philosophes de tous les temps, on voit qu'elles eurent toujours un rapport marqué avec les maladies qui travaillaient les gouvernements sous lesquels ils ont vécu. Lorsque les mœurs se corrompaient, ils formaient des sectes de cyniques, et invoquaient les lois de la nature en faveur du libertinage. Lorsque la croyance d'un Dieu s'affaiblissait, ils inventaient de mauvais systèmes de physique pour expliquer la création du monde. Lorsque la multitude faisait la loi sur la place publique, et que *le peuple était souverain*, ils réduisaient tout l'homme à ses sens, et le soumettaient nécessairement à leur empire. En un mot, lorsque l'anarchie était dans l'état, ils établissaient l'anarchie dans l'homme. Ces philosophes paraissent dans l'histoire comme des signes funestes qui présagent les catastrophes et les grands malheurs. Leurs doctrines hâtent la corruption publique, s'associent naturellement à tout ce qui se dissout, et quelquefois survivent au retour de l'ordre.

Dans son *Rapport du Physique et du Moral de l'Homme*, Cabanis se propose une grande question :
« Est-il possible de s'assurer que les pensées naissent
« et que les volontés se forment par l'effet de mou-
« vements particuliers, exécutés dans certains or-
« ganes, et que ces organes soient soumis eux-
« mêmes aux mêmes lois que ceux des autres
« fonctions de l'économie animale ? »

On sent combien une pareille question intéresse le bonheur de la société. Car enfin, si les opérations de l'intelligence et de la volonté se trouvent confondues à leur origine avec les autres mouvements vitaux, si *la morale rentre dans le domaine de la physique, et n'est qu'une branche naturelle de l'homme*, on peut faire sur la morale des expériences solides. Les résultats en seront palpables : il n'est plus besoin de magistrats, de tribunaux ; les médecins, les chirurgiens connaissent seuls les règles de notre conduite, et les apothicaires sont nos premiers fonctionnaires publics.

Cabanis croit tout cela possible par la suite ; et ses Mémoires qu'il a lus à l'Institut réunissent toutes les raisons qui fondent ses espérances. Il y examine successivement l'influence des sexes, des âges, des tempéraments, etc. sur les caractères, les humeurs, les idées, etc., l'influence qu'exercent les climats sur le développement des sexes, des âges et des tempéraments, etc. Si toutes ses observations ne sont pas neuves, on ne peut nier qu'il ne les ait reproduites avec une élégance et une pureté de style qui lui sont propres ; il y a mêlé aussi plusieurs remarques qui lui appartiennent. Je ne sais, par exemple, si l'on est jamais entré plus avant dans le secret et les caprices de ce mal que l'on désigne sous le nom de *maladies nerveuses*, mal pire que la douleur, qui attaque la sensibilité même ou plutôt la pervertit, et partage notre existence entre des douleurs réelles et des illusions douloureuses. En général, on s'empressera de reconnaître dans cet ouvrage les preuves d'une grande sagacité d'observation et d'une certaine finesse d'aperçus que l'auteur doit, comme il nous l'apprend lui-même, à une organisation mobile et délicate.

Depuis long-temps on croyait, sur la parole de Condillac, que toutes nos idées nous venaient des sens et par les objets extérieurs*; le monde s'était arrangé là-dessus, et il n'y avait pas un enfant qui ne nous assurât que sa pensée était une *sensation transformée*. On ne s'étonnait pas assez du despotisme de ce philosophe, qui, après avoir construit un automate, lui faisait exécuter grossièrement quelques mouvements, et s'écriait: *Voilà l'homme*, rejetant d'ailleurs toutes les opérations de l'intelligence de l'homme qu'il ne pouvait expliquer. C'est ainsi, par exemple, qu'il niait en partie les opérations de l'instinct, ou les rapportait aux fonctions rapides et mal démêlées du raisonnement: et suivant Cabanis, cette doctrine a bien un autre inconvénient que son inexactitude: « C'est qu'elle suppose « implicitement l'existence d'une cause active diffé- « rente de la sensibilité; et cette cause étant destinée

---

* *Traité de l'Origine de nos connaissances.*

« exclusivement à la production des divers juge-
« mens, etc., il serait évident que les mouvemens
« vitaux, tels que la circulation, la digestion et la
« sécrétion, dépendent d'un autre principe d'action. »
Graces aux progrès de la science, on peut éviter
une conséquence aussi malheureuse, et déclarer
nettement la source de ces idées. Elle nous *viennent
du ventre, et quelquefois aussi des cavités de la
poitrine*. En vérité, ce chemin est si obscur et si
ténébreux, que l'auteur aurait bien dû nous y diriger un peu. Il prouve victorieusement, contre
Condillac, qu'il y a telle idée, telle détermination,
dont on ne peut raisonnablement assigner l'origine
à l'impression des objets extérieurs ; mais prouve-
t-il qu'elles viennent du ventre ?

Après avoir vu *clairement* d'où venaient les idées,
il faut achever l'homme qui est si bien commencé,
et le faire penser : or, « pour se faire une juste idée
« des opérations de la pensée, il faut considérer le
« cerveau comme un organe particulier, destiné
« spécialement à la produire ; de même que l'esto-
« mac et les intestins à faire la digestion, le foie à
« filtrer la bile, les parotides et les glandes maxil-
« laires et sublinguales à préparer les sucs sali-
« vaires. Les impressions, en arrivant au cerveau,
« le font entrer en activité, comme les aliments, en
« tombant dans l'estomac, l'excitent à la sécrétion
« plus abondante du suc gastrique, et aux mouve-
« mens qui favorisent leur dissolution. La fonction
« propre de l'un est de se faire des images de chaque
« impression particulière, d'y attacher des signes,

« de les combiner, de les comparer entre elles, d'en
« tirer des jugements et des déterminations; comme
« la fonction de l'autre est d'agir sur les substances
« nutritives, dont la présence le stimule; de les
« dissoudre, d'en assimiler les sucs à notre nature.
« Dira-t-on que les mouvements organiques par les-
« quels s'exécutent les fonctions du cerveau nous
« sont inconnus? Mais l'action par laquelle les nerfs
« de l'estomac déterminent les opérations différentes
« qui constituent la digestion, ne se dérobent pas
« moins à nos recherches. Nous voyons les aliments
« tomber dans ce viscère avec les qualités qui leur
« sont propres; nous les en voyons sortir avec des
« qualités nouvelles, et nous en concluons qu'il leur
« a véritablement fait subir cette altération. Nous
« voyons également les impressions arriver au
« cerveau par l'entremise des nerfs : elles sont
« alors isolées et sans cohérence. *(Et nous voyons*
« *tout cela!)* Le viscère entre en action, il agit
« sur elles, et bientôt il les renvoie métamor-
« phosées en idées que le langage de la physiono-
« mie et du geste, ou les signes de la parole et de
« l'écriture manifestent au dehors. Nous concluons,
« avec la même certitude, que le cerveau digère en
« quelque sorte les impressions; qu'il fait organi-
« quement la sécrétion de la pensée. »

Je prie le lecteur de ne pas se laisser séduire par
le charme de cette comparaison, mais de la suivre
jusqu'au bout. On pourrait d'abord représenter à
l'auteur que, puisque nous ignorons comment notre
estomac digère, nous ne pouvons pas raisonnable-

ment en conclure que notre cerveau digère de la même manière. Mais voici une objection que je crois plus embarrassante : lorsque mon estomac transforme les aliments en chyle, son action est indépendante de ma volonté ; par une Providence bienfaisante, qui a voulu soustraire les fonctions de ces organes réparateurs aux égarements et aux caprices de ma raison, je ne saurais pas plus empêcher mon estomac de digérer, que mon cœur de battre, et mes glandes de sécréter les sucs salivaires. Mais s'il en est ainsi du cerveau, s'il digère nécessairement toutes les impressions qui lui arrivent, ou comme l'auteur le dit ailleurs, « si ces déterminations mo-
« rales ne sont que la réaction occasionée par les
« impressions internes ou externes, » il faut *nécessairement*, dans ce système, que toutes ses impressions soient bonnes, conformes à la justice et au bien de la société ; et c'est ce qui n'arrive pas toujours. Pour en donner un exemple, je suppose un homme qui, pressé par la faim, *digérât* la pensée de partager quelques douceurs de la retraite philosophique de M. Cabanis; cette *détermination morale* viendrait, je crois, de son ventre; ce serait une réaction occasionée par des impressions internes. Je suppose encore que cet homme ne pût être empêché par la force d'exécuter son projet ; sa volonté serait-elle coupable ? Non, puisqu'elle n'est qu'une réaction produite par les impressions internes ou externes. Aurait-il manqué au devoir de la morale ? Non, puisque la morale n'est que l'étude de nos facultés et de nos besoins. Effrayé de cette conséquence,

j'ai cherché dans le discours *De l'influence du moral sur le physique*, s'il n'y aurait pas moyen de dérober le dîner d'un homme faible au résultat des impressions internes qui surviendraient dans le ventre d'un homme vigoureux.

Nous n'irons pas plus avant. On jugera si ce sont les raisonnements qui nous accablent, ou les convenances qui nous arrêtent. Cependant, pour écarter toutes les interprétations de la malignité, nous supposerons que ce livre ait pour auteur un disciple d'Helvétius, qui aurait seulement tenté de revêtir la doctrine de son maître d'un certain appareil de physiologie et d'histoire naturelle. Si cet homme venait ensuite nous la proposer *comme la base ferme et solide de la morale, qui doit remplacer les croyances religieuses*, et nous assurer que la connaissance de nos viscères assure les progrès de la science sociale ; alors nous lui répondrions, si toutefois nous pouvions répondre sérieusement :

Y pensez-vous ? La morale, qui est un besoin de tous les jours, dépendra de vos découvertes lentes et incertaines ? Une analyse plus exacte des matières animales me fera connaître de nouvelles vertus, ou m'imposera de nouveaux devoirs ? Ainsi, il n'y avait point de société avant la découverte de la circulation du sang ?..... Mais connaissez-vous mieux la matière que l'esprit ?..... Où en serions-nous, si les règles de notre conduite dépendent des systèmes qui se succèdent dans l'empire des sciences ; car, sans parler des caprices et de l'ignorance de ceux qui les professent, le changement n'est-il pas l'attribut nécessaire de ces sciences que nous appelons positives ; de ces sciences qui s'enrichissent de faits qui combattent les méthodes, et marchent en quelque sorte en détruisant ce qu'elles laissent derrière elles ?

Depuis la théorie de Lavoisier sur la respiration, nous en avons vu deux autres. Qui nous assurera que ce sera la dernière? Plusieurs découvertes capitales de ce célèbre fondateur de la chimie moderne ne sont-elles pas encore contestées aujourd'hui? et, pour nous en tenir à l'étude physique de l'homme, n'est-il pas lui-même le plus prodigieux objet de la nature ? et les phénomènes de son organisation ne sont-ils pas tellement enveloppés de mystères, que l'on regarde généralement comme un progrès de la science la résolution de ne les point expliquer ?

. . . .

Cependant je cherche la *morale* que l'on peut retirer de toute votre physiologie, et en voici le résumé fidèle :

La vertu consiste à se bien porter ; la sagesse se compose de tous les moyens d'y parvenir. Parmi les principaux, il faut compter l'argent qui nous procure une nourriture agréable, abondante, et des abris commodes contre les variations de la température. (On peut voir dans le chapitre des climats, combien ce dernier point est important.) Il est d'autant plus moral d'avoir beaucoup d'argent, et de réunir toutes les douceurs de la vie, que la *philosophie rationnelle analytique* n'offrant aucune compensation à celui qui en serait privé, il se trouverait inévitablement placé entre la police et ses impressions internes. Pour vous, législateurs, favorisez l'importation du sucre et du café. *Le sucre donne des affections sociales*; le café dispose à la bienveillance et à la philantropie; et il n'est pas impossible qu'après en avoir pris au sortir d'une bonne table, un idéologue n'envoie tout aussitôt un malheureux dîner avec une soupe à la Rumford.

On sera moins surpris de la brièveté de ce code de morale et de législation, si l'on se rappelle que les déterminations morales qui viennent de nos viscères et de nos organes, étant soustraites à l'empire de notre volonté (puisqu'au contraire elles la déterminent), nos devoirs se réduisent à l'étude de nos relations avec les corps extérieurs.

C'est venir un peu tard aujourd'hui que de nous proposer de régénérer la morale publique avec du sucre, et de guérir les désordres politiques à peu près avec de l'eau de chicorée; c'est mal connaître l'esprit de son siècle. Gardez, ah! gardez pour toujours ces secrets merveilleux; ne remuez plus les restes d'une *philosophie* dont le nom même est également usé par ses défenseurs et ses adversaires; laissez une nation qui relève ses autels se rattacher aux croyances qui l'ont rendue florissante; laissez-lui ses passions; car vos doctrines ne persuadent que des vices.....

Il est temps de finir une discussion déjà trop longue; nous y avons eu deux grands désavantages: le premier d'opposer de vieilles raisons à de vieilles erreurs; l'autre d'attaquer des erreurs que l'on ne peut croire, puisque la meilleure réfutation de tous ces systèmes sur l'homme est l'existence de la société.

P. M.

CAILHAVA (Jean-François) naquit à Toulouse, le 28 avril 1731. D'une foule de comédies qu'il a composées, on ne se souvient que du *Tuteur dupé*, ou *la Maison à deux portes*, pièce imitée de l'espagnol, du *Mariage interrompu*, et des *Menechmes grecs*, dont le sujet est tiré de Plaute. Ces pièces ont eu beaucoup de succès; mais on ne les joue plus depuis long-temps. On doit encore à Cailhava des *Études sur Molière*, et un *Art de la Comédie*. Le but de ces deux ouvrages est très louable; l'auteur cherchait à ramener la littérature dramatique dans la bonne route; malheureusement ses efforts n'ont pas été couronnés d'un grand succès, et ses pièces ont prouvé qu'il est plus facile de raisonner sur les principes que de les mettre à exécution. En général, ses ouvrages offrent plusieurs traits d'une gaieté piquante; mais son style est incorrect, et sa poésie ressemble trop à la prose. Cailhava est mort le 21 juin 1813. Il remplaça à l'Institut M. de Fontanes, condamné à la déportation le 18 fructidor.

JUGEMENTS.

I.

En donnant au public un volume d'*Études sur Molière*, M. Cailhava n'a pas cru devoir aspirer au titre de commentateur. Son livre est cependant un commentaire complet sur la vie et les ouvrages de cet incomparable auteur comique. Toute l'instruction que l'on peut retirer de l'ample travail de Bret se trouve ici rassemblée en moins d'espace, et revêtue d'une pareille forme. Les faits authentiques y sont consignés, les anecdotes incertaines n'y sont point admises; les observations littéraires y abondent, et quelques-unes des plus importantes étaient restées neuves encore. Les sources nombreuses où puisait Molière y sont exactement indiquées; mais on y fait admirer, en ses imitations même, les créations de ce génie qui change en or le plomb qu'il emprunte, et devant qui ses propres modèles paraissent de faibles copistes. Les principes qu'avait exposés M. Cailhava dans son estimable *Traité sur l'Art de la Comédie* sont développés de nouveau dans les *Études sur Molière;* la lecture attentive de ces deux ouvrages est propre à former le goût des jeunes écrivains qui veulent tenter la difficile entreprise de corriger les mœurs et de punir les vices par le ridicule. Le livre consacré spécialement à Molière présente une autre espèce d'utilité. L'auteur, après avoir apprécié le genre, l'exposition, la marche, le dénouement, les principales beautés de chaque pièce, s'occupe de la tradition théâtrale. Selon lui, c'est dans les ouvrages même que les acteurs doivent chercher la vraie tradition, celle de l'auteur. Ainsi, le comique forcé, la profusion des jeux de théâtre, la manie d'ajouter au texte, les faux ornements, le bégaiement étudié, le ton maniéré, la minauderie si contraire à la grace, lui semblent également répréhensibles. Trop souvent des comédiens, d'ailleurs habiles, ont fait applaudir ces défauts qu'ils rendaient brillants ; leur exemple est devenu règle. On a bientôt composé pour eux des pièces qu'ils jouaient d'autant mieux qu'elles étaient plus loin de la nature, et leur art, en s'égarant, égarait aussi l'art dramatique. M. Cailhava rend donc un double service lorsqu'il recommande aux acteurs la correction sévère qui seule convient à la scène française ; et les judicieux conseils qu'il donne à cet égard sont dignes d'être médités, soit par les élèves, soit même par les professeurs de l'école de déclamation.

. . . .

M. Cailhava a continué de rester fidèle aux principes de la vraie comédie. C'est dans le commencement de l'époque actuelle qu'il a fait représenter les *Ménechmes grecs*. C'était une tentative assez hardie, que d'offrir de nouveau sur la scène un sujet traité par Regnard avec la verve inépuisable qui distingue les productions de ce charmant poète comique. M. Cailhava, néanmoins, a complètement réussi, en suivant de plus près les traces de Plaute, quant à l'action, mais en refondant presque tous les caractères de la pièce latine. Le public s'est empressé de rendre justice à la peinture piquante des mœurs de la Grèce, à la vérité des situations, au naturel du dialogue, au mérite rare d'une gaieté franche qui ne dégénère pas en bouffonnerie ; les connaisseurs ont retrouvé dans cet ouvrage le mérite qu'ils avaient senti dans le *Tuteur dupé*, comédie qui a fondé la réputation de l'auteur, et qui tient son rang parmi les bonnes pièces d'intrigue composées durant le cours du siècle dernier.

M. J. Chénier, *Tableau de la Littérature française.*

II.

On avait su gré à M. Cailhava d'un ouvrage utile, quoique pénible à lire, dans lequel il avait tâché de rappeler les bons principes sur l'art de la comédie; mais, comme l'a dit un de nos poètes:

Savoir la marche est chose très unie,

et l'auteur a malheureusement prouvé que la connaissance des règles ne suppose pas toujours le talent de l'exécution. En général, rien de plus humble, de plus incorrect, de plus dénué d'imagination, de sel et de graces que le style de M. Cailhava, et nous ne pouvons trop répéter qu'un ouvrage en vers sans poésie, est de tous les ouvrages médiocres le moins pardonnable aux yeux des gens de goût.

Cependant, d'après un vers de Boileau devenu proverbe, et qui termine un des chants de son *Art poétique**, M. Cailhava n'en a pas moins trouvé un admirateur; et cet admirateur, dont le nom peut inspirer de la curiosité, est M. de Cubières. C'est ici que, pour n'être soupçonné d'aucune exagération maligne, nous devons citer, mot pour mot,

---

* Un sot trouve toujours un plus sot qui l'admire.

Si Chénier a un peu trop flatté Cailhava, Palissot lui prodigue l'insulte sans aucune espèce de ménagement. C'est encore ici le lieu de dire: *In medio verum.* F.

ce qu'on lit dans une épître adressée par ce dernier à Molière lui-même, avec qui l'on n'eût pas imaginé qu'il fût en correspondance :

« Tel n'est point Cailhava, ton plus savant élève :
« Sa muse de ton art sonda tous les secrets,
« Et, pour te commenter, *Dieu le fit naître exprès.* »

Cette singulière prédestination de M. Cailhava était apparemment un mystère dont Dieu s'était réservé la connaissance, et qu'il n'a révélé qu'à M. de Cubières, qui nous apprend ce que notre faible pénétration n'eût jamais deviné.

Tout ce que nous savions, c'est qu'un peu découragé de l'abandon des comédiens, M. Cailhava, pour réveiller sur lui l'attention publique, ne cessait d'annoncer qu'il allait faire, sur Molière, ce que Voltaire avait fait sur Corneille; c'est-à-dire qu'il allait en donner une édition embellie de ses commentaires : mais la malveillance des libraires ne lui ayant pas permis d'exécuter cette grande entreprise, il s'est contenté de publier, en attendant mieux, ce qu'il appelle les *Études sur Molière*. On savait déjà, par ses comédies, de quoi ses études l'avaient rendu capable ; et cet ouvrage n'a fait que confirmer un jugement sans appel, porté depuis longtemps.

PALISSOT, *Mémoires sur la Littérature.*

CALDERON DE LA BARCA (Don Pedro), d'une famille noble, naquit dans la première année du dix-septième siècle. Il composa, dit-on, sa première pièce de théâtre avant l'âge de quatorze ans. Il acheva de bonne heure ses études à l'université, et s'attacha ensuite à quelques protecteurs qu'il avait trouvés à la cour. Peu satisfait cependant de ses premiers pas dans le monde, il s'engagea comme simple soldat, et fit quelques campagnes en Italie et dans les Pays-Bas. Ce nouveau genre de vie ne l'empêcha pas de cultiver les lettres, et la réputation de son talent pour la poésie dramatique, qui se répandit bientôt en Espagne, fit espérer au public un poète égal ou même supérieur à Lope de Véga. Le roi Philippe IV, qui fit plus de dépenses pour le théâtre qu'aucun de ses prédécesseurs, et qui daigna même composer quelques pièces, crut avoir trouvé dans Calderon l'homme qu'il lui fallait pour donner un grand éclat au théâtre de la cour. Il l'appela à Madrid en 1636, et le fit bientôt après chevalier de Saint-Jacques. Depuis ce moment, Calderon fut enchaîné à Madrid, et son jeune monarque, qui ne connaissait pas d'affaire plus importante que les fêtes et les amusements, eut soin de l'entretenir dans une perpétuelle activité. Aucune dépense n'était épargnée pour représenter avec toute la pompe imaginable les pièces par lesquelles Calderon contribuait aux plaisirs de la cour. On lui demandait aussi des conseils pour l'ordonnance des fêtes et des solennités publiques; il fut consulté, par exemple, pour l'érection de l'arc de triomphe sous lequel la nouvelle reine, Marie d'Autriche, devait faire son entrée en Espagne.

Dans la cinquante-deuxième année de son âge,

Calderon se consacra à l'Église sans renoncer entièrement à ses occupations précédentes; mais il donna depuis la plus grande partie de son temps et de ses soins à ses *autos* ou comédies du Saint-Sacrement, qui obtinrent la préférence sur toutes les pièces du même genre antérieures aux siennes. Admiré de sa nation, et richement pourvu de bénéfices, de pensions et de gratifications honorifiques, il atteignit à un âge très avancé. Ses pièces ont éclipsé la renommée de toutes celles que ses prédécesseurs et ses contemporains avaient données au théâtre; mais l'auteur, dans sa vieillesse, attachait peu d'importance à ses comédies profanes. Le duc de Veragua l'ayant prié, par une lettre très flatteuse, de lui envoyer une liste complète de toutes ses pièces, parce que les libraires vendaient souvent des pièces d'autres auteurs sous le nom de Calderon, celui-ci, alors âgé de quatre-vingts ans, n'envoya au duc que la liste de ses *autos*. Dans la lettre qu'il y joignit, il témoigne son mécontentement contre les libraires qui ont mis sous son nom des ouvrages étrangers, tandis qu'il avait déjà bien assez de ses propres fautes, et qui ont encore tellement défiguré ses propres ouvrages, qu'à peine pouvait-il les reconnaître au titre. Il ajoute qu'il veut suivre leur exemple, et ne pas faire plus de façons qu'eux avec ses pièces; mais que, pour l'amour de la religion, il met plus d'importance à ses *autos*[*].

---

[*] On trouve la lettre du duc de Veragua et la réponse de Calderon avec les listes qui y ont rapport, dans le Théâtre espagnol publié par La Huerta, part. II, t. 3.

Calderon mourut en 1687, âgé de quatre-vingt-sept ans. Ses comédies furent imprimées plusieurs fois de son vivant, et son frère Joseph Calderon en donna une édition en 1640, mais Calderon n'eut aucune part à ces éditions partielles; et quant à l'édition complète de toutes ses pièces, que son ami Juan de Vera Tassis y Villaroel entreprit en 1685, il n'est guère possible de croire que Calderon, à l'âge qu'il avait alors, ait pu y prendre même assez de part pour établir l'authenticité de tout ce que ce recueil renferme. On peut donc mettre en question si les cent vingt-sept comédies qui portent le nom de ce poète sont toutes, et sont entièrement de lui. Ce doute est d'autant plus permis, que Juan de Vera Tassis, qui a commencé ce recueil, porte le nombre des *autos* de Calderon à quatre-vingt-quinze, tandis que Calderon, dans sa liste adressée au duc de Veragua, ne compte que soixante-huit de ces derniers, en y comprenant même ceux qui ne sont point imprimés; et il n'est guère croyable qu'il en eût fait encore vingt-sept après avoir passé sa quatre-vingtième année[*].

Schlegel a traduit en allemand ses meilleures pièces, dont deux, *Le Prince constant*, et *La Vie est un Songe*, ont été jouées avec succès sur le théâtre de Weimar.

La meilleure édition des œuvres de Calderon est

---

[*] En lisant les pièces de Calderon que La Huerta a insérées dans son Théâtre espagnol, on ne fait qu'imparfaitement connaissance avec le génie de ce poète : car toutes ces pièces, à l'exception de deux, sont des comédies de *cape* et *d'épée*.

la dernière, réimprimée à Madrid, en 1760, 10 vol. in-4°.

BOUTERWECK, *Histoire de la Littérature espagnole*.

JUGEMENTS.

I.

Les *autos sacramentales* ont déshonoré l'Espagne beaucoup plus long-temps que les *Mystères de la Passion*, les *Actes des Saints*, nos *Moralités*, la *Mère sotte*, n'ont flétri la France. Ces *autos sacramentales* se représentaient encore à Madrid il y a très peu d'années. Calderon en avait fait pour sa part plus de deux cents.

Une des plus fameuses pièces, imprimée à Valladolid, sans date, et que j'ai sous les yeux, est la *Dévotion de la Missa*. Les acteurs sont un roi de Cordoue mahométan, un ange chrétien, une fille de joie, deux soldats bouffons, et le diable. L'un de ces deux bouffons est nommé Pascal Vivas, amoureux d'Aminte. Il a pour rival Lelio, soldat mahométan. Le diable et Lelio veulent tuer Vivas, et croient en avoir bon marché, parce qu'il est en péché mortel : mais Pascal prend le parti de faire dire une messe sur le théâtre et de la servir; le diable perd alors toute sa puissance sur lui.

Partout ailleurs, un tel spectacle aurait été une profanation que l'inquisition aurait cruellement punie, mais en Espagne, c'était une édification.

D'autres pièces, en très grand nombre, ne sont point sacramentales : ce sont des tragi-comédies et même des tragédies ; l'une est *la Création du monde*, l'autre *les Cheveux d'Absalon.* On a joué *le Soleil soumis à l'homme, Dieu bon payeur, le Maitre-d'hôtel de Dieu, la Dévotion aux trépassés;* et toutes les pièces sont intitulées: *La famosa comedia.*

Qui croirait que dans cet abîme de grossièretés insipides il y ait de temps en temps des traits de génie, et je ne sais quel fracas de théâtre qui peut amuser, et même intéresser.

Peut-être quelques-unes de ces pièces barbares ne s'éloignent-elles pas beaucoup de celles d'Eschyle, dans lesquelles la religion des Grecs était jouée comme la religion chrétienne le fut en France et en Espagne.

Qu'est-ce en effet que Vulcain enchaînant Prométhée sur un rocher, par ordre de Jupiter? qu'est-ce que la Force et la Vaillance, qui servent de garçons bourreaux à Vulcain, sinon un *auto sacrementale* grec? Si Calderon a introduit tant de diables sur le théâtre de Madrid, Eschyle n'a-t-il pas mis des furies sur le théâtre d'Athènes? Si Pascal Vivas sert la messe, ne voit-on pas une vieille pythonisse qui fait toutes ses cérémonies sacrées dans la tragédie des *Euménides?* la ressemblance me paraît assez grande.

Les sujets tragiques n'ont pas été traités autrement chez les Espagnols que leurs actes sacramentaux; c'est la même irrégularité, la même indécence, la même extravagance. Il y a toujours eu un ou deux bouffons dans les pièces dont le sujet est le plus tragique. On en voit jusque dans *le Cid.* Il n'est pas étonnant que Corneille les ait retranchés.

On connaît l'*Héraclius* de Calderon, intitulé : *Tout est mensonge, et tout est vérité*, antérieur de près de vingt années à l'*Héraclius* de Corneille. L'énorme démence de cette pièce n'empêche pas qu'elle ne soit semée de plusieurs morceaux éloquents, et de quelques traits de la plus grande beauté. Tels sont, par exemple, ces quatre vers admirables que Corneille a si heureusement traduits :

Mon trône est-il pour toi plus honteux qu'un supplice?
O malheureux Phocas! ô trop heureux Maurice!
Tu retrouves deux fils pour mourir après toi,
Je n'en puis trouver un pour régner après moi.

VOLTAIRE, *Dict. phil.*

II.

Don Pedro Calderon de la Barca fut un génie aussi fertile, un écrivain aussi laborieux que Lope, et un bien plus grand poète; un grand poète, si jamais ce nom a été mérité sur la terre. En lui se renouvelèrent, et dans un degré bien plus éminent, la puissance d'exciter l'enthousiasme, l'empire exercé sur la scène, et, pour tout dire enfin, le miracle de la nature. Comme Calderon s'est occupé de travaux dramatiques depuis l'âge de quatorze ans jusqu'à celui de quatre-vingt-un, auquel il mourut, ses ouvrages se distribuent sur un long espace de temps, et l'on ne doit pas supposer qu'il ait composé avec autant de précipitation que Lope. Il eut le loisir de former des plans réfléchis, et c'est ce dont il est impossible de douter; mais l'exercice constant de son art dut sans doute lui faire acquérir une grande promptitude d'exécution.

Au milieu de cette immense abondance, il ne se trouve rien d'abandonné au hasard, rien qui ne soit la conséquence de principes assurés, et ne porte l'empreinte des vues profondes d'un grand maître. C'est ce que l'on n'oserait nier, lors même qu'on ferait à Calderon le tort de prendre pour de la manière son style pur et élevé, véritable coloris du drame romantique, et lors même qu'on prétendrait que le vol hardi de son imagination l'a égaré quelquefois. Calderon a souvent remis en œuvre ce que ses prédécesseurs regardaient déjà comme achevé, et rien de ce qui existait ne pouvait le satisfaire, comparé à la noblesse et à la vivacité de ses conceptions. De là vient qu'il se répète quelquefois dans les expressions, les images, les comparaisons et même les situations; car d'ailleurs il était trop riche pour avoir besoin d'emprunter, je ne dis pas des autres, mais de lui-même. L'effet théâtral est toujours son premier objet; mais ce but qui, s'il était exclusif, deviendrait une borne, est la pensée qui anime et féconde son génie. Je ne connais aucun poète qui ait su donner à ce degré la couleur poétique aux grands effets de la scène.

Ses pièces se divisent en quatre classes principales : les pièces sacrées, dont les sujets sont tirés de l'Écriture ou de la Légende, les pièces historiques, les pièces mythologiques ou celles dont les sujets sont fabuleux, et enfin les peintures de la vie sociale des temps modernes. Le nom de pièces historiques ne convient, à proprement parler, qu'aux pièces fondées sur l'histoire de la patrie. Calderon a souvent saisi, avec beaucoup de vérité, le caractère de l'antiquité espagnole; mais d'ailleurs il avait lui-même un esprit national trop décidé, et je dirai trop ardent, pour qu'il pût en adopter un autre. Son talent réussit encore à s'acclimater dans les régions que le soleil favorise, dans le Midi et dans l'Orient, mais il ne peut s'accommoder de l'antiquité classique, non plus que des climats du Nord. Les sujets trop étrangers à Calderon sont devenus entre ses mains fantastiques. La mythologie grecque n'a été pour lui qu'une fable charmante, et l'histoire romaine qu'une hyperbole majestueuse.

Les pièces sacrées de Calderon peuvent, à quelques égards, être réunies à ses drames historiques : car, bien que revêtues d'une plus riche poésie, elles portent toujours fidèlement l'empreinte de l'histoire de la Bible ou de la Légende. Cependant les pièces sacrées se distinguent des autres par une allégorie évidente et par l'enthousiasme religieux. Cet enthousiasme anime le poète, lorsque, dans les actes sacrés destinés à solenniser la Fête-Dieu, il peint allégoriquement, sous les couleurs les plus éclatantes, l'univers embrasé des flammes de l'amour céleste. C'est dans ce genre qu'il excitait sur-tout l'admiration de ses contemporains, et c'est à ces compositions que lui-même attachait sa plus grande gloire. Mais, à moins de faire connaître les pièces sacrées de Calderon par une traduction poétique, il est impossible d'en donner aucune idée, et je ne pourrais même en parler sans traiter une question difficile, et sans examiner jusqu'à quel point l'allégorie peut être admise dans les ouvrages dramatiques.

Les pièces de Calderon qui paraissent le plus s'abaisser au ton de la vie commune, nous captivent cependant toujours par je ne sais quel charme fantastique, et ne peuvent guère passer pour des comédies dans le sens ordinaire de ce mot. Elles finissent par le mariage, comme celles des anciens; mais combien tout ce qui précède ce mariage n'est-il pas différent? Dans les pièces anciennes, on se sert de moyens très immoraux pour satisfaire des passions sensuelles, ou pour remplir un but égoïste; les hommes épient leurs faiblesses mutuelles, et se combattent avec leurs forces morales, comme s'ils luttaient avec leurs forces physiques. Dans les pièces espagnoles, au contraire, on voit régner cette ardeur passionnée qui ennoblit toujours les objets des désirs de l'homme, parce qu'elle les met hors de proportion avec toute jouissance matérielle. Calderon nous montre ses principaux personnages dans l'effervescence de la jeunesse, dans l'âge où l'on se confie hardiment à la vie, et où l'on s'enorgueillit de ses plaisirs; mais le but qu'ils poursuivent, pour lequel ils oublient tout, est, à leurs yeux, un but infini, une chimère de bonheur qu'ils n'échangeraient contre aucune réalité. L'honneur, l'amour et la jalousie sont les ressorts de ces comédies; le jeu hardi des passions les plus généreuses forme le tissu de l'intrigue, et aucune fourberie vulgaire n'y vient mêler ses fils grossiers. L'honneur est toujours un principe idéal; car il repose sur cette morale élevée qui consacre les principes des actions sans avoir égard à leurs conséquences. Pierre Calderon donne aux femmes un sentiment d'honneur également prononcé ; sentiment qui l'emporte sur l'amour, ou maintient sa place à côté de lui. Ne pouvoir aimer qu'un homme irréprochable, l'aimer avec une pureté parfaite, ne souffrir aucun hommage équivoque, aucune atteinte à la dignité la plus sévère, voilà en quoi le poète fait consister l'honneur des femmes. Il impose à l'amour le devoir d'un mystère impénétrable, jusqu'au moment où un lien légitime lui permet de se déclarer publiquement. Le mystère seul, en effet, garantit l'amour de l'alliage impur de la vanité, et le présente sous l'aspect d'un vœu sacré, renfermé au fond du cœur, et qui n'en est que plus inviolable. Il est vrai que, d'après cette morale, la ruse et la dissimulation, sévèrement interdites par l'honneur, semblent permises en faveur de l'amour; mais il est obligé d'observer les ménagements les plus délicats lorsqu'il se trouve en opposition avec d'autres devoirs, et sur-tout avec ceux de l'amitié. La jalousie, cette passion toujours active et souvent furieuse, la jalousie n'a pas, dans les mœurs que dépeint Calderon, comme dans celles de l'Orient, la possession pour objet ; elle s'attache aux plus légères émotions du cœur et aux signes imperceptibles qui les trahissent.

Il est impossible de refuser le nom de *comédies de caractère* à plusieurs pièces de Calderon, et cependant on ne doit pas s'attendre à trouver des peintures bien finement nuancées chez des poètes méridionaux, auxquels une sensibilité ardente et une imagination impétueuse ne laissent ni le loisir, ni le sang-froid qu'exige l'esprit d'observation.

Il y a encore des pièces de Calderon qu'il nomme lui-même pièces de fêtes (*Fiestas*), parce qu'elles étaient destinées à paraître sur le théâtre de la cour dans des occasions solennelles. Il comptait sur l'effet du spectacle, des changements fréquents de décorations, des prodiges exécutés sur la scène, et même quelquefois de la musique, et cependant tous ces accessoires rentraient tellement dans l'ombre, qu'on peut nommer ces petits drames des opéras poétiques, parce qu'ils produisaient, au moyen du seul éclat de la poésie, le genre d'effet que l'appareil théâtral, la danse et la musique réunis produisent à l'Opéra. C'était là que le poète laissait l'essor le plus libre à son imagination; aussi, ces fictions légères et fantastiques touchent-elles à peine la terre.

Mais c'est dans les compositions religieuses que les sentiments de Calderon se déploient avec le plus d'abandon et d'énergie. Il n'a peint l'amour terrestre que sous des traits vagues et généraux : il n'a parlé que la langue poétique de cette passion. La religion est son amour véritable; elle est l'âme de son âme. Éclairé de la lumière religieuse, il pénètre tous les mystères de la destinée humaine. Quel que soit le sujet de sa poésie, elle est un hymne de réjouissance sur la beauté de la création, et il célèbre, avec une joie toujours nouvelle, les merveilles de la nature et celles de l'art, comme si elles lui apparaissaient tout-à-coup dans leur jeunesse primitive et dans leur plus éclatante splendeur. A la fraîcheur des images, à la vivacité des sentiments, on croirait que c'est le premier réveil de l'homme sortant des mains du Créateur ; mais une éloquence choisie, une étonnante souplesse de langage, et sur-tout la connaissance intime des rapports les plus cachés dans la nature, trahissent un esprit cultivé, une âme à la fois inspirée et contemplative qui s'est enrichie par les plus profondes réflexions (*Voyez* Lopez de Vega).

A. W. Schlegel, *Cours de Littérature dramatique.*

III

Il n'est pas besoin d'une grande pénétration pour voir tout d'un coup, en comparant ensemble Lope de Véga et Calderon, les services essentiels que ce dernier a rendus au théâtre espagnol. Il est difficile de décider lequel de ces deux poètes eut au plus haut degré le mérite de l'invention, car Lope de Véga lui-même n'a pas créé le genre de ses pièces; et en combinaisons d'intrigues, en *imbroglios*, en situations attachantes, Calderon n'est pas moins inventif que Lope de Véga. Généralement parlant, les conceptions de ce dernier sont peut-être plus hardies, mais elles sont aussi plus grossières; et sous le rapport de l'art et du goût, soit dans le plan, soit dans l'exécution, soit sur-tout dans le style, on peut dire que Calderon a créé un nouveau genre de comédie. Il a donné du moins à la comédie espagnole toute la perfection dont elle était susceptible, sans en altérer la nature; cette délicatesse de goût imprime à ses pièces héroïques un caractère de dignité; elle se fait reconnaître, dans ses comédies d'intrigue, au dessin plus parfait, plus fini des caractères généraux qui, depuis l'origine du théâtre espagnol, y ont tenu la place des caractères particuliers. Les pièces de Calderon ne pouvaient pas plus être des comédies de caractère que celles de Lope de Véga, ou elles n'auraient plus été des comédies d'intrigue; mais elles sont pleines de traits de caractere, de ces traits qui montrent au fond de l'âme des personnages les ressorts naturels de l'intrigue dont le poète développe la marche. Calderon a surtout infiniment mieux réussi que Lope de Véga à faire agir et parler les femmes. A cet art de la composition s'allie très bien la subtilité presque inconcevable des combinaisons de ses intrigues, et l'élégance de sa versification achève de mettre une harmonie réelle dans ces pièces irrégulières en apparence, et qui, sans doute, ne sont pas faites pour servir de modèles, mais où l'auteur a suivi fidèlement les règles qu'il s'était prescrites à lui-même. Calderon a encore d'autres genres de mérite, entre autres celui d'un dialogue vif, facile, et d'un naturel séduisant, qu'il ne partage qu'avec les meilleurs poètes dramatiques de son pays. Une partie de ses défauts tiennent au genre qu'il a adopté, et les autres ne peuvent être reprochés également à toutes ses pièces. Il ne se montre au-dessous de lui-même que dans quelques-unes de ses comédies héroïques.

Dans les comédies de *cape* et *d'épée*, dont Calderon est l'auteur, l'intrigue est ordinairement si compliquée, qu'à moins d'être Espagnol, et comme tel, accoutumé dès long-temps à cet exercice de l'esprit*, on ne peut saisir, à la première lecture, tous ces fils si subtilement entrelacés, et noués avec tant d'art, que les principaux personnages tombent à tout moment d'un embarras imprévu dans un autre. Le grand talent de Calderon est d'accumuler les surprises, de lier une situation intéressante à une autre, et de ne pas laisser, du commencement jusqu'à la fin de la pièce, un instant de relâche à la curiosité. Mais aussi, pour se faciliter cette tâche, il s'embarrasse encore moins que Lope de Véga d'amener les scènes d'une manière vraisemblable, et ses personnages viennent et s'en vont, sans autre motif que le besoin de l'auteur. Au reste, le public espagnol ne se plaignait pas des invraisemblances de cette espèce, pourvu que la situation qu'il y gagnait eût de la vérité dramatique et de la nouveauté. C'est particulièrement par l'effet des situations que Calderon paraît avoir évalué le mérite de ses pièces d'intrigue. Il pouvait se montrer ici d'autant plus vraiment inventeur, qu'il mettait moins de variété dans les rôles. Les personnages de ses pièces d'intrigue sont presque toujours les mêmes sous des noms différents. Deux ou trois belles dames, autant d'amoureux, un vieillard, deux ou trois

---

* Selon le témoignage de M. Bourgoing, tous les Espagnols, sans distinction, sont tellement exercés à suivre le fil d'une intrigue dans ses plus subtiles ramifications, qu'un homme du peuple, après avoir vu jouer une pièce, peut en raconter tout le contenu avec détail, tandis que l'étranger le plus instruit et le plus familiarisé avec la langue espagnole peut à peine en comprendre quelques scènes.

soubrettes, plusieurs valets, et parmi ceux-ci un bouffon (*gracioso*), tels sont les rôles permanents dont Calderon s'est contenté pour l'ordinaire. Les deux grands mobiles de l'action dans ces pièces sont une galanterie licencieuse, où nul intérêt moral ne peut ni ne doit se mêler, et un point d'honneur qui occasione des querelles perpétuelles. A la plus légère occasion, les épées sont tirées, et quand la passion est au comble, les poignards se mettent de la partie. Les blessures, et même les meurtres, quoique ceux-ci soient plus rares, ne sont dans ces comédies que des évènements épisodiques. Mais de toutes les passions qui les animent, la jalousie est celle qui y joue le premier rôle. Pour la mettre en jeu de toutes les manières, on emploie les déguisements, les méprises de personne, de maison ou de lettre; quelquefois aussi des particularités du local, comme dans *la Dame Esprit follet* (*la Dama duende*), où une porte dérobée, qui paraît être une armoire, est un des ressorts de l'intrigue. Les scènes nocturnes sont aussi très fréquentes; mais quelque admirable variété de situations que Calderon ait su tirer des ressorts uniformes qu'il emploie, il n'en est pas moins impossible qu'elle suffise long-temps à un goût un peu délicat qui demande des amusements d'un genre plus noble.

Quant à la question, si ce sont réellement les mœurs de son temps que Calderon a peintes dans ses pièces d'intrigue, on sent bien qu'il est impossible aujourd'hui d'y répondre. Des Espagnols modernes ont cru faire une excellente critique des pièces de Calderon en lui reprochant d'y avoir injurié la nation tout entière, en paraissant supposer qu'elle n'est composée que d'extravagants et de femmes galantes. Ces attaques, dirigées contre Calderon par les critiques espagnols de nos jours, sont la suite d'un zèle irréfléchi pour les maximes du théâtre français, qui ne peuvent nullement s'appliquer au théâtre espagnol. On ne devrait pas avoir besoin d'apprendre à un critique, que peindre les mœurs d'une classe particulière de la société n'est pas peindre toute une nation : mais ce n'est pas le seul reproche qu'on ait fait à Calderon ; on l'accuse d'avoir mis dans la bouche des soubrettes et même des valets, un langage qui serait déjà trop poétique dans la bouche de leurs maîtres. Il est bien vrai que, de nos jours, on trouverait peut-être moins encore qu'au dix-septième siècle, des valets espagnols capables de s'exprimer aussi poétiquement que le font ceux de Calderon dans des occasions particulières ; mais il ne faut pas oublier non plus que c'est dans des occasions particulières. Les valets de Calderon imitent toujours le langage de leurs maîtres, ce qui est très naturel à des valets. La plupart du temps ils s'expriment comme ceux-ci, très simplement, et souvent même sans conserver dans leur langage cette couleur poétique sans laquelle un ouvrage dramatique cesse d'être un poème: mais lorsque la galanterie romanesque parle le langage de l'amour, de l'admiration ou de la flatterie, alors, selon le caractère espagnol, chaque idée est une métaphore, et Calderon, en homme de son pays, a saisi cette occasion de montrer tout ce qu'il avait d'esprit et d'imagination. D'ailleurs, le public pour lequel il travaillait paraissait ne trouver ni déplacées, ni peu naturelles, dans de telles occasions, les métaphores les plus extravagantes, et Calderon lui-même ne voulait être en pareil cas qu'un Lope de Véga plus élégant ou un Marini espagnol. Ainsi, par exemple, dans la comédie qu'il a intitulée : *Vienne le malheur pourvu qu'il vienne seul* (*Bien vengas mal, si vengas solo*), une soubrette dit à sa maîtresse qui vient de se lever : « Que l'aurore aujourd'hui aurait bien pu « rester endormie dans son palais de cristal, puisque « les attraits de sa jeune maîtresse auraient suffi pour « tirer le rideau de la couche du soleil. » Elle ajoute qu'on pourrait bien se permettre, en voyant sa maîtresse, cette *pensée espagnole* (*el concepto espanol*), *que le soleil s'était levé dans les yeux de dona Ana.* Les valets parlent de même dans des occasions semblables; et quand les amants, à leur tour, se mettent en train de dire des douceurs à leurs dames, et que leurs dames leur répondent sur le même ton, la galanterie espagnole s'épanche alors en un torrent de métaphores relevées d'antithèses qu'on ne peut trouver supportables, à moins d'être du pays. Mais il ne faut pas oublier que ce style, du temps de Calderon, était le ton de la bonne compagnie, et qu'il régnait depuis des siècles dans la poésie nationale.

Ce qui est moins excusable dans les comédies de Calderon, ce sont les fades plaisanteries des valets, et les situations burlesques produites par des accidents dégoûtants, tels que des *arrosements* nocturnes, etc. Mais au rapport des voyageurs, ces accidents arrivent encore tous les jours à Madrid et à Lisbonne ; et quant aux plaisanteries des valets, elles étaient aussi essentielles aux pièces de Calderon, que le rôle de bouffon qu'un valet devait ordinairement remplir.

Enfin, quand on lit les pièces de Calderon, on est si bien dédommagé, par les beautés qu'on y trouve, des défauts dont le goût ne peut s'empêcher d'être choqué, que la critique n'a pas besoin de peser long-temps les uns et les autres pour juger de quel côté penche la balance. Il faut mettre au nombre des principales beautés les récits qu'on trouve dans quelques-unes de ces pièces. Ces récits sont, en général, très fréquents dans les pièces de théâtre, et font souvenir de l'analogie de la comédie espagnole avec les nouvelles. On rencontre souvent aussi dans celles de Calderon, si ce n'est de beaux caractères, du moins de beaux traits de caractère*.

---

* Dans la pièce intitulée : *Vienne le malheur*, etc. D. Diègue s'efforce inutilement d'arracher un secret à une femme dont il est aimé :

D. DIEGO.

« Tu es femme : il n'est pas d'une grande importance que tu révèles un secret. N'aspire pas, dona Ana, à être le prodige de notre siècle.

D. ANA.

« Celle qui fut un prodige d'amour saura aussi en être un de discrétion.

D. DIEGO.

« Elle n'aime pas, celle qui peut ne pas découvrir tous ses secrets à son amant.

D. ANA.

« Elle est vile, celle qui peut lui en découvrir un où il va de la vie d'un autre.

La délicatesse sur l'honneur qui y tient la place de la morale, s'y montre souvent par son plus beau côté*. Quelquefois aussi Calderon déroge à l'usage reçu de ne jamais moraliser sur le théâtre, et il moralise avec beaucoup de dignité. L'application à faire de la pièce, qui est souvent indiquée par le titre, est exprimée encore plus clairement à la fin. Il faut louer aussi Calderon d'avoir rarement inséré des sonnets dans ses comédies, quoiqu'il se soit permis sans scrupule d'autres libertés pour conserver ses droits à la poésie, même en peignant les scènes de la vie commune.

Les comédies héroïques de Calderon sont de genres très différents et d'un mérite très inégal. Quelques-unes ne se distinguent des comédies d'intrigue que par le rang des personnages. Telle est la pièce si connue du *Secret dit tout haut* (*el Secreto a voces*), qu'on a imitée en italien, en français et en allemand. D'autres comédies qui portent aussi le nom d'*héroïques*, ne sont que des pastorales

<small>D. DIEGO.</small>

« Tu ne veux donc pas me l'avouer ? »

<small>D. ANA.</small>

« Non. »

<small>D. DIEGO.</small>

« Eh bien ! je ne te crois plus, etc. »

* Dans les *Suites d'un accident* (*los empenos de un acaso*), un amant vient au secours de son rival pour l'amour de sa maîtresse. Quel est, dit-il, l'homme d'honneur et de courage qui, voyant son ennemi humilié, ne le plaigne et ne le protège ? Non-seulement la générosité m'oblige à lui accorder sa demande, mais encore la parole que j'ai donnée à sa dame de le secourir et de le défendre. Comment donc pourrais-je refuser mon appui à D. Félix, quand il a sur moi les droits d'un ennemi et ceux d'un ami tout ensemble ?

romanesques, telles que la comédie d'*Écho et Narcisse*. D'autres encore sont des espèces d'opéra où il y a beaucoup de spectacle, telle est la pièce intitulée *Amour est le plus grand des Enchanteurs* (*El mayor incanto Amor.*) Enfin, on range encore dans cette classe les comédies historiques de Calderon, dont quelques-unes sont de véritables tragédies. De ces pièces historiques, les unes sont les chefs-d'œuvre de ce poète, et les autres ses ouvrages les moins estimables; mais toutes sont des pièces à grand spectacle, où l'on voit défiler des armées, livrer des batailles ou donner de magnifiques festins. La scène représente tantôt un palais, tantôt un vaste paysage, tantôt une caverne, tantôt un jardin de plaisance, et les timbales, les trompettes et les coups de canon s'y font entendre toutes les fois que l'occasion s'en présente.

Dans la partie de l'appareil théâtral, l'imagination de Calderon est allée plus loin que celle de Lope de Véga, parce que ce dernier n'avait pas comme lui les finances d'un roi à sa disposition, pour fournir aux frais de la représentation de ses pièces. Mais, d'ailleurs, Calderon n'a réussi dans ce genre de pièces que lorsqu'il en a pris le sujet dans l'histoire de son pays. Toutes les fois qu'il a voulu arranger à l'espagnole l'histoire grecque ou romaine, comme dans son *Alexandre* et dans son *Coriolan**, l'étrange altération du costume est à peine cho-

---

* Le titre espagnol de la comédie d'Alexandre est : *Darlo todo y no dar nada*. (*Donner tout et ne donner rien*). Coriolan est intitulé : *Las Armas de la hermosura*. (Les Armes de la beauté).

quante en comparaison de la bizarre confusion des évènements et de la foule de situations romanesques qui en résultent, et qui ne produisent cependant qu'un effet mesquin. Il semble quelquefois que le génie de Calderon l'ait abandonné, et on a peine sur-tout à le reconnaître dans les scènes où il affecte d'étaler son érudition historique, tout en faisant les plus grandes infidélités à l'histoire. Celles de ces pièces dont le sujet est purement d'invention, et où l'auteur a mis arbitrairement la scène dans les beaux temps de la Grèce, ont déjà un grand avantage sur les autres : telle est celle qui porte le titre de *Générosité pour Générosité* (*Finezas contra Finezas*); mais cette pièce, pleine d'intérêt et de sensibilité, le cède elle-même à la tragédie chrétienne dont l'histoire de Portugal a fourni le sujet à Calderon. C'est dans cette tragédie de *don Fernand* (le titre espagnol est : *El principe constante*) que l'auteur a déployé tout son génie. Si les unités de temps et de lieu y sont mal observées, on les oublie en faveur de l'unité de l'action, d'une action héroïque où Calderon a su mettre le pathétique le plus vrai, sans s'écarter cependant du style de la comédie nationale. Don Fernand, prince de Portugal, est le héros de cette pièce, qu'on pourrait intituler aussi *le Régulus portugais*. Il fait une descente sur les côtes d'Afrique, à la tête d'une armée : son frère don Enrique l'accompagne. Il attaque les états du roi de Maroc, et il est vainqueur dans la première bataille, où il fait prisonnier un héros africain nommé Muley. Ce Muley, qui est amoureux de la fille du roi de Maroc, raconte son histoire au prince, et celui-ci, dont la générosité est émue par ce récit, rend la liberté à son captif. A peine Muley a-t-il eu le temps d'exprimer sa surprise et sa reconnaissance, que des renforts arrivés à l'armée ennemie la mettent en état de livrer une nouvelle bataille, où don Fernand est défait et emmené captif à son tour. Ici commencent les scènes tragiques qui sont préparées par des situations touchantes d'une autre espèce. Le roi de Maroc offre de rendre la liberté à son prisonnier en échange de la forteresse de Ceuta, que les Portugais possèdent sur la côte de Maroc. Le prince déclare qu'il aime mieux mourir dans le plus cruel esclavage que de voir une ville chrétienne livrée pour l'amour de lui au pouvoir des infidèles. Le roi envoie une ambassade en Portugal pour y faire cette proposition, et il compte si bien qu'elle sera acceptée, qu'il traite son prisonnier avec la plus grande distinction jusqu'au retour de ses ambassadeurs. La réponse des Portugais est telle, en effet, qu'il l'a désirée; mais don Fernand refuse d'être racheté à ce prix. On essaie inutilement de vaincre sa résistance à force de tourments, il les supporte sans murmure et avec une religieuse constance; mais enfin son corps y succombe, et il meurt sans s'être démenti. Les souffrances et l'héroisme du prince, le combat de la religion et de la reconnaissance dans le cœur de Muley, qui fait d'inutiles efforts pour délivrer son bienfaiteur; l'amour de ce même Muley pour la princesse de Maroc, qui est promise à un prince maure, et l'amour plus intéressant encore dans son exaltation mélancolique de cette princesse pour Muley, tout cela forme un ensemble si attachant, si véritablement poétique, que les défauts qui s'y trouvent, et qu'on ne peut dissimuler, sont trop peu remarquables pour en faire la récapitulation dans un exposé aussi abrégé que celui-ci. L'action paraît finie à la mort du prince; mais une nouvelle armée arrive de Portugal, et l'*esprit* de don Fernand, un flambeau à la main, se met à sa tête et la conduit à la victoire. L'impression que produit cette apparition met le comble à l'effet pathétique des scènes précédentes.

Nous ne dirons que quelques mots des *autos* de Calderon. Il a suivi la même route que Perez de Montalvan, mais il a laissé son modèle bien loin derrière lui. Quelques-uns de ces *autos*, tels que *les Merveilles de la Croix*, ou littéralement *la Dévotion de la Croix*, sont assurément ce qu'on a fait en ce genre de plus imposant et de plus ingénieux; mais l'association des idées religieuses aux extravagances les plus absurdes, qui semble être de l'essence de ces pièces, blesse tellement la raison et même le sens moral, qu'on se trouve obligé de féliciter les nations qui sont privées d'un amusement de cette espèce.

BOUTERWECK, *Histoire de la Littérature espagnole*.

CALPRENÈDE (GAUTHIER DE COSTES, seigneur DE LA) naquit au château de Tolgou dans le diocèse de Cahors. Après avoir été quelque temps officier des Gardes, il fut fait gentilhomme ordinaire de la chambre du roi, et plut à la cour par la gaieté originale de son caractère et l'enjouement de son esprit. Il mourut au mois d'octobre 1663. La Calprenède a fait des romans et des pièces de théâtre; ses romans sont : *Cassandre*, 10 vol. in-8°, 1642 ; *Cléopâtre*, 23 vol. in-8°. C'est dans ce roman que figure ce *Juba* ridiculisé par Boileau :

> Tout a l'humeur gasconne en un auteur gascon,
> Calprenède et Juba parlent du même ton.

Pharamond, ou l'histoire de France, 1661, 7 vol. in-8°; *Silvandre*, etc. On a encore de La Calprenède plusieurs tragédies qui ont eu le sort de ses romans : *La mort de Mithridate, Le comte d'Essex, La mort des enfants d'Hérode, Édouard*, etc. Le cardinal de Richelieu ayant entendu lire une de ces tragédies, ne put s'empêcher de dire à l'auteur que les vers en étaient lâches: « Comment, lâches! s'écria le « rimeur gascon; cadédis! il n'y a rien de lâche « dans la maison de La Calprenède. »

JUGEMENTS.

I.

Le chef-d'œuvre de ces sortes de romans (si l'on peut se servir de ce terme dans un si mauvais genre) est sans contredit *Cléopâtre*, malgré son énorme longueur, ses conversations éternelles et ses descriptions qu'il faut sauter à pieds joints; la complication de vingt différentes intrigues qui n'ont entre elles aucun rapport sensible, et qui échappent à la plus forte mémoire; ses grands coups d'épée qui ne font jamais peur, et que madame de Sévigné ne haïssait pas; ses résurrections qui font rire, et ses princesses qui ne font pas pleurer. Avec tous ces défauts que l'on retrouve dans *Cassandre* et dans *Pharamond*, la Calprenède a de l'imagination : ses héros ont le front élevé; il offre des caractères fièrement dessinés, et celui d'Artaban a fait une espèce de fortune, car il a passé en proverbe. Il est vrai que ce proverbe même prouve le ridicule de l'exagération; mais enfin les ouvrages de cet auteur respirent l'héroïsme, quoique le plus souvent ce soit un héroïsme outré; et il peut y avoir à profiter pour ceux qui s'exercent dans la tragédie, pourvu que l'on se garantisse de l'excès où tombe Crébillon, qui, passionné pour la lecture de ces sortes de livres, transporta dans ses pièces le goût et le style romanesques.

La Harpe, *Cours de Littérature.*

II.

Ses romans de *Cléopâtre* et de *Cassandre* sont remplis d'imagination, et seraient de véritables poëmes dans le genre de l'Arioste, s'ils étaient écrits en beaux vers, et qu'une main judicieuse prît la peine d'en retrancher les longueurs. Ces ouvrages ne sont plus de notre goût; mais ils ont fait les délices d'un siècle poli, et qui peut-être, en cela même, prouvait sa supériorité sur le nôtre. Supposons en effet qu'il ne reste d'autre monument du siècle de Louis XIV que ces romans de La Calprenède, quelle idée ne se formerait-on pas de la nation qui en faisait sa lecture favorite? On se représenterait sans doute un peuple d'une galanterie beaucoup trop exaltée, mais plein de fierté, de noblesse, de grandeur d'âme, susceptible en un mot de sentiments assez élevés pour ne se plaire qu'au récit des actions les plus héroïques. Ce tableau pourrait être flatté ; mais s'il est vrai pourtant qu'on ne puisse mieux juger du caractère d'une nation que par les ouvrages qui ont chez elle le plus de faveur, il faut admettre que, dans le siècle de Louis XIV, la nôtre avait conservé du moins quelques-uns de ces grands traits, et que c'est ce qui lui faisait trouver tant de charmes à la lecture de ces romans qui ne respiraient que la bravoure et l'honneur.

Palissot, Mémoires sur la Littérature.

CAMOENS (Louis de), le plus célèbre des poètes portugais, naquit à Lisbonne en 1517. Son père était d'une famille noble, et sa mère de l'illustre maison de Sà. Une imagination vive, beaucoup d'ardeur pour la gloire et la poésie, annoncèrent de bonne heure ce qu'il pouvait devenir. Il parut à la cour et y essuya des disgraces. Exilé à Santaren, dans l'Estramadure, il chanta comme Ovide son exil, et se garda bien de l'attribuer à ses satires trop emportées et à ses galanteries peu discrètes. Désespéré de sa situation, il se fit soldat, et servit dans la flotte que les Portugais envoyèrent contre les habitants de Maroc. Il composait des vers au milieu des batailles ; les périls de la guerre animaient sa verve poétique, qui à son tour exaltait son courage militaire. Il perdit un œil d'un coup de fusil devant Ceuta. De retour dans sa patrie, il espérait que, si son talent était méconnu, du moins ses blessures seraient récompensées ; il se trompa. Justement indigné de l'oubli dans lequel on le laissait, il s'embarqua pour les Indes, en 1553, et arriva à Goa, l'un des établissements les plus célèbres des Portugais. Son amabilité et les agréments de son esprit lui firent bientôt des amis, que son humeur satirique lui fit perdre. Camoëns révolté par les abus qui se commettaient dans l'administration des affaires de l'Inde, composa sur ce sujet une satire dont le vice-roi de Goa fut si indigné qu'il l'exila à Macao. C'est là qu'il composa son poème de *la Lusiade*.

Son exil dura cinq ans ; il en fut enfin rappelé, et s'embarqua pour retourner à Goa. Le vaisseau fit naufrage sur les côtes de la Chine, et Camoëns se sauva à la nage, tenant son poème de *la Lusiade* de la main droite et nageant de la gauche. Peu de temps après, il repassa en Europe, avec son poème, le seul trésor qui lui restât. La publication de cet ouvrage, recherché avec ardeur, et applaudi avec transport, lui attira de grands éloges, et rien de plus. Le roi Sébastien, à peine sorti de l'enfance, prit intérêt à Camoëns, accepta la dédicace de son poème et lui fit une pension ; mais il la perdit à la mort du roi, qui fut tué devant Maroc, à la bataille d'Alcaçar, en 1578. Obligé de se montrer à la cour, Camoëns y paraissait le jour comme un indigent, et le soir il envoyait un esclave mendier de porte en porte pour fournir à sa subsistance. Cet esclave, plus sensible que les courtisans et les compatriotes du poète, l'avait suivi des Indes, et ne le quitta qu'à la mort. Le chagrin et l'indigence hâtèrent celle de Camoëns; il mourut à l'hôpital en 1579, dans la 62ᵉ année de son âge. A peine eut-il expiré, que l'Espagne et le Portugal retentirent de ses louanges, et cependant ce ne fut que quinze ans après qu'un monument fut élevé à sa mémoire.

La Lusiade fut imprimée à Lisbonne en 1572, in-fol., et réimprimée à Paris en 1759 en 3 vol. in-12, et en 1823, in-32. Elle a été traduite en plusieurs langues. La traduction de du Perron de Castera a été long-temps la meilleure que nous eussions en France; elle fut publiée en 1735, 3 vol. in-12, avec des notes et une vie de l'auteur. La Harpe en a publié une autre en 1776, 2 vol. in-8º. On a encore du Camoëns un *Recueil de poésies*, moins connues que sa *Lusiade*.

JUGEMENTS.

I.

Le sujet de *la Lusiade*, traité par un esprit aussi vif que le Camoëns, ne pouvait que produire une nouvelle espèce d'épopée. Le fond de son poème n'est ni une guerre, ni une querelle de héros, ni le monde en armes pour une femme; c'est un nouveau pays découvert à l'aide de la navigation.

Le poète conduit la flotte portugaise à l'embouchure du Gange : il décrit, en passant, les côtes occidentales, le midi et l'orient de l'Afrique, et les différents peuples qui vivent sur cette côte; il entremêle avec art l'histoire du Portugal. On voit dans le troisième chant la mort de la célèbre Inès de Castro, épouse du roi don Pedro, dont l'aventure déguisée a été jouée depuis peu sur le théâtre de Paris. C'est à mon gré le plus beau morceau du Camoëns; il y a peu d'endroits dans Virgile plus attendrissants et mieux écrits. La simplicité du poème est rehaussée par des fictions aussi neuves que le sujet. En voici une qui, je l'ose dire, doit réussir dans tous les temps et chez toutes les nations.

Lorsque la flotte est prête à doubler le cap de Bonne-Espérance, appelé alors le promontoire des Tempêtes, on aperçoit tout-à-coup un formidable objet; c'est un fantôme qui s'élève du fond de la mer; sa tête touche aux nues; les tempêtes, les vents, les tonnerres, sont autour de lui; ses bras s'étendent au loin sur la surface des eaux: ce monstre, ou ce dieu, est le gardien de cet océan dont aucun vaisseau n'avait encore fendu les flots; il menace la flotte, il se plaint de l'audace des Portugais qui viennent lui disputer l'empire de ces mers; il leur annonce toutes les calamités qu'ils doivent essuyer dans leur entreprise. Cela est grand en tout pays, sans doute.

Le principal but des Portugais après l'établissement de leur commerce, est la propagation de la foi, et Vénus se charge du succès de l'entreprise. A parler sérieusement, un merveilleux si absurde défigure tout l'ouvrage aux yeux des lecteurs sensés. Il semble que ce grand défaut eût dû faire tomber ce poème; mais la poésie du style, et l'imagination dans l'expression, l'ont soutenu ; de même que les beautés de l'exécution ont placé Paul Véronèse parmi les grands peintres, quoiqu'il ait placé des pères bénédictins et des soldats suisses dans des sujets de l'Ancien Testament.

Le Camoëns tombe presque toujours dans de telles disparates. Je me souviens que Vasco, après avoir conté ses aventures au roi de Mélinde, lui dit : « O roi, jugez si Ulysse et Énée ont voyagé aussi loin « que moi, et couru autant de périls. » Comme si un barbare africain des côtes de Zanguebar savait son *Homère* et son *Virgile!* Mais de tous les défauts de ce poème le plus grand est le peu de liaison qui règne dans toutes ses parties ; il ressemble au voyage dont il est le sujet. Les aventures se succèdent les unes aux autres, et le poète n'a d'autre art que celui de bien conter les détails : mais cet art seul, par le plaisir qu'il donne, tient quelquefois lieu de tous les autres. Tout cela prouve enfin que l'ouvrage est plein de grandes beautés, puisque depuis deux cents ans il fait les délices d'une nation spirituelle qui doit en connaître les fautes.

VOLTAIRE, *Essai sur la Poésie épique.*

II.

Le Portugal peut se glorifier d'avoir donné à l'épopée un poète de plus, Camoëns, qui eut à la vérité fort peu d'invention, mais qui, dans plus d'un endroit de sa *Lusiade*, retraça l'élévation d'Homère, et, dans l'épisode d'Inès, l'expression touchante de Virgile. Son poème, trop au-dessous de son sujet qui était grand, trop défectueux dans le plan qui

est à peu près historique, se recommandait sur-tout par l'espèce de beauté qui contribue le plus à faire vivre les ouvrages de poésie, celle du style.
    La Harpe, *Cours de Littérature.*

III.

Le Camoëns est l'honneur de la littérature portugaise comme le Tasse fait la gloire de la littérature italienne. Ils étaient presque contemporains; cependant le Camoëns publia son poème avant que *la Jérusalem délivrée* parût. Le sujet est la découverte des Indes orientales par Vasco de Gama, entreprise brillante, pleine d'intérêt pour la patrie du poète, puisqu'elle lui devait ses richesses et la considération dont elle jouissait en Europe. Le poète commence par nous montrer Vasco et sa flotte, au milieu de l'océan, entre l'île de Madagascar et la côte d'Éthiopie. Après quelques tentatives pour aborder, ils trouvent enfin l'hospitalité dans le royaume de Mélinde. Vasco, pour répondre au désir du roi, lui donne des détails sur l'Europe, sur l'histoire du Portugal, et lui raconte la partie de son voyage qui a précédé son arrivée à Mélinde. Ce récit occupe trois livres entiers; il est bien conçu; il renferme un grand nombre de beautés poétiques, et n'a qu'un défaut, c'est que le navigateur, en parlant des héros de la Grèce et de Rome, affecte une érudition tout-à-fait déplacée devant un prince africain. Vasco et ses compagnons continuent leur voyage; les tempêtes qu'ils essuient, les obstacles qu'ils rencontrent, leur arrivée à Calicut et sur la côte de Malabar, leur réception et leurs aventures dans ce pays, enfin leur retour, remplissent le reste du poème.

L'ouvrage, dans son ensemble, est conforme au plan d'une composition épique. Le sujet et les incidents sont pleins de grandeur; à travers une espèce de désordre, on reconnaît une verve éminemment poétique, une imagination vive, des descriptions hardies, autant du moins qu'il est possible d'en juger par les traductions, puisque je suis privé de pouvoir lire l'original dans sa propre langue. Le Camoëns n'a point ambitionné le mérite de peindre des caractères; Vasco est le héros du poème; c'est le seul personnage qui y joue un rôle important.

Le merveilleux, dans *la Lusiade*, est le comble de l'extravagance. C'est un mélange bizarre des mystères du christianisme et de la mythologie des païens, mélange disposé de manière que les dieux de la fable semblent être les seules divinités puissantes; le Christ et la Vierge n'y sont que des agents subordonnés. L'auteur nous apprend qu'un des principaux motifs de l'expédition des Portugais est de propager la foi, et d'extirper le mahométisme. Dans cette religieuse entreprise, Vénus est la protectrice des Européens, Bacchus est leur divinité ennemie; ce dieu voit avec douleur les efforts de Gama pour éclipser la gloire dont il remplissait les Indes. Les dieux s'assemblent, et, dans ce conseil, c'est Jupiter qui prédit la chute du mahométisme, et la propagation du saint Évangile. Vasco, battu par la tempête, et sur le point de périr, implore le Dieu des chrétiens; Jésus-Christ et la Vierge le supplient de lui accorder le secours éclatant qu'obtinrent autrefois les Israélites au passage de la mer Rouge, et l'apôtre saint Paul dans son naufrage. Vénus se charge du soin d'exaucer cette prière; elle paraît, et découvre que c'est Bacchus qui a suscité la tempête; elle va s'en plaindre à Jupiter, qui rétablit le calme sur l'océan. Un merveilleux si étrange et si déplacé montre combien peuvent s'égarer les auteurs qui adoptent cette opinion absurde, qu'il n'existe pas d'épopée sans l'intervention des dieux d'Homère. Il est vrai qu'à la fin de l'ouvrage, l'auteur donne une espèce de correctif à sa mythologie, mais ce correctif est fort maladroit. La déesse Thétis apprend à Vasco qu'elle-même et les autres divinités du paganisme ne sont autre chose que les expressions des grandes opérations de la Providence.

Il y a néanmoins dans *la Lusiade* un autre genre de merveilleux qui n'est pas sans agrément. C'est une heureuse idée, par exemple, que d'avoir fait apparaître en songe à Emmanuel, roi de Portugal, le génie du Gange, qui l'invite à découvrir ses sources cachées, et lui annonce que les trésors de l'Orient lui sont réservés. Mais la plus noble conception du poète se trouve au sixième livre, dans le récit que Vasco fait au roi de Mélinde des merveilles qu'il a rencontrées pendant le cours de sa navigation. Il lui raconte qu'au moment où sa flotte arriva au cap de Bonne-Espérance, qu'aucun navigateur n'avait encore doublé, il lui apparut tout-à-coup un fantôme énorme, épouvantable, qui sortait du sein de l'océan au milieu des foudres et des tempêtes; sa tête se perdait dans les nuages, son attitude glaçait d'effroi. C'était le génie ou le gardien de cette partie de l'Océan inconnue jusquelà. Il parle, et, d'une voix semblable au tonnerre, il s'indigne que Vasco et ses compagnons osent pénétrer dans des mers dont il fut si long-temps paisible possesseur, et interroger les secrets de l'abîme qui ne furent jamais révélés aux yeux des mortels. Il leur ordonne de ne pas aller plus loin; les menace, s'ils persistent dans leur entreprise, de tous les maux qui, dans la suite, fondirent effectivement sur eux, et disparaît avec un bruit formidable. C'est une des fictions les plus nobles et les plus imposantes qu'on ait jamais employées. Elle suffit pour montrer que si l'imagination du Camoëns sortait quelquefois des justes bornes, au moins elle était grande et hardie.

Blair, *Cours de Rhétorique.*

IV.

Les compatriotes de Camoëns l'appellent le *Virgile portugais* : cela peut faire présumer que l'élégance et le charme de son style lui donnent quelque ressemblance avec le premier des poètes latins. Je ne saurais juger jusqu'à quel point il s'en approche; mais si son expression est pure, flexible, harmonieuse et pittoresque, si sa diction brille en effet de toutes les précieuses qualités qu'on lui attribue, sa composition est absolument vicieuse : il n'a point la marche *épique*; son poème est une histoire versifiée comme celui de Lucain; ses fictions sont un mélange monstrueux et barbare du sacré et du profane; ses imitations des poètes de l'antiquité sont souvent dénuées de délicatesse et de goût; et tous ces défauts réunis me disposent à penser que son style, si vanté par ses compatriotes, pourrait bien ne pas mériter dans sa totalité tous les éloges qu'ils en font: car on observe, en général, dans les divers écrivains, beaucoup de rapport entre leur style et leur composition; mais il est impossible de douter qu'il n'y ait dans l'ouvrage de Camoëns un grand nombre de morceaux parfaitement écrits, c'est-à-dire très dignes d'être comparés aux plus beaux morceaux de la littérature *classique;* et il paraît que ces endroits sont précisément ceux où, pour le fond des choses, le poète a été le plus heureusement inspiré par son imagination; c'est ce qui arrive presque toujours : il est rare que le bonheur de la conception générale n'entraîne pas celui des détails; on peut remarquer que les teintes douces et gracieuses ne sont pas, à beaucoup près, étrangères à ces pinceaux qui se sont exercés chez des nations encore grossières, et dans des siècles encore barbares : l'image la plus délicieusement coloriée de l'Éden, et la peinture la plus aimable des innocentes voluptés et des joies naïves du monde naissant se trouvent, parmi les imaginations révoltantes et les tableaux ridiculement fantastiques de Milton. Camoëns excelle aussi dans les descriptions qui demandent de la suavité; mais le passage le plus célèbre de son poème est celui où il représente le colossal génie, gardien du cap des Tempêtes, s'opposant à l'héroïque entreprise de Vasco de Gama, et prédisant à ce hardi navigateur les malheurs les plus affreux, comme devant être les fruits de sa téméraire découverte : personne jusqu'ici n'a remarqué, je crois, que cette fiction est imitée d'une ode d'Horace, dans laquelle ce poète fait parler Protée au ravisseur d'Hélène, emportant sa proie sur les mers, à peu près comme le géant Adamastor parle à Gama. Ni Voltaire, ni La Harpe ne l'ont observé, ni, je pense, aucun autre critique ; cela n'était pourtant pas difficile à voir ; mais les choses les plus simples échappent quelquefois aux plus habiles ; la fiction d'Horace s'est agrandie sous les crayons de Camoëns : le discours d'Adamastor est seulement un peu trop prolongé ; au reste, tout ce morceau est véritablement digne de la majesté épique : on pourrait le comparer à la belle prosopopée de la patrie dans *Lucain*[*].

Dussault, *Annales littéraires*.

MORCEAUX CHOISIS.

I. Le géant Adamastor.

La lumière du soleil avait déjà reparu cinq fois depuis que nous avions quitté cette côte ; et, portés par un vent favorable, nos vaisseaux foulaient impérieusement les mers, lorsqu'au milieu de la nuit un nuage effrayant parut tout-à-coup sur nos têtes, et répandit l'épouvante parmi nous. Les ondes noires grondaient avec un bruit horrible, et il semblait qu'elles se brisassent au loin sur des rochers. Puissance suprême ! m'écriai-je, de quoi nous me-

---

[*] Voyez encore ce que dit de Camoens M. Lemercier, dans son *Cours de Littérature*, notamment XXXVIII° séance, t. III.

naces-tu? quel nouveau prodige vas-tu nous offrir?
Je n'avais pas fini de parler, que nous vîmes s'élever du sein des flots un fantôme épouvantable *.

* « L'apparition de ce fantôme, dit La Harpe, est regardée, avec raison, comme une fiction sublime et vraiment épique. Peut-être, ajoute-t-il, doit-on reprocher au poète de faire parler ce génie un peu trop longuement, et de finir ce morceau, qui s'annonçait avec grandeur, par la fable peu intéressante de l'amour du géant pour la déesse Thétis. »
Cet endroit de la *Lusiade* a été imité par La Harpe dans son *Ode de la Navigation*, couronnée à l'Académie française en 1773. On ne sera peut-être pas fâché de trouver ici cette imitation :

<pre>
        Ce hardi Portugais, Gama, dont le courage,
        D'un nouvel Océan nous ouvrit le passage,
        De l'Afrique déjà voyait fuir les rochers ;
        Un fantôme, du sein de ces mers inconnues,
              S'élevant jusqu'aux nues,
        D'un prodige sinistre effraya les nochers.

        Il étendait son bras sur l'élément terrible ;
        Des nuages épais chargeaient son front horrible :
        Autour de lui grondaient le tonnerre et les vents.
        Il ébranla d'un cri les demeures profondes,
              Et sa voix sur les ondes
        Fit retentir au loin ces funestes accents :

        « Arrête, disait-il, arrête peuple impie !
        « Reconnais de ces bords le souverain génie,
        « Le Dieu de l'Océan dont tu foules les flots !
        « Crois-tu qu'impunément, ô race sacrilege !
              « Ta fureur qui m'assiège
        « Ait sillonné ces mers qu'ignoraient les vaisseaux ?

        « Tremble ! tu vas porter ton audace profane
        « Aux rives de Mélinde, aux bords de Taprobane,
        « Qu'en vain si loin de toi placèrent les destins.
        « Vingt peuples t'y suivront ; mais ce nouvel empire
              « Où tu vas les conduire
        « N'est qu'un tombeau de plus creusé pour les humains.

        « J'entends des cris de guerre au milieu des naufrages,
        « Et les sons de l'airain se mêlant aux orages,
</pre>

Sa taille était gigantesque, ses membres égalaient en grosseur l'énorme colosse de Rhodes, l'une des merveilles du monde. Son front était sombre et menaçant, sa barbe était hérissée, ses yeux caves et étincelants, son regard horrible, sa chevelure épaisse et fangeuse, son teint pâle et couleur de terre, ses lèvres noires et ses dents livides, l'effroyable son de sa voix parut sortir du plus profond des abîmes. Nous frissonnons tous d'épouvante; nos cheveux se dressent d'horreur, et le spectre fait entendre ces mots : « O peuple, le plus téméraire de
« tous les peuples! puisque tu as franchi les bornes
« jusqu'alors inaccessibles aux mortels; puisque
« tu oses insulter ces mers que je garde depuis si
« long-temps, et qui n'avaient encore jamais porté
« de vaisseaux; puisque tu as forcé les portes du
« sanctuaire où se cachait la nature, et que tu as
« voulu pénétrer les secrets de l'abîme qu'il n'a
« été donné à aucun mortel de visiter, apprends de
« moi les maux qui te sont réservés pour prix de
« ton audace. Tous les navires qui parcourront après
« toi la route que tu viens de frayer, me rencon-

  « Et les foudres de l'homme au tonnerre des cieux.
  « Les vainqueurs, les vaincus, deviendront mes victimes.
   « Au fond de mes abîmes
  « Leurs coupables trésors descendront avec eux. »
Il dit, et, se courbant sur les eaux écumantes,
Il se plongea soudain dans ces roches bruyantes,
Où le flot va se perdre et mugit renfermé.
L'air parut s'embraser et le roc se dissoudre,
  Et les traits de la foudre
Éclatèrent trois fois sur l'écueil enflammé.

       F.

« treront ici comme un ennemi implacable qui dé-
« chaînera contre eux les vents et armera les tem-
« pêtes. Je ferai un exemple à jamais terrible de la
« première flotte qui passera près de ces rochers, et
« je signalerai ma vengeance sur celui qui le premier
« m'est venu braver dans ma demeure. Si mes yeux
« savent lire dans le livre des destins, chaque année
« ramènera pour vous de nouveaux naufrages et
« de nouveaux désastres. Il est décidé, par un ju-
« gement suprême, qu'un héros conquérant des
« Indes, le destructeur de Quiloa et de Montbassa,
« le vengeur des Turcs et des Égyptiens, déposera
« ici ses trophées et y trouvera sa sépulture. Un
« guerrier, sensible à l'amour et à la gloire, amènera
« ici la beauté qu'aura choisie son cœur. Une affreuse
« destinée les attend tous deux sur mes rivages, et
« le naufrage sera le moindre de leurs maux. Leurs
« malheureux enfants expireront de faim sous leurs
« yeux : leur mère infortunée, dépouillée par les
« Cafres féroces et avares, exposée à l'inclémence
« des airs, foulant de ses pieds délicats les sables
« brûlants de ces contrées, fuira dans l'épaisseur
« des forêts, suivie de son déplorable époux. Ils
« mourront en s'embrassant ; leurs âmes s'exha-
« leront ensemble, et le récit de leurs maux fera
« frémir d'horreur les habitants des bords du Tage.»

Le monstre allait continuer ses menaces. Je me
levai, et lui dis : Qui es-tu? Il me répondit, en
poussant un profond soupir, et comme indigné
que j'eusse l'audace de l'interroger : « Je suis le génie
« de ces mers, le grand cap des Tempêtes. Ptolomée,

« Strabon, Pline et Méla ne m'ont jamais connu.
« C'est moi qui termine ici la terre africaine; et
« mon promontoire, qui n'avait jamais été vu des
« humains, et que votre audace a profané, s'étend
« vers le Pôle antarctique. Je suis un des fils de la
« terre, frère d'Encelade et d'OEgéon aux cents bras.
« Mon nom est Adamastor. Je me joignis aux Titans
« contre le maître du tonnerre; et tandis qu'ils éle-
« vaient des montagnes contre le ciel, je méditai
« la conquête de l'Océan, et voulus ravir l'empire
« à Neptune. L'amour m'animait encore dans ce
« grand dessein. J'adorais l'épouse de Pélée, la belle
« Thétis. Je la vis un jour sortir nue du sein des
« flots, environnée des filles de Nérée et folâtrant
« avec elles; je devins épris de ses charmes. J'aurais
« méprisé pour elle toutes les déesses du ciel, et
« mon amour est éternel comme mes malheurs. Ma
« taille effrayante et difforme ne la prévint pas en
« ma faveur. Je résolus de l'enlever de force, et
« annonçai mon dessein à la nymphe Doris. Elle en
« avertit la déesse, qui, méprisant mon amour,
« feignit d'y répondre, afin de m'attirer dans le
« piége. Hélas! il ne fut pas difficile de m'y faire
« tomber; j'aimais, et l'amour aveugle est conduit
« par le désir et l'espérance. Une nuit que Doris
« avait fixée pour mon bonheur, je crus apercevoir
« de loin la figure charmante que j'idolâtrais. Je
« cours pour l'embrasser : ô rage ! ô désespoir ! je
« n'embrasse qu'une montagne dure et hérissée.
« L'étonnement me fait rester immobile comme elle.
« O déesse! la plus belle et la plus inhumaine de

« l'Océan ! si mon amour ne te touchait pas, que ne
« me laissais-tu du moins la douceur de l'illusion ! Pé-
« nétré de honte et de douleur, je m'éloigne et je
« veux rejoindre mes frères. Ils venaient d'être vain-
« cus. La foudre les avait renversés : leurs cent bras
« les avaient mal servis contre les dieux. Plusieurs
« étaient ensevelis sous des montagnes, et je ne
« tardai pas moi-même à partager leur châtiment.
« De mes membres changés en rochers, les dieux
« formèrent ce vaste promontoire qui s'avance vers
« cette côte; et pour mettre le comble à mes peines,
« je suis sans cesse outragé par Thétis qui m'envi-
« ronne de ses flots. » Il dit, et disparut avec un
murmure sourd et plaintif. Le nuage se dissipa, et
la mer fit entendre au loin un long mugissement.
J'élevai mes mains suppliantes vers le ciel qui m'a-
vait conduit, et je le conjurai de détourner loin de
nous les funestes menaces d'Adamastor.

La Lusiade, chant V, trad. de L<small>A</small> H<small>ARPE</small>.

II. Inès de Castro.

Une tendre beauté dont l'innocente flamme
De l'héritier du trône avait captivé l'âme,
Fut l'objet que frappa son injuste courroux;
La fortune contre elle épuisa tous ses coups,
Et s'adoucit trop tard pour cette infortunée;
Vivante on l'opprima, morte on l'a couronnée.

C'est toi, cruel Amour, qui causas son trépas ?
Quel crime avaient commis ses innocents appas ?
Avait-elle bravé ta suprême puissance ?
Hélas ! en te livrant son cœur, son innocence,
En goûtant de tes biens les trompeuses douceurs,

Devait-elle expirer sous tes coups oppresseurs?
Tu vis de nos tourments, tu ris de nos alarmes;
Tu te plais à tremper tes flèches dans nos larmes;
Mais dans le meurtre aussi dois-tu tremper tes mains,
Et souiller tes autels par le sang des humains?

Tu vivais, belle Inès, heureuse et tendre amante,
Et goûtant dans le sein d'une ivresse charmante
Cet amour dont souvent le prestige trompeur
S'envole et se dissout en brillante vapeur.
Tu cueillais le doux fruit de tes jeunes années:
Quelles nuits remplaçaient tes charmantes journées?
Oh! que du Mondego les bords délicieux
Virent de fois l'amour humecter tes beaux yeux!
Que de fois tu redis à son charmant bocage
Le nom du prince heureux qui pour jamais t'engage!
Mais lui... lui sans te voir s'il passait un seul jour,
Ses charmants souvenirs, ses doux pensers d'amour
En foule se pressaient dans son âme attendrie;
Partout il croyait voir son amante chérie,
Contempler de son teint l'éclat pur et vermeil;
Il lui parle, il l'écoute, et même en son sommeil,
Rêvant ses doux baisers sur un lit solitaire,
Il en savoure encor le charme imaginaire.
Le jour il est séduit par un charme nouveau;
Voit-il un pré, voit-il un beau lac, un ruisseau?
Il se croit dans les lieux si chers à sa tendresse;
Est-il d'autre bonheur alors qui l'intéresse?
Gloire des conquérants, tu n'es plus qu'un vain bruit,
Qu'un prestige trompeur que l'amour a détruit;
Alors son cœur épris ne veut plus d'autres chaînes:
Qu'on ne lui parle plus de princesses, de reines,
Inès a réuni tous ses vœux les plus chers:
Les bords du Mondego, voilà son univers.

Mais qu'ils passent bientôt ces beaux jours de la vie !
De quels maux trop souvent leur douceur est suivie !
Et combien le plaisir quand son éclair a lui
Rembrunit la douleur qui se traîne après lui !

Don Pèdre, c'est le nom de cet amant fidèle,
En vain chérit Inès ; il va s'éloigner d'elle :
Alonze est roi, commande, et l'ordre souverain
Exige que son fils vole au bord africain ;
Pour partir avec lui déjà l'escorte est prête :
Le triste amant gémit, il se trouble, il s'arrête ;
Inès cache ses yeux dans les larmes noyés,
Il la regarde encore, il retombe à ses pieds ;
Il soupire, il frémit, dans son trouble funeste
Il cherche à recueillir la force qui lui reste ;
Enfin des bras d'Inès il s'échappe, il a fui ;
Elle veut l'arrêter, elle vole après lui ;
Mais le prince est déjà dans le char qui l'emporte,
Il part, environné de sa brillante escorte ;
Inès frappe les airs de cent cris superflus,
Le prince est déjà loin, déjà ne l'entend plus ;
Elle aperçoit du char la trace tournoyante,
Entend rouler sa roue en sa route bruyante,
Ses rapides coursiers légèrement courir,
Et son bruit par degrés s'éloigner et mourir :
Enfin perdant sa vue, elle reste immobile,
Elle sent un frisson glacer son cœur débile ;
Elle tombe ; en ses bras la femme qui la suit
La reçoit et la porte en son humble réduit.

Ce n'était pas en vain que de l'infortunée
L'âme avait pressenti sa noire destinée :
Alonze de son fils avait souffert l'amour
Dans l'espoir que le temps pourrait l'éteindre un jour ;
Mais voyant sa durée, il songe à la couronne

Qui hautement réclame un héritier du trône ;
Cette faiblesse alors n'est plus qu'un attentat
Contraire à l'intérêt, au bonheur de l'état ;
Il faut que de l'état Inès meure victime ;
Et voilà donc ce roi si grand, si magnanime !
Voilà ce conquérant vainqueur de tant de rois,
Sous qui l'Afrique entière a tremblé tant de fois !

A peine pour voguer vers la terre africaine
Don Pèdre eut-il quitté la rive lusitaine,
Les ennemis d'Inès devinrent triomphants.
Déjà prise, enchaînée ainsi que ses enfants,
Poussant des cris perdus pour ces âmes de bronze,
On la traîne au palais, elle est aux pieds d'Alonze.

Mais à peine a-t-il vu ce teint, cette pâleur,
Et ces traits si frappants, ces grands traits du malheur,
Ces enfants, de son fils portraits remplis de charmes,
Embrassant ses genoux, les baignant de leurs larmes,
Il se trouble, il entend dans son cœur attendri
La nature jeter un lamentable cri ;
Il l'étouffe, et le cri d'un peuple sanguinaire
Refoule dans son cœur les sentiments d'un père.
Mais Inès, ah ! quel est son trouble en cet instant !
Elle ne frémit point du trépas qui l'attend ;
Mais le cœur qui du sien fit sa douce habitude
Quelle en sera bientôt l'horrible solitude ?
Et ses tristes enfants que deviendra leur sort ?
Touchés de ses douleurs, les ministres de mort
Eux-mêmes gémissaient, sanglottaient autour d'elle ;
De ses fiers ennemis la fureur étincelle.
Inès levait au ciel et vers ces inhumains
Ses yeux... hélas ! des fers chargeaient ses faibles mains,
Et regardant après ses enfants, dont la vue

Plonge au fond de son cœur un poignard qui la tue,
Ses malheureux enfants sans secours, et sur eux
Tout prêt à voir tomber un sort si rigoureux,
Fait éclater ses cris et sa douleur profonde,
Les serre dans ses bras, de larmes les inonde;
Enfin à leur aïeul elle parle en ces mots :

« Puisqu'on a vu jadis de cruels animaux
« Allaiter des enfants au fond de leur repaire;
« Vous, si j'en crois mes yeux, homme, et monarque, et père,
« Serez-vous plus cruel, et repousserez-vous
« De malheureux enfants embrassant vos genoux?
« Ils ne sont plus à moi que la mort en sépare,
« Ils sont à votre fils... ils sont à vous, barbare,
« A vous, qui leur devez votre cœur, vos secours :
« Je ne vous parle point de conserver mes jours;
« Baignez-vous, s'il le faut, dans le sang d'une femme
« Que votre fils aima, qui partagea sa flamme;
« Frappez... mais ces enfants, quel crime ont-ils commis?
« Si cependant, vainqueur de nos fiers ennemis,
« Vous armez contr'eux seuls votre juste vengeance,
« Si la victoire en vous n'éteint pas la clémence,
« J'ose espérer encor, non pour moi, mais pour vous
« Qu'intéresse du moins le sort de mon époux,
« Que d'un affreux trépas vous sauverez ma tête;
« Mon époux peut mourir des coups que l'on m'apprête,
« Ou bien il traînera ses jours chargés d'ennui :
« Souffrez que loin de vous, hélas! et loin de lui,
« Je coure ensevelir ma misère profonde
« Dans les climats brûlants, aux bords glacés du monde,
« Et que j'obtienne au moins des monstres des déserts
« La pitié, qui n'est plus ailleurs dans l'univers.
« Là, mes fils m'offriront ton image adorée,
« Cher et funeste époux; là, ta femme éplorée

« Pour toi conservera ce précieux trésor,
« Et pourra dans leurs traits te retrouver encor. »

Contre Inès à ces mots Alonze n'a plus d'armes ;
Jusqu'au fond de son cœur il a senti ses larmes :
Il veut, il n'ose absoudre, il frémit d'immoler,
Le pardon de sa bouche est prêt à s'exhaler ;
Mais à cette pitié molle et pusillanime
Les hurlements du peuple arrachent la victime.
Les grands même, les grands, ô monstres détestés !
Courant le fer en main.... Barbares, arrêtez !
Tremblez... pour vous punir les tortures sont prêtes ;
Ce sang retombera sur vos coupables têtes ;
Mais il jaillit déjà, déjà sous les couteaux
Il coule à gros bouillons, il teint de ses ruisseaux
Ce cou dont les baisers d'une bouche idolâtre
Seuls jusqu'à ce moment avaient rougi l'albâtre ;
Et ce sein ravissant par l'amour animé,
Ce sein, le plus parfait qu'il ait jamais formé.
Lâches ! et voilà donc votre victoire infâme !
Un père, des enfants, un époux, une femme,
Vous les assassinez... O vengeance ! ô fureur !
Et toi, soleil, et toi qui reculas d'horreur
Quand tu vis le festin des affreux Pélopides,
Vois se débattre Inès en des bras homicides,
En embrassant les pieds d'un monarque bourreau,
Vois, frémis, et recule à ce forfait nouveau !
Elle meurt, et sa voix et ses lèvres encore
Murmurent le doux nom du prince qu'elle adore ;
Elle meurt, et ces traits, ce teint décoloré,
Ces yeux, ce front... la mort a donc tout dévoré !
Ainsi la fleur des champs qu'une vierge moissonne
Pour en parer son front, en former sa couronne,
En vain charmait les yeux à son brillant matin,

Elle se fane, un soir a fini son destin ;
Ainsi par le trépas cette beauté flétrie
Perd l'éclat dont brillait le matin de sa vie,
Et se décolorant, elle exhale en un jour
Ses parfums, sa fraîcheur, sa vie et son amour.
　　Du triste Mondego les nymphes désolées
De leurs cris douloureux remplirent ses vallées,
Et pour éterniser leurs profondes douleurs
En source dans ces lieux convertirent leurs pleurs,
Y gravèrent d'Inès l'histoire déplorable ;
Elle est de leurs regrets le monument durable,
Et, chère à tous les cœurs des bergers d'alentour,
Elle s'appelle encor la fontaine d'amour.
　　　　Parseval de Grandmaison, *Les Amours épiques*, ch. VI.

CAMPENON (Vincent), neveu du poète Léonard, est né à Grenoble vers 1775. Son talent remarquable pour la poésie lui ouvrit, en 1812, les portes de l'Institut, où il remplaça l'abbé Delille. Nommé chevalier de la légion-d'honneur le 13 septembre 1814, M. Campenon a été conservé dans la nouvelle organisation de l'Académie française, en mars 1816. On a de lui : *Voyage à Chambéry*, en prose mêlée de vers, 1790, in-8°, 3ᵉ édition, 1798, in-18; *Épître aux femmes*, 1800; *Requête des rosières de Salency à l'impératrice* (dans le recueil intitulé : *l'Hymen et la naissance*); *La maison des champs*, poème, 1809, in-18; 1810, in-18, suivi de quelques poésies et du *Voyage de Grenoble à Chambéry*, en prose et en vers; *l'Enfant prodigue*, 1811, in-8°; 1812, in-8°. M. Campenon est éditeur des *Œuvres de Léonard,* de *Démoustier* et d'un choix de celles de Cl. Marot, etc. Il a publié une traduction d'Hrace, et en 1824 des *Essais de Mémoires, etc., sur Ducis*. On sait qu'il s'occupe d'un poème sur *le Tasse,* dont il a lu des fragments aux séances publiques de l'Académie française.

JUGEMENTS.

I.

Il faut qu'il y ait dans la parabole de l'*Enfant prodigue* un grand attrait pour le génie des poètes, puisqu'on a si souvent essayé d'y appliquer les ornements et les couleurs de la poésie : c'est en effet un des traits de l'Évangile les plus touchants, un de ceux qui vont le mieux et le plus sûrement au cœur. Boileau nous dit dans l'*Art poétique* :

L'Évangile au chrétien n'offre de tous côtés
Que pénitence à faire et tourments mérités.

Ce livre divin offre encore autre chose; le législateur des chrétiens tonne, il est vrai, contre les cœurs durs et superbes; mais combien sa morale n'est-elle pas appropriée à la faiblesse de l'humanité! Rien n'est plus vrai que cette pensée qui se trouve dans la préface de M. Campenon : « La plus indulgente « de toutes les morales est, sans contredit, la mo- « rale de l'Évangile; les personnes qui l'accusent « d'un excès de sévérité ne la connaissent pas : celles « qui l'en font accuser la dénaturent. » .... J'oserai toutefois soumettre à M. Campenon, comme à tous les vrais juges en littérature, une réflexion qu'on n'a pas faite, je crois, et qui peut-être ne manque pas de quelque justesse. La parabole de l'*Enfant prodigue* est sans doute en elle-même un sujet intéressant; mais où se trouve, dans ce sujet, la vraie source de l'intérêt? Est-elle dans le caprice de ce jeune homme qui demande ce qui lui revient de son patrimoine? non certainement. Est-elle dans cette facilité du père, qui satisfait si bonnement les désirs d'un enfant peu sage? pas plus. Est-elle dans les débauches, dans les excès de tout genre auxquels se livre le jeune insensé? je ne le crois pas. La situation du *prodigue* plongé par le libertinage dans la plus profonde misère, et réduit à garder les pourceaux, frappe assurément l'imagination, touche même le cœur; mais le véritable intérêt n'est pas encore là: il commence lorsque ce fils malheureux, succombant sous le poids de l'infortune et de l'opprobre, le repentir dans l'âme, et les larmes aux yeux, s'écrie d'une voix étouffée par les sanglots, dans un premier mouvement d'espérance, produit par l'excès même du désespoir : *Surgam, et ibo ad patrem meum, et dicam ei : Pater, peccavi in cœlum, et coràm te!* « J'irai, j'irai trouver mon père, et je lui dirai : *Mon « père, j'ai péché contre le ciel et devant vous!* » Il est tout entier dans la réception que ce tendre père fait à un enfant si coupable : c'est cette réception, c'est la morale qui en résulte, c'est cette scène de repentir et d'indulgence, c'est cette espèce de préférence donnée à celui qui s'est égaré et qui revient, sur celui qui n'a jamais failli; c'est ce sentiment plein de douceur et de consolation sur lequel s'appuie et se repose notre faiblesse, qui fonde tout l'intérêt; le reste du récit n'est qu'un prélude nécessaire, qu'une préparation indispensable, sans doute, mais dont les différentes parties doivent tendre rapidement vers le point principal, et se perdre, pour ainsi dire, dans l'émotion fondamentale à laquelle elles se rapportent : je ne crois pas que cela puisse être contesté. Remarquons d'ailleurs qu'il s'agit ici d'un apologue, et que, suivant tous les maîtres de l'art, et particulièrement suivant Quintilien, qu'on ne peut trop citer en matière de littérature, la rapidité est une des conditions essentielles de ce genre de composition : s'appesantir sur chacun des détails, sur chacune des circonstances de la fiction qu'on y développe, c'est pécher contre une des principales règles du genre. Qu'on se représente un poète qui voudrait faire de telle fable de La Fontaine une *épopée* en plusieurs chants, et qui, dans ce dessein, étendrait, amplifierait, soufflerait, pour ainsi dire, chaque trait, jusqu'à ce qu'il eût rempli un volume de ce qui ne remplit qu'une page dans le recueil du fabuliste, il serait certainement blâmé par tous les gens de goût : il pourrait, s'il avait du talent, répandre des tirades très brillantes dans son ouvrage ; mais on regretterait que tant de richesses ne fussent pas mieux employées. Examinons la parabole de *l'Enfant prodigue* sous le point de vue littéraire, et nous observerons que c'est un ouvrage parfait dans ses proportions : l'auteur va rapidement à son but : il ne s'arrête d'abord ni sur le caractère du père, ni sur celui du fils ; il ne désigne pas même le lieu que ce dernier choisit pour théâtre de ses débauches : c'est seulement un pays éloigné, *in regionem longinquam* et je ne sais si ce vague ne vaut pas mieux qu'une désignation précise. Il ne caractérise pas le genre de ses excès, il ne s'étend pas sur la description de sa misère : mais quel trait que celui-ci : *et cupiebat implere ventrem suum de siliquis, quas porci manducabant; et nemo illi dabat!* et il convoitait les viles épluchures que mangeaient les pourceaux; et personne ne lui en donnait! L'auteur divin ne prodigue les détails que lorsqu'il touche au but : alors il décrit, il peint, il mêle le dramatique à l'épique; nous entendons la voix du fils, la voix du père, les accents de la douleur et ceux du pardon : il nous montre les apprêts du festin; il fait retentir le bruit joyeux des chansons et des danses; il amène le fils aîné, dont la sévérité contraste, sans dureté, avec l'indulgence du père, qui répond à ses plaintes assez légitimes, par ces mots si touchants : « Mon fils, vous êtes tou-« jours avec moi, et tout ce que j'ai est à vous « mais il fallait faire festin et nous réjouir, parce « que votre frère était mort, et il est ressuscité; il « était perdu, et il est retrouvé! » Tel est, si l'on peut ici se servir de ce terme, l'art qui règne dans cet apologue.

Qu'a fait M. Campenon? Vivement pénétré des beautés de cette parabole, il s'est proposé de les développer; et, pour cela, il a composé un chant sur *le départ de l'Enfant prodigue;* un autre chant sur *les inquiétudes de la famille;* un troisième sur les *débauches* du jeune homme égaré; un quatrième sur *sa misère et sur son retour* : ces chants sont à peu près égaux; on voit donc tout de suite et du premier coup d'œil qu'il existe un très grave défaut de proportion dans la manière dont les différentes parties du sujet sont distribuées; cette critique est, en quelque sorte, géométrique : il est physiquement évident que le poète n'a pas mesuré l'étendue de chacune de ces quatre parties de sa matière sur le degré d'intérêt et d'importance qui appartient à chacune d'elles; il peut dire, je le sais, que dans l'*Énéide*, par exemple, les chants sont aussi à peu près égaux par l'étendue, quoiqu'ils ne soient pas égaux par l'intérêt; mais la différence est sensible par la différence même des sujets; et d'ailleurs, l'*Énéide* est véritablement divisée plutôt encore en deux parties qu'en douze chants, tandis que le poème de M. Campenon est bien réellement partagé en quatre points. Je crois qu'il n'aurait dû avoir que deux chants, *le départ* et *le retour*; peut-être même n'aurait-il dû en avoir qu'un; mais je sens qu'à force de réductions, j'arriverais ainsi jusqu'à la simplicité même de la parabole originale, et je ne veux pas anéantir un poème charmant, plein de beautés brillantes, de détails agréables ou touchants; je ne veux point blâmer M. Campenon de l'avoir entrepris; nous y perdrions trop s'il ne l'avait pas composé : je dis franchement ce que je pense, sans aucune intention de blesser un homme de talent qui me paraît s'être mépris cette fois sur le choix de son sujet, mais qui a couvert son erreur de toutes les fleurs d'un style aimable et de tout l'éclat d'une versification pleine d'art et d'harmonie; je suis loin aussi de vouloir fronder le goût prononcé du public, qui d'ailleurs n'adoptera pas mes observations au détriment de son plaisir, et qui continuera de lire un poème attachant malgré toutes mes critiques : M. Campenon a réussi, et le succès est une excuse à tout.

J'aurais bien encore quelques objections à lui faire : je pourrais lui reprocher d'avoir donné au fils aîné un caractère trop semblable à celui de Caïn; d'avoir fait la mère trop indulgente et trop faible; d'avoir armé le père de trop de sévérité, de trop de rigueur : tout cela, sans doute, amène des peintures et produit des contrastes; mais ces combinaisons vont-elles au but? ne contrarient-elles pas même le véritable esprit de l'original? n'en diminuent-elles pas l'intérêt? Je sais bien qu'un seul défaut engendre tous les autres : du moment que l'auteur nous représente le fils aîné comme une espèce de Caïn, il faut qu'il renforce la sévérité du père; il faut qu'il pousse jusqu'à l'excès l'indulgence de la mère, et qu'il l'expose au blâme; mais pourquoi a-t-il fait un Caïn de ce frère aîné, qui, dans l'Évangile, n'a qu'une juste indignation contre les désordres de son frère? Chez les anciens, l'aînesse était une espèce de paternité; et le discours que tient cet aîné, dans la parabole, n'a rien que de naturel et de raisonnable; la réponse du père prouve assez que l'aîné n'a pas lieu d'être aigri par une de ces prédilections malheureuses qui ne sont que trop communes dans les familles; et s'il en était autrement, la morale de ce touchant apologue perdrait une partie de son poids, et l'intérêt, décroissant avec l'instruction, laisserait l'esprit incertain et le cœur froid. J'ajouterai que la précieuse simplicité de l'original est trop altérée par cette complication des caractères; que la plupart des aventures et des incidents imaginés par le poète ont quelque chose de forcé; qu'il y a trop peu d'action dans ce drame, et trop de discours dans cette épopée; que la situation principale est étouffée sous l'amas des préparations et des accessoires; que l'intérêt est noyé dans ce torrent de fictions et de vers; et qu'enfin c'est ici le cas d'appliquer cette sentence de Boileau :

Souvent trop d'abondance appauvrit la matière.

Mais cette abondance même fait honneur à l'imagination et au talent de M. Campenon. Dans le projet d'étendre et de développer ce trait admirable de l'Évangile, il a peut-être fait ce qu'il y avait de mieux à faire; et toujours est-il certain qu'il a composé un ouvrage qui doit ajouter à sa réputation, et dont les beautés nombreuses justifient bien les suffrages du public. Le style est quelquefois un peu contraint : on désirerait parfois quelque chose de plus coulant; mais, en général, la versification est naturelle, périodique, harmonieuse.

DUSSAULT, *Annales littéraires.*

II.

Dans ce siècle peu ami des vers, la *Maison des Champs*, poème de M. Campenon, a obtenu beaucoup de succès. On y a remarqué sur-tout un sentiment vrai des plaisirs que chante le poète, un véritable amour des champs et des occupations champêtres : c'est peut-être une des qualités qui manquent le plus aux poètes citadins qui, se passionnant à froid pour les plaisirs innocents de la campagne, et séduits peut-être uniquement par la facilité des rimes, célèbrent la vie paisible des hameaux, le murmure des ruisseaux, la fécondité des troupeaux, et les ramages, et les feuillages, et les ombrages, et tous les lieux communs si souvent rebattus, de toutes les poésies pastorales et champêtres. Une autre qualité non moins rare, qui distingue la production de M. Campenon, c'est le naturel et la facilité du style, c'est l'heureux emploi de la langue poétique, et l'art de revêtir des couleurs de la poésie des objets qui y paraissent naturellement assez rebelles. Je pourrais choisir dans la *Maison des Champs* plusieurs tableaux gracieux qui plairaient peut-être davantage à la plupart des lecteurs ; je citerai toutefois de préférence un morceau où cette difficulté de rendre en vers faciles et harmonieux des détails secs et techniques, me paraît avoir été fort heureusement vaincue. L'auteur me représente le propriétaire faisant bâtir sa maison des champs :

>Mais, quoi ! déjà j'entends grincer la scie ;
>Du bloc pierreux la surface amincie
>Vole en éclats sous la dent des marteaux.
>L'acier tranchant élague les rameaux
>Du chataignier qui s'allonge en solive ;
>La chaux frémit dans les flots d'une eau vive ;
>Et le travail, partout portant ses pas,
>Sous l'œil du maître agite ses cent bras.

Ah! si les vers reprenaient leurs prestiges !
Si d'Amphion le luth mélodieux
Savait encor de ses sons fabuleux
Renouveler ses antiques prodiges !
Vous me verriez, par mes accords puissants,
Faire mouvoir ces blocs éblouissants ;
En voûte épaisse, en pilastre docile,
Courber la pierre et façonner l'argile ;
Et sur le sol attentif à ma voix,
Du caveau frais jusqu'aux flèches des toits,
Au bruit des vers élever votre asyle.
Mais puisqu'enfin de ces enchantements
Le temps n'est plus ; puisque aujourd'hui la pierre,
Rebelle au luth, n'obéit qu'à l'équerre,
Sachez du moins, etc.

La description d'un paratonnerre est plus poétique encore ; elle prêtait plus à la poésie ; elle offrait à l'imagination des couleurs plus brillantes : le poète n'a point manqué à son sujet. Après avoir peint l'orage qui succède à un beau jour, il continue ainsi :

Et si la nue, en long sillon tranchant,
Ouvre son sein, le ferme et l'ouvre encore,
Et de nos toits tout-à-coup s'approchant,
Semble y porter l'effrayant météore,
N'avez-vous pas la flèche de Franklin,
Qui, vers les cieux, s'ouvrant un sûr chemin,
Dresse sa tige, atteint la foudre errante,
Et de ses feux aussitôt s'emparant,
Du haut du fer où leur flamme serpente,
Guide à vos pieds leur courroux expirant,
Tandis qu'au loin les cloches du village,

> Que font mouvoir l'ignorance et la peur,
> Vont dans les airs tout noircis de vapeur,
> De leur vain bruit irriter le nuage.

M. Campenon, docile à la voix de la critique, et perfectionnant son petit poème plus encore d'après ses propres lumières et ses propres rigueurs, a laissé peu à reprendre. Cependant, comme il est bien dur de tout louer, de tout approuver, de tout applaudir, je reprocherai à l'auteur quelques transitions peu naturelles, peu heureuses; les transitions sont un écueil pour les poètes descriptifs encore plus que pour tous les autres poètes ou écrivains. Je n'aime point, par exemple, que le poète, après s'être élevé contre les propriétaires qui envient au passant le fruit dont il pourrait apaiser sa faim ou désaltérer sa soif, lui conseille d'écarter plutôt la chenille :

> Pour empêcher un plus triste larcin,
> Que sur vos fruits la livide chenille
> N'ose jamais promener son venin.

Je reprendrai aussi l'épithète de *judicieux* donnée au doigt qui interroge le fruit et le presse pour savoir s'il est mûr : *Un doigt judicieux;* l'expression est hardie sans être poétique.

Ce petit poème est suivi de *poésies fugitives* où l'on remarque de l'esprit et de la grace. La pièce la plus considérable de ce recueil, après la *Maison des Champs*, est la relation en vers et en prose d'un *Voyage à Chambéry*. Ce *Voyage* parut pour la première fois en 1790; l'auteur devait être fort jeune alors. Ce petit ouvrage annonçait pourtant déjà un homme d'esprit, un poète agréable, une âme pleine de sentiments honnêtes, doux et aimables; M. Campenon a de plus en plus confirmé tout ce qu'annonçait sa première production.

Feletz.

MORCEAUX CHOISIS.

I. Départ de l'Enfant prodigue.

A ce discours, à ce mot si cruel,
Ce mot d'adieu qui, comme un trait mortel,
S'en vient frapper son âme déchirée,
Trois fois Nephtale, au désespoir livrée,
Cherche à répondre, et sa douleur trois fois
Dans les sanglots laisse expirer sa voix.
Mais de Ruben qu'un saint courroux excite,
Telle n'est point la sévère douleur.
Rien n'ébranlait cette âme israélite :
« Mon fils, dit-il, à ce vœu de ton cœur,
« Va, ne crains pas qu'un père aigri s'oppose;
« De tes chagrins puisque telle est la cause,
« Pars, laisse-nous; cherche, loin de ces lieux,
« Cet avenir si brillant à tes yeux.
« Mais quand tu fuis une mère qui t'aime,
« De ma maison tu te bannis toi-même;
« . . . .
« Je ne veux pas toutefois à tes maux,
« Dans ton exil, ajouter la misère.
« Cent bourses d'or vont charger tes chameaux;
« Un serviteur que choisira ton frère,
« Dans le désert pourra guider tes pas;
« Et puisqu'enfin ton ingrat caractère,
« Las du lien qui joint le fils au père,
« Pour le briser n'attend point mon trépas;

« Garde ces biens, qu'ils soient ton héritage!
« Dans ce moment, ici rien ne t'engage;
« Tu peux partir; je ne te maudis pas. »

« Partir! mon fils, est-il vrai, dit Nephtale.
« C'est donc ainsi, cruel, que tu m'apprends
« De ce départ la nouvelle fatale!
« Ah! malheureux, diffère encore; attends,
« Attends du moins qu'à ces jours d'amertume
« Mon triste cœur par degrés s'accoutume;
« A ce bonheur où je ne suis pour rien,
« Oui, s'il le faut, j'immole tout le mien;
« Mais si tu pars aujourd'hui, dans une heure,
« O mon enfant, tu veux donc que je meure. »

« Pourquoi gémir et vous désespérer? »
Dit Azaël à sa mère éperdue.
« Je vous l'ai dit, mon destin est d'errer;
« Mais espérons qu'à soi-même rendue,
« Mon âme un jour, plus calme dans ses goûts,
« Se sentira rappeler près de vous.
« Il est des vœux d'un ascendant suprême
« Que vainement on combattrait soi-même.
« Que craignez-vous? Quelque brillant séjour,
« Quelque heureux bord que loin de vous j'habite,
« Puis-je oublier la mère que je quitte
« Et le bonheur qui m'attend au retour?
« Quand du Delta j'aurai touché la terre,
« Quand j'aurai vu les pompes de Memphis,
« D'un père alors désarmez la colère;
« Qu'il me pardonne, et près de vous, ma mère,
« Je reviendrai. — Vous reviendrez, mon fils?
« Le jeune oiseau qui, désertant nos plaines,
« S'échappe et fuit aux régions lointaines,
« Revient aussi, quand ses goûts sont lassés,

« Se reposer sur sa rive natale;
« Mais, au retour de sa course fatale,
« Retrouve-t-il tous ceux qu'il a laissés ? »
L'Enfant prodigue, chant I.

II. Les Pyramides.

Vers cette plaine, asyle du trépas,
Où se dépose avec un soin fidèle,
Des fils d'Isis la dépouille mortelle,
Le jeune Hébreu porte bientôt ses pas.
Il voit ce champ, leur funèbre héritage,
Ce lac qui s'ouvre à leur donner passage,
Et cette barque, où le dur nautonnier,
La rame en main, pour le fatal voyage,
Vient de la mort réclamer le denier;
Tableaux touchants, coutume ingénieuse
Dont s'empara la Grèce fabuleuse.
Et si plus loin, dans ses vœux indiscrets,
Il veut errer sous ces temples secrets,
Sous ces caveaux dont la voûte solide
Jusques aux cieux se dresse en pyramide,
Là, dans les sucs dont l'heureux appareil
Prête à la mort tous les traits du sommeil,
Sous les bandeaux dont l'adroit assemblage
Du corps détruit protège encore l'image,
Les Pharaons, que la mort a frappés,
S'offrent à lui dans leur noble attitude,
Du lin royal encore enveloppés;
Et lui contemple avec inquiétude,
Dans tous ces rangs par la pourpre occupés,
Ces rois muets dont la froide assemblée
Impose encore à son âme troublée.
Mais, rappelé dans la ville des arts,
Il va soudain reposer ses regards

Sur ces palais, sur ces vastes asyles,
Des rois vivants somptueux domiciles ;
Sur ces jardins où dans d'étroits canaux
Le large fleuve, emprisonnant ses flots,
Court arroser d'une onde passagère
Le papyrus dont l'écorce légère
Se tresse en natte, en tissu transparent,
Et le lotos, dont la cime bleuâtre
N'ose entr'ouvrir son calice odorant
Qu'au Dieu du jour dont elle est idolâtre ;
Le pleure absent ; aussitôt qu'il a lui,
Du fond des eaux se lève tout humide,
Et jusqu'au soir, prenant l'astre pour guide,
Au sein des flots se replonge avec lui.
L'Enfant prodigue, chant III.

III. Le Coq.

Amant jaloux et monarque intrépide,
Si d'un rival l'aspect frappait ses yeux,
Vous le verriez, athlète furieux,
Lui déclarer une guerre sanglante.
Tout son cortège, en une morne attente,
De ce combat inquiet spectateur,
Allume encor sa haine et sa valeur.
Triomphe-t-il, Dieu ! quel transport éclate !
Il fait voler son casque d'écarlate ;
D'un rouge obscur son œil s'est coloré ;
Son bec sanglant proclame la victoire ;
Je vois s'enfler son plumage doré,
Et chaque plume a tressailli de gloire.
Est-il vaincu, muet, abandonné,
Objet de haine, il court dans la retraite,
Loin du sérail, en sultan détrôné,
Pleurer sa honte et cacher sa défaite.
La Maison des Champs.

CAMPISTRON (JEAN-GALBERT DE), né à Toulouse, en 1656, d'une famille distinguée, reçut une excellente éducation qui développa les heureuses dispositions dont l'avait doué la nature. A l'âge de dix-sept ans, il se battit en duel, et fut grièvement blessé : ses parents, redoutant les suites de cette affaire, et voulant l'éloigner de sa ville natale, l'envoyèrent à Paris. Campistron ne tarda pas à reconnaître qu'il avait du goût pour la poésie ; il rechercha et obtint les conseils de Racine, qui guida ses premiers pas dans la carrière dramatique. Il débuta par la tragédie de *Virginie*. Encouragé par le succès qu'elle obtint, il donna, quelque temps après, *Arminius*, qu'il dédia à la duchesse de Bouillon, voulant s'attirer la bienveillance de cette dame, dont la cabale puissante avait un instant fait préférer Pradon à Racine. *Andronic* et *Alcibiade* qui suivirent n'eurent pas moins de succès ; et la réputation de l'auteur s'accrut encore à la représentation de *Tiridate*, tragédie qui attira une affluence considérable, et qui, malgré ses défauts, est restée long-temps au théâtre. Campistron ambitionna aussi un triomphe sur la scène comique, et il l'obtint. *Le Jaloux désabusé*, comédie en vers, un peu froide, mais agréable, a tenu assez long-temps sa place parmi les comédies du troisième ordre.

A la demande du duc de Vendôme, Campistron travailla aussi pour l'opéra : il fit *Acis et Galatée*, qui fut joué à la cour dans une fête que ce prince donna au dauphin. Quand cet opéra fut représenté à Paris, la ville confirma, par ses applaudissements, le jugement que la cour d'Anet en avait porté. Le duc de Vendôme voulut le récompenser ; mais la générosité de l'auteur ayant refusé toute rétribution pécuniaire, le prince le fit son secrétaire des commandements, et l'emmena souvent avec lui, lorsqu'il alla combattre. A Steinkerque, le duc le voyant près de lui, lui dit : « Que faites-vous ici, Campistron? « — Monseigneur, répondit-il, voulez-vous vous en « aller? » La réponse plut au héros. Le roi d'Espagne récompensa son courage en le nommant chevalier de l'ordre militaire de Saint-Jacques, et le duc de Mantoue lui fit présent du marquisat de Penango, dans le Montferrat. Après trente ans de services, il se retira dans sa patrie, et épousa mademoiselle de Maniban, dont il eut six enfants. Il mourut à Toulouse, le 11 mai 1723, âgé de soixante-sept ans.

Campistron avait été reçu à l'Académie française en 1701. Il était déjà mainteneur de l'académie des Jeux Floraux, depuis 1694. En 1730, on donna une édition complète de son théâtre, en 2 vol. in-12. Outre les pièces que nous avons citées, elle en renferme d'autres qui ont eu beaucoup moins de succès. *Achille*, *Phocion* et *Alcide* avaient reçu du public un accueil très froid. Cette dernière tragédie donna lieu à l'épigramme suivante :

A force de forger, on devient forgeron :
Il n'en est pas ainsi du pauvre Campistron;
 Au lieu d'avancer, il recule;
  Voyez *Hercule*.

L'édition des *OEuvres de Campistron* donnée en 1750, 3 vol. in-12, par de Bonneval et Gourdan de Bacq, est la plus complète. On en a fait un extrait sous le titre d'*Œuvres choisies*. Paris, 1820, in-8°. Dans la même année M. Lepan a publié un nouveau choix des œuvres de Campistron avec des remarques.

Ph. T.

JUGEMENTS.

I.

C'est sur-tout en fait d'ouvrages de théâtre que le jugement des contemporains est le plus souvent démenti par la postérité. La raison en est sensible; c'est qu'il n'y en a point qui dépendent autant de circonstances étrangères à leur mérite intrinsèque. La mode, les préjugés du moment, et sur-tout les acteurs, y ont une puissante influence. *Alcibiade*, *Tiridate*, *Andronic*, eurent de nombreuses et brillantes représentations dans le siècle passé, et dans celui-ci ont disparu successivement de la scène. Le célèbre Baron se plaisait à relever par la noblesse de son débit et la séduction de son jeu la faiblesse de ses rôles. Il aimait à jouer des héros qui n'étaient qu'amoureux, parce que sa figure intéressante et sa taille avantageuse le faisaient valoir, et que les femmes aimaient à l'entendre parler d'amour. On n'examinait pas si cet amour était tragique : c'étaient des conversations galantes qui n'étaient guère au-dessus de la comédie, mais dont il se tirait avec grace, et la galanterie noble était encore de mode dans la société : on la retrouvait volontiers au théâtre, sans songer que par elle-même elle est au-dessous de la tragédie, et que pour la relever il faut un style tel que celui de

Racine. L'énergie de Voltaire, soutenue de celle de Lekain, l'acteur le plus tragique qui ait jamais existé, a contribué plus que tout le reste à nous dégoûter de la fadeur de ces conversations amoureuses qui remplissent les pièces de Campistron. On a loué la sagesse de ses plans : ils sont raisonnables, il est vrai; mais on n'a pas songé qu'ils sont aussi faiblement conçus qu'exécutés. Campistron n'avait de force d'aucune espèce : pas un caractère marqué, pas une situation frappante, pas une scène approfondie, pas un vers nerveux. Il cherche sans cesse à imiter Racine; mais ce n'est qu'un apprenti qui a devant lui le tableau d'un maître, et qui, d'une main timide et indécise, crayonne des figures inanimées. La versification de cet auteur n'est que d'un degré au-dessus de Pradon : elle n'est pas ridicule; mais en général c'est une prose commune, assez facilement rimée. On a trouvé quelque intérêt dans son *Tiridate :* le sujet en était susceptible : c'est un prince amoureux de sa sœur, consumé par une passion incestueuse que lui-même condamne; mais ce sujet, qui a des rapports avec celui de *Phèdre*, demandait une main plus habile et plus ferme que celle de Campistron.

Quant une passion ne peut pas intéresser par l'alternative de l'espérance et de la crainte, et que celui qui la ressent ne peut être que plaint, il faut la plus grande énergie d'expression pour soutenir pendant cinq actes le sentiment de la pitié; il faut des révolutions, des incidents qui varient la situation du personnage, et préviennent la monotonie en établissant la progression ; il faut enfin que les malheurs qui en résultent fassent cette impression douloureuse qui est l'espèce d'aliment que notre âme demande à la tragédie. Tout cela se rencontre dans *Phèdre*, et rien de tout cela n'est dans *Tiridate*. Tout ce qui arrive de sa passion, dont il retient long-temps le secret, c'est qu'il empêche le mariage de sa sœur avec un prince qu'elle aime et que lui-même estime, et que ne pouvant rendre raison de cette opposition obstinée, sa conduite ressemble à la démence. D'un autre côté, il refuse, sans s'expliquer davantage sur les motifs, la main d'une princesse avec qui son père l'a engagé de son propre aveu, et par un traité solennel. Cette femme, dans de pareilles circonstances, ne peut que jouer un rôle désagréable et insipide. Le mariage de sa sœur retardé n'est pas un évènement assez considérable pour occuper beaucoup le spectateur, qui sent bien qu'un tel obstacle tombera de lui-même dès que le prince aura parlé. En effet, dès qu'il a déclaré sa faiblesse à sa sœur, il devient un objet d'horreur pour elle, pour son père et pour tout le monde ; et dès qu'il a pris le parti de s'empoisonner, tout rentre dans l'ordre : ce n'est pas là un plan tragique. Comme il faut toujours que le spectateur craigne ou désire un dénouement, il s'ensuit qu'une passion qui ne peut, par elle-même, remplir cet objet, doit y revenir par une autre route, en jetant dans le péril d'autres personnages susceptibles d'intérêt. Ainsi dans *Phèdre*, l'amour incestueux de cette reine expose Hippolyte au plus affreux danger, et le conduit à une mort cruelle. Ainsi dans *Adélaide*, l'amour forcené de Vendôme prononce l'arrêt de mort de son frère, et tient Nemours et son amante sous le glaive pendant trois actes. Tiridate ne pouvait être tragique qu'autant que la violence de son caractère et de sa passion aurait répandu la terreur autour de lui, aurait produit ou fait craindre des crimes et des désastres. Mais un pareil rôle ne pouvait être conçu par Campistron, et son héros ne fait que gémir et soupirer pendant toute la pièce. Cet auteur, dont quelques critiques ont voulu relever le talent pour la conduite du drame, a même ignoré cette règle essentielle et indispensable de la progression dans l'unité, qui, sans changer l'intérêt, doit le graduer d'acte en acte par de nouvelles craintes et de nouvelles infortunes. Nous avons vu combien ce principe était parfaitement observé dans *Phèdre*, qui d'abord passe de l'abattement à l'espérance par la fausse nouvelle de la mort de Thésée, de l'espérance au désespoir par le retour de ce prince, et enfin au dernier excès de la rage et du malheur par la découverte des amours d'Hippolyte et d'Aricie. Tiridate, au contraire, est depuis le commencement jusqu'à la fin dans le même état, et pourrait s'empoisonner au premier acte aussi bien qu'au dernier. Qu'on joigne à ce défaut capital la langueur du style, qui affadirait le meilleur plan, et l'on concevra aisément que cette pièce n'ait pu se maintenir sur la scène.

La plus passable que l'auteur ait faite, quoique très faible encore, est *Andronic*. Le sujet, intéressant par lui-même, avait un avantage particulier : il retraçait, sous d'autres noms, une aventure funeste, malheureusement trop réelle et trop connue; un de ces événements atroces qui souillent l'histoire, et que la tragédie réclame. Un tyran sombre et soupçonneux, un père barbare, un mari jaloux, faisant périr sa femme et son fils, une femme vertueuse, promise à un prince aimable, arrachée à ce qu'elle aime, et livrée à ce qu'elle hait, brûlant pour le fils dans les bras du père, et ne combattant son amour qu'à force de vertu; un prince jeune, sensible, ardent, et pourtant fidèle à son devoir, et n'ayant à se reprocher qu'un penchant que tant de circonstances rendent excusable, quel tableau pour un grand peintre ! Le dessin existait : on le retrouve dans Campistron ; mais les couleurs en sont presque effacées. L'ordonnance est assez sage, mais elle est petite et commune ; et un ouvrage où l'on a tiré si peu de chose d'un fonds si riche, ne laisse guère à la postérité que des regrets, et n'est pas un titre auprès d'elle.

La Harpe, *Cours de Littérature*.

II.

Toutes les tragédies de Campistron, à l'exception de *Virginie* et de *Pompéia*, furent très applaudies aux représentations, et ne soutinrent pas ce succès à la lecture : l'ordonnance en est sage et régulière, le style naturel, mais très faible. Ses plus belles scènes n'excitent qu'une émotion douce, et ne sont pas animées de ce pathétique brûlant qui doit être l'âme de la tragédie. Il a tâché d'imiter Racine, mais de fort loin, et n'a presque emprunté que ses négligences. Cependant *Andronic* et *Tiridate* sont demeurés long-temps au théâtre ; et dans ce siècle, où le droit d'être difficile n'est plus réservé qu'à un très petit nombre de vrais connaisseurs, les comédiens devraient moins négliger ces pièces du second ordre, qui leur fourniraient de quoi varier leur répertoire, et qui laisseraient reposer nos chefs-d'œuvre, qu'ils épuisent à force de les prodiguer, ajoutons même de les profaner.

La comédie du *Jaloux désabusé*, que le théâtre conserve encore, prouve que Campistron avait plus d'une sorte de mérite. On sait d'ailleurs qu'il a donné quelques opéra, celui d'*Acis et Galatée*, entre autres, le dernier dont Lulli ait fait la musique.

Palissot, *Mémoires sur la Littérature*.

III.

On retrouve très fréquemment dans le langage de Campistron les formes de la versification de Racine, comme à peu près on voit le soleil dans l'eau. Non-seulement l'image ne reproduit ni l'éclat ni la chaleur de l'astre, mais souvent elle le défigure en le contrefaisant. On a cité un exemple remarquable de la maladresse de l'imitateur. Dans *Britannicus*, Burrhus dit à Agrippine qui le presse de questions :

Je répondrai, Madame, avec la liberté
D'un soldat qui sait mal farder la vérité.

Il y a plusieurs sortes de mérites dans ces deux vers : outre la dignité et la convenance des paroles, on remarque le noble emploi du mot *soldat*, et l'art savant de la cadence. Campistron fait disparaître tout cela, en reproduisant ces deux mêmes vers à quelques mots près, si bien qu'on admire comment avec des changements si légers il a pu faire tant de dégâts. Chez lui, c'est Alcibiade qui parle à Xerxès; il lui dit :

Je parlerai du moins avec la liberté
D'un Grec qui ne doit point cacher la vérité.

La seule altération essentielle est la substitution des mots *d'un Grec* à ceux-ci, *d'un soldat* ; mais voyez l'effet qui en résulte pour le sens et pour l'harmonie. Ce qui rend sur-tout plaisant cet étalage de sincérité dans la bouche d'un Grec, (et de quel Grec !) c'est qu'il vient justement de mentir dans la même scène comme jamais Grec n'a menti, et que le grand roi, fatigué de ses fades adulations, lui a dit en l'interrompant :

Finissez un discours trop flatteur.

Corneille n'est pas à l'abri des larcins du poète toulousain. Dans *Arminius*, le héros vainqueur pardonne au traître Segeste, comme Auguste pardonne à Cinna, mais il est un peu plus prolixe dans l'expression de sa clémence. L'empereur dit crûment :

Soyons amis, Cinna, c'est moi qui t'en convie.

Le roi germain fait plus de façons :

N'y pensons plus, Seigneur, oublions le passé;

C'est moi qui vous en prie. **Enfin de ma victoire**
Je ne veux d'autre prix, je ne veux d'autre gloire,
Que le charmant espoir d'être de vos amis, etc.

On sent tout ce que ce *charmant espoir* a de grace dans le vainqueur de Varus parlant au transfuge qui a vendu sa patrie : Arminius dit quelques vers plus bas à Segeste :

Soutenons notre gloire, et laissons faire aux dieux.

C'est presque un des plus beaux vers du rôle du vieil Horace :

Faites votre devoir, et laissez faire aux dieux.

Mais ici, comme presque partout, le plagiaire vole du sublime pour en faire du ridicule. On ne conçoit guère comment des spectateurs ont pu entendre ce vers sans éclater de rire, connaissant le personnage auquel Arminius dit *notre gloire*. Ce Segeste a reçu le titre de citoyen romain; pour se rendre digne de cet honneur, il veut faire un acte de civisme et tuer son fils qui ne partage pas son dévouement pour Rome; il s'en explique nettement avec Varus :

Brutus et Manlius m'ont tracé le chemin :
Je le suivrai, Seigneur, et, de ma propre main,
Immolant sans pitié ce fils lâche et rebelle,
Je saurai me couvrir d'une gloire immortelle,
Venger l'honneur de Rome à mes yeux profané,
Et mériter le nom que vous m'avez donné.

VARUS.

Quoi, Seigneur!....

SEGESTE.

Punissons ma coupable famille,
Dans ce fatal moment, je hais jusqu'à ma fille,
Sans doute elle est complice.....

On voit que Segeste imite les Romains à peu près comme Campistron imite Corneille et Racine.

Hardi à leur prendre leurs plus beaux vers pour les défigurer, Campistron s'éloignait beaucoup de leur ton et de leur style dans ses préfaces. Ces deux grands poètes d'un talent si divers se ressemblaient par la modestie de leur caractère, et par la retenue avec laquelle ils parlaient d'eux et de leurs ouvrages. A lire les préfaces et les discours de Corneille, on dirait qu'il ne comprend pas son propre mérite, et que les sublimes beautés d'*Horace* et de *Cinna* sont au-dessus de son intelligence. Il n'en est pas ainsi de Campistron. L'avis imprimé en tête de son *Arminius* est un morceau remarquable pour l'impertinence : « J'avoue, dit le fier auteur, que j'ai une
« furieuse prévention pour cet ouvrage. Je ne dirai
« point tout ce que j'en pense ; mais j'ose avancer
« hardiment qu'il y a peu de pièces de théâtre où
« il y ait plus de sentiments et plus de grandeur
« que dans celui-ci ; principalement dans le second
« acte, que je crois un des plus brillants qu'on ait
« jamais vus sur la scène. » Cette jactance était assez commune, du temps de Campistron, parmi les gentilshommes et les militaires qui se mêlaient de bel esprit ; mais il est douteux que les Scudery et les Bussy Rabutin aient jamais exprimé, d'une si *furieuse* façon, la bonne opinion qu'ils avaient de leur mérite.

BERT.

CAMPISTRON.

MORCEAUX CHOISIS.

I. Plaintes de l'envoyé des Bulgares à l'empereur Paléologue.

Tout un peuple, Seigneur, vous parle par ma bouche ;
Un peuple qui, toujours à vos ordres soumis,
Fut le plus fort rempart contre vos ennemis,
Et de qui la valeur, justement renommée,
Se fit craindre cent fois à l'Europe alarmée.
Quand votre illustre père, achevant ses exploits,
Se vit et la terreur et l'arbitre des rois,
Vous le savez, Seigneur, ce peuple magnanime
Fut toujours honoré de sa plus tendre estime,
Et ce digne héros, pour ces fameux combats,
Choisissait parmi nous ses chefs et ses soldats.
Cet heureux temps n'est plus ; ces guerriers intrépides
Sont en proie aux fureurs de gouverneurs avides.
Sous des fers odieux, leur cœur est abattu :
La rigueur de leur sort accable leur vertu.
Tout se plaint, tout gémit dans nos tristes provinces,
Les chefs et les soldats, et le peuple et les princes.
Chaque jour, sans scrupule, on viole nos droits,
Et l'on compte pour rien la justice et les lois.
En vain vos ennemis à nos peuples soutiennent
Que c'est de votre part que leurs ordres nous viennent ;
Non, vous n'approuvez point leurs sanglants attentats.
Je dirai plus, Seigneur, vous ne les savez pas.
Ah ! si, pour un moment, vous pouviez voir vous-même
Pour quels coups on se sert de votre nom suprême,
Que ce saint nom ne sert qu'à nous tyranniser,
Qu'à mieux lier le joug qu'on veut nous imposer ;
Alors de vos sujets, moins empereur que père,
Vous ne songeriez plus qu'à finir leur misère,
Et qu'à punir bientôt, avec sévérité,

Ces indignes abus de votre autorité!
Enfin, si l'on a vu nos peuples en furie
S'armer pour maintenir les droits de la patrie,
Seigneur, nos gouverneurs sont les plus criminels;
Ils nous ont trop appris à devenir cruels!
Pour vous, nous conservons la foi la plus constante :
Faut-il vous en donner quelque preuve éclatante?
Faut-il pour soutenir l'honneur de votre rang,
Prodiguer tous nos biens, verser tout notre sang?
Faut-il, nous exposant aux horreurs de la guerre,
Suivre vos étendards jusqu'au bout de la terre?
Vous nous verrez, contents au milieu des déserts,
Braver, pour vour servir, tous les périls offerts,
Et mériter de vous, en cherchant à vous plaire,
Les bontés dont jadis nous combla votre père.
Mais s'il faut, chaque jour, par de nouveaux tyrans,
Voir piller nos maisons, massacrer nos parents,
Et des trésors tirés du sein de nos provinces,
Rendre ces inhumains plus puissants que nos princes;
Je l'avoûrai, Seigneur, nos peuples irrités
S'emporteront toujours contre leurs cruautés.
C'est à vous de juger, en prince légitime,
S'il faut ou nous absoudre, ou punir notre crime;
Si vous nous condamnez, pleins de respect pour vous,
Seigneur, sans murmurer, nous souffrirons vos coups :
Mais du moins rejetez les avis sanguinaires
Des perfides auteurs de toutes nos misères;
Prononcez par vous-même, et ne consultez pas
Des cœurs intéressés à troubler vos états.
Andronic, act. I, sc. 6.

II. Tiridate fait à sa sœur l'aveu de son amour.

TIRIDATE.

Eh! ne mourrai-je point, s'il devient votre époux!

ÉRINICE.

Vous, mon frère ?

TIRIDATE.

Ah ! laissez ce nom qui m'importune ;
Ce nom qui fait lui seul toute mon infortune ;
Ce nom par qui mes vœux sont toujours traversés ;
Ce nom qui me confond, quand vous le prononcez.

ÉRINICE.

Ah ! ciel !

TIRIDATE.

Hélas ! pourquoi le sort impitoyable
Forma-t-il, entre nous, ce lien qui m'accable ?
Pourquoi d'un même sang et dans les mêmes lieux,
Nous fit-il recevoir la lumière des cieux ?
Et pourquoi dans le sein d'une terre étrangère
Inconnue à l'Asie, inconnue à mon père,
Où vos divins appas auraient pu se cacher,
Ne me permit-il pas de vous aller chercher ?

ÉRINICE.

Quel crime ! quelle horreur me faites-vous entendre !

TIRIDATE.

Qu'ai-je fait, malheureux ! n'ai-je pu me défendre ?
C'est ma sœur qui me parle ! Ah ! grands dieux ! qu'ai-je dit ?
Je rappelle en tremblant mes sens et mon esprit.
Je regarde... je songe... et tout me désespère.
Ma sœur !... Que ce silence exprime de colère !
Il m'est donc échappé ce secret odieux !
Mais sachez par quel sort il éclate à vos yeux ;
Je partais triomphant de vos premières larmes ;
La fuite me sauvait du pouvoir de vos charmes,
En proie à mes tourments, sans espoir d'en guérir,
Je courais dans l'exil les pleurer et mourir.
Les dieux n'ont pas voulu qu'achevant ma victoire,
Je finisse ma course avec toute ma gloire ;

Ils m'ont enfin rendu témoin de vos douleurs ;
Et je n'ai pu deux fois résister à vos pleurs.
...... Vous voyez d'où partaient mes caprices !
Ainsi, justifiez toutes mes injustices,
Et croyez que, contraint de pousser des soupirs,
Je meurs sans espérance, et même sans désirs.
Je vous atteste, ô dieux ! Votre puissance entière
N'a pu de ma raison éteindre la lumière.
Si je n'ai pas vaincu dans ce combat fatal,
J'ai conservé toujours un avantage égal.
Si mon cœur fut saisi d'une indigne surprise,
Du moins ma volonté n'y fut jamais soumise.
Mais ce n'est point assez pour me justifier ;
La surprise est un crime ; il la faut expier ;
Ma gloire, vos terreurs, mes craintes le demandent ;
Je dois me dérober aux remords qui m'attendent ;
Par un exemple affreux, il faut épouvanter
Les cœurs infortunés qui pourraient m'imiter.
Tiridate, act. IV, sc. 7.

CANEVAS. Vers composés sur un air de musique, ou sur une symphonie. Nous en citerons, pour exemple et pour modèle, cette parodie inimitable d'un air de Lulli dans l'opéra d'*Alceste* :

Tout mortel doit ici paraître :
On ne doit naître
Que pour mourir.
De cent maux le trépas délivre :
Qui cherche à vivre,
Cherche à souffrir.
Venez tous sur nos sombres bords :
Le repos qu'on désire,

CANTIQUE.

Ne tient son empire
Que dans le séjour des morts.
Chacun vient ici bas prendre place ;
Sans cesse on y passe,
Jamais on n'en sort.
C'est pour tous une loi nécessaire ;
L'effort qu'on peut faire,
N'est qu'un vain effort.
Est-on sage
De fuir ce passage ?
C'est un orage
Qui mène au port.
Chacun vient ici bas prendre place ;
Sans cesse on y passe,
Jamais on n'en sort.
Tous les charmes,
Plaintes, cris, larmes,
Tout est sans armes
Contre la mort.
Chacun vient ici bas prendre place,
Sans cesse on y passe,
Jamais on n'en sort.
(QUINAULT.)

Je ne crois pas que le mérite de la difficulté vaincue ait jamais été porté plus loin, ni que, dans une telle contrainte de la mesure et de la rime, il soit possible de conserver au langage plus d'aisance, de force et de précision.

MARMONTEL, *Élémens de Littérature.*

CANTIQUE. C'est le nom que la poésie lyrique a pris dans les livres saints, à l'exception de celui des Psaumes. Le cantique était employé indifféremment à célébrer des événements heureux et mémorables, ou à déplorer des malheurs : il prenait tous les tons de l'ode ; et il en est quelquefois le modèle le plus sublime ou le plus touchant.

En parlant de l'ode, on ne cesse de vanter Pindare, qu'on entend mal, et dont il ne reste presque rien de vraiment digne d'admiration. Horace est mieux connu et plus justement admiré. Mais quoique le style de ses odes soit le prodige de l'art d'écrire ; quoique pour la variété du coloris, des tours, des mouvements, pour l'abondance des idées, comme pour la richesse et le choix de l'expression, ce soit peut-être, des modèles antiques, celui dont les modernes ont le moins approché, je crois voir le génie de l'ode, l'enthousiasme et l'inspiration, mieux marqués dans les Cantiques de Moïse.

Le *Cantemus Domino* (Exod. XV), après le passage de la mer Rouge, est l'expression la plus sublime des mouvements de reconnaissance et d'admiration d'un peuple qui, par un prodige, vient d'échapper au glaive de ses ennemis.

Un Dieu déployant sa puissance et faisant éclater sa gloire ; les eaux de la mer assemblées par le souffle de sa colère, et tout-à-coup leur mouvement rompu et l'onde rendue immobile ; une route profonde ouverte au milieu des flots suspendus ; les cris de fureur des Égyptiens poursuivant les Israélites, et leur insolence en contraste avec le sort qui les attendait* ; les chars de Pharaon, ses guerriers, son

* Dixit inimicus persequar et comprehendam evaginabo gladium

armée ensevelis sous la chute des eaux, couverts des vagues mugissantes, et tombant au fond de l'abîme*; Israël délivré, pour aller habiter la terre qui lui est promise; et déjà l'effroi répandu parmi les Philistins, parmi les rois d'Édom et de Moab, chez les peuples de Chanaan: tels sont les tableaux que présente ce beau cantique; et, parmi ces tableaux, les mouvements d'enthousiasme de tout un peuple qui s'écrie: « C'est là mon Dieu, et je lui rendrai « gloire; c'est le Dieu de mes pères, et je l'exalterai. « Ta main, Seigneur, a signalé sa force; ta main « s'est étendue et a frappé mes ennemis. Les tiens « sont dévorés comme un faisceau de chaume aride, « d'un trait du feu de la colère. Oh! qui est sem- « blable à toi, Seigneur? Soit que tu fasses éclater « ou ta grandeur ou ta puissance, que tu veuilles « te rendre admirable ou terrible, qui osera s'é- « galer à toi**?

Le second cantique n'est pas du même genre: Moïse y parle seul; et l'époque en est remarquable. Ce fut lorsque Moïse eut appris de Dieu même que l'heure de sa mort approchait; ce fut alors que, prêt à descendre au tombeau, il assembla le peuple, et du ton le plus élevé de l'inspiration: « Que les « cieux m'écoutent parler, dit-il, et que la terre « soit attentive à mes paroles. Dieu est la fidélité

meum, interficiet eos manus mea. Flavit spiritus tuus, et operuit eos mare. (*Exod.* XV, 9.)

* Quasi lapis, quasi plumbum. (*Ibid.* XV, 5 et 10.)

** Il y a dans le *Traité des Études* de Rollin (liv IV, ch. 3), une fort bonne analyse du Cantique de Moïse par Hersan. Voyez t. IV, p. 69 et suiv. de notre *Répertoire*.

« même. Exempt de toute iniquité, il est juste et
« droit par essence.» Alors rappelant tout ce que Dieu
avait fait en faveur de son peuple, il reprit: «Est-ce là
« le retour que tu dois à ton Dieu, peuple stupide et
« insensé? méconnais-tu en lui ton père? n'est-ce pas
« lui qui te possède, lui qui t'a fait, lui qui t'a créé?
« Rappelle-toi les jours antiques; compte les généra-
« tions passées; interroge tes pères, ils t'apprendront
« ce qu'il a fait pour toi; interroge tes aïeux, ils te
« l'attesteront. Le Seigneur a fait de son peuple une
« partie de lui-même: il l'a environné, il l'a instruit,
« il l'a conservé comme la prunelle de ses yeux.
« Semblable à l'aigle qui excite ses aiglons à prendre
« leur vol, et qui, volant sur eux lui-même, étend
« ses ailes, les reçoit sur son dos, les porte dans
« les airs; le Seigneur a élevé et soutenu son peuple.
« Ce Dieu qui t'a fait, tu l'as abandonné et tu as
« oublié ton créateur. Il a vu ton ingratitude, et il
« s'est livré à sa colère, et il a dit: J'assemblerai
« sur eux un déluge de maux. Au dehors le glaive,
« au dedans la terreur en fera sa proie, sans épar-
« gner ni le jeune homme, ni la jeune vierge, ni le
« vieillard, ni l'enfant à la mamelle. Il a dit: Où
« sont-ils? Je veux les effacer de la mémoire des
« hommes. Mais je diffère, pour ne pas donner
« ce triomphe à leurs ennemis, de peur qu'ils ne
« s'enorgueillissent et qu'ils ne disent: C'est la force
« de notre bras et non pas le Seigneur, qui a fait
« toutes ces choses. C'est à moi seul qu'appartient la
« vengeance, et je l'exercerai quand il en sera temps*.»

* Hæccine reddis domino, popule stulte et insipiens? Numquid non

On voit par cet extrait qu'une éloquence véhémente est le caractère de ce cantique. Celui de David, sur la mort de Saül et de Jonathas, est d'un style bien différent. J'en vais rappeler quelques traits : « Incliti, Israël, super montes tuos interfecti « sunt : quomodo ceciderunt fortes ? Nolite annun- « tiare in Geth... ne forte lætentur filiæ Philisthûm. « Montes Gelboë, nec ros, nec pluvia veniant super « vos... quia ibi abjectus est clypeus fortium... Saül « et Jonathas, amabiles et decori in vitâ suâ, in « morte quoque non sunt divisi : aquilis velociores, « leonibus fortiores. Filiæ Israël, super Saül flete... « Doleo super te, frater mi, Jonatha, decore nimis « et amabilis super amorem mulierum : sicut mater « unicum amat filium suum, ita ego te diligebam « (II. Reg. I.)*. » Depuis David jusqu'à Michel Mon-

ipse est pater tuus, qui possedit te, et fecit et creavit te? Memento dierum antiquorum ; cogita generationes singulas; interroga patrem tuum, et annunciabit tibi; majores tuos, et dicent tibi.... Pars Domini populus ejus....: Circumduxit eum et docuit, et custodivit quasi pupillam oculi sui. Sicut aquila provocans ad volandum pullos suos, et super eos volitans, expandit alas suas, et assumpsit eum atque portavit in humeris suis... Deum qui te genuit dereliquisti, et oblitus es Domini creatoris tui! Vidit Dominus, et ad iracundiam concitatus est. Et ait... Congregabo super eos mala... foris vastabit eos gladius, et intus pavor, juvenem simul ac virginem, lactantem cum homine sene. Dixit : ubinam sunt? Cessare faciam ex hominibus memoriam eorum. Sed propter iram inimicorum distuli; ne forte superbirent hostes eorum, et dicerent : Manus nostra excelsa, et non Dominus, fecit hæc omnia... Mea est ultio, et ego retribuam in tempore. (*Deuter.* XXXII.)

* C'est sur tes montagnes, ô Israel, qu'ont péri ces hommes vaillants. Comment les forts sont-ils tombés? N'allez pas l'annoncer à Geth ; ne donnez pas aux filles des Philistins cette cruelle joie. O montagne de Gelboé, que jamais sur toi ne descende ni la pluie, ni la rosée! c'est là que gît sur la poussière le bouclier des hommes vaillants : Saul et Jonathas, aimables et beaux l'un et l'autre ; unis durant leur vie, la mort ne les a point séparés

taigne, je ne crois pas que jamais l'amitié se soit exprimée plus tendrement.

Tout le monde connaît le cantique d'Ézéchias, par l'imitation embellie que Rousseau en a donnée. Mais le cantique de Salomon, encore plus célèbre, considéré, non comme un ouvrage mystérieux, mais comme un morceau de poésie, ne me semble pas mériter toute sa réputation. On y voit quelques traits d'un sentiment assez naïf et des images assez douces: « Fasciculus mirrhæ dilectus meus « mihi; inter ubera mea commorabitur... Ecce tu « pulcher es, dilecte mi et decorus : Lectulus noster « floridus. — Sicut lilium inter spinas, sic amica « mea inter filias. — Sicut malus inter ligna sylva- « rum, sic dilectus meus inter filios. Sub umbrâ « illius quem desideraveram sedi; et fructus ejus « dulcis gutturi meo. Fulcite me floribus...quia amore « langueo. Læva ejus sub capite meo, et dextera « illius amplexabitur me... Vox dilecti mei. Ecce « iste venit saliens in montibus, transiliens colles... « En dilectus meus loquitur mihi : Surge, propera, « amica mea, columba mea, formosa mea. et veni... « Sonet vox tua in auribus meis; vox enim tua dul- « cis, et facies tua decora... Dilectus meus mihi, et « ego illi... In lectulo meo per noctes quæsivi quem « diligit anima mea; quæsivi illum, et non inveni*.»

plus rapides que les aigles, plus forts que les lions. Filles d'Israel, pleurez Saül; et moi je pleurerai sur toi, ô mon frère, mon cher Jonathas, plus beau, plus aimable à mes yeux, qu'aux yeux de leurs amantes ne peuvent l'être des amants! Comme une mère aime son fils unique, c'était ainsi que je t'aimais.

* Mon bien-aimé est pour moi comme un faisceau de myrrhe. Il se repo

Cela est simple et naturel ; mais cela est noyé dans une multitude de comparaisons sans justesse et de détails sans agrément : et que ce fût l'épithalame, le chant nuptial de Salomon, je n'y vois nulle vraisemblance.

Est-il possible d'imaginer que Salomon eût fait dire à sa jeune épouse qu'elle courait les rues toute la nuit pour le chercher ; qu'elle avait rencontré la sentinelle, et qu'elle lui avait demandé si elle n'avait pas vu son amant ? « Surgam et circuibo civitatem ; « per vicos et plateas quæram quem diligit anima « mea. Quæsivi illum, et non inveni. Invenerunt « me vigiles qui custodiunt civitatem. Num quem « diligit anima mea vidistis ? »

L'épouse de Salomon aurait-elle dit que ses frères l'avaient battue et lui avaient fait garder les vignes ? Salomon lui-même aurait-il demandé qu'on lui prît les petits renards qui gâtaient les vignes, parce que sa vigne était en fleur ? etc., etc. Ou ce livre a un sens mystérieux, ou il n'en a aucun pour nous ;

sera sur mon sein. Viens, mon bien-aimé, tu es la grace et la beauté même : notre lit est semé de fleurs. — Comme le lis au milieu des épines, ma bien-aimée s'élève entre ses jeunes compagnes. — Comme le pommier au milieu des bois, on distingue mon bien-aimé entre les hommes de son âge. Je me suis reposée à l'ombre de celui que je désirais, et ses fruits ont été délicieux pour moi. Posez moi sur un lit de fleurs, car je me sens languir d'amour. Sa main gauche soulèvera ma tête, et sa droite m'embrassera. C'est la voix de mon bien-aimé. Le voilà qui vient bondissant sur les monts, franchissant les collines. Je l'entends qui me dit : Lève-toi, viens, ma bien-aimée, ma colombe, ma toute belle... Ah ! que ta voix se fasse donc entendre à mon oreille ; car ta voix a autant de douceur que ton visage a de beauté. Mon bien-aimé fait mes délices et je fais ses plaisirs. — Toutes les nuits, en soupirant, j'ai cherché dans mon lit celui que chérit tant mon âme ; je l'ai cherché et je ne l'ai point trouvé. (*Cantique des cantiques.*)

et si ce n'est qu'une pastorale, il est bien évident qu'elle n'est pas de Salomon*.

Marmontel, *Eléments de Littérature.*

CARRON (Guy-Toussaint-Julien, l'abbé), écrivain d'une grande fécondité, naquit à Rennes le 23 février 1760. Non moins connu par ses vertus que pas ses écrits, son nom, si cher aux malheureux et à tous les gens de bien, passera sans doute à la postérité pour l'honneur de notre siècle.

Il était fils d'un avocat au parlement de Bretagne, qui ne laissa en mourant à sa famille qu'une réputation sans tache ; mais, quoique privé des avantages que donne la fortune, Guy Carron n'en sut pas moins trouver les moyens d'être constamment utile à ses semblables. Dès son berceau, pour ainsi dire, il montra cette extrême tendresse, ce profond respect et cette ardente charité qu'il eut toute sa vie pour les malheureux : il tressaillait à leur vue, comme s'il eût ressenti leurs souffrances, et ne se donnait aucun repos qu'il ne les eût soulagées. Tonsuré à treize ans, c'est à cet âge que déjà il catéchisait les pauvres, dans une chapelle peu éloignée de Rennes, et qu'après les avoir édifiés par ses touchantes exhortations, il leur distribuait les aumônes qu'il avait recueillies. Il fit ses études avec tant de succès, et montra sur-tout une piété si vive, qu'il obtint facilement d'être ordonné

---

* Lowth regarde le cantique de Salomon comme entièrement allégorique (Voyez la note A à la fin de ce volume)

prêtre à vingt-trois ans. Son active charité trouva dès lors plus de ressources : nommé vicaire à la paroisse Saint-Germain de Rennes, il réussit, au moyen des aumônes qui lui étaient confiées, à former un établissement où deux mille pauvres se trouvaient à l'abri du besoin par le travail facile qui leur était offert, et il parvint encore à fournir aux frais d'une maison de refuge, où de malheureuses filles, égarées par le libertinage, trouvaient un asyle lorsque ses exhortations les avaient amenées au repentir. L'abbé Carron possédait l'éloquence du cœur, et ses vertus, ainsi que la candeur répandue sur ses traits, ajoutaient si puissamment à l'onction de ses discours, qu'on le vit souvent opérer les conversions les plus inattendues. On rapporte à ce sujet un fait qu'il n'a jamais avoué, mais qui fut divulgué à Rennes par ceux même que sa charité voulait épargner : une jeune fille, qui s'était abandonnée au vice, assistant un jour à un sermon du pieux vicaire, en fut si vivement touchée, qu'elle résolut à l'instant même de renoncer à son genre de vie. Celui qui jusqu'alors avait partagé ses désordres, ayant inutilement tenté de l'y replonger, forme l'affreux dessein de sacrifier l'abbé Carron à sa vengeance; et, secondé par deux complices, il le fait venir dans une maison écartée, sous prétexte d'y entendre en confession un homme qui s'était battu en duel. On l'introduit seul dans une chambre où l'auteur du projet était couché armé d'un pistolet avec lequel il comptait détruire sa victime. L'abbé, n'ayant nul soupçon, s'approche du lit avec ce zèle charitable qui l'animait toujours dans l'exercice de son saint ministère; mais le bras qui devait le frapper est immobile; au lieu d'un assassin, il ne trouve qu'un cadavre. Les complices restés au dehors, étonnés de n'entendre aucun bruit, entrent alors précipitamment; et, à la vue de leur camarade étendu sans vie, et de l'homme de Dieu priant à ses côtés, ils se jettent aux pieds de l'abbé Carron, lui avouent leur crime, implorent son pardon, et jurent de faire une pénitence rigoureuse.

Toujours avide de bonnes œuvres, le zèle de cet homme vertueux fut porté si loin, qu'il eut une maladie après laquelle l'autorité ecclésiastique l'obligea de prendre du repos. Il profita de ce loisir pour venir à Paris, et ce fut alors qu'il se lia de la plus tendre amitié avec l'abbé Gérard, auteur du *Comte de Valmont.* Quoique éloigné de ses pauvres, l'abbé Carron n'en était pas moins occupé de leurs besoins; il recueillit pour eux beaucoup d'aumônes dans la capitale, et le bruit de son industrieuse charité étant parvenu jusqu'à la cour, la reine Marie-Antoinette lui envoya aussi des secours pour ses établissements, en y joignant des marques particulières de sa bienveillance.

Emprisonné après le 10 août 1792, il fut déporté à Jersey, le 14 septembre suivant; mais, loin que son courage en fût abattu, la vue de tant d'infortunés fugitifs, ou déportés comme lui dans cette île, le fit bientôt s'oublier lui-même, pour ne songer qu'aux moyens de les secourir. Une chapelle.

une pharmacie, où les malheureux émigrés trouvaient, outre les médicaments, des bouillons et du vin ; deux écoles pour les enfants dont il surveillait lui-même l'éducation ; enfin une bibliothèque ouverte aux prêtres et aux laïques, telles furent les premières ressources qu'il offrit à ses compagnons d'infortune. En 1796, la plus grande partie des prêtres et des émigrés réunis à Jersey étant passée en Angleterre, l'abbé Carron, suivi des personnes vertueuses qui s'étaient associées à ses bonnes œuvres, se rendit à Londres, où il ouvrit successivement deux chapelles, forma de nouveau deux écoles et une pharmacie, fonda un séminaire pour vingt-cinq élèves, et en même temps deux hospices, l'un pour trente-cinq ecclésiastiques âgés ou infirmes, et l'autre pour vingt-cinq femmes. Ses écoles ayant pris beaucoup d'accroissement, en 1799 il les transforma en deux pensionnats, et alla, à cet effet, s'établir à Somerstown, près de Londres. Ces deux institutions, qui ont été si utiles à la jeunesse émigrée, furent souvent visitées par les princes français ; et Sa Majesté Louis XVIII écrivit plusieurs fois au pieux fondateur* pour lui témoigner

---

* Blankenbourg, le 12 mai 1797.

M. le comte de Botherel m'a rendu compte, Monsieur, des différentes preuves que vous avez données de votre zèle et de votre dévouement pour mes sujets fidèles ; ce récit m'a touché jusqu'au fond de l'âme, et je ne saurais assez me hâter de vous témoigner la satisfaction que je ressens d'une conduite si respectable. Vos jeunes élèves apprendront par vos leçons , et sur-tout par vos exemples, à aimer et à respecter Dieu, à connaître et chérir les véritables lois de notre patrie. Ainsi vous aurez doublement mérité d'elle et je serai heureux un jour de pouvoir vous en récompenser dignement. Soyez,

combien il était touché de son zèle et de son dévouement pour ce qu'il appelait l'*intéressante Colonie de Somerstown*. Dans ce lieu, véritable refuge du malheur, se trouvait une chambre dite *de la Providence*, où l'on distribuait aux indigents tous les secours que peut suggérer la plus ingénieuse charité. On conçoit à peine comment un homme privé personnellement des avantages de la fortune, a pu opérer cette immensité de bonnes œuvres par

en attendant, bien persuadé, Monsieur, de ma sincère estime et de tous mes autres sentiments pour vous. LOUIS.

Gosfield, ce 11 novembre 1807.

J'ai reçu, Monsieur, votre lettre du 3 ; je suis vivement touché des sentiments que vous m'exprimez au nom de l'intéressante colonie de Somerstown. Je sais combien les vœux de tant d'âmes pures sont agréables à Dieu, et je me plais à leur attribuer l'heureuse traversée qui m'a conduit en Angleterre. J'éprouve personnellement les effets de l'hospitalité généreuse qui a si bien secondé votre ardente charité : j'ignore combien durera mon séjour dans ce pays ; mais j'espère n'en pas partir sans aller visiter votre pieux établissement et son respectable fondateur.

Assurez, je vous prie, Monsieur, toute votre colonie de ma tendre affection, et soyez, en votre particulier, bien convaincu de tous mes sentiments pour vous. LOUIS.

A Wanstead, ce 22 juin 1808.

J'ai reçu, mes chers enfants, votre lettre du 26 mai dernier. Incommodé depuis lors, je n'ai pu y répondre plus tôt. Les sentiments que vous m'exprimez me touchent jusqu'au fond de l'âme, et me font sentir plus vivement le regret de ne pouvoir en ce moment aller jouir de vos progrès, vous en distribuer le prix, et éprouver la plus douce des satisfactions, celle de vous voir guidés par la religion elle-même, dont votre respectable instituteur est l'organe, dans une route hors de laquelle notre patrie ne peut retrouver son antique splendeur. Dans cette privation, j'ai du moins une consolation réelle, celle de me faire remplacer par un autre moi-même ; ce sera mon frère qui remplira, en mon nom, des fonctions qu'il m'eût été si agréable d'exercer, et sera l'interprète fidèle de tous les sentiments dont mon cœur est pénétré pour vous. LOUIS

le seul concours des aumônes qu'il recueillait. Il ne bornait pas sa sollicitude aux infortunés qui s'offraient à lui : instruit que les prisonniers français gémissaient en Angleterre dans une rigoureuse captivité; qu'ils étaient en butte à toutes les horreurs de la misère, il vendit sa bibliothèque, son argenterie pour leur procurer les premiers secours, et parvint ensuite à réunir des sommes assez considérables pour leur envoyer des voitures chargées d'habillements. On porte à quatre mille le nombre des militaires qu'il a secourus ainsi. Celui qui gouvernait alors la France, instruit de cette action généreuse, fit offrir au digne abbé les titres et les honneurs dus à ses vertus, s'il voulait rentrer dans sa patrie; mais irrévocablement attaché à la cause des Bourbons, il refusa les distinctions qui lui étaient offertes, et resta en Angleterre jusqu'en 1814, qu'il vint s'établir à Paris, suivi de toutes les personnes qui s'étaient attachées à son sort, et des intéressantes orphelines élevées par ses soins. Au 20 mars 1815, il s'expatria de nouveau; mais, de retour au mois de novembre suivant, il reprit le pensionnat de demoiselles qu'il avait commencé d'établir en 1814 dans le quartier Saint-Jacques. Au fond de sa riante retraite, asyle de paix et de bonheur, il resta étranger à toute espèce d'ambition, et se livra de nouveau au soulagement des malheureux : lorsqu'il manquait de ressources pour les secourir, il se dépouillait de son linge, de ses vêtements, et travaillait nuit et jour avec une nouvelle ardeur, parce que le produit de ses œuvres était consacré aux indigents, qu'il appelait en souriant sa *grande famille.*

Nommé administrateur du bureau de charité du XIIe arrondissement, et ensuite directeur de la maison de refuge pour les jeunes prisonniers, il remplissait ces fonctions et celles de son ministère avec un zèle infatigable, quoique sa santé fût très affaiblie. Depuis plusieurs années, il était atteint d'une maladie organique du cœur, qui le conduisait lentement au tombeau. L'un des traits caractéristiques de sa vertu, c'est que jamais sa douceur ne fut altérée par la souffrance : il supportait tout sans se plaindre, et travaillait comme s'il eût joui de la meilleure santé. Lorsque la maladie fut parvenue à son dernier période, il sentit son danger, et voulut lui-même préparer ses amis à l'idée de sa perte. Les exhortations, les touchants adieux qu'il leur adressa, sa piété, sa patience, au milieu des cruelles atteintes de la mort, furent comme le complément de cette vie si pure, qu'il avait consacrée à Dieu et à ses semblables. Il mourut le 15 mars 1820 ; et l'on vit à la fois pleurer sur le tombeau de ce second Vincent de Paule, sa famille, ses amis, dont il faisait le bonheur, des milliers de pauvres qu'il avait secourus, et les gens du monde qu'il avait édifiés.

Delille a rendu hommage aux vertus de l'abbé Carron dans son *Poème de la Pitié*, et dans les vers suivants qu'il fit en Angleterre pour être joints au portrait du *père des Pauvres :*

Des Français exilés seconde providence,
Dans leur secret asyle il cherche leurs malheurs ;

Il soigne la vieillesse, il cultive l'enfance,
Il instruit par sa vie, il prêche par ses mœurs,
Et quand sa main ne peut soulager l'indigence,
Il lui donne ses vœux, sa prière et ses pleurs.

Nous espérons qu'une plume éloquente, inspirée par l'amitié, tracera bientôt le tableau complet d'une vie si belle, dont nous n'avons pu donner ici qu'une esquisse imparfaite.

On a de l'abbé Carron : *les Modèles du Clergé, ou Vies édifiantes de MM. de Sarra, Boursoul, Beurier et Morel;* Paris, 1787, 2 vol. in-12; (M. Carron publia cet ouvrage de concert avec deux de ses amis); *les Trois Héroïnes chrétiennes,* Rennes, 1790, in-12; (cet ouvrage a eu plusieurs éditions, et la quatrième parut à Paris en 1801; il a été traduit en anglais par le révérend Édouard Peach, chez Keating, Londres, 1804, in-16; depuis, l'abbé Carron augmenta l'ouvrage; la troisième édition parut sous le titre des *Nouvelles Héroïnes chrétiennes,* Paris, 1819, 2 vol. in-16); *Réflexions chrétiennes pour tous les jours de l'année,* Wenchester, 1796, in-12; *Pensées ecclésiastiques,* Londres, 1800, 4 vol. in-12; *Pensées chrétiennes* (c'est la seconde édition des *Réflexions chrétiennes*), Londres, 1801, 6 vol. in-12; la quatrième édition est de 1815, 6 vol. in-16, chacun en deux parties; *l'Ecclésiastique accompli* ou *Plan d'une vie vraiment sacerdotale,* Londres, 1801, in-16; *le Modèle des Prêtres,* ou *Vie de Bridaine,* Londres, 1803, in-12; *l'Ami des Mœurs,* ou *Lettres sur l'Éducation,* Londres, 1805, 4 vol. in-12; *l'Heureux Matin de la Vie,* et *le Beau*

Soir de la Vie, Londres, 1807, 2 vol. in-16, réimprimés à Paris en 1817; *les Attraits de la Morale, ou la Vertu parée de tous ses charmes, et l'Art de rendre heureux tout ce qui nous entoure*, Londres, 1810, 2 vol. in-16, réimprimés à Paris, en 1817; *le Trésor de la Jeunesse chrétienne*, 1 vol.; *la Vraie parure d'une Femme chrétienne*, 1 vol.; *les Écoliers vertueux*, Londres, 1811, 2 vol. in-16, réimprimés à Paris, en 1815; la quatrième édition a paru en 1819; *Vies des Justes dans les plus humbles conditions de la société*, Versailles, 1815, in-12; *Vies des Justes dans la profession des armes*, Versailles, 1815, in-12; *Vies des Justes dans les conditions ordinaires de la société*, Versailles, 1816, in-12; *Vies des Justes parmi les filles chrétiennes*, Versailles, 1816, in-12; *Vies des Justes dans la magistrature*, Paris, 1816, in-12; *Modèles de Dévotion à la Mère de Dieu dans le premier âge de la vie*, Paris, 1816, in-12, réimprimé souvent; *Vies des Justes dans l'état du mariage*, Paris, 1816, 2 vol. in-12; *Vies des Justes dans les plus hauts rangs de la société*, Paris, 1817, 4 vol. in-12; *Cantiques anciens et nouveaux*, in-16; *la Route du bonheur*, in-18; *De l'Éducation, ou Tableau des plus doux sentiments de la nature*, 2 vol in-16; *les Confesseurs de la foi dans l'Église gallicane, à la fin du XVIIIe siècle*, Paris, 1820, 4 vol. in-8°.

L'abbé Carron a laissé plusieurs manuscrits, entre autres : *les Vies des Justes dans l'épiscopat et dans le sacerdoce; la Vie de l'abbé de La Salle;* un *Nécrologe des confesseurs de la foi.*

N'ambitionnant aucune réputation littéraire, l'abbé Carron soignait peu ses ouvrages, qui cependant offrent, à côté de quelques négligences, un style animé d'une chaleur aussi expansive que son âme, aussi douce que sa vertu.

Me WOILLEZ.

CASTEL (RENÉ RICHARD), né à Vire, département du Calvados, en 1758, a été pendant dix ans professeur de belles-lettres au collège de Louis-le-Grand, où il partageait la chaire avec M. Luce de Lancival. M. Castel a formé un grand nombre d'élèves très distingués. Il a été pendant quelque temps inspecteur général de l'université, puis inspecteur des écoles royales militaires, et c'est en cette dernière qualité qu'il jouit aujourd'hui de sa pension de retraite. On a de lui le poème des *Plantes*, ouvrage rempli de grandes beautés, qui parut pour la première fois en 1797; *la Forêt de Fontainebleau*, 1805, in-12; une quatrième édition du poème des *Plantes*, revue, accompagnée de notes et de gravures, parut en 1811, suivi de *la Forêt de Fontainebleau*, d'un *Voyage de Paris à Crévi, en Chablais*, et d'un *Discours sur la gloire littéraire*, prononcé devant l'université, le 16 avril 1809. M. Castel a encore publié l'*Histoire naturelle de Buffon*, classée d'après le système de Linnée.

JUGEMENT.

On doit à M. Castel, non pas un de ces poèmes séchement descriptifs dont on commence à s'ennuyer, mais un poëme didactique sur *les Plantes*, matière encore vierge, et que d'anciens préjugés avaient fait regarder comme peu favorable à la poésie..... Ce poème a, sur d'autres ouvrages qui ont fait, de nos jours, une fortune plus brillante, l'avantage d'un plan sage et régulier : seulement on pourrait de temps à autre y désirer plus de fermeté, de vigueur et de précision dans le style : mais il offre une foule de détails charmants, et souvent des vers qui seraient dignes d'être proposés pour modèles. On ne s'aperçoit point que l'auteur ait une manière, ou s'il en a une, c'est celle des habiles maîtres qui savent orner la nature et non la farder.

Si M. Castel imite, il s'attache à égaler ses modèles jusque dans les sons d'harmonie imitative. Un exemple en fera juger. Tout le monde a connu, dès son enfance, ce vers où Virgile a si heureusement imité le bruit de la grêle :

Tam multa in tectis crepitans salit horrida grando.

M. Castel nous paraît avoir atteint le degré de perfection dont cette imitation était susceptible, en disant :

L'aquilon furieux, souffle, siffle, frémit;
La grêle en sautillant, sur les toits retentit.

Un des talents remarquables de M. Castel, c'est de caractériser et d'ennoblir, par des périphrases heureuses, ce qui ne pourrait être exprimé en poésie par le mot propre. Voyez, par exemple, comme il évite le nom de l'oiseau, si bien défini d'ailleurs par ces vers :

Lorsque vous entendrez l'uniforme ramage
De cet oiseau haï de l'hymen qu'il outrage.

Mais par une liberté que nous sommes loin de blâmer, il ose quelquefois s'affranchir de cette gêne, en se permettant l'usage du mot propre, qu'une fausse délicatesse voudrait proscrire, et sans lequel il deviendrait impossible de comprendre le potager dans un poème des jardins. Si le potager cependant n'en est pas la partie la plus brillante, elle en est du moins la plus utile : mérite qui n'exclut pas le genre d'agrément qui lui est propre, et que la poésie ne doit pas dédaigner. Mais si les noms de nos légumes avaient toujours besoin d'être remplacés par des équivalents, non-seulement il est douteux que la langue pût en fournir assez, mais cette recherche, sous prétexte d'éviter des mots qui paraîtraient trop familiers, finirait par introduire dans le style une foule de circonlocutions énigmatiques, et dont le sens ne serait pas toujours facile à saisir, et par dénaturer la langue elle-même, en lui ôtant toute sa naïveté. C'est donc très injustement que la critique a reproché ces vers à l'auteur :

Naguère d'un faux goût les poètes esclaves
Marchaient dans les jardins au milieu des entraves.
Phœbus ne nommait pas, sans un tour recherché,
Le haricot grimpant à la rame attaché.
La carrotte dorée et les bettes vermeilles,
En flattant le palais, offensaient les oreilles.
Ce temps n'est plus. Le chou dont Milan s'applaudit,
Quand sa feuille frisée en pomme s'arrondit,
Sans dégrader les vers, ose aujourd'hui paraître
Dans les chants élégants de la muse champêtre.

L'oreille se familiarisera bientôt avec ces mots nécessaires, lorsqu'ils seront aussi heureusement employés : l'usage même qu'en feront les poètes suffira pour les ennoblir.

Les notes du poème des *Plantes* sont pleines de recherches, non moins curieuses que savantes, sur une des plus belles parties de la botanique.

Palissot, *Mémoires sur la Littérature*.

MORCEAUX CHOISIS.

I. Les Arbres, les Plantes, etc., de l'Équateur; Éloge de la France.

Muse, transporte-moi dans quelque île lointaine
Que le ciel ait cachée à l'Europe inhumaine ;
Découvre à mes regards un vallon fortuné
Que la main des mortels n'ait jamais profané.
Tu m'écoutes. Un bois élevé, magnifique,
Répand autour de moi son ombre aromatique.
D'une source commune, ainsi que deux jumeaux,
Dans un pré plein de fleurs descendent deux ruisseaux.
Sur les myrtes voisins le bengali soupire ;
Parmi les lataniers qu'agitent le zéphire,
La perruche bruyante et le lori vermeil
Sautent sous la feuillée, à l'abri du soleil.
D'aras majestueux un éclatant nuage
S'abat en rayonnant et remplit le bocage :
Tantôt sur les palmiers leur bec dur et retors
Du coco mûrissant entr'ouvre les trésors ;
Tantôt un ananas qui sort du sein des herbes
Rassemble autour de lui ces convives superbes.
Là d'innombrables nids, semés parmi les fleurs,
D'un air vivifiant respirent les chaleurs.
Je vois de tout côté, près des vagues émues,
Se traîner à pas lents les pesantes tortues,

Tandis que les oiseaux chéris du dieu des mers
Quittent de l'Océan les immenses déserts,
Et, rasant à grands cris, les sables des rivages,
En foule, vers le soir, volent sous les ombrages.

La nuit même ne peut, de ce riant séjour,
Avec son voile épais, bannir l'éclat du jour.
A peine elle a paru, que des plantes sans nombre
S'allument de concert, et rayonnent dans l'ombre.
D'insectes lumineux mille escadrons légers
Viennent tourbillonner dans les bois d'orangers;
De rapides éclairs jaillissent de leurs ailes,
Et chaque feuille au loin lance des étincelles.
Le jeu cesse; à l'instant règne l'obscurité;
Puis un folâtre essaim ramène la clarté,
Vole, s'agite en l'air, et le remplit de flamme.

Mais ni ces belles nuits que la nature enflamme,
Ni les plaines d'Asie, et les monts des Incas,
France, n'égalent point tes fertiles climats.
Tu surpasses l'Égypte, où trois fois chaque année
D'une riche moisson la terre est couronnée;
Et la ville de Mars, triomphante des rois,
Eût dans ses jours de gloire envié tes exploits.
Jamais près de la Seine une bergère assise
Du crocodile affreux ne craignit la surprise;
Jamais dans tes forêts un chasseur imprudent
Ne recula tout pâle à l'aspect d'un serpent,
Qui, comme un long palmier, couché dans la bruyère,
Ouvre, en se redressant, sa gueule meurtrière.
Tes vallons sont couverts de superbes troupeaux,
Des pampres renommés festonnent tes coteaux,
L'huile coule à flots d'or aux bords de la Durance,
Cérès de tes greniers entretient l'abondance;

Mars attelle à son char tes coursiers frémissants,
Et la mer tremble au loin sous tes mâts foudroyants.

Combien de monuments dont la grandeur étonne !
Regardez : c'est Bossuet qui s'élève et qui tonne ;
C'est Descartes, du monde éclairant le chaos ;
C'est Corneille, Pascal, Racine, Despréaux ;
Montesquieu qui des lois explique les oracles ;
Buffon de la nature étalant les miracles ;
Et vous, chœur immortel par les Graces orné,
Vous, reines des beaux-arts, que conduit Sévigné.
Je reconnais Martel qui sut dans nos vieux âges
Du Maure débordé repousser les ravages ;
Charles, qui de cent rois le vainqueur ou l'appui,
Vit l'univers entier se taire devant lui ;
Des Guesclin, des Bayard la valeur souveraine,
Et, plus près de nos jours, Catinat et Turenne.
Père de la nature, être puissant et bon,
Protège cet empire où l'humaine raison
Après de longs écarts, enfin sous ton auspice,
De la société rebâtit l'édifice.
Avec la douce paix, fais-y du haut des cieux
Descendre des vertus le groupe radieux,
Et la tendre amitié, que ta bonté féconde
Créa pour embellir et consoler le monde ;
Éclaire nos conseils, et de nos magistrats
Vers le bonheur public dirige tous les pas.
De nos nouveaux Linus daigne illustrer les veilles ;
Découvre à nos savants tes secrètes merveilles.
Donne à la jeune fille une aimable pudeur,
Et répands sur ses traits la grace et la candeur.
Qu'unie à son époux, l'épouse heureuse et pure
Fasse de ses enfants sa plus belle parure.
Avec la royauté, raffermis et maintien

L'amour sacré des lois, son plus ferme soutien,
Puisse l'astre éclatant où brille ta puissance
Ne rien voir dans son cours de plus grand que la France*.
Les Plantes, ch. II.

II. Éruption du Vésuve. Famine.

Le Vésuve en courroux sous ses monts caverneux
Recommence à mugir avec un bruit affreux,
Et déchaîne, en poussant une épaisse fumée,
Sur son gouffre tonnant, la tempête enflammée.
Elle échappe soudain, et des sommets ouverts
En colonne de feu s'élance dans les airs.
Des foudres souterrains et des roches fondues
La suivent jusqu'au ciel, et retombent des nues.
Le bitume et le souffre, épandus en torrents,
Roulent sur la montagne, en sillonnent les flancs,
Et dans les creux vallons se traçant un passage,
Des fleuves infernaux offrent l'horrible image.
   L'incendie à gagné les antiques forêts.
Les animaux, fuyant dans les sentiers secrets,
Vingt fois, pour s'échapper, retournent sur leur trace;
Partout la mort en feu les repousse et les chasse.
On voit, loin du volcan et de leurs toits brûlants,
Errer de toutes parts les pâles habitants:
Et l'époux qui soutient sa moitié défaillante,
Et du vieillard courbé la marche chancelante,
Et la mère qui croit dérober au trépas
Son fils, unique espoir, qu'elle tient dans ses bras.
Inutiles efforts! les vagues irritées
Franchissent en grondant leurs rives dévastées;

---

* Danchet a dit :
> Toi, qui voit tout ce qui respire,
> Soleil, puisse-tu ne rien voir
> De si puissant que cet empire.

L'Apennin a tremblé jusqu'en ses fondements :
La terre ouvre en tous lieux des abîmes fumants,
Des plus fermes cités ébranle les murailles,
et les ensevelit au fond de ses entrailles.

 Un jour, peut-être un jour, nos neveux attendris
Découvriront enfin, sous de profonds débris,
Ces villes, ces palais, ces temples, ces portiques,
De nos arts florissants monuments authentiques.
Ainsi, dans les remparts qu'Hercule avait bâtis,
Par un malheur semblable autrefois engloutis,
Nous allons admirer de superbes ruines,
Et de l'antiquité fouiller les doctes mines.
Quel sera le destin de tant de malheureux
Échappés par hasard à ce désastre affreux ?
De cendres, de cailloux une pluie enflammée
Couvre tout le pays de feux et de fumée.
Le laboureur a vu les trésors des sillons
Sortir de ses greniers en brûlants tourbillons.
En vain il cherche encor dans les arides plaines
Ses buffles vigoureux, compagnons de ses peines ;
Ils ne reviendront plus d'un pas obéissant
Sur ce sol calciné traîner le soc pesant.
Nul secours, nul espoir ne s'offre à sa misère.
Comment nourrir, hélas ! ses enfants et leur mère ?
Ira-t-il secouer le gland dans les forêts ?
Mais l'orage partout a fait tomber ses traits ;
Et les chênes, séchés jusque dans leurs racines,
De ces lieux désolés ont accru les ruines.

 Alors parmi les feux, les laves, les tombeaux,
La Famine apparaît, et, traînant ses lambeaux,
Traverse les cités, rode dans les villages :
D'abord sous l'humble toit exerce ses ravages ;

Puis, des palais pompeux franchissant les degrés,
Entre avec le Besoin sous les lambris dorés....

Quel désastre imprévu! quelles terribles scènes!
Des torrents sulfureux, de brûlantes arènes,
Tous les feux des enfers, tous les fléaux des cieux,
En un vaste cercueil ont changé ces beaux lieux.
Ibid, ch. III.

III. L'Élysée des amis des Hommes et des Dieux dans les Jardins.

Si la faveur du sort, surpassant mes souhaits,
Eût voulu m'accorder de plus riches guérets,
Des taillis étendus et de gras pâturages,
J'aurais, dans mes jardins, rassemblé les images
De ces mortels chéris, qui, secondés des Dieux,
Ont chanté la Nature en vers mélodieux.
Hésiode et Rosset, de la main de Cybèle,
Recevraient tous les deux une palme immortelle.
Comme un orme élevé voit presque à sa hauteur
Croître un brillant ormeau dont il est créateur,
Ainsi le grand berger, la gloire de Mantoue,
Aurait à ses côtés Delille qu'il avoue.
Théocrite et Gessner, tenant leurs chalumeaux,
Présideraient encore aux danses des hameaux.
J'irais voir chaque jour notre bon La Fontaine.
Et toi, chantre des Mois, à ta Muse hautaine,
Digne d'un autre temps et d'un destin meilleur,
D'un berceau de cyprès j'offrirais la douleur.
Masson, Marnésia de mon frais paysage
Sembleraient dessiner l'élégant assemblage:
Fontanes ornerait le fertile verger,
Et Parny de mes fleurs se verrait ombrager.
Près d'un torrent fougueux, sous des bois prophétiques,
Thomson entonnerait ses sublimes cantiques.

21.

Bernis de lacs d'amour unirait les saisons,
Et sur un beau tapis de verdoyants gazons,
Saint-Lambert, inspiré par la philosophie,
Présenterait aux grands la charrue ennoblie.

Heureux qui peut jouir de ces brillants tableaux!
Plus heureux qui, sans faste habitant les hameaux,
Satisfait des écrits où respirent ces sages,
Aime à les contempler dans leurs vivants ouvrages!
Ses désirs ne vont point au-delà du vallon
Où le soleil naissant éclaire sa maison,
Du jardin rafraîchi par l'eau de la colline,
Et de l'ombrage épais de la forêt voisine.
Qu'irait-il demander au luxe des cités?
Il a vu du printemps la pompe et les beautés;
Les champs ont su répondre à l'espoir de ses granges,
Et ses pieds ont foulé de fertiles vendanges.
Si le char du soleil, aux portes du matin,
Promet à la nature un jour pur et serein,
A travers la forêt il mène sa compagne,
Et son fils jeune encore en courant l'accompagne.
Des fruits et quelques mets que la ferme a fournis,
Posés près d'un ruisseau sur les gazons fleuris,
Leur procurent sans frais un repas délectable;
Ni remords, ni soucis n'approchent de leur table.
Tout rit à leurs regards, et ce commun bonheur
Augmente encor celui qu'ils portent dans leur cœur;
Il semble que pour eux, sous ces ombres propices,
L'âge d'or renaissant épuise ses délices.
Ibid, ch. IV.

CASTI (JEAN-BAPTISTE), poète italien, naquit en 1721, à Montefiascone, sur les terres de l'Église.

Ses parents le destinant à l'état ecclésiastique, il fit, en conséquence de ce projet, ses études au séminaire de sa ville natale, et y devint même professeur de belles-lettres; mais son esprit actif s'accommodant assez mal d'une existence monotone, il quitta Montefiascone, après avoir résigné un canonicat dont on l'y avait gratifié. Il se rendit à Rome, où son nom ne demeura pas long-temps inconnu. Quelques essais poétiques, applaudis à l'académie des Arcades, commencèrent sa réputation, et lui auraient infailliblement procuré plus d'un bénéfice, si l'amour de l'indépendance ne l'eût emporté chez lui sur l'ambition. Entraîné bientôt par le goût des voyages, il entreprit de parcourir l'Europe. Nul doute que chez tant de nations qu'il visita son génie observateur et naturellement tourné vers la causticité, n'ait puisé dans l'examen de mœurs si diverses, d'institutions si contradictoires, cette verve satirique qu'il a prodiguée dans son poème des *Animaux parlants*. C'est à Vienne, et déjà fort avancé en âge, qu'il commença de mettre à exécution cet ouvrage. L'empereur Joseph II, qui avait pris Casti en affection, voulut le fixer dans sa capitale, et lui conféra l'honorable fonction de *poeta cesareo*, devenu vacant, en 1782, par la mort de Métastase. Les partisans du beau talent de Paësiello n'ont pas oublié *le roi Théodore à Venise;* Casti est l'auteur de cet opéra, qui eut un si grand succès : il avait composé plusieurs autres drames lyriques pour Joseph II. Son auguste bienfaiteur ayant succombé, Casti renonça au titre comme aux honoraires de poète impérial, et se rendit à Florence, pensant trouver dans cette ville, non autant de distinction, mais plus de loisir et de liberté. Agé de soixante-seize ans, il vint à Paris : c'est là qu'il publia l'ouvrage qui rendra son nom aussi durable que les abus qu'il a signalés, *Gli Animali parlanti, poema epico diviso in XXVI canti, di Giamb. Casti*, Paris, Didot jeune, an X (1802), 3 vol. in-8°. Les éditions s'en multiplièrent avec rapidité en Italie; un tel succès répond à la critique : toutefois, bien que l'épopée, ou, pour mieux dire, le grand apologue de Casti soit une conception extrêmement remarquable; bien qu'on ne puisse trop applaudir à la pensée philosophique qui en est le fond, au charme du style, à la piquante originalité des tableaux, il y a sans doute de l'exagération dans la comparaison qu'on a faite de l'imagination de Casti avec l'inépuisable richesse de l'Arioste. La censure la moins ombrageuse verra d'ailleurs avec regret certains détails que l'auteur aurait dû voiler davantage; elle dira que cette ingénieuse affabulation est un peu trop prolongée; et, les défauts avoués, il restera encore assez pour la gloire du poète. Nous ne connaissons que deux versions françaises des *Animaux parlants*; l'une en prose, parut en 1818 à Liége, en 3 vol. in-18 (le traducteur pseudonyme est M. Paganel, exilé); l'autre en vers endécasyllabes, est de M. L. Mareschal, Paris, 1819, 2 vol. in-8°. Ainsi que nous avons eu occasion de le dire dans la notice sur M. Andrieux, cet aimable conteur avait entrepris de traduire en vers les *Animaux parlants*. On doit regretter l'abandon de ce projet : personne n'était plus propre à faire passer dans notre idiome les graces de l'italien.

Pendant que nous nous occupons du séjour de Casti à Paris, nous croyons ne pas devoir passer sous silence une anecdote qui fait honneur à son caractère ferme et libre. Il fut présenté à Bonaparte, alors premier consul, qui lui fit de prime-abord cette question : « Eh bien, M. l'abbé, êtes-vous encore « démocrate? Plus que jamais, répondit le vieux « poète; c'est par là que commencent les grands « hommes. » Ainsi se termina une conversation très laconique *. Casti est mort à Paris, au mois de février 1803. Indépendamment des ouvrages que nous avons mentionnés, il a laissé des nouvelles (*novelle galanti*) 1793, in-8°; des poésies anacréontiques (*rime anacreontiche*); et un poème allégorique en douze chants, dont la cour de Catherine II est le sujet, et qu'il avait intitulé *Poëma tartareo*; la dernière édition est de Milan, 1803, 2 vol. pet. in-12; cet ouvrage est peu digne de son auteur : M. Ginguené nous apprend au reste qu'il avait été imprimé sur des copies défigurées, et qu'il en existe un manuscrit beaucoup plus régulier.

H. LEMONNIER.

JUGEMENTS.

I.

A l'époque où les esprits vulgaires, après un faible crépuscule, se précipitent et s'éteignent,

* Cette anecdote est rapportée dans l'ouvrage de lady Morgan, sur *la France*, t. I.

Casti s'élança d'une course rapide au plus haut degré de chaleur et d'élévation. La douce poésie qui attira ses premiers regards fut la passion dominante de sa vie; la philosophie qui dirigea ses premiers pas fut le seul guide de ses études et de ses voyages. Les graces, compagnes de sa jeunesse, embellirent encore la vieillesse aimable d'un rival d'Anacréon, d'un imitateur de Lucien. Son étude favorite fut l'homme; il l'a connu, dépeint, éclairé.

L'Europe, agitée dans ces derniers temps par la lutte des lumières et des passions, admira les vues politiques et les fines observations du cœur humain, que Casti rassembla d'une manière si piquante et si originale dans son poème des *Animaux parlants*. Ce bel ouvrage qui réunit la pompe de l'épopée et la simplicité de l'apologue, qui élève l'apologue de la morale privée à la morale publique, illustre par un nouveau genre les fastes du Parnasse italien. Comme épopée c'est le premier des poèmes politiques. L'auteur, compté parmi les fabulistes, tient sa place entre ceux du premier rang.

Extrait du *Discours prononcé sur la tombe de Casti*,
par le docteur Corona.

II.

La manière légère dont La Harpe parle du *roi Théodore* *, prouve bien son peu de connaissances en musique. Il n'y en a pas de plus belle sur aucun théâtre **. La pièce, dont l'abbé Casti est l'auteur,

---

* *Le roi Théodore*, opéra de Casti et Paësiello, dont il est parlé dans la notice ci-dessus. La Harpe le maltraite dans sa *Correspondance*.

** Il faut se reporter au temps où ceci fut écrit.

est remplie d'esprit. Il voulut amuser Joseph II qui avait rencontré le roi de Suède voyageant en Italie, en mettant sous ses yeux la magnificence d'un roi qui avait peu d'argent, et de qui un aubergiste avait dit aussi : « Est-ce un Apollon, ou un roi, ou un baron? » Les *ordres* et les *contre-ordres* et le *quod scripsi, scripsi*, étaient l'un une plaisanterie sur l'empereur, l'autre une citation qu'il avait faite, à propos d'une représentation par laquelle on lui démontrait le tort d'un de ses décrets. Casti ne se gênait pas avec Joseph II. Un jour S. M., le rencontrant, lui dit : « Le « grand duc de Russie va arriver ici : faites-moi les « paroles d'une pièce, l'abbé. Qui fera la musique, « répondit celui-ci? Elle est déjà toute faite, dit « l'empereur, car j'ai rencontré Salieri plus tôt que « vous. Comment, dit Casti tout en colère, voilà « certainement la première fois que cela est arrivé. « Savez-vous ce que je ferai? Je mettrai sur la « scène un seigneur de village qui veut donner une « fête ou un *impresario* qui dira : *Primo la musica e « poi le parole*. Ce sera le titre de ma pièce, j'en « avertis votre majesté. A la bonne heure, dit l'em- « pereur, allez votre train..... » A moins d'avoir des oreilles de Midas, on meurt presque de plaisir et d'admiration au songe du roi Théodore, et au superbe final.

Le Prince de Ligne, *OEuvres choisies*.

III.

Pour peu qu'on soit versé dans la littérature italienne, on connaît le nom de *Casti*. Ce poète a succédé à Métastase dans la dignité de *poeta Cesareo*, à Vienne. Ses *Novelle Galanti* lui ont fait en Europe, la réputation d'un des meilleurs poètes italiens vivants. Ce sont des chefs-d'œuvre de gaieté, de verve, et sur-tout de style. Le fond en est quelquefois un peu libre, comme celui des *contes* de notre La Fontaine; mais les détails en sont charmants, étincelants d'esprit, et paré de toutes les richesses d'une poésie brillante.

Le même genre de talent se retrouve dans le poème des *Animaux Parlants*; mais le sujet, quoique traité aussi gaiement que les *Nouvelles Galantes*, est beaucoup plus sérieux.

La matière est neuve; car ce poème épique n'est rien moins qu'un poème politique : l'auteur a traité, sous le voile d'une allégorie ingénieuse, des matières très graves, et celles que, pour le bonheur des hommes réunis en société, il importe le plus d'approfondir et de connaître.

Tout parle en son ouvrage, et même les poissons,
Ce qu'ils disent s'adresse à tous tant que nous sommes.
Il se sert d'animaux pour instruire les hommes.
La Fontaine.

Pour donner une idée générale du fond de l'ouvrage, nous empruntons un passage de la préface de l'auteur : « Il a voulu, dit-il, composer un tableau
« général des usages, des opinions et des préjugés
« reçus relativement au gouvernement, à l'administration et à la politique des états, un tableau des
« passions ordinaires à ceux qui occupent les rangs
« les plus éclairés de l'ordre social, il s'est servi de
« couleurs fortes et a quelquefois chargé les figures

« pour rendre leur expression plus vive et plus pi-
« quante, exagération qu'on excuse plus facilement,
« quand le peintre ne montre que des bêtes dans
« ses personnages: enfin il a voulu faire un tableau
« des choses, non des personnes, et il a pensé que
« ce serait un ouvrage digne d'être offert au public,
« un ouvrage unique, à ce qu'il croit, en ce genre.
« Car, ajoute-t-il, le poème satirique du *renard*, écrit
« en allemand, dans le XVIe siècle, et quelques
« autres poésies du même genre, n'ont de commun
« avec son ouvrage que d'avoir prêté aux animaux
« le langage des muses. »

Cet ouvrage, à son apparition, eut trois éditions consécutives. Son succès sera durable: la nouveauté du sujet, et le rare talent déployé dans l'exécution, le feront lire avec plaisir, tant qu'on parlera, tant qu'on aimera la belle langue du Tasse, et de l'Arioste.

ANDRIEUX.

MORCEAUX CHOISIS.

I. La Cour du roi Lion.

Delà le Gange, en lointaine contrée,
Agreste, inculte, et de l'homme ignorée,
S'élève un roc immense, sourcilleux.
Les noirs détours de ses flancs caverneux
Furent jadis d'innombrables tanières.
D'épais buissons, des rochers, des bruyères
Couvrent le sol de ces sauvages lieux.
De l'un des flancs de cette masse ardue,
Source d'eau vive avec bruit jaillissant
Se brise, écume, et tombe en blanchissant
Dans un bassin qu'une mousse touffue

Ceint et garnit. Souvent les animaux
Vont s'abreuver à ses limpides eaux.
De ce bassin, avec un doux murmure,
En longs détours s'échappent deux ruisseaux,
Dont le cristal, caché sous la verdure,
Baigne, en son cours, les fleurs, les arbrisseaux,
Des prés voisins éternelle parure.
Fourrée, épaisse, impénétrable au jour,
Offrant au peuple un commode séjour,
Une forêt, de sa vaste étendue,
Embrasse au loin les sommets d'alentour.
Des monts Altaï la chaîne continue
Naît en ces lieux; monts dont l'œil incertain
A peine suit le bleuâtre lointain.

Là, s'établit le nouveau souverain.
D'une caverne il fit une grand'salle,
Qu'il destina pour un cercle, un festin,
Cérémonie ou séance royale.
Tout près de là, de deux antres moins grands,
Plus retirés, commodes, solitaires,
Sa Majesté fit deux appartements,
L'un pour coucher, l'autre pour les affaires
De cabinet. Un autre logement
Où la nature est par l'art embellie,
Y fut uni par une galerie;
Vaste édifice, où magnifiquement
Vint s'établir madame la Lionne.

Princes, seigneurs, ministres, conseillers,
Hauts chambellans, préfets, grands officiers,
Tout ce qui tient de près à la couronne,
Des alentours occupa les quartiers.

Les Animaux, ch. III, trad. de L. Mareschal.

II. Portrait de l'Orang-Outang.

Il a surtout le don de plaire aux belles :
Pour lui l'Amour a troublé leurs cervelles :
De cet aimable et trop charmant vainqueur
Toutes voudraient avoir touché le cœur.
Chacune en vante, et partout, et sans cesse,
L'esprit, le ton, les airs, la gentillesse.
Ce n'est pourtant ce qui, dans l'étranger,
A nos beautés sut plaire davantage.
— Quoi donc? — Ceci n'est point un persifflage,
Et je vous donne un jour pour y songer ;
Un mois !... un an !... C'était, sur son visage,
D'un poil touffu le hideux assemblage,
A chaque joue offrant un noir ombrage,
. . . .
Et cette enseigne aux dames plaisait fort.
On adopta cet usage incommode :
Et désormais tout galant damoiseau
Se fit pousser du poil sur le museau :
L'Orang-Outang ainsi donna la mode.

Un temps viendra..... Que dis-je? il est venu
Ce temps heureux où la jeunesse aimable
A l'envi montre un visage velu,
Et tout l'aspect d'un singe véritable ;
Voyez, voyez nos jeunes élégants :
Dirait-on pas de vrais orang-outangs?
Ibid, ch. XX, trad. du même.

III. Faveurs du roi Lion.

On voit briller sur sa face sacrée
La majesté de douceur tempérée ;
Il dit à l'un quelques mots pleins d'esprit,
Fait signe à l'autre, au troisième sourit ;

Et lorsqu'il veut que sa faveur éclate
Envers un grand, il lui touche la patte.
Soudain le fait est conté, répété :
« Avez-vous vu... le roi?... — Sa majesté?...
« — Le roi lui-même... O clémence ! ô prodige !
« Il a tendu sa patte avec bonté !
« — Le roi !... sa patte. — Eh ! oui, le roi, vous dis-je
« Sa patte auguste ! — O magnanimité !
« A l'adorer sa bonté nous oblige.
« C'est notre père et notre unique appui.
« Il est trop grand, il faut mourir pour lui. »
Ibid, ch. II, trad. de M. ANDRIEUX.

IV. Le Singe maître des cérémonies.

Le roi lion créa surintendant
De l'étiquette et des cérémonies,
Certain gros singe, expert en momeries,
Qui, dès l'enfance, allait en gambadant,
Ou s'exerçait à marcher en cadence,
Le corps bien droit et d'un air d'importance ;
A s'arrêter, à reprendre le pas,
A s'incliner ni trop haut ni trop bas.
Dans ces lazzis qui lui servaient d'ébats,
Son sérieux, sa mine étudiée
Vous eût fait rire à gorge déployée.
Or, c'est, dit-on, de ce rare animal
Qu'est venu l'art du cérémonial.
Notre magot en fit une science,
Régla les temps de chaque révérence,
Donna son code où tout fut expliqué.
Dans l'origine, on s'en était moqué :
On avait pris ces façons pour grimaces ;
Mais de ces jeux les cours des rois lions,
S'étant formé des occupations,

Du singe alors chacun suivit les traces,
Et son métier, chéri des orgueilleux,
Parut à tous sublime, merveilleux :
De point en point il fallut s'en instruire,
Le respecter, se bien garder d'en rire,
S'y conformer avec le plus grand soin.
Quatre pas faits ou trop près ou trop loin,
La révérence ou plus ou moins profonde,
C'était de quoi bouleverser le monde.
Ibid, ch. III, trad. du même.

V. Le page de la reine Lionne.

La reine avait un page favori,
Monsieur Zibet*, animal très joli;
Il assistait toujours à la toilette,
Toujours pimpant, coquet et parfumé,
Et sentant bon comme une cassolette;
Dès qu'il entrait, on était embaumé.
Il inventa la pommade à la Reine,
Et dans les jours de repas et de bal,
Il humectait de son eau souveraine
La noble croupe et le manteau royal.
Sa majesté le voulait auprès d'elle
Tous les matins, et même au petit jour.
A ses récits donnant un nouveau tour,
Il lui contait l'anecdote nouvelle,
Et les amours de madame une telle,
Toujours plaisant, et la reine riait,.
Sans l'écouter, de tout ce qu'il disait.
Monsieur Zibet était la fleur des pages :
Même on prétend qu'ambassadeur discret,
Sa majesté s'en servit en secret,

---

* Civette, animal qui produit le musc.

Assez souvent pour de certains messages...
Mais ce sont là de malignes rumeurs,
Bruits mensongers que je suis loin de croire :
Les cours des rois, j'en atteste l'histoire,
Respectent trop les vertus et les mœurs.

Ibid, ch. IV, trad. du même.

VI. Désespoir du Chien, ministre disgracié.

Il arracha d'une patte indignée
L'ordre royal à son cou suspendu :
« Vile grandeur honteusement gagnée,
« Va, je te voue au mépris qui t'est dû !
« Eh ! que plus tôt ne t'ai-je dédaignée !
« Signe insultant de la faveur des rois,
« Va décorer leurs indignes esclaves.
« Le vain éclat dont brillent ces entraves,
« N'en ôte point l'insupportable poids. »
Il faut savoir qu'en ces temps de merveilles,
Du roi lion la suprême faveur
Aux animaux accordait par honneur
Chaînes, rubans, et cent marques pareilles,
Que l'on portait, d'un air de grand seigneur,
Sur le poitrail, à la queue, aux oreilles :
Et ces pompons, ces hochets, ces grelots,
Entretenaient la vanité des sots.

Ibid, ch. X, trad. du même.

VII. Réflexions sur la guerre.

Que l'avenir est obscur, incertain !
Qu'on prévoit peu ce que le temps amène !
L'homme ne peut fuir son propre destin ;
Comme un esclave il en porte la chaîne,
Et d'un esprit ou soumis ou mutin,
Il suit partout la force qui l'entraîne.

Moi, par exemple, hélas! qui m'aurait dit
Que des combats le funeste récit
Viendrait jamais tourmenter ma pensée;
Que j'en ferais le sujet de mes vers!
Nul, plus que moi, dans ce triste univers,
Ne peut haïr cette ardeur insensée,
Qui, trop souvent, au pauvre genre humain
Met sans raison les armes à la main,
Fait qu'à plaisir en troupe on s'assassine,
On s'estropie, on s'égorge, on s'échine.
De ce spectacle effroyable, odieux,
J'ai détourné mon esprit et mes yeux
Tant que j'ai pu; j'abhorre ce délire,
Et me voilà forcé de le décrire!
Je vais chanter la guerre et les combats
Des animaux, vous peindre leur prouesse;
Je l'ai promis; je n'y manquerai pas.
C'est après tout une stupide espèce
Qui me fournit ces lugubres tableaux.
Pourrait-on voir ces images terribles
Sans s'attendrir, sans plaindre tant de maux?
Les sots humains s'en font de plus horribles;
Ils sont plus fous, plus méchants, moins sensibles
Que n'ont jamais été les animaux.

Ibid, ch. XXI, trad. du même.

VIII. Le Cygne.

Plumes de neige, un chant pur et fini,
Et du talent comme Marchesini;
Tel est le cygne: et c'était sa manière,
Dans ce temps-là, de tout dire en chantant.
Ce bel oiseau, du moins on le prétend,
Ne chante plus qu'à son heure dernière,
Tant ici-bas tout va dégénérant!

A la tribune il faisait beau l'entendre,
Quand d'une voix harmonieuse et tendre,
Il pérorait en dièze, en bémol,
Puis dans le ton rentrait par un bécare.
Tout se taisait, et jusqu'au rossignol,
Pour écouter un orateur si rare.
Ce qu'il disait n'était pas toujours clair;
Ses arguments étaient souvent frivoles;
Mais on n'était occupé que de l'air:
L'air, comme on sait, fait passer les paroles.
Ainsi chez nous, quand quelque *Soprano*
Vient tendrement roucouler un rondeau,
Une ariette, ou broder la musique
D'un beau motet, d'un opéra-comique,
Chacun l'admire et chacun l'applaudit,
Mais sans entendre un mot de ce qu'il dit.

Ibid, ch. XXIII, trad. du même

CATASTROPHE. On n'attache plus à ce mot que l'idée d'un évènement funeste. On ne dirait pas la catastrophe de *Bérénice* ou de *Cinna*. Avant Corneille, on n'osait pas donner le nom de tragédie à une pièce dont le dénouement n'avait rien de sanglant; et Aristote pensait de même, lorsqu'il semblait vouloir interdire à la tragédie les dénouements heureux. On va voir cependant qu'il ne tenait pas constamment à cette doctrine:

« Ce qui se passe entre ennemis ou indifférents,
« disait-il (*Poét*. XIII), n'est pas digne de la tragé-
« die : c'est lorsqu'un ami tue ou va tuer son ami;
« un fils, son père ; une mère, son fils; un fils, sa
« mère, etc., que l'action est vraiment tragique.

« Or il peut arriver que le crime se consomme, ou
« ne se consomme pas; qu'il soit commis aveuglé-
« ment, ou avec connaissance. » Et il tirait de là
quatre sortes de fables : celle où le crime est commis de propos délibéré; celle où le crime n'est reconnu qu'après qu'il est commis ; celle où la connaissance du crime empêche tout-à-coup qu'il ne
soit consommé; et celle où, résolu à commettre le
crime avec connaissance, on est retenu par ses
remords, ou par quelque nouvel incident. Aristote
rejetait absolument celle-ci, et donnait la préférence
à celle où le crime qu'on allait commettre aveuglément est reconnu sur le point d'être exécuté,
comme dans *Mérope*.

C'était donc ici une heureuse révolution qui lui
semblait préférable. Mais ailleurs c'est un dénouement funeste qu'il demande, sans quoi, dit-il, l'action n'est point tragique ; et c'est là qu'il est conséquent : car il voulait un spectacle propre à rendre
les hommes moins sensibles à des évènements dont
la douleur ne change pas le cours ; et c'était là bien
réellement à quoi tendait l'ancienne tragédie. Son
objet moral n'était pas de modérer en nous les passions actives, mais d'habituer l'âme aux impressions
de la terreur et de la pitié, de l'en charger comme
d'un poids qui exerçât ses forces et lui fît paraître
plus léger le poids de ses propres malheurs. Or ceci
ne pouvait être l'effet d'une affliction passagère,
qui, causée par les incidents de la fable, se serait
apaisée au dénouement. Si l'acteur intéressant finissait par être heureux, si le spectateur se retirait

tranquille et consolé, l'exemple était sans fruit. Il fallait que chacun s'en allât frappé de ces idées: « L'homme est né pour souffrir : il doit s'y attendre « et s'y résoudre. » Sans donc s'occuper de l'émotion que nous cause le progrès des évènements, Aristote s'attache à celle que le spectacle laisse dans nos âmes : « C'est par là, dit-il, que la tragédie purge « la crainte, la pitié et toutes les passions semblables, « c'est-à-dire toutes les affections douloureuses qui « nous viennent du dehors. (*Poét.* VI)*. »

Il est certain que cet objet du spectacle tragique n'est jamais mieux rempli que lorsque l'innocent succombe; mais, d'un autre côté, l'exemple en est encourageant pour le crime, et dangereux pour la faiblesse. C'est pour cela que Socrate et Platon reprochaient à la tragédie d'aller contre la loi, qui veut que les bons soient récompensés et que les méchants soient punis**.

Pour éluder la difficulté, Aristote a exigé, dans le personnage malheureux et intéressant, un certain mélange de vices et de vertus : mais quels étaient les vices d'OEdipe, de Jocaste, de Méléagre? Il a fallu imaginer des fautes involontaires; solution qui n'en est pas une, mais qui donnait un air d'é-

---

* On peut rapprocher de cette explication que donne ici Marmontel d'un passage si souvent et si diversement interprété, les opinions de Batteux, La Harpe, Lemercier, Andrieux, Lessing, Buhle, Hermann, Schlegel, etc., que nous avons citées ou rapportées, t. II, p. 175—76 et t. III, p. 83.
H. P.

** Voyez t. II de notre *Répertoire*, p. 186—187, ce que disent Aristote, La Harpe et Schlegel, sur la nécessité prétendue de finir tout ouvrage dramatique par le triomphe des bons et la punition des méchants. H. P.

quité aux décrets de la destinée, et qui adoucissait, du moins en idée, la dureté d'un spectacle où l'on entendait gémir sans cesse les victimes de ces décrets.

La vérité simple est, que la tragédie ancienne n'avait d'autre but moral que la crainte des dieux, la patience, et l'abandon de soi-même aux ordres de la destinée. Or tout cela résulte pleinement d'une *catastrophe* heureuse pour les méchants, et malheureuse pour les bons. Après cela, quelle était pour les mœurs la conséquence de l'opinion que donnaient aux peuples ces exemples d'une destinée inévitable, ou d'une volonté suprême également injuste et irrésistible? C'est de quoi les poètes s'inquiétaient assez peu, et ce qu'ils laissaient à discuter aux philosophes qui voudraient, bien ou mal, concilier la morale avec la poésie *.

Cependant la preuve que les poètes grecs ne s'étaient pas fait une loi de terminer la tragédie par le malheur du personnage intéressant, c'est l'exemple des *Euménides* d'Eschyle, du *Philoctète* de Sophocle, de l'*Oreste* d'Euripide et de l'*Iphigénie en Tauride* du même poète, dont le dénouement est heureux.

Dans le système de la tragédie moderne, il est

---

* La tragédie grecque bien entendue n'a rien de contraire à la morale. Elle nous présente l'homme dans toute la vérité de sa nature, soumis, quant aux évènements qui composent sa vie, aux chances inévitables de la destinée, mais conservant dans cette bonne ou dans cette mauvaise fortune, que lui envoient les dieux, l'entière liberté de ses déterminations morales. Dans la tragédie grecque l'homme est vertueux ou criminel par choix ; heureux ou malheureux par nécessité. Qu'y a-t-il là qui ne soit conforme à la morale la plus pure ? H. P.

bien plus aisé d'accorder la fin morale avec la fin poétique ; et les catastrophes funestes y trouvent naturellement leur place, leur cause et leur moralité dans les effets des passions. *Voyez* TRAGÉDIE.

MARMONTEL, *Eléments de Littérature.*

CATULLE (CAIUS-VALERIUS), célèbre poète latin, naquit l'an de Rome 667, 86 ans avant Jésus-Christ, selon quelques-uns à Vérone, et selon d'autres à Sirmium, aujourd'hui Sirmione, petite ville d'une presqu'île du lac de Garda. Il était issu d'une famille distinguée par son rang et sa fortune, qui avait eu plusieurs fois l'honneur de recevoir César, lorsqu'il visitait cette partie de la Gaule cisalpine. Très jeune encore, Catulle arriva à Rome sous les auspices de Mallius, dont il célébra plus tard le mariage dans une de ses plus jolies pièces (*carm.* 62). Parmi les écrivains qui commençaient à illustrer cette époque brillante, Catulle se fit bientôt distinguer par les agréments de son esprit. Il se lia avec Cicéron, Plancus, Cinna et Cornélius Népos, auquel il dédia par la suite le recueil de ses œuvres. Ce recueil n'est pas volumineux : Catulle y parcourt cependant les principaux genres de poésie, et prouve, par la supériorité avec laquelle il les traite, ce qu'il eût été dans chacun d'eux, si, moins ami du plaisir et des voyages, il eût fait des lettres son objet essentiel. Il est au reste douteux que nous possédions tout ce qu'il a composé. Nonnius et Servius citent de lui des vers que nous ne trouvons point dans le recueil de ses œuvres, et Térentianus en rapporte trois, d'un mètre particulier, qui ne s'y trouvent pas davantage. Si l'on en croit Giraldi (*De poet. hist.*, dial. 10.), Alde Manuce et Érasme se flattaient de posséder un poème inédit de Catulle, intitulé *Ver* (le Printemps); mais il est démontré qu'il s'agissait du *Pervigilium*, qui n'était point alors attribué à Catulle, et que quelques érudits, Bayle entre autres, lui ont même disputé depuis. Quoi qu'il en soit, les anciens et les modernes n'ont jamais varié sur le mérite de celles de ses poésies que le temps a conservées : Tibulle, Ovide les ont louées, et Martial lui-même, si jaloux de sa supériorité dans le genre de l'épigramme, avoue modestement qu'il ne le cède qu'au seul Catulle (*uno minor Catullo*). Il dit même que Vérone, patrie de Catulle, ne lui doit pas moins de célébrité que Mantoue à son Virgile. Pline le jeune et Scaliger lui reprochent pourtant quelques défauts assez remarquables ; toutefois il n'en est pas moins regardé comme un modèle dans le madrigal, quand il ne dépasse pas les bornes de la galanterie ; et dans l'épigramme, quand il ne la rend pas trop amère. Il excella pareillement dans le genre héroïque, et l'on dit que son bel épisode d'Ariane a servi d'inspiration au chantre de Didon. Il est le premier qui, chez les Romains, ait cultivé avec succès la poésie lyrique, et les quatre odes qu'il nous a laissées font regretter vivement celles que nous avons perdues. On est sur-tout fâché que ce poète n'ait pas toujours respecté la décence; mais, à cet égard, on rapporte que Catulle s'était créé des principes infiniment commodes; selon lui (*carm.* 16), pourvu que le poète ne blesse pas les mœurs personnellement, il peut dans ses vers impunément les braver. Il paraît qu'une si douce morale était alors à la mode chez les aimables libertins de sa société, et chez des femmes qu'en général il traite assez cavalièrement. Catulle, par suite de cette vie licencieuse, se trouva souvent engagé dans des embarras dont il riait le premier (*carm.* 13), et qui le mirent en relation avec des jurisconsultes célèbres. On croit que Cicéron plaida pour lui; mais ce n'est qu'une conjecture, et il n'en reste aucune preuve. Malgré les dépenses où devaient l'entraîner ses dissipations, Catulle ne dérangea point sa fortune : il possédait une maison de campagne à Tibur, et une autre encore plus belle dans la presqu'île de Sirmium. Il suivit en Bithynie le préteur Memmius (le même auquel Lucrèce a dédié son poème), et, à son retour, il alla visiter cette magnifique retraite (*carm.* 31), dont les débris attestent encore aujourd'hui l'ancienne splendeur. Catulle, par l'amabilité et la bonté de son caractère, mérita de compter des amis parmi tout ce qu'il y avait à Rome de plus distingué. César lui-même fut du nombre, quoiqu'il eût à se plaindre du poète qui l'avait violemment attaqué par deux épigrammes très satiriques : quelque injurieux qu'ils fussent, ces vers ne servirent qu'à faire éclater la modération de la personne offensée. César se contenta d'obliger le poète à lui faire réparation, et l'invita à souper pour le soir même.

Catulle joignait au talent de la poésie une érudition profonde et variée, qui lui a valu, de la part de tous ceux qui ont parlé de lui, l'honorable épithète de *docte*. Ovide, Martial et Tibulle ne le désignent jamais autrement, et l'on peut croire que c'était un éloge mérité. Il avait fait de la langue et de la poésie grecque une étude particulière, et l'on s'en aperçoit, non-seulement par ses belles versions de l'ode célèbre de *Sapho* et de *la Chevelure de Bérénice*, traduite de Callimaque ; mais par les formes habituelles de son style, et par sa prédilection marquée pour les tours et les figures de diction particulières à cette belle langue. On varie sur l'époque de sa mort : l'opinion la plus commune la fixe à l'an de Rome 697. L'état déplorable où fut trouvé son premier manuscrit, vers la fin du XVe siècle, explique suffisamment la cause des fautes multipliées qui ont défiguré les diverses éditions de ses ouvrages. La première, sans nom de ville ni d'imprimeur, date de 1472, in-fol. (On la croit de Vindelin, de Spire). Parmi une foule d'autres éditions qui en ont été données en Italie, en France, à Londres, on distingue celle de Baskerville, in-4°, 1772, et sur-tout celle du savant Doëring, Leipzick, 2 vol. in-8°, 1788 et 1792. Les *Poésies de Catulle* ont été traduites plusieurs fois ; nous citerons la traduction en prose de M. Noël, Paris, 1803, 2 vol. in-8° avec des notes, et un choix d'imitations par les poètes latins modernes, et par nos poètes français. Les *Noces de Thétis et de Pélée* ont été traduites en vers, par Legendre, Lyon, 1701, in-12; par M. Ginguené, avec le texte latin, revu et corrigé sur les meilleures éditions comparées, une préface et des notes où le goût éclaire et dirige une critique sage et bien raisonnée, Paris, 1812, grand in-18. M. Mollevaut a aussi publié un choix de *Poésies de Catulle*, Paris, 1821, in-18, troisième édition, revue et augmentée.

AMAR.

JUGEMENTS.

I.

Quintilien regarde Tibulle comme le premier des poètes élégiaques; mais il ne parle que du style : *Mihi tersus atque elegans maximè videtur.* Pline le jeune préfère Catulle, sans doute pour des élégies qui ne sont point parvenues jusqu'à nous. Ce que nous connaissons de lui de plus délicat et de plus touchant, ne peut guère être mis que dans la classe des madrigaux. Nous n'avons d'élégies de Catulle que quelques vers à Ortalus sur *la mort de son frère*, *la Chevelure de Bérénice*, élégie faible, imitée de Callimaque; une *Épître à Mallius*, où sa douleur, sa reconnaissance et ses amours, sont comme entrelacées de l'histoire de Laodamie, avec assez peu d'art et de goût; enfin l'*Aventure d'Ariane et de Thésée*, épisode enchâssé dans son poème sur *les Noces de Thétis*, contre toutes les règles de l'ordonnance, des proportions et du dessin. Tous ces morceaux sont des modèles du style élégiaque; mais, par le fond des choses, ils ne méritent pas même, à mon avis, que l'on nomme Catulle à côté de Tibulle et de Properce ; aussi l'abbé Souchai ne l'a-t-il pas compté parmi les élégiaques latins. (*Mémoires de l'Académie des inscriptions et belles-lettres*, t. VII.)

MARMONTEL, *Éléments de Littérature.*

II.

Une douzaine de morceaux d'un goût exquis, pleins de grace et de naturel, l'ont mis au rang des poètes les plus aimables. Ce sont de petits chefs-d'œuvre où il n'y a pas un mot qui ne soit précieux, mais qu'il est aussi impossible d'analyser que de traduire. On définit d'autant moins la grace qu'on la sent mieux. Celui qui pourra expliquer le charme des regards, du sourire, de la démarche d'une femme aimable, celui-là pourra expliquer le charme des vers de Catulle. Les amateurs les savent par cœur, et Racine les citait souvent avec admiration. On peut croire que ce poète tendre et religieux ne parlait pas des épigrammes obscènes ou satiriques du même auteur, qui, en général, ne sont pas dignes de lui, même sous le rapport du bon goût. Il y en a plusieurs contre César, qui, pour toute vengeance, l'invita à souper. Il ne faut pas trop admirer César, car les épigrammes ne sont pas bonnes; et je croirais volontiers que le tact fin de César fit grace aux épigrammes en faveur des madrigaux. Si Catulle lui récita ses vers sur *le Moineau de Lesbie*, et son épithalame de *Thétis et Pélée*, son hôte dut être content de lui : il dut voir dans Catulle un génie facile, qui excellait dans les sujets gracieux, et pouvait même s'élever au sublime de la passion.

L'épisode d'Ariane abandonnée dans l'île de Naxos,

qui fait partie de l'épithalame, est du petit nombre des morceaux où les anciens ont su faire parler l'amour. On ne peut le louer mieux qu'en disant que Virgile, dans son IVe livre de l'*Énéide*, en a emprunté des idées, des mouvements, quelquefois même des expressions, et jusqu'à des vers entiers. L'Ariane de Catulle a servi à embellir la Didon de Virgile. Peut-on douter qu'un homme qui a rendu ce service à l'auteur de l'*Énéide* n'eût pu devenir un grand poète, s'il eût aimé le travail et la gloire? Mais Catulle n'aima que le plaisir et les voyages, deux choses qui laissent peu de loisir pour les lettres. Il était né pauvre; et des amis généreux l'enrichirent, entre autres Manlius, dont il fit l'épithalame, sujet usé dont il sut faire un ouvrage charmant, parce que le talent rajeunit tout. Il fut lié aussi avec Cicéron et Cornélius Népos: c'est à ce dernier qu'il a dédié son livre. Nous l'avons tout entier: il ne contient pas cent pages, et a rendu son auteur immortel. A-t-il eu tort de n'en pas faire davantage? Tous les écrivains de l'ancienne Rome l'ont comblé d'éloges, sans doute parce qu'il écrivait bien, peut-être aussi parce qu'il écrivit peu. Il suivit son goût, satisfit celui des autres, et n'effraya pas l'envie. Que lui a-t-il manqué? rien que de jouir plus long-temps d'une vie qu'il savait si bien employer pour lui-même. Il mourut à cinquante ans.

La Harpe, *Cours de Littérature.*

MORCEAUX CHOISIS.

I. La mort du Moineau de Lesbie.

O vous, Graces, pleurez! pleurez, dieu des Amours!

CATULLE.

Amours, Graces, Vénus, pleurez! pleurez toujours!
Il n'est plus le moineau, délices de Lesbie,
Le moineau que son cœur préférait à la vie.
Oiseau charmant! un fils à plaire accoutumé
Aime-t-il mieux sa mère? en est-il mieux aimé?
Il béquetait les lis de sa gorge d'albâtre,
Autour de son beau front courbait un vol folâtre,
Et pour elle gardait de petits cris d'amour.
Le voilà descendu dans cet affreux séjour,
Ne rendant jamais rien au mortel qui l'implore.
Inflexible Achéron, dont le gouffre dévore
Tout ce que la nature enfante de plus beau,
Oses-tu bien ravir un si gentil oiseau?
O moineau malheureux! ô mortelles alarmes!
Pour toi des yeux charmants s'enflent, rougis de larmes!
O vous, Graces, pleurez! pleurez, dieu des Amours!
Amours, Graces, Vénus, pleurez! pleurez toujours!
Trad. de M. Mollevaut.

II. A la presqu'île de Sirmion*.

Quel plaisir de revoir tes bosquets enchanteurs,
Sirmion! œil des mers, bords les plus séducteurs

* Voici l'imitation de ce morceau par M. Roger.

> Aimable et douce solitude,
> Où mon cœur se plaît à rêver,
> Sans témoins, sans inquiétude!
> Jardin que j'aime à cultiver!
> Sirmio, fortuné rivage,
> Séjour chéri du dieu des mers,
> Dont tu fus le plus bel ouvrage:
> Enfin je quitte les déserts
> De la sauvage Bithynie,
> Et cette retraite fleurie
> Est désormais mon univers!....
> Ah! si quelquefois sur la terre
> Le bonheur venait habiter,
> C'est dans cette île solitaire

Qu'embrassent de leurs flots l'un et l'autre Neptune!
Oh! je bénis cent fois ma nouvelle fortune,
Qui de la Bithynie ose enfin m'arracher,
Et sur ton sein riant à jamais m'attacher.
Heureux qui, des ennuis rejetant l'esclavage,
Déposant le fardeau d'un accablant voyage,
Fatigué, trouve enfin l'asyle tant aimé,
Et doucement s'endort au lit accoutumé!
Oui, tu m'as bien payé de ma longue souffrance!
Salut, ô Sirmion! souris à ma présence:
Toi, beau lac de Lydie, ah! souris à ton tour;
Et vous, joyeux amis, buvez à mon retour.

Trad. du même.

III. A Lesbie.

Vivons, aimons, ô ma chère Lesbie,
La fleur de l'âge appartient aux amours.

Qu'il aimerait à s'arrêter,
Indépendant, sobre et tranquille,
Sans préjugés, sans passions;
De l'âge d'or dans son asyle,
Réalisant les fictions;
Heureux, de ses dieux domestiques
Le mortel qui peut s'entourer,
Et vient en paix se retirer
Au sein de ses foyers rustiques!
Puissé-je voir sous ces berceaux
Doucement s'écouler ma vie!
Je suis payé de mes travaux.
O Sirmio! rive chérie!
Réjouis-toi de mon retour:
Souris aussi, lac de Lydie,
Dont les eaux baignent ce séjour,
Que tout, en me voyant paraître,
Au plaisir se livre aujourd'hui,
Et que du bonheur de son maître,
Chacun soit heureux comme lui.

Laissons gronder la vieillesse ennemie,
Et moins que rien prisons ses vains discours.
Le soleil fuit pour reparaître encore,
Son char emporte et ramène les jours.
Pour les humains, point de seconde aurore,
Quand vient la nuit, c'est, hélas! pour toujours.
Donne-moi donc cent baisers, et puis mille,
Puis cent encor, de mille autres suivis,
Puis cent nouveaux, puis mille encore, et puis
Ne prenons plus une peine inutile;
Brouillons le compte : ils en seront plus doux.
Craignons d'ailleurs l'envie au regard sombre;
Tant de baisers feraient trop de jaloux,
Si l'on pouvait en connaître le nombre.

Charles Loyson.

IV. A la même.

Tu veux savoir, ô ma Lesbie,
Combien il me faudrait de tes baisers charmants,
Pour contenter enfin mon amoureuse envie,
  Et mettre un terme à mes tourments.
Compte dans les déserts de l'ardente Lybie
  Les grains de sable répandus
Du vieux temple d'Ammon au tombeau de Battus :
  Compte les astres innombrables
Qui remplissent les cieux de leurs feux éclatants,
Quand la nuit vient prêter ses voiles favorables
  Aux tendres larcins des amants.
Autant de tes baisers, mille fois plus encore,
  Pourront de l'amant qui t'adore
  Apaiser les douces fureurs.
Autant de tes baisers du feu qui le dévore
  Pourront éteindre les ardeurs ;
Tant que leur nombre enfin, ô ma charmante amie!

Puisse échapper à l'œil des curieux,
Et du jaloux qui nous épie
Braver les regards envieux.

LE MÊME.

V. Catulle à lui-même.

Cesse de te livrer, Catulle, à ta folie.
Tes soins, tes tendres soins, sont perdus pour toujours.
Autrefois pour toi seul se levaient les beaux jours,
 Quand aux rendez-vous de Lesbie,
Tu volais précédé des folâtres Amours.
Maintenant elle change, elle te fuit, l'ingrate !
Tes vœux et tes soupirs ne sont plus écoutés :
Par des refus cruels, des mépris affectés,
 Puisque son inconstance éclate,
Quitte ami, sans regret, les fers qu'elle a quittés.
Adieu ! perds tout espoir, ô volage Lesbie,
De me voir, malgré toi, rechercher tes faveurs,
Bientôt, dans ton dépit, tu verseras des pleurs ;
 Et le supplice de ta vie
Sera d'avoir perdu ton pouvoir sur les cœurs.

RIGOLEY DE JUVIGNY.

VI. A Cornélius Népos.

A qui donner ce livre frais éclos,
 Joli, paré de neuve couverture ?
A toi, sans doute, illustre et cher Népos,
 Qui de mes jeux ne hais pas la lecture,
 Tu les goûtais dès le temps que tu fis
 Ce beau traité, ce recueil où tu mis
 En trois cahiers l'histoire universelle,
 Œuvre non vue encor dans ton pays ;
 Mes petits vers sont peu de chose au prix,
 Mais par ton nom ils vivront autant qu'elle.

LA MONNOYE.

CELSE (Aurelius-Cornelius Celsus). Tels sont les noms qu'on trouve en tête de la plupart des *OEuvres de Celse*, manuscrites ou imprimées. Mais un manuscrit plus ancien de la bibliothèque du Vatican porte, en lettres romaines, très bien formées, Aulus Cornelius Celsus, et nos plus judicieux critiques s'accordent à dire que le prénom d'Aulus convient beaucoup mieux à Cornelius Celsus, parce qu'Aurelius était un nom de famille romaine, et Aulus un prénom assez commun dans la maison Cornelia. Toutefois aucun monument n'atteste que Celse appartînt à cette illustre famille, qui accordait souvent la faveur de porter son nom à des personnes avec lesquelles elle était en relation de patronage ou d'amitié. Quoiqu'on ignore l'époque où naquit cet auteur et celle où il mourut, les autorités les mieux établies prouvent qu'il vécut sous les règnes d'Auguste, de Tibère et de Caligula, environ cent cinquante ans avant Galien. Il est plus difficile encore de déterminer quelle fut sa profession; la diversité des opinions à cet égard provient du grand nombre des matières qu'il a traitées, et, selon Quintilien, de manière à prouver qu'il était également versé dans chacune. Ses ouvrages formaient en effet une espèce d'encyclopédie, divisée en plusieurs livres, où chaque science était traitée particulièrement. Un ancien scoliaste de Juvénal nous dit que Celse avait composé sept livres sur la rhétorique, et Quintilien nous apprend que cet auteur avait écrit sur les lois, sur l'histoire, sur la philosophie, sur l'art militaire et sur l'agriculture, outre son

Traité de Médecine, le seul de ses ouvrages que le temps ne nous ait point ravi. « Il n'est personne, « dit Bianconi, qui, frappé des profondes connais-« sances de Celse, en médecine, n'ait pensé qu'il « avait exercé cet art ; mais s'il fallait déterminer « sa profession, d'après l'habileté qu'il a montrée « dans chacune des sciences qu'il a traitées, il fau-« drait en faire (comme l'a dit Quintilien) non-seu-« lement un médecin, mais aussi un agriculteur, un « rhéteur et un homme de guerre. Au reste, continue « Bianconi, il suffit de se souvenir que, chez les « anciens, le plan des études était bien plus vaste « que dans nos temps modernes, et qu'il compre-« nait la presque universalité des connaissances hu-« maines. Que d'objets Caton n'avait-il pas traités « dans ses écrits, outre la médecine, l'agriculture et « la guerre ? et Varron, profondément instruit en « tout genre de littérature, n'avait-il pas renfermé « dans les siens presque tout ce qu'on pouvait savoir « alors ? Qui sait même si Celse, assez voisin de cette « époque, ne s'était pas proposé de suivre, dans ses « compositions, l'exemple du plus docte des Ro-« mains ? Ajoutons encore que la médecine était « autrefois la science dont l'étude était le plus géné-« ralement suivie, et dont, par cette raison, on « trouve d'importantes leçons répandues dans les « écrits des anciens. C'est ainsi que quand Cicéron, « Lucrèce et Horace touchent des points de méde-« cine, ils se montrent très instruits dans cette par-« tie. Virgile la connaissait à fond, et les ouvrages « d'Ovide contiennent beaucoup de préceptes rela-

« tifs à la santé, qu'il y a insérés moins comme poète
« qu'en qualité de connaisseur expérimenté. Pline
« Valérien nous a conservé un remède contre l'oph-
« thalmie, dont Auguste lui-même avait imaginé la
« composition. Adrien avait étudié méthodiquement
« chacune des parties de la médecine, et Pline traite
« avec tant de soin ce qui a rapport à cette science,
« qu'il fut regardé comme médecin par beaucoup
« de personnes. On peut donc conclure que Celse,
« ainsi que tant d'autres, possédait la science de la
« médecine sans faire métier de l'exercer, comme
« les Grecs, venus à Rome dans cette intention,
« avaient coutume de faire. Pline nous apprend que
« les Romains s'abstenaient d'exercer la médecine :
« *C'est le seul art des Grecs*, dit-il, *dont la gravité*
« *romaine ne se permette pas encore la pratique*,
« *malgré le lucre qu'elle produit*. Mais il ajoute que,
« si les Romains dédaignaient l'exercice de cet art,
« ils estimaient l'art lui-même, et en faisaient une
« étude approfondie, et Celse aurait pu s'exprimer
« sur son propre compte comme Pline, lorsqu'il
« dit de lui-même : *Nous exposerons soigneusement*
« *ces propriétés, sans déroger à la gravité romaine,*
« *et par goût pour les arts libéraux, non comme mé-*
« *decin, mais comme prenant intérêt à la santé des*
« *hommes*. Aujourd'hui la médecine n'est étudiée
« que par ceux qui se proposent d'en faire leur état,
« ce qui a induit beaucoup de monde à penser que,
« puisque Celse connaissait cette science, il était
« réellement médecin ; mais Pline, qui désigne
« comme médecins ceux qui le furent, parmi les

« auteurs dont il mettait à profit les ouvrages, ne
« donne jamais cette qualification à Celse, quoiqu'il
« ait souvent occasion de le citer. Celui-ci de plus
« ne se trouve mentionné dans aucun des anciens
« médecins, par la raison qu'ils ne le comptaient pas
« au nombre de leurs praticiens. » Les recherches de
Bianconi prouvent sans doute que Celse ne fut point
regardé, par les anciens, comme praticien, mais
elles ne détruisent pas l'idée qu'il ait pu exercer la
médecine dans sa famille ou parmi ses amis, ainsi
que l'ont pensé Morgagni, Targa et autres savants
critiques. En lisant d'ailleurs attentivement son *Traité
de Médecine*, on ne peut se refuser à croire qu'il
n'ait dû au moins quelquefois s'appuyer de sa propre
expérience. Cet ouvrage, divisé en huit livres, présente le tableau le plus parfait de la médecine des
anciens. Le style en est si concis, si clair et si élégant, qu'il a fait dire de Celse qu'il était *le Cicéron
des médecins*. Cet ouvrage a mérité, sous plus d'un
rapport, l'admiration des savants ; le grammairien y
trouve, dans le style, un modèle d'élégance et de
pureté ; l'historien peut y puiser d'excellents matériaux dans le détail des sectes, des opinions, des découvertes et des noms des anciens médecins ; l'antiquaire,
dans les observations de Celse, sur la gymnastique
des Romains, et dans la valeur de leurs poids et de leurs
mesures, qui est mieux marquée que dans aucun
autre auteur de ce temps-là ; enfin, le corps de l'ouvrage est le plus parfait et le plus méthodique que
nous ayons en latin de toute la médecine pratique
des anciens, réduite en un abrégé qui n'est qu'un

tissu de préceptes, et comparable, selon Malondel, aux *Institutes de Justinien*. On a dit aussi, avec raison, que les préceptes et les sentences dont l'ouvrage de Celse est rempli, pourraient faire pendant aux *Aphorismes d'Hyppocrate*: nous pouvons ajouter qu'ils en offrent aussi quelquefois la traduction exacte. Un travail de cette nature, que nous avons commencé sur ces deux auteurs, nous a présenté les rapprochements les plus curieux, en même temps qu'il nous a servi à éclaircir des passages obscurs et à rectifier des endroits fautifs dont la plupart des éditions de Celse sont encore entachées. Son traité de médecine, intitulé: *De Medicinâ, libri octo,* a été imprimé un grand nombre de fois. L'édition *princeps,* Florence, 1478, in-fol., est très rare. Celle de Targa, Leyde, 1785, in-4°, passe pour la meilleure. Cet ouvrage a été traduit en français par H. Ninnin, Paris, 1753, 2 vol. in-12. On a donné, en 1821, une nouvelle édition de cette traduction, revue, et avec le texte en regard.

F.

CELSE, philosophe épicurien, qui vécut dans le IIe siècle, fit paraître, sous le règne d'Adrien, plusieurs ouvrages contre le christianisme. Le plus connu était celui qui avait pour titre: *Discours véritable*. Il n'est point parvenu jusqu'à nous; mais Origène, dans la célèbre réfutation qu'il en fit un siècle après, nous a transmis tout ce qu'il contenait d'essentiel. (*Voyez* ORIGÈNE.)

CERVANTES (Cervantes-Saavedra Miguel), l'auteur de l'immortel *Don Quichotte*, naquit à Alcala de Hénarès, dans la nouvelle Castille, le 9 octobre 1547, de parents nobles, mais peu aisés. Si, comme on l'a souvent remarqué, le malheur semble s'attacher, par une sorte de prédilection funeste, aux hommes supérieurs, aucun n'expia son génie d'une manière plus triste que Cervantes, aucun n'eut une vie plus orageuse et plus agitée.

Un goût prononcé pour la poésie signala son adolescence. A cette époque de mœurs chevaleresques, l'art des vers était en crédit et trouvait des Mécènes; mais le jeune Cervantes ne savait point l'art de capter leur bienveillance; et, quand bien même une expérience précoce lui eût appris que l'adulation est le seul moyen d'acquérir la faveur des grands, son caractère peu souple se serait refusé à le mettre en œuvre. Il faisait donc des vers uniquement pour le plaisir d'en faire; il consuma dans cette occupation ses plus belles années : la misère vint l'avertir, un peu tard, que les muses, dangereuses syrènes, ne font que d'infidèles promesses. A l'âge de vingt-deux ans, il s'exila de son pays pour chercher fortune ailleurs; il passa en Italie, où l'indigence, qui le suivait comme à la piste, le contraignit d'imposer silence à sa vanité, et d'entrer au service du cardinal Acquaviva, en qualité de valet de chambre. Heureusement, il ne resta pas long-temps dans ce poste subalterne. En 1570, la guerre ayant éclaté entre plusieurs princes de la chrétienté et le sultan Sélim, au sujet de l'île de Chypre, que celui-ci voulait enlever aux Vénitiens, le pape Pie V s'empressa de fournir aux alliés une escadre et des subsides. C'était une occasion pour Cervantes de sortir de la situation humiliante où il s'était vu réduit : il la saisit, et s'engagea sous les drapeaux du souverain pontife. En 1571 eut lieu, dans le golfe de Lépante, cette victoire mémorable remportée par la flotte coalisée sur celle des Turcs. Cervantes, simple soldat, y déploya un mâle courage, mais un coup d'arquebuse lui fracassa le bras gauche et le laissa estropié pour sa vie. Quoique privé de l'usage d'une main, résigné à cette perte, et sûr de la gloire qu'il s'était acquise à Lépante, il ne se crut pas inhabile à cueillir de nouveaux lauriers. Il se rendit à Naples, et s'y enrôla dans les troupes de Philippe II. En 1575, il repassait en Espagne, lorsque le vaisseau qu'il montait fut pris par un corsaire d'Alger. Devenu l'esclave d'un maître inhumain, Cervantes ne se laissa pourtant pas abattre par cette nouvelle infortune ; il lui opposa un inflexible courage, et son intrépidité fut plus grande encore que ses revers. Après plusieurs tentatives d'évasion, dont il a fait lui-même, dans sa Nouvelle du *Captif*, un récit où le vrai paraît à peine vraisemblable, après, disons-nous, plusieurs tentatives, qui toutes furent sans succès, et dans lesquelles Cervantes courut maintes fois le danger du pal ; loin d'être rebuté par l'inutilité de ses efforts, il eut l'inconcevable audace de tramer un vaste complot qui n'allait à rien moins qu'à faire révolter tous les esclaves chrétiens, et à se mettre à leur tête pour attaquer ouvertement le gouvernement d'Alger. Ce projet échoua, et, chose singulière! le dey qui frappé de l'énergie inaccoutumée d'un esclave, avait déjà respecté ses jours, lui laissa encore la vie sauve: tant est grand l'empire de l'héroïsme sur les hommes même les plus barbares! Enfin la mère de Cervantes, étant devenue veuve, parvint à réunir une somme de trois cents ducats, produit de la vente de tout ce qu'elle possédait, et la remit aux PP. de la Trinité, chargés du rachat des captifs. Arrivés à Alger, en 1580, ces bons pères s'empressèrent en effet de traiter de la rançon de Cervantes. Cette négociation souffrit d'abord des difficultés à cause du prix; mais l'un des pères, ayant eu la générosité de compléter de sa bourse la somme exigée, le prisonnier obtint sa délivrance.

De retour dans sa patrie, en 1581, après douze années d'absence, dont plus de cinq passées dans la captivité, Cervantes, que ses longs malheurs n'avaient pas guéri de son ancienne passion pour les muses, rentra dans la carrière littéraire. En 1584 il fit imprimer à Madrid son roman pastoral de *Galathée*, et à cette même époque il épousa Catherine Palacios de Palazar, demoiselle noble, et aussi peu riche que lui. Le théâtre lui paraissant alors devoir lui offrir des ressources, il lui consacra presque exclusivement dix années, pendant lesquelles il composa une trentaine de comédies, jouées à Madrid avec plus ou moins de succès. Le célèbre Lopez de Vega ayant commencé à briller vers ce temps, (la fin du XVIe siècle), on peut conjecturer que ce fut là le motif qui détermina Cervantes à ne plus s'exposer aux chances de la scène. Quoiqu'il en soit, dix autres années s'écoulèrent, durant lesquelles l'auteur dont nous retraçons la vie semble être demeuré, sinon dans l'inaction, du moins dans la retraite; car on ne connaît aucun ouvrage de lui qui ait été mis au jour dans cet intervalle, et ce n'est qu'en 1605 que parut la première partie du *Don Quichotte*. Cette partie fut écrite dans la province même qui sert de théâtre aux aventures du *Héros de la Manche*, et dans la prison où l'auteur fut long-temps enfermé, sans qu'on ait bien su à quoi attribuer cette nouvelle persécution. Le duc de Bekjar, qui avait d'abord refusé d'agréer la dédicace de l'ouvrage, l'accepta ensuite avec transport, dès qu'il en eut entendu la lecture. Mais ce premier succès n'était rien sans la sanction publique, et l'un des plus beaux monuments littéraires que possède la nation espagnole fut d'abord méconnu par elle; il fut dédaigné, décrié par une tourbe d'ignares écrivains qui ne le comprenaient pas. L'auteur qui, presque seul, sentait la portée de son livre, avait dû prévoir ce résultat; car, suivant l'expression de Montesquieu, « le meilleur « livre des espagnols est celui qui se moque de tous « les autres. » Il advint à Cervantes précisément ce qui est arrivé depuis à Molière, lors de l'apparition du *Misanthrope*: Cervantes tournait en dérision le goût dépravé de la multitude pour les mauvais romans de chevalerie, comme Molière s'est moqué du faux goût poétique des partisans de l'hôtel Rambouillet, et leurs chefs-d'œuvre ont subi la peine de cette heureuse audace ; mais ces deux écrivains philosophes, travaillant pour la postérité, s'en sont remis à elle du soin de leur vengeance. Le temps met toute chose à sa place, et maintenant le *Don Quichotte* est pour les Espagnols ce que le *Tom-Jones* est pour les Anglais, ce qu'est pour nous le *Gil-Blas*.

Le *Don Quichotte* n'améliora pas, à beaucoup près, le sort de son auteur; et, sans les libéralités de don Bernardo de Sandoval, archevêque de Tolède, et du comte de Lémos, Cervantes serait tombé dans une indigence absolue. L'archevêque de Tolède et le comte de Lémos, protecteurs éclairés des vrais talents, étaient, pour le dire en passant, du petit nombre des hommes en état de comprendre et d'apprécier Cervantes. Celui-ci fit imprimer, en 1613, ses *Nouvelles*, au nombre de douze, précédées d'une épître dédicatoire à son bienfaiteur, le comte de Lémos, dans laquelle il exprimait avec effusion sa reconnaissance. Les *Nouvelles* devaient plaire par leur ingénieuse variété : quoique bien au-dessous de *Don Quichotte*, elles eurent beaucoup plus de succès dans leur nouveauté. Le *Voyage au Parnasse* leur succéda en 1614. Cette espèce de poème, où Cervantes a peint, avec des couleurs légèrement satiriques, les auteurs et leurs prétentions au Parnasse, et où il s'est représenté lui-même dans sa triste destinée, devait être piquant; mais le temps lui a fait perdre cet intérêt momentané qui s'attache à une revue de contemporains. Une *Suite du Voyage au Parnasse* parut la même année; pareille réflexion s'applique à cet opuscule. Huit comédies et autant d'intermèdes non représentés, furent imprimés en 1615, et ne reçurent qu'un accueil très froid : l'auteur les avait lui-même jugés par la modestie de son apologie, et il est probable qu'il ne les publia que pour avoir quelque argent.

Cependant *Don Quichotte* avait commencé à triompher de l'indifférence, mais pas encore de l'envie. Une suite de ce roman précieux était désirée avec impatience. Un auteur, déguisé sous le nom de don Alonzo Fernandès de Avellaneda, crut arrogamment pouvoir imiter ce qui était inimitable, et en 1614 parut une soi-disant *seconde partie de l'histoire du noble et vaillant Don Quichotte*. Elle était précédée d'une diatribe scandaleuse contre Cervantes, diatribe à laquelle il fit la plus foudroyante réponse, en publiant, l'année suivante, la véritable continuation de son roman, avec une préface aussi décente et aussi spirituelle que l'autre était ignoble et inepte. On reconnut bientôt que l'ouvrage était dignement terminé, et la prétendue *suite* d'Avellaneda alla grossir le nombre des romans de chevalerie les plus misérables. Depuis deux siècles, la renommée de Cervantes n'a fait que grandir. Universellement répandu, son livre si original a été traduit quatre fois en français. César Oudin en a publié en 1639 la première traduction; elle est pleine de contre-sens. La seconde, dont on peut dire à peu près la même chose, est de Filleau de Saint-Martin, publiée en 1677 et 1678.

Florian a cherché à l'imiter plutôt qu'à le traduire,

et a commis la faute de prétendre abréger ce que personne ne trouve trop long. Cet auteur aimable a été plus heureux dans son imitation de la *Galathée*, en ajoutant véritablement une nouvelle grace à ses charmes natifs. La meilleure version que nous possédions du *Don Quichotte*, est la celle de M. Bouchon du Bournial. Quoiqu'il ne soit guère plus littéral que les autres traducteurs, M. du Bournial doit être préféré, parce que, s'il n'a pas toujours respecté le texte, il a mieux su rendre l'esprit de son auteur.

Nous terminerons ce qui regarde le *Don Quichotte* par deux anecdotes sur cette production singulière. C'était le seul livre que saint Évremont pût relire; c'était, à son dire, un spécifique puissant contre l'ennui et le chagrin; il le conseille aux ministres déchus, aux amants absents, etc. Le roi d'Espagne, Philippe III, dit un jour, en voyant du balcon de son palais un étudiant qui lisait et interrompait de moment en moment sa lecture par des éclats de rire : « Assurément, ce jeune homme est « fou, ou bien il lit *Don Quichotte*. » Le monarque, au lieu de dire un bon mot, eût sans doute mieux fait de protéger l'auteur, et de s'opposer aux persécutions que lui suscita son ministre, le duc de Lerme, qui croyait apercevoir une satire de la cour dans ce qui n'était qu'une critique générale.

Cervantes survécut peu à la publication de la seconde partie de *Don Quichotte*. Atteint d'une hydropisie, et en proie au besoin, il expira à Madrid, le 16 avril 1616. Son roman de *Persilès et Sigismonde* ne fut publié qu'après sa mort.

Il existe une belle édition espagnole de *Don Quichotte*, imprimée à Madrid en 1608, in-4°. Le libraire Méquignon-Marvis vient de publier une bonne traduction des œuvres de Cervantes; elle est ornée de figures d'après les dessins d'Horace Vernet.

H. Lemonnier.

JUGEMENTS.

I. *La Galathée de Cervantes, jugée par lui-même.*

Eh! voici la *Galathée de Michel Cervantes*, continua le curé. Ce pauvre Cervantes! nous sommes bons amis, depuis bien des années. Il est plus intéressant par ses malheurs que par ses vers. Son ouvrage, cependant, a de l'invention, il promet; mais il n'est pas achevé. Avant de le juger définitivement, il faut voir la seconde partie, que l'auteur annonce ; peut-être vaudra-t-elle mieux que la première? En attendant, mon cher compère, je vous charge de lui donner l'hospitalité ; emportez-le chez vous.

Don Quichotte, part. I, ch. VI.

II.

Les renseignements les plus anciens que nous ayons sur le théâtre espagnol sont fournis par Cervantes lui-même, dans son *Don Quichotte*, dans les préfaces de ses dernières comédies, dans le *Voyage au Parnasse* et ailleurs. Il avait été témoin des premiers essais de l'art dramatique, et il décrit avec beaucoup de gaieté les spectacles informes, également dénués d'ornements extérieurs et de mérite réel, qu'il avait vus dans sa jeunesse. Il était autorisé à se regarder lui-même comme un des restaurateurs de cet art;

car, avant que *Don Quichotte* lui eût acquis une gloire immortelle, il avait travaillé pour le théâtre avec beaucoup de zèle ; et vingt à trente pièces de lui, dont il a parlé très négligemment dans la suite, furent cependant fort applaudies. Il n'avait point d'autres prétentions que celle d'amuser sur la scène, et lorsque ce but du moment était rempli, il ne songeait plus à ses ouvrages. Ce n'est même que depuis peu qu'on a imprimé deux de ses anciennes pièces, dont l'une, *la Vie d'Alger*, est vraisemblablement la première qu'il ait composée. On y reconnaît l'empreinte de l'enfance de l'art dans la surabondance des récits, dans l'action mal développée, et dans le peu de relief donné aux figures. Mais à côté de cette pièce défectueuse, il en est une autre, intitulée *la Destruction de Numance*, qui s'élève à la hauteur du cothurne tragique, et doit compter parmi les phénomènes les plus remarquables de l'histoire dramatique, sur-tout parce que l'auteur, sans l'avoir voulu et sans s'en être douté, s'y est tout-à-fait rapproché de la grandeur et de la simplicité antiques. L'idée de la destinée y domine, les figures allégoriques qui paraissent dans les entr'actes, remplissent à peu près, quoique d'une manière différente, le but qu'avait le chœur, celui de diriger la pensée et de tempérer le sentiment. Une action héroïque y est accomplie ; la douleur la plus horrible y est soufferte avec fermeté ; mais c'est l'action et la douleur de tout un peuple : les individus n'y sont que les représentants de la masse de leurs concitoyens, et le destin inflexible s'y montre sous les traits des Romains victorieux. C'est un genre de pathétique *spartiate*, si j'ose m'exprimer ainsi, qui est l'âme de cette pièce, et tous les sentiments isolés se perdent dans le sentiment de la patrie. Cervantes y a su d'ailleurs rallier, par des allusions aux nouveaux exploits de ses compatriotes, les faits héroïques des temps passés à ceux dont il était le témoin.

Schlegel, *Cours de Littérature dramatique.*

III.

Si l'on classe les ouvrages de Cervantes d'après leurs différents degrés de mérite, *Don Quichotte* se trouve à la tête, et dans son genre il est resté seul.

Il serait aussi superflu de faire ici l'extrait d'un chef-d'œuvre si généralement connu, que d'en examiner le plan avec détail. Nous parlerons seulement de l'idée neuve et originale qui fait le fond de tout l'ouvrage. On a dit assez souvent, mais sans y avoir assez réfléchi, que le preux chevalier de la Manche était l'immortel représentant de tous les hommes à imagination, que le plus noble enthousiasme conduit droit à la folie, parce que leur esprit, d'ailleurs juste et sain, ne peut résister aux charmes d'une illusion qui les présente à leurs propres yeux comme des êtres d'une nature supérieure. Il fallait avoir en même temps, et l'habitude d'observation que donne une longue expérience, et ce coup d'œil du génie qui pénètre dans les abîmes les plus secrets du cœur humain, pour concevoir la première idée d'un tel roman et saisir tous les traits de son modèle idéal avec une précision aussi frappante ; il fallait être au même degré poète et homme d'esprit, pour répandre sur l'exécution de cette idée un intérêt aussi poétique; il fallait enfin avoir à sa disposition toutes les richesses d'une des plus belles langues du monde, pour donner à un tel ouvrage cette perfection de style vraiment classique qui est le sceau de son excellence. L'originalité de *Don Quichotte* n'est pas seulement historiquement prouvée, parce qu'aucun autre roman semblable n'existait avant lui ; il est certain qu'un esprit même inventif qui n'aurait fait qu'entrer dans l'idée d'un autre et la continuer, n'aurait jamais su combiner avec autant de hardiesse des traits en apparence hétérogènes, et former de ce mélange même un ensemble qui remplît dans toute son étendue l'idée inspiratrice de l'auteur. Quiconque n'a lu *Don Quichotte* que dans les traductions vulgaires, n'y reconnaîtra pas, peut-être, un ouvrage fait d'inspiration ; mais ce serait l'idée la plus fausse qu'on pût s'en faire, que de le regarder comme une pure plaisanterie, comme un livre écrit uniquement pour tourner les romans de chevalerie en ridicule. Il n'est pas douteux que ce ne fût là en effet une des intentions de Cervantes, parce que dans le nombre des romans de ce genre il y en avait peu de supportables, et seulement deux ou trois d'excellents ; mais on ne saurait supposer que Cervantes ait eu l'absurde pensée de vouloir prouver l'influence fâcheuse des romans sur le public, par la folie d'un individu qui aurait pu tout aussi bien perdre la tête en lisant

Platon ou *Aristote*. Cervantes fut frappé de la richesse que lui offrait l'idée d'un enthousiaste héroïque qui se croit appelé à ressusciter l'ancienne chevalerie : c'est là le germe de tout son ouvrage. Il sentit en poète tout ce qu'on pouvait faire de cette idée, et il sentit sans doute aussi qu'il était capable de le faire; il l'a prouvé par la manière dont il a exécuté son dessein. En inventant une foule de situations plus comiques les unes que les autres, il ne pouvait montrer que la fécondité de son imagination; c'est dans la peinture de ces situations qu'il a montré tout son talent poétique. La connaissance des hommes, qu'il avait acquise dans le cours d'une vie de cinquante ans, lui a fourni d'utiles observations mêlées à la satire la plus adroite, et son roman comique est devenu en même temps un livre de morale pratique comme il y en a peu. Ces réflexions sur l'idée-mère de *Don Quichotte* peuvent tenir lieu d'une analyse plus complète de sa composition. Nous ne répéterons pas ce que d'autres ont déjà démontré suffisamment, que cette composition n'est pas exempte de défauts. Cervantes lui-même a relevé dans la préface de la seconde partie quelques inadvertances qui occasionent des contradictions; mais, par un caprice d'homme de génie, comme on les lui avait trop reprochées, il a dédaigné de les faire disparaître.

L'exécution de ce roman n'est pas moins originale que sa conception. Cervantes éprouvait le besoin d'imprimer un caractère à ses ouvrages, de peindre des caractères. Les formes vagues et sans vérité qui charmaient le public de son siècle, étaient sans intérêt pour lui. C'est dans le sentiment de ce besoin qu'il traça le portrait frappant de vérité de cet héroïque *Don Quichotte*, si généreux, si désintéressé, si ardemment épris de tout ce qui est bon et grand, et qu'il plaça tant de vertu dans une liaison accidentelle avec une espèce de folie qu'on peut appeler relative, puisqu'elle n'est folie que par rapport aux circonstances où *Don Quichotte* se trouve C'est ainsi encore qu'il traça, d'une main également sûre, le caractère opposé de Sancho Pança, grossier sans être bête, mais dominé par l'envie de s'enrichir, comme son maître par la passion de l'héroïsme, et adoptant par cette raison, avec la bonne foi la plus niaise, les espérances et les promesses extravagantes de *Don Quichotte*. La même vérité, la même précision de dessin se retrouve dans chaque figure subalterne de ce grand tableau. Le ton général de tout l'ouvrage n'est pas moins caractéristique. Un traducteur ne saurait faire une plus grande injure à *Don Quichotte*, que de le traduire comme un conte plaisant. Un style simple, mais toujours grave, et comme pénétré du caractère du héros, donne à ce roman comique quelque chose d'imposant, qui semble n'appartenir qu'aux ouvrages les plus sérieux, et qu'il est difficile de transporter dans une traduction ; mais c'est précisément cette gravité du langage qui fait ressortir plus fortement le comique des situations. C'est le vrai style des romans de chevalerie, mais corrigé et employé d'une manière toute nouvelle. Partout où l'auteur fait parler ses personnages, il les fait parler chacun à sa façon; mais lorsque c'est Don Quichotte qui parle, son langage est non-seulement solennel, mais suranné comme celui des vieux romans*; et plusieurs expressions, hors d'usage, dont le héros se sert en certaines occasions, complètent l'enchantement de son avide écuyer, parce qu'elles ne sont pour lui qu'à demi-intelligibles**. Ce caractère du style répand sur tout l'ouvrage une couleur poétique qui le distingue éminemment de tous les romans comiques ordinaires. Cette couleur poétique est renforcée encore par le choix de quelques épisodes, essentiellement liés à l'action générale, quoi qu'en aient dit plusieurs critiques, qui n'ont voulu y voir que des hors-d'œuvre. Il ne faut pas compter parmi ces épisodes liés à l'action, la Nouvelle du Curieux impertinent, mais bien la charmante Histoire de la bergère Marcelle, celle de Dorothée, celle du riche Gamache et du pauvre Bazile. Ces morceaux, qui sont entièrement dans le genre du roman sérieux, ne sont pas, il est vrai, nécessaires à l'enchaînement des faits de l'histoire principale; mais ils contribuent essentiellement à soutenir la noblesse du ton général de l'ouvrage, et démontrent en même temps combien

---

* Quand Don Quichotte, par exemple, parle des exploits des anciens chevaliers, il dit toujours en vieux langage : *las fazanas que han fecho*, au lieu de *las hazanas que han hecho*.

** L'île que Don Quichotte promet à son écuyer n'est point désignée dans l'original espagnol par le mot ordinaire d'*isla*, mais par celui d'*insula*. Il est probable que Sancho Pança savait bien ce que c'était qu'une île; mais le mot d'*insula* présentait à son imagination quelque chose d'extraordinaire et de merveilleux, aussi le répète-t-il volontiers et toujours avec emphase.

Cervantes était loin de l'idée, qu'on lui suppose communément, d'avoir voulu, comme on dit, *faire pâmer de rire* ses lecteurs. Les morceaux que passent ordinairement la plupart de ceux qui le lisent, sont précisément ceux qu'il paraît avoir écrits avec le plus de plaisir, et où il se montre le plus vraiment poète. C'est dans ces occasions qu'il mêle à sa prose des vers, épisodiques aussi, mais souvent excellents, et qu'aucun traducteur ne peut omettre sans pécher gravement contre l'esprit de son original.

Sans l'art avec lequel Cervantes a su soutenir, d'une manière si heureuse, un ton intermédiaire entre la poésie proprement dite et la prose, *Don Quichotte*, malgré tout son mérite, ne serait pas le premier modèle classique du roman moderne : car ce titre de modèle lui appartient de droit. C'est par Cervantes que le vrai roman de chevalerie, production amphibie du génie poétique et de la barbarie du moyen âge, est devenu, sous une nouvelle forme, le vrai roman de nos jours. Le goût moderne, malgré sa docilité à se former sur le goût de la belle antiquité, s'est prononcé hautement en faveur d'un certain genre mixte de poème narratif, amalgame de poésie et de prose, que les beaux siècles de la Grèce et de Rome n'ont point connu. Il ne s'est jamais agi de proscrire ce genre, mais d'en fixer le véritable ton ; nuance délicate que n'ont pu saisir les premiers auteurs du roman de chevalerie. Diégo de Mendoza, dans son *Lazarille de Tormes*, avait trop ôté à la poésie ; Cervantes lui rendit dans le roman la juste part qu'elle doit y avoir; et ce n'est pas sa faute si dans la suite des nations éclairées, mais accoutumées, par des romans vulgaires, à regarder la prose commune comme la langue du roman, ont méconnu le véritable esprit de son ouvrage. *Don Quichotte* est encore plus particulièrement le modèle du roman comique. Les situations en sont, à la vérité, presque toutes burlesques, et le burlesque n'est pas nécessaire au genre comique : mais la satire qui s'y trouve mêlée est très fine, et souvent si fine, qu'elle échappe à des yeux peu exercés*. D'ailleurs, la diction, même dans les endroits où le comique est le plus burlesque, ne devient presque jamais basse et grossière; elle est en général noble, correcte, et d'une élégance digne des classiques anciens**. Si cette appréciation impartiale du mérite d'un ouvrage tant de fois mal jugé, semble, à quelques lecteurs, appartenir au panégyrique plus qu'à l'histoire, nous les prions, pour toute réponse, de vouloir bien étudier *Don Quichotte* dans l'original. Nous disons *étudier*, car ce n'est pas assez d'une lecture superficielle pour juger un tel ouvrage. Ajoutons encore qu'il faut, pour le juger impartialement, ne pas s'arrêter à un petit nombre de traits accessoires qui peuvent paraître déplacés aujourd'hui, mais qui dans le temps avaient un intérêt général, quoique éphémère.

* Telle est, par exemple, l'histoire de l'administration de Sancho Pança dans son gouvernement.
** Il suffirait de citer le discours de la bergère Marcelle, qui est tout entier du style de Cicéron.

Il serait difficile de régler les rangs entre les autres ouvrages de Cervantes : car chacun a son mérite à part, et un mérite à peu près égal, dans son genre, à celui des autres. Il faut cependant assigner une place distinguée à ses Nouvelles morales ou instructives (*Novellas exemplares*). Elles diffèrent en intérêt comme en caractère; mais on voit dans toutes l'intention que Cervantes a eue vraisemblablement de faire de ces Nouvelles pour l'Espagne ce qu'étaient celles de Boccace pour l'Italie. Ce sont en partie des anecdotes, en partie des romans en miniature, les uns sérieux, les autres comiques; tous sont racontés dans un style léger, facile, et qui a la négligence de la conversation. Si Cervantes paraît avoir voulu surpasser Boccace en quelque chose, c'est en utilité morale. Quoi qu'il en soit de la manière dont il a rempli cette intention, il n'en a pas moins le mérite d'avoir ajouté au domaine de la littérature espagnole par ces Nouvelles, les premières de ce genre qui aient paru en Espagne; et il y a peint avec tant de justesse et de vérité diverses situations de la vie réelle, qu'il faut bien lui pardonner le défaut de plan de quelques-unes, où il s'est abandonné avec trop de complaisance au plaisir de raconter, sous le nom de ses héros, tout ce qu'il a vu et éprouvé lui-même dans des circonstances analogues, particulièrement dans son séjour en Italie et en Afrique. La Nouvelle du Licencié de Verre (*Licenciado Vidriera*) est de cette espèce; il n'y a aucun plan, et elle est racontée avec une simplicité un peu sèche. En récompense, l'histoire de la Belle Bohémienne (*la Gitanilla*), est agréablement imaginée et assez poétiquement écrite. On peut en dire autant de quelques autres.

Le roman pastoral de *Galathée*, ouvrage de la jeunesse de Cervantes, est une heureuse imitation de *la Diane* de Montemayor, et sur-tout de sa continuation par Gil Polo. Ce qu'il y a de remarquable dans ce roman, c'est la direction poétique que l'esprit de Cervantes avait prise dès sa jeunesse, et qu'il n'a démentie entièrement dans aucun de ses ouvrages. Il y a peu de traits originaux dans la *Galathée*; elle fait souvenir partout de ses modèles, surtout de *la Diane* de Gil Polo. Il n'y a pas non plus beaucoup à dire sur le mérite de la fable, puisque l'ouvrage, quoique en six livres, est demeuré imparfait. Au reste, Cervantes paraît avoir composé ce roman dans l'unique but d'en faire un cadre où il pût placer une multitude de pièces de vers dans l'ancien et dans le nouveau genre, qu'il croyait mieux recommander à l'attention du public, si un roman leur servait de passeport. La fable n'est donc ici que le lien qui sert à réunir cette jolie guirlande de fleurs poétiques, et c'est à celles-ci qu'il faut faire attention. Elles sont aussi nombreuses que variées; et si l'on pouvait douter que Cervantes ne fût en vers comme en prose un des premiers poètes de l'Espagne, il suffirait pour s'en convaincre de lire sa *Galathée*. Le reproche que lui ont fait ses compatriotes sur l'infériorité de ses vers comparés à sa prose, ne tombait que sur ses ouvrages dramatiques. Tous ceux qui ont bien lu ses poésies ont rendu justice à son talent. On voit, par la *Galathée*, que Cervantes s'était exercé dans toutes les formes métriques alors connues ; il fit même des vers dactyliques. La forme du sonnet paraît cependant lui avoir été moins facile que les autres : aussi n'a-t-il fait que peu de sonnets ; mais il a employé avec facilité et succès les octaves italiennes. On distingue dans le nombre des vers qu'il a faits sur ce mètre, le beau chant de Calliope dans le dernier livre de *Galathée*. A peu près de la même manière que Gil Polo avait mis les louanges des Valenciens célèbres dans la bouche du fleuve Turia, Cervantes fait descendre la muse Calliope au milieu des bergers, pour distribuer des éloges solennels à tous les poètes vivants que l'auteur en croyait dignes ; du reste, il s'est montré si libéral de ces éloges, qu'on n'en peut rien conclure sur le mérite de ceux qu'il loue ainsi. On doit distinguer aussi quelques pièces dans le genre de la *canzone*, dont les unes sont en vers ïambiques, les autres en vers trochaïques, comme les anciennes redondilles. Quelquefois cependant Cervantes s'est permis de ces abus d'esprit qu'il a ridiculisés dans la suite, et la prose même de *Galathée*, d'ailleurs élégante et pure, est surchargée en quelques endroits d'un certain luxe d'épithètes qui la défigure.

Cervantes se montre également poète, mais d'une manière toute différente, dans son *Voyage au Parnasse* (*Viage al Parnaso*), poème qui n'appartient à aucun genre littéraire, mais qui est, après *Don*

Quichotte, le plus spirituel des ouvrages de cet homme extraordinaire. Ce poème, en gros, est une satire contre les prétendants sans titre aux honneurs du Parnasse ; mais cette satire est d'une espèce absolument nouvelle. Cervantes s'y est abandonné si librement à sa verve ironique, qu'on ne sait pas bien encore si les louanges dont il y comble plusieurs poètes, qu'il déclare dignes de la faveur d'Apollon, ne sont pas un persifflage. Il dit lui-même que « ceux dont les noms ne se trouvent « pas sur cette liste peuvent en être aussi contents « que ceux qui y sont nommés. » Son but principal paraît avoir été d'exprimer l'idée qu'il se formait de la véritable poésie, de manifester hautement, même dans sa vieillesse, son enthousiasme pour ce bel art, et de présenter à tous ceux qui se croient poètes, parce qu'ils font des vers, ou parce qu'ils extravaguent, un miroir où ils pussent reconnaître leur chimère. Une raillerie voilée, une gaieté franche, un ardent amour du vrai beau, sont les éléments de cet ouvrage. Il est divisé en huit parties, appelées *chapitres* par les Espagnols, et versifié en tercets. La fable est moitié comique, moitié sérieuse. Après beaucoup de préparatifs plaisants, Mercure vient trouver Cervantes qui, dans le plus pauvre équipage du monde, vient de se mettre en route pour le Parnasse, et le salue du nom d'*Adam* des poètes. Il lui dit ensuite beaucoup de choses flatteuses, et le fait monter sur un vaisseau entièrement construit de pièces de vers, qui doit porter une cargaison de poètes jusqu'à l'empire d'Apollon. La description du vaisseau est une allégorie très plaisante*. Alors Mercure lui montre la liste des poètes qu'Apollon désire de connaître plus particulièrement; c'est cette liste qui a été une pierre d'achoppement pour les commentateurs, à cause des louanges tantôt badines, tantôt sérieuses, mais toujours équivoques, qu'on y donne aux poètes dont elle contient les noms. Au milieu de cette lecture, Cervantes laisse tomber la liste. Tout d'un coup, il s'élève un si grand tumulte parmi les poètes du vaisseau, qui accourent en foule, aussi nombreux que les gouttes de la pluie et les grains de sable de la mer, que les sirènes sont obligées, pour sauver le vaisseau, d'exciter une violente tempête. L'orage s'apaise; une pluie de poètes lui succède; c'est-à-dire, que des poètes descendent des nuages sur le vaisseau. Le premier qui entre de cette manière est Lope de Vega, à qui Cervantes donne en cette occasion des éloges magnifiques. Il serait trop long d'analyser le poème en entier; nous indiquerons seulement parmi les morceaux les plus remarquables le portrait de la déesse Poésie**, que Cervantes voit

---

* «De la quille jusqu'à la hune, ô chose étrange! il était fabriqué de vers sans aucun mélange de prose. Les ponts étaient de vers libres et de gloses faites pour la noce de celle qu'on appelle la *mal mariée*. La chiourme était composée de romances, espèce de gens effrontés, mais nécessaires, parce qu'ils se laissent employer à tout. La poupe était de matière extraordinaire et bâtarde, mêlée de sonnets légitimes, d'un travail rare et varié. Deux vigoureux tercets remplissaient l'office des principaux rameurs à droite et à gauche, et faisaient aller le vaisseau très doucement. La galerie était formée d'une longue et lamentable élégie, etc.»

** «Elle était semblable à l'aurore naissante qui se montre en semant de perles liquides et des roses. La richesse de ses vêtements et les ornements

dans l'empire d'Apollon, et celui de la déesse Vaine Gloire, qui lui apparaît en songe. Un autre morceau, presque aussi gai que les scènes les plus plaisantes de *Don Quichotte*, est la description d'une seconde tempête que Neptune excite pour submerger les mauvais poètes, et où Vénus, qui les protège, les soustrait à ses mauvaises intentions en les changeant tous en outres et en calebasses. L'auteur décrit à la fin une bataille en forme entre les vrais poètes et une partie de ceux qui usurpent ce nom. Tout ce poème, qui est semé de traits piquants et originaux, et où il y a très peu d'endroits faibles, n'a point eu de modèle, et n'a été ni surpassé, ni même égalé par ses imitateurs. Le style en est en général excellent; on est fâché seulement que l'auteur ait fait à son poème un supplément en prose, où il s'est loué lui-même avec un peu trop de complaisance.

Si toutes les pièces de théâtre de Cervantes nous étaient parvenues, elles tiendraient parmi ses ouvrages non pas la première, mais bien la plus grande place. Peut-être celles qu'on a perdues reparaîtront-elles un jour par le même hasard qui a

---

précieux dont elle était parée, le disputaient aux plus grandes merveilles. Les nymphes qui formaient sa cour me parurent, à leur beauté vive et brillante, celles qui président aux beaux-arts. Elles se joignaient aux sciences les plus illustres et les plus parfaites, pour témoigner à la déesse la plus tendre affection et le respect le plus religieux. Elles paraissaient sentir profondément qu'elles sont honorées parce qu'elles la servent, et que c'est pour l'amour d'elle que l'univers entier les révère. La mer lui découvrait ses abymes, ses courants et ses marées, et les fleuves qui lui doivent la naissance; les plantes lui faisaient hommage de leurs vertus, les arbres de leurs fruits et de leurs fleurs, et les pierres des trésors qu'elles renferment »

fait imprimer à la fin du XVIIIe siècle deux de ces pièces qui n'avaient existé jusque-là qu'en manuscrit. Cervantes a toujours nommé quelques-unes de ses comédies parmi ceux de ses ouvrages dont il était le plus satisfait, et moins elles étaient favorisées du public, plus il en faisait hautement l'éloge. Les uns ont vu dans cette conduite une bravade, les autres, l'aveuglement de l'amour-propre. L'éditeur des huit comédies (la plupart héroïques) et des huit intermèdes qui sont les derniers ouvrages dramatiques de Cervantes, s'est avisé même d'une idée bien plus bizarre : il a cru que Cervantes avait fait ses pièces de théâtre dans l'intention de parodier et de ridiculiser celles de son rival Lope de Vega, ou, en d'autres termes, qu'il avait voulu attaquer le public espagnol tout entier, et cela, de la manière la plus gauche. Il n'y a pas trace de ce dessein dans les pièces de Cervantes; mais, à quelques endroits près, elles sont si froides et si ennuyeuses, qu'on serait tenté de les prendre pour l'ouvrage de quelque auteur subalterne qui a voulu les décorer d'un nom célèbre, si, d'ailleurs, leur authenticité n'était pas suffisamment constatée. Il n'y a de force comique que dans les petits intermèdes. On ne comprendrait pas qu'un homme d'un esprit aussi pénétrant et aussi solide eût pu ne pas s'apercevoir de la médiocrité de ses talents dramatiques; et la vanité même de Cervantes ne suffirait pas pour expliquer ce phénomène, si sa tragédie de *Numance* ne prouvait évidemment que son erreur n'en était pas tout-à-fait une. Cervantes avait raison de se croire appelé à la carrière dramatique; il avait tort de vouloir plier son génie original aux formes consacrées par le public espagnol : car ce génie l'abandonnait dès qu'il essayait de lui faire prendre un caractère étranger au sien. Cet amas d'intrigues, d'aventures et de prodiges qui composaient le drame espagnol, n'était pas dans le caractère du talent de Cervantes; sa manière de penser et d'écrire était trop nerveuse et trop précise pour convenir à des compositions fantastiques sans but et sans intérêt durable. Cependant, il était assez de son pays pour goûter comme spectateur des pièces qu'il ne pouvait imiter comme poète, et il se croyait le talent de les imiter, parce qu'il se sentait celui de mieux faire.

La tragédie de *Numance*, toute pleine de défauts qu'elle est, prouve que, dans d'autres circonstances, son auteur aurait pu devenir l'*Eschyle des Espagnols*. L'idée en est hardie et pathétique, et il y a de la vigueur et de la grandeur dans l'exécution. Comme Cervantes n'avait pu trouver qu'un très petit nombre de faits dans les historiens romains qui racontent la ruine de Numance, il s'était vu obligé de créer en grande partie le sujet de sa pièce. Il s'était créé en même temps un style tragique à lui, pour lequel il n'avait pas consulté la poétique d'Aristote. Son dessein était d'unir dans sa pièce le pathétique de la situation au charme du merveilleux; et, pour le remplir, il ne s'est assujetti à aucune règle, si ce n'est à celles qu'il s'est faites lui-même. Sa tragédie est en quatre actes ou journées; il n'y a point de chœurs. Elle est écrite en vers, mais très librement;

ce sont tantôt des tercets, tantôt des redondilles, et le plus souvent des octaves. Le style n'est pas partout également noble, mais il n'est jamais ni ampoulé, ni entortillé, et l'intérêt va en croissant jusqu'à la fin. Le commencement seul est un peu froid et un peu languissant. La scène représente le camp romain qui est devant Numance; Scipion paraît avec ses principaux officiers. Il adresse à ses soldats des réprimandes un peu trop longues sur la mollesse qui s'est glissée parmi eux. Les soldats témoignent leur repentir et paraissent animés d'un nouveau courage. Des ambassadeurs numantins viennent faire à Scipion des propositions de paix; il les rejette. L'Espagne personnifiée paraît sur la scène; elle appelle le fleuve Duero ou Durius sur les bords duquel était située Numance. Il se présente suivi des dieux des fleuves de la contrée. Cette assemblée de dieux consulte le livre des destins, et prononce que Numance ne peut être sauvée. C'était sans doute hasarder beaucoup, que d'entreprendre d'accroître le pathétique de l'action en y faisant intervenir des personnages allégoriques; mais ce qu'il y a de sûr, c'est que l'entreprise a réussi. La scène change et nous transporte à Numance. Le sénat est assemblé et délibère sur les dangers de la patrie; parmi les sénateurs, on distingue le beau caractère de Théagène. Ici, l'auteur a commis une faute en mêlant à ces grands intérêts les amours d'un jeune numantin nommé Morandro; mais il a dû à cette faute quelques unes des plus belles scènes de sa pièce. On prépare un sacrifice solennel : au milieu de la cérémonie, une divinité ennemie éteint le feu sur l'autel et enlève la victime. Ce prodige consterne la ville entière, et, pour s'éclaircir des malheurs qu'il présage, on a recours à la magie; on rappelle un mort à la vie par des enchantements. Cette scène est d'un grand effet. Après le retour d'une seconde ambassade aussi infructueuse que la première, les Numantins prennent la résolution qui leur est inspirée par Théagène, de brûler, avec la pompe d'un sacrifice, tout ce qu'ils ont de précieux, de donner la mort à leurs femmes et à leurs enfants, et de se jeter ensuite dans les flammes, afin qu'aucun des habitants de Numance ne devienne esclave des Romains.

Depuis le moment où cette résolution est prise jusqu'à son exécution, l'auteur a accumulé les scènes de douleur les plus déchirantes, et les plus sublimes traits de patriotisme. La famine désole Numance; Morandro, accompagné d'un ami, pénètre dans le camp romain; il revient mortellement blessé, mais en possession d'un morceau de pain sanglant qu'il a ravi aux ennemis pour le porter à sa maîtresse. Il le lui donne et meurt à ses pieds *.

* MORANDRO.

Je t'ai promis, Lira, que tu ne mourrais pas tant que je conserverais un souffle de vie: tu vois ici l'accomplissement de ma promesse, ou, pour mieux dire, tu vas me voir dans le même instant t'offrir des aliments et perdre la vie.

LIRA.

Que dis-tu, cher Morandro?

MORANDRO.

Que tu apaises ta faim, pendant que le sort va trancher le fil de mes jours. C'est mon sang, ma bien-aimée, que je te donne mêlé avec ce pain, triste et amère nourriture.

L'action se soutient avec le même intérêt jusqu'à la fin. Le dénouement est proclamé par la Renommée, qui plane sur le bûcher de Numance et annonce au monde la gloire future de l'Espagne.

Des personnages allégoriques figurent aussi dans *La Vie d'Alger* (*el trato de Argel*), où Cervantes a introduit le Besoin et l'Occasion. Mais ces êtres fantastiques, en se mêlant aux scènes de la vie commune, ne sont que froids et bizarres, et glacent cette composition qui n'est pas d'ailleurs très ingénieuse. Il y a cependant quelques scènes animées et intéressantes.

Le roman de *Persilès et Sigismonde* est le dernier ouvrage de Cervantes. Le style en est remarquable par son élégance autant que par sa simplicité, mais l'idée de ce roman, qui n'était pas neuve, était peu digne d'être exécutée d'une manière nouvelle. Il paraît que Cervantes, à la fin de sa glorieuse carrière, avait eu encore la fantaisie d'imiter Héliodore. Son ouvrage, où il y a des situations intéressantes, n'est, dans son ensemble, qu'une relation de voyage sous la forme d'un roman, passablement riche en aventures effrayantes, mais où le vrai et le fabuleux en histoire et en géographie sont confondus d'une manière monstrueuse, sans que la composition en soit moins monotone.

Si l'on jette un coup d'œil général sur les ouvrages de Cervantes, pour y chercher ce que l'auteur a droit de réclamer comme sa propriété exclusive au tribunal de ses contemporains et de la postérité, on voit ce génie original, qui n'a été trop souvent apprécié qu'en partie, briller d'un éclat toujours plus vif à mesure qu'on le considère. Le goût critique, le goût qui peut s'apprendre, n'a eu que peu de part au développement de ses talents naturels; mais ce goût d'instinct, guide plus sûr que toutes les règles, qui n'abandonne le génie que quand le génie veut s'égarer, préserva toujours Cervantes des égarements des esprits ordinaires; son imagination originale et féconde resta toujours soumise au jugement le plus droit et le plus solide. La vanité put le séduire assez quelquefois pour lui faire méconnaître sa véritable carrière; mais on lui pardonnera cette vanité, si l'on se rappelle à quel point il fut peu connu de son siècle. Lui-même ne se connaissait pas, mais il se sentait; et de la hauteur à laquelle il s'était élevé, il pouvait, sans présomption, regarder tout son siècle comme au-dessous de lui. Ce n'est pas que plus d'un poète d'un grand talent n'ait brillé à côté de Cervantes; mais de tous les poètes de l'Espagne, Cervantes est le seul qui appartienne au monde entier.

BOUTERWEK, *Histoire de la Littérature espagnole.*

IV.

Un génie moins étendu (que l'Arioste), un esprit moins supérieur peut-être, Cervantes, en Espagne, né chez une nation magnanime, mais de son temps un peu exagérée dans ses mœurs, lui donna l'ouvrage dont elle avait le plus besoin, le beau roman de *Don Quichotte*. On ne voit là que le ridicule, mais le ridicule instructif et présenté par un maître habile. Voyez comme il ajoute au merveilleux fait à plaisir par l'imagination de son héros, le merveilleux même des circonstances que le hasard accumule : voyez comme bientôt l'examen le plus simple ramène les effets à des causes naturelles, presque toujours vulgaires et souvent burlesques : idée large et philosophique, vraie pour les romans, vraie pour ce qui est déjà l'histoire, et pour ce qui doit l'être un jour, susceptible d'applications sans nombre, comme toutes les idées qui résultent d'un profond examen des choses humaines.

M. J. Chénier, *Tableau de la Littérature française.*

V.

Tandis que toutes les nations de l'Europe nous présentent par centaines des romans sérieux et moraux, estimés chez chacune d'elles, l'Europe entière, depuis deux cents ans d'illustration dans la carrière des lettres, ne nous offre que trois bons romans dans le genre plaisant et comique : *Don Quichotte*, *Gil-Blas* et *Tom Jones* ; mais ces trois romans sont trois chefs-d'œuvre ; et si parmi des chefs-d'œuvre il était possible d'assigner des rangs, j'avoue que je placerais *Don Quichotte* au-dessus de tous les autres. Sans doute *Gil-Blas* et *Tom Jones* ont l'avantage d'avoir été composés dans un temps où la civilisation était plus parfaite ; les héros de ces romans appartenant à la classe ordinaire des hommes, passant par les divers états de la société, par les diverses épreuves et les vicissitudes de la bonne et de la mauvaise fortune, nous présentent à chaque instant des tableaux plus près de nous, plus conformes à nos mœurs, des leçons et des exemples que nous pouvons mieux nous approprier, des traits de satire que nous pouvons mieux appliquer à nos voisins; mais il y a dans *Don Quichotte* une verve d'originalité qu'on ne trouve dans les deux autres qu'à un degré très inférieur; une imagination beaucoup plus brillante, une admirable fécondité de moyens pour varier des scènes toujours plaisantes, et imaginer de nouveaux incidents toujours gais, dans un cadre qui paraît très borné, et qui lui offrait infiniment moins de ressources que le cercle entier d'une vie agitée par divers évènements et occupée par divers états, tel que l'ont parcouru les héros de Le Sage et de Fielding. *Gil-Blas* et *Tom Jones* sont les ouvrages de deux observateurs très fins, de deux hommes pleins d'esprit; *Don Quichotte* est l'ouvrage d'un homme de génie.

C'est un tour de force peut-être unique dans les fastes de la littérature, de nous attacher, dans une suite de plusieurs volumes, à la lecture d'une foule d'extravagances si bizarres, si éloignées de nous, dont à peine nous pouvons concevoir la vraisemblance et la possibilité, et qui n'ont point avec nous ce rapport qui seul peut nous rendre la folie intéressante, le rapport d'une passion qui peut aussi un jour nous tyranniser. Cervantes fait plus encore, il nous fait aimer ce fou, cet extravagant; il nous fait estimer Don Quichotte; son aimable naturel, sa franchise, sa politesse, son désintéressement, sa valeur, ses illusions, ses plaisirs, ses peines, ses chagrins, tout nous attache, tout nous intéresse; sa raison éclairée nous instruit souvent, son bon sens et son éloquence nous charment; personne ne parle mieux de la guerre, de la paix, de l'étude, des traductions, de la poésie, de la littérature, de la religion; personne ne se moque mieux de l'astrologie, de l'érudition pédantesque des commentateurs, et de mille autres choses qu'on admirait du temps de Cervantes; enfin, personne n'a des idées plus justes sur tout, excepté sur la reine Madasine, la princesse Quintagnone, don Esplandian, don Belianis, etc. Quel homme est plus plaisant que Sancho avec ses proverbes, son attachement pour son maître, sa tendresse pour son *grison*, son demi-bon sens qui lui fait voir les folies de Don Quichotte, et sa demi-folie qui lui fait néanmoins toujours espérer cette *maudite île près de la mer!* ce qui ne l'empêche pas de demander prudemment des *gages*, quitte à *rabattre l'île sur ses gages* quand elle viendra.

Don Quichotte n'est pas seulement éloquent lorsqu'il est raisonnable, et dans ces belles conversations qu'il a sur une foule d'objets étrangers à la *chevalerie errante*; il l'est même lorsqu'il s'agit de justifier ces bizarres extravagances. On ne lui épargne point les objections les plus fortes; il semble qu'il n'aura pas le plus petit mot à répondre aux démonstrations qu'on lui donne de sa folie; il résume parfaitement toutes ces objections, les discute avec beaucoup de méthode, les réfute avec beaucoup d'adresse, et rachète ce qu'il peut y avoir de faible ou de faux dans ses raisonnemens, par la générosité des sentimens et la noblesse des pensées; de sorte qu'on aime toujours ce pauvre chevalier, dont le cerveau est dérangé, mais dont le cœur est toujours bon, la valeur toujours héroïque. J'en rapporterai un ou deux exemples. Don Quichotte rencontre un gentilhomme son compatriote; la conversation l'amène à traiter successivement de la littérature, de la jurisprudence, de la poésie, de l'autorité paternelle, de la vocation des enfans; il discute tous ces objets avec une raison et une sagesse qui excitent l'admiration de don Diègue. Bientôt on aperçoit sur la route un vaste chariot qui contenait une cage dans laquelle étaient renfermés deux lions. Le chevalier de la triste figure s'imagine que c'est une aventure que lui envoie un enchanteur son ennemi, pour éprouver sa valeur; et quoi que puissent lui dire don Diègue et Sancho à demi-mort de frayeur, il force le conducteur à ouvrir la cage. Cette terrible aventure mise glorieusement à fin, don Diègue tâche de faire comprendre au téméraire chevalier combien son action est folle et contraire même aux lois de la véritable valeur, que doivent toujours accompagner la sagesse dans les entreprises, et même une certaine prudence dans l'exécution. Don Quichotte, dans un assez long discours, prouve parfaitement qu'il est des circonstances où l'homme qui aspire à de grandes choses ne doit rien calculer; et il termine ainsi son discours : « Afin d'arriver promptement à cette per-

« fection de vertu à laquelle je voudrais atteindre,
« je dois, autant qu'il est en moi, endurcir mon
« corps aux fatigues, accoutumer mon âme aux
« dangers, je dois rechercher ces dangers, les braver,
« m'y jeter, m'y plaire, travailler à chaque instant
« à me rendre inaccessible aux vices et à la peur....
« Je sais que mon entreprise peut paraître téméraire
« je sais que la vraie valeur est aussi loin de la té-
« mérité que de la crainte; mais, seigneur don
« Diègue, en morale, en vertu, et sur-tout en cou-
« rage, il vaut mieux risquer de passer le but que
« de demeurer en deçà. »

Lorsque arrivé chez le duc, où on le mystifiait peut-être au-delà de toutes convenances pour des personnes aussi bien élevées, un ecclésiastique de mauvaise humeur, pour le corriger, lui dit brutalement : « Et vous, pauvre imbécile, qui ne
« voyez pas qu'on se moque de vous, pouvez-vous
« croire que vous êtes chevalier-errant ? En con-
« naissez-vous, des chevaliers errants ? Y a-t-il
« des géants en Espagne ? Les Dulcinées sont-elles
« communes dans votre pays ? Croyez-moi, re-
« tournez chez vous : allez élever vos enfants, au
« lieu de courir comme un vagabond, en donnant
« à rire aux passants. Monsieur, dit notre héros,
« en employant toutes les forces de son âme à mo-
« dérer sa juste colère, les lieux où nous sommes,
« la présence de madame la duchesse, le respect
« que je porte à votre caractère, m'imposent la
« pénible loi de ne vous répondre que par des
« paroles. Votre état, que je révère et qui vous

« sauve aujourd'hui la vie, semblait me promettre
« de votre part des conseils, si j'en ai besoin, et
« non pas d'infâmes outrages.... Qu'avez-vous à me
« reprocher ? Quel mal ai-je fait ? Quelle faute com-
« mise vous engage à me donner l'avis de retourner
« dans ma maison, prendre soin de mes enfants,
« sans vous informer d'abord si j'en ai ? Vous me
« faites un crime de courir le monde ; vous seriez
« peut-être bien indulgent, si je m'introduisais
« dans la maison d'autrui pour la gouverner à mon
« gré, m'emparer de l'esprit des maîtres, et m'ar-
« roger le droit de commander à mes bienfai-
« teurs..... Vous avez sans doute vos raisons pour
« regarder comme de pauvres fous ceux qui mènent
« la vie dure que j'ai embrassée, et votre zèle se
« permet de le leur dire en public. J'ai plus de
« charité que vous, Monsieur, et je ne dis pas
« tout ce que je pense à ces ambitieux cachés qui
« marchent toujours à leur but par le sentier tor-
« tueux de la fausseté et de l'adulation, et ne
« manquent pas de couvrir leurs vices du manteau
« sacré du zèle et des vertus.

« Pardi, s'écria Sancho, voilà ce qui s'appelle
« répondre : » et Sancho avait raison ; mais l'écuyer
ne répondait pas moins bien que le chevalier dans
l'occasion : ainsi, lorsqu'après avoir avoué à la
duchesse que c'est lui qui a enchanté Dulcinée, et
qu'il regarde son maître comme un peu fou, il se
tire fort bien du terrible argument que fait la duchesse en abusant de ses aveux. Puisque Don Quichotte est fou, lui dit elle, il faut que mon ami

Sancho le soit aussi pour le suivre et croire à ses vaines promesses; la voix secrète de la conscience m'avertit donc que je ne dois pas lui donner une île à gouverner. Le raisonnement est attérant; mais voyez le bon sens, le bon cœur et la philosophie de Sancho : « Eh mardi ! madame la duchesse, elle
« n'a pas tout le tort, cette voix secrète; vous
« pouvez le lui dire de ma part; mais écoutez bien
« ce petit mot, qui vaut peut-être beaucoup de rai-
« sons : j'aime monseigneur Don Quichotte, nous
« sommes du même village, j'ai mangé de son pain,
« il ne faut point espérer que je le quitte jusqu'à
« la mort : alors, bon soir, bonne nuit ; il n'y a
« point si bonne compagnie qui ne se quitte,
« comme disait le roi Dagobert à ses chiens.... Si
« votre grandeur ne juge pas à propos de me donner
« le gouvernement de l'île, ce sera un gouverne-
« ment de moins : je ne l'avais point apporté du
« ventre de ma mère; Sancho, écuyer, ira bien aussi
« vite en Paradis que Sancho gouverneur; la nuit
« tous chats sont gris; il faut qu'un homme soit
« bien malheureux pour n'avoir pas déjeuné à deux
« heures après midi ; six aunes de serge sont aussi
« longues que six aunes de velours, etc., etc.
« Ainsi, madame la duchesse, ne vous gênez
« point, je vous prie; gardez votre île si le cœur
« vous le dit ; pourvu que vous me donniez votre
« amitié, je serai plus que content......»

C'est le propre des imaginations riches et fortes de dominer celles des autres, de les forcer à leur rendre hommage, et à devenir pour ainsi dire leurs tributaires. Ainsi, lorsque des génies heureux et brillants eurent inventé les fables riantes de la Grèce, les allégories ingénieuses de la mythologie, tous les artistes puisèrent dans cette source féconde les nombreux sujets de leurs ouvrages et de leurs imitations. De tous les livres modernes, de tous les romans sur-tout, il n'en est point qui ait autant partagé cette gloire avec les fables de la Grèce, que les fables imaginées par l'auteur de *Don Quichotte*; et c'est une preuve, à mon avis, que dans ce roman les caractères sont peints avec plus d'originalité que dans tous les autres ; que les personnages y sont représentés avec une vérité plus frappante, et avec des couleurs qui les peignent plus fidèlement à l'imagination; que les scènes enfin y sont plus vives et plus plaisamment inventées. L'aiguille, le burin, le pinceau, le ciseau ont transporté sur les tapisseries, la toile et le marbre, les incroyables aventures et les plaisantes figures de Don Quichotte de la Manche et de son fidèle écuyer Sancho Pança : l'Opéra les a placés sur la scène ; et la danse, le plus frivole des arts, s'est emparée de ces illustres personnages.

Mais ce n'est pas seulement aux peintres, aux graveurs et aux différents artistes que Cervantes offre d'heureux sujets d'imitation; les écrivains, et sur-tout les poètes comiques, trouveront dans son ouvrage d'excellents modèles de fine plaisanterie, de vérité dans les portraits et dans les caractères, de naïveté dans les pensées, de naturel dans le style, d'agrément et de vivacité dans les dialogues ; et je crois que l'inimitable Molière n'a pas dédaigné quelquefois de l'imiter : j'ai cru du moins reconnaître quelques traits de ressemblance, qui peut-être au reste ne sont que des points où se sont rencontrés deux immortels génies, sans autre guide que leur heureux naturel. J'indiquerai un de ces traits d'imitation apparente ou réelle. Tout le monde connaît cette scène comique de l'*Amphitryon*, où Sosie, posant sa lanterne à terre, lui parle comme si c'était Alcmène, se fait répondre, et fait ainsi à lui tout seul, ou avec sa lanterne, le dialogue qu'il imagine devoir avoir lieu entre la la femme d'Amphitryon et lui. Cette folle et plaisante imagination ne ressemble-t-elle pas à celle de Sancho qui, député par son maître vers la belle Dulcinée du Toboso, fait aussi à lui tout seul ce plaisant dialogue :

« Ah çà, mon frère Sancho, commençons un
« peu par savoir où va votre seigneurie. Va-t-elle
« chercher son âne perdu? — Non, certainement,
« le voilà. — Qu'allez-vous donc chercher ? — Une
« princesse seulement qui est le ciel du soleil de la
« beauté. — Et où pensez-vous trouver ce que vous
« venez de dire, Sancho? — Dans la grande ville
« de Toboso. — Ah! c'est différent ; et de quelle
« part, s'il vous plaît, allez-vous chercher cette
« grande princesse? — De la part du fameux Don
« Quichotte, qui redresse les torts et les griefs,
« donne à manger à ceux qui ont soif, et à boire
« à ceux qui ont faim. — Voilà qui va bien, San-
« cho, mon ami; et savez-vous la maison? — Pas

« autrement; mais mon maître dit que c'est un « grand château ou palais royal. — Et connaissez-« vous cette princesse si célèbre? — Point du tout; « je ne l'ai jamais vue, et mon maître ne la connaît « pas plus que moi. — Eh! pensez-vous que, si « messieurs les habitants du Toboso savaient que « vous allez chez eux avec le petit projet de parler « d'amour à leur princesse, ils ne fissent pas très « bien de frotter vos épaules avec des échalas? — « Monsieur, je ne dis pas qu'ils eussent tort; tout « ambassadeur que je suis, ils pourraient bien ou-« blier le respect dû à ma qualité, etc. »

Ce personnage de Sancho est assurément un des plus gais et des plus plaisants, et en même temps des plus vrais et des plus naturels qui jamais ait été imaginé par les meilleurs peintres de mœurs et de caractères, et qui ait jamais été représenté dans les plus belles comédies et les plus ingénieux romans; jamais il ne paraît sur la scène, et il y est presque toujours, sans l'égayer et sans un mélange de bon sens et de folie, de propos sérieux et bouffons, de bonnes et de mauvaises qualités, de naïveté et de finesse, propres à dérider le front du lecteur le plus sérieux et le plus austère. Tel est le portrait qu'en fait don Quichotte lui-même à la duchesse qui lui demandait s'il croyait de bonne foi son écuyer propre au gouvernement d'une île; et admirez encore ici la franchise et la bonté de ce brave chevalier; en bon maître, il ne veut point priver son fidèle écuyer d'une île qu'il lui a tant promise, et qu'on va enfin *lui glisser dans la main*,

comme le dit Sancho dans l'ivresse de la joie; en homme franc et loyal, il ne veut cependant pas, dans une occasion si importante, tromper la confiance du duc et de la duchesse; et dans ce portrait légèrement flatté, si l'on veut, mais cependant assez ressemblant, il concilie ce qui paraît souvent inconciliable, les droits de la vérité et ceux de la faveur : « Sancho, dit-il, est un assemblage sin-
« gulier des choses les plus contraires; il est à la
« fois bonhomme et subtil, ingénu et fin, naïf et
« rusé; il doute de tout et croit tout, déguise sou-
« vent une répartie pleine de sel sous une écorce
« grossière, et lorsqu'il semble dire une niaiserie,
« il se trouve qu'il vous a donné une excellente
« leçon. Quant à son cœur, il est bon, et sa pro-
« bité parfaite; il aime la vertu par instinct, sans
« réfléchir qu'il doit l'aimer. Naturellement il voit
« assez juste, et sa simplicité cache un grand sens.
« J'ose croire que cela suffit pour faire un bon
« gouverneur; du moins j'en connais beaucoup qui
« n'ont pas les bonnes qualités de Sancho, et qui
« ne savent pas mieux lire que lui. »

C'est avec ces deux personnages, et quelques épisodes intéressants, tels que celui de Cardenio, imité depuis dans *Clémentine*, par Richardson, que Cervantes, dans un siècle encore presque barbare, est parvenu à composer un ouvrage excellent, où se trouvent mêlés à chaque page les tableaux les plus comiques et les réflexions les plus judicieuses. « De tous les livres que j'ai lus,
« disait un bel-esprit du XVIIe siècle (Saint-Evre-

« mont), Don Quichotte est celui que j'aimerais le
« mieux avoir fait. »

La traduction de M. de Florian me paraît préférable à l'ancienne; s'il a omis quelques longueurs de l'original et quelques plaisanteries de mauvais goût que l'ancien traducteur avait très fidèlement traduites, ou que même il avait fait ressortir davantage par son style diffus et trivial, il a en revanche traduit deux prologues pleins d'esprit et de sel, que Cervantes avait placés à la tête des deux parties de son ouvrage, et que M. Filleau de Saint-Martin avait dédaignés. Dans le premier, il se moque très ingénieusement du charlatanisme des auteurs, de l'érudition immense et facile qu'ils déploient dans leurs préfaces et leurs livres, des vers qu'ils font faire ou qu'ils font eux-mêmes à leur louange, et qu'ils placent modestement au frontispisce de leurs ouvrages, etc. Dans le second, il tourne en ridicule un mauvais écrivain qui s'était avisé de faire une suite à *Don Quichotte*, en disant beaucoup d'injures à son auteur. « Je lui pardonne,
« dit Cervantes, parce que je sais combien est forte
« cette tentation, qui persuade à un pauvre homme
« qu'il peut faire un livre comme un autre, et qu'il
« y gagnera de l'argent et de la réputation, deux
« choses qu'on aime beaucoup. »

Feletz.

MORCEAUX CHOISIS.

I. Examen de la bibliothèque de Don Quichotte.

Le chevalier dormait encore. Le curé pria sa nièce de lui ouvrir promptement la chambre où étaient les livres. La nièce et la gouvernante ne se firent pas presser. Elles accompagnèrent maître Nicolas et le curé, qui trouvèrent, rangés avec soin, une centaine de gros volumes bien reliés, et beaucoup d'autres plus petits. La gouvernante sortit, et revint tenant à la main une tasse pleine d'eau bénite. « Monsieur le licencié, dit-elle, commencez, « croyez-moi, par bénir la chambre, de peur que « quelqu'un des enchanteurs dont tous ces livres « sont pleins ne nous ensorcelle, pour se venger de « ce que nous allons faire. » Le curé, riant de sa bonne foi, pria maître Nicolas de lui donner les volumes un à un, afin de voir si, dans le nombre, il n'y en avait point qu'on pût épargner. « Non, non, « s'écriait la nièce ; point de grace pour aucun. Tous « ont fait du mal à mon oncle, il faut tous les jeter « par la fenêtre, les ramasser en tas dans la cour, « et mettre le feu par-dessous. » La gouvernante était de cet avis ; mais le curé n'y consentit point, et voulut au moins visiter les titres.

Le premier que maître Nicolas lui remit, fut le volumineux *Amadis de Gaule*. « Ceci semble fait « exprès, dit le curé ; on m'a toujours assuré « qu'*Amadis* avait été le premier livre de chevalerie « qu'on ait vu paraître en Espagne. Je suis d'avis de « le condamner, sans examen, comme chef d'une « mauvaise secte. Non, répondit le barbier, c'est, « je vous assure, le moins ennuyeux de tous, « et je demande grace pour lui. A la bonne heure, « reprit le curé, ne soyons pas trop sévères. Quel « est cet autre qui le suit ? *Esplandian, fils d'Ama-*

« *dis*. — Oh! le fils ne vaut pas le père. Madame la
« gouvernante, ouvrez la fenêtre, et qu'*Esplandian*
« vole dans la cour, pour servir de base au bûcher.
« Comment nommez-vous le suivant? — *Amadis de*
« *Grèce*; et tout ce rayon me paraît de la famille
« des Amadis. — Eh bien! que tout le rayon aille
« dans la cour, sans regretter *la Reine Pintiqui-*
« *niestre* et *le Berger Darinel* avec ses fades églogues. »
La gouvernante et la nièce, qui ne demandaient que
la perte de ces pauvres innocents, les firent voler
avec grande joie.

« Passons à ces gros billots, dit le curé; leurs
« noms, s'il vous plaît? — *Olivantès de Laura*, et
« puis *le jardin de Flore*, et *Florismarte d'Hircanie*,
« et *le Chevalier Platir*, et *le Chevalier de La Croix*....
« A la cour, à la cour, madame la gouvernante; ces
« messieurs ne valent pas la peine que nous instrui-
« sions leur procès. — Voici *le Miroir de la Cheva-*
« *lerie*. Je le connais, reprit le curé; c'est là qu'on
« voit Renaud de Montauban et ses amis; tous grands
« voleurs de leur métier, et les douze pairs de
« France, et les fidèles annales de l'archevêque Tur-
« pin. Je suis d'avis de ne les condamner qu'au ban-
« nissement perpétuel, par la raison qu'ils ont fourni
« le sujet des poèmes du Boïardo et de l'Arioste.
« Quant à ce chaste Arioste, si je le trouve en ita-
« lien, je ne puis le traiter avec trop de respect;
« mais s'il s'avise de parler une autre langue que la
« sienne, je ne lui ferai point de grace. Malheur à
« tous ses traducteurs! Malgré leurs efforts, malgré
« leur génie, ils sont et seront toujours trop au-

« dessous de l'original. Que tenez-vous-là, monsieur
« le barbier? — *Palmerin d'Olive*, et *Palmerin*
« *d'Angleterre*. — Donnez l'Olive à la gouvernante,
« et conservons l'autre avec soin; d'abord parce que
« l'ouvrage est bon, ensuite parce qu'un savant roi
« de Portugal passe pour en être l'auteur. — Que
« prononcez-vous sur *Don Bélianis?* — Un plus am-
« plement informé, en gardant prison chez vous
« jusqu'à ce qu'on l'ait abrégé des deux tiers. Quant
« au reste de ces gros volumes, sans nous fatiguer
« à les voir, livrez-les à madame la gouvernante. »

Celle-ci ne se le fit pas dire deux fois; elle les prit
à brasse-corps, et les jeta par la fenêtre. Un d'eux
s'échappa de ses mains, et vint tomber auprès du
barbier, qui le ramassa et lut: *Histoire du fameux
Tiran Le Blanc*. « Comment! s'écria le curé, Tiran
« Le Blanc est ici : donnez-le-moi, mon compère.
« c'est un trésor de gaieté. C'est là qu'on trouve le
« chevalier don Kyriè Éléison, et les maximes com-
« modes de la demoiselle Plaisirs de ma vie, les jolis
« tours de la veuve Reposée, les amours de l'impé-
« ratrice avec son jeune écuyer. Dans ce livre, au
« moins, les chevaliers mangent, dorment, vivent
« et meurent comme les autres hommes. Je n'en au-
« rais pas moins envoyé l'auteur aux galères pour
« avoir écrit sérieusement et de bonne foi ce qui me
« fait rire dans son ouvrage; mais gardez-le, maître
« Nicolas, et lisez-le quand vous voudrez vous di-
« vertir.

« J'aperçois, continua-t-il, beaucoup de petits vo-
« lumes qui doivent être des poésies. Justement!

« voici *la Diane* de Montémayor. Je crois, sauf
« meilleur avis, que nous pouvons sauver ceux-là.
« Ce sont des livres d'amour, de galanterie, de ber-
« gerie, qui ne sont pas d'un grand danger. Pardon-
« nez-moi, s'écria la nièce ; je vous conseille de les
« brûler aussi ; car, si mon oncle revient de sa ma-
« ladie de chevalier, et qu'en lisant ces livres-là il
« lui prenne fantaisie de se faire berger, d'aller
« courir les prés en jouant de la flûte ou de la mu-
« sette, vous conviendrez que nous n'en serons
« guère mieux : et ce serait bien pis, ma foi! s'il
« allait se faire poète, folie qu'on dit être la plus
« dangereuse et la plus incurable de toutes. C'est
« fort bien vu, reprit le curé : il n'y aura pas de
« mal d'ôter cet écueil à notre ami. Cependant je ne
« puis me résoudre à brûler *la Diane* de Monté-
« mayor ; et si l'auteur voulait bien en retrancher
« la magie et les grands vers, je lui laisserais l'hon-
« neur d'être le premier ouvrage de ce genre. Quant
« à ses continuateurs, livrez-les à madame la gou-
« vernante, en conservant le seul Gil-Polo. Voici, lui
« dit le barbier, un roman intitulé : *Les dix livres*
« *de Fortune et d'Amour, par Antoine de Lofrase,*
« *poète sarde.* Ah ! par les ordres que j'ai reçus, re-
« prit le curé, je ne connais pas de livre plus amu-
« sant. Donnez-le moi, mon compère ; je vous jure
« que j'aurais vendu ma soutane pour l'acheter. —
« Et *le Pasteur d'Ibérie, les Nymphes de l'Hénarès,*
« *le Remède de la Jalousie?* — A madame la gou-
« vernante ; et finissons, car il est tard. — Voilà *le*
« *Chansonnier de Maldonado,* et *le Trésor des poé-*

« *sies diverses.* — Plus ces trésors-là sont grands, et
« moins ils ont de valeur. Gardez-le, si vous voulez,
« pour le diminuer beaucoup. — Et *la Galathée de*
« *Michel Cervantes?* qu'en ferez-vous ? — Douce-
« ment, mon cher compère, ne badinons pas, s'il
« vous plaît. L'auteur est mon intime ami ; de plus
« il est bien malheureux. Son ouvrage n'est pas sans
« mérite ; il est vrai qu'il commence beaucoup d'his-
« toires et qu'il n'en finit aucune. Il faut attendre,
« pour le juger, la seconde partie qu'il a promise.
« J'espère qu'il se rendra digne de la miséricorde
« dont j'use envers lui. Mettez-le de côté, maître
« Nicolas ; j'ai mes raisons. — Nous avons ici l'*Arau-*
« *cana de don Alonzo de Ercilla*, avec l'*Austriade*
« *de Juan Rufo*, et le *Monserrat de Christophe de*
« *Viruès.* — Ces trois ouvrages, dit le curé, sont ce
« que l'Espagne a de mieux en vers héroïques. Ce
« sont les seuls que nous puissions opposer aux
« poèmes des Italiens. Gardez-vous bien de les livrer
« à madame la gouvernante. Pour tout ce qui reste,
« je le lui abandonne, car je commence à être
« fatigué. »

Don Quichotte, part. I, ch. VI, trad. de Florian.

II. Dispute de Sancho avec sa femme.

Sancho, de retour chez lui, était si gai, si satisfait, que sa femme lui demanda d'où lui venait
tant de joie. « Ah ! ah ! répondit-il, Thérèse, je
« serais encore plus content si je n'étais pas si
« joyeux. — Je ne vous entends point, mon homme.
« — Et moi, je m'entends, ma femme ; je suis joyeux
« de m'en retourner avec monseigneur don Qui-

« chotte, et d'avoir l'espoir de trouver une nouvelle
« centaine d'écus d'or ; mais je serais encore plus
« content si le bon Dieu nous avait donné assez de
« bien pour nous passer de cette recherche, et
« m'épargner la douleur de quitter une épouse
« aussi aimable que vous. J'ai donc grande raison
« de dire que je serais encore plus content si je
« n'étais pas si joyeux. — En vérité, mon ami, de-
« puis que vous êtes entré dans la chevalerie er-
« rante, vous avez des façons de parler auxquelles
« on n'entend goutte. — C'est là précisément le
« mérite du beau langage. Au surplus, ma chère
« femme, redoublez de soins pour notre âne, aug-
« mentez-lui ses rations, visitez et rajustez son bât ;
« en un mot, que mon équipage se trouve prêt
« dans trois jours. Ce n'est pas à des noces que je
« compte aller ; c'est à la bataille, Madame, à la ren-
« contre des géants, des andriagues, des monstres,
« qui sifflent, crient, rugissent d'une manière épou-
« vantable ; et tout cela ne serait que des roses, si
« parmi eux ne se rencontraient point des Yangois
« ou des Maures enchantés. Comprenez-vous ce
« que je dis ? — A merveille, mon homme, et je
« tremble déjà des périls que vous allez courir. —
« Madame, ce n'est que par des périls qu'on peut
« arriver à la gloire et à des gouvernements. — Nous
« avons besoin, mon ami, que vous y arriviez
« avant peu ; car votre petit Sancho a quinze ans :
« il est temps qu'il aille à l'école, sur-tout d'après
« les projets de son oncle l'ecclésiastique, qui veut
« le faire d'église. Votre petite Sanchette est en âge

« d'être établie : elle me donne déjà du fil à re-
« tordre; et je la crois au moins aussi pressée d'a-
« voir un mari que vous un gouvernement. —
« Patience! patience! Sanchette sera mariée, mais
« il faut pour cela que je trouve un gendre digne
« de moi. — Oh! mon ami, je vous en prie, que
« ce soit avec son égal; c'est le plus sûr et le meil-
« leur. Si vous allez rendre votre fille une grande
« dame, lui changer ses souliers contre des pan-
« toufles, et son casaquin contre un habit de cour,
« vous verrez qu'elle fera ou dira quelque sottise
« qui vous donnera du chagrin. — C'est vous qui
« êtes une sotte, ma femme; vous ne connaissez
« point le monde : apprenez que lorsqu'on est riche
« on ne fait ni on ne dit de sottise. Deux ou trois
« ans vous suffisent pour prendre l'air et le ton de
« la grandeur; et puis, quand ma fille ne les pren-
« drait pas, pourvu qu'elle soit madame, je m'en
« moque, entendez-vous. — Moi, je ne m'en moque
« point; je ne veux pas qu'un grand dindon de
« comte ou de marquis à qui vous baillerez San-
« chette puisse l'appeler paysanne, et lui reprocher
« son cotillon de serge. Non, jarnidieu! mon mari,
« ce n'est pas pour cela que j'élevai ma fille : char-
« gez-vous de la dot, je me charge de l'établir. J'ai
« déjà un mari dans ma manche : Lope Tocho, le
« fils de notre voisin Jean Tocho, fait les yeux doux
« à la petite. C'est un bon garçon, grand et fort;
« c'est lui qui l'aura, par ma foi! L'un vaut l'autre :
« ils s'aimeront; nous vivrons ensemble, pères,
« mères, fille, gendre, les petits enfants qui vien-

« dront. Dieu nous bénira : nous travaillerons, nous
« rirons; et tout cela vaut mieux que vos titres et
« vos grandeurs. »

Ici Sancho frappa du pied en élevant les yeux au
ciel. « O femme de Barabbas, s'écria-t-il, imbécile,
« bête brute, qui ne sais pas ce que c'est d'avoir
« un peu d'élévation dans l'esprit! pourquoi ne
« veux-tu pas donner Sanchette à quelqu'un dont
« les enfants seront appelés votre seigneurie? Te
« sera-t-il donc si dur de t'entendre nommer dona
« Thérèse Pança; de te voir assise à l'église sur de
« bons coussins de velours, en regardant dessous
« toi les filles des gentilshommes? Allons, Madame,
« plus de réflexions; ma fille sera comtesse. — Non,
« Monsieur, elle ne le sera point, et c'est moi qui te le
« dis, moi que mon parrain baptisa Thérèse, dont
« le père s'appelait Cascayo, qui ai vécu Thérèse
« Cascayo, et qui mourrai Thérèse Cascayo, sans
« souffrir que l'on allonge mon nom. Il serait alors
« trop lourd à porter. Va, va, je connais le pro-
« verbe : les yeux passent sur le pauvre, et s'ar-
« rêtent sur le riche jusqu'à ce qu'il soit malheu-
« reux. Crois-tu que je me soucie d'entendre dire
« derrière moi : Tiens, vois-tu cette gouverneuse?
« hier elle était dans la crotte, aujourd'hui elle
« nous éclabousse. Non, par ma foi, cela ne sera
« pas tant que j'aurai mes cinq ou six sens. Vous
« êtes le maître d'aller vous faire prince, duc, sei-
« gneur, ce qu'il vous plaira; moi je reste à la
« maison avec ma fille Sanchette. Une honnête
« femme a toujours la jambe cassée; les jours de

« travail sont ses jours de fêtes : elle se promène
« en filant. Allez, allez, mon mari, avec votre
« monsieur Don Quichotte, qui s'appelle *don* on
« ne sait trop pourquoi. Quand vous aurez un gou-
« vernement, je vous enverrai votre fils pour que
« vous lui appreniez à gouverner, parce qu'il est
« juste que les garçons prennent l'état de leur père;
« mais d'ici là ne me rompez plus la tête, et laissez-
« nous en repos, Sanchette et moi, à la garde du
« bon Dieu, qui aura bien soin de nous.

« A la bonne heure ! répondit Sancho, voilà un
« arrangement raisonnable. Tu m'enverras mon fils
« pour que je l'élève selon son rang, et moi je t'en-
« verrai de l'argent pour que tu établisses San-
« chette. Vois si cela te convient. C'est parler, re-
« prit Thérèse; et je ne vais pas à l'encontre que
« tu m'envoies beaucoup d'argent. » La paix fut
alors rétablie dans le ménage, et les deux époux
s'embrassèrent.

Ibid, part. II, ch. V, trad. du même.

CÉSAR (Caïus Julius), né l'an de Rome 654 (100 ans avant J. C.) ; mort assassiné le 15 mars de l'an 43 avant J. C., dans sa cinquante-sixième année.

C. Julius César se distingua autant par l'esprit que par le courage. Il s'appliqua d'abord au barreau et y brilla. Il n'y eut que l'envie d'occuper le premier rang dans la république par la puissance[*],

---

[*] C verò Cæsar, si foro tantùm vacasset, non alius ex nostris contra Ciceronem nominaretur. Tanta in eo vis est, id acumen, ea concitatio, ut

qui l'empêcha de disputer aussi le premier rang dans le barreau par l'éloquence. Son caractère particulier était la force, la véhémence. On sentait dans ses discours le même feu qu'il fit paraître dans les combats. A cette vivacité de style il joignait une grande pureté de langage dont il avait fait une étude particulière, et dont il se piquait plus qu'aucun autre Romain.

Il composa plusieurs ouvrages, entre autres deux livres sur l'analogie de la langue latine. Qui croirait qu'un aussi grand homme de guerre que César s'occupait sérieusement à composer des traités sur la grammaire? Combien nos mœurs et nos inclinations sont différentes de celles de ces temps-là! C'est dans un de ces livres de l'*Analogie* qu'il recommandait particulièrement d'éviter * comme un écueil les expressions nouvelles et insolites.

On avait aussi de lui plusieurs plaidoyers. Outre** la pureté et la délicatesse de la langue latine qui conviennent, dit Atticus ou plutôt Cicéron, non-seulement à tout orateur, mais à tout citoyen romain, on y admire tous les ornements de l'art oratoire, mais principalement un talent merveilleux

---

illum eodem animo dixisse, quo bellavit, appareat. Exornat tamen hæc omnia mira sermonis, cujus propriè studiosus fuit, elegantia. *Quintil.* lib. X cap. 1.

* Tanquam scopulum, sic fugias insolens verbum. *Aul. Gell.*, lib. I, cap. 10.

** Cùm, inquit Atticus, ad hanc elegantiam verborum latinorum (quæ etiamsi orator non sis et sis ingenuus civis romanus, tamen necessaria est) adjungit illa oratoria ornamenta dicendi : tum videtur tanquam tabulas benè pictas collocare in bono lumine. Cicer. *In Brut.* n. 252.

à peindre les objets, et à mettre dans tout leur jour les choses dont il parle.

Il ne nous reste de César que deux ouvrages, qui sont les sept livres de *la Guerre des Gaules*, et les trois de *la Guerre civile*. Ce ne sont, à proprement parler, que des Mémoires, et il ne les avait donnés que sur ce pied-là ; *Commentarii*. Il les composait à la hâte, sans étude, et dans le temps même de ses expéditions *, uniquement dans la vue de laisser des matériaux aux écrivains pour en composer une histoire. Il y a mis sans doute cette netteté de style et cette élégance qui lui étaient naturelles : mais il a négligé tous les ornements brillants qu'un génie aussi heureux que le sien pouvait répandre dans un ouvrage de cette nature. Cependant ** tout simple et négligé qu'il pouvait paraître, on convenait généralement, dit Hirtius, qu'aucun autre écrit, quelque travaillé et quelque limé qu'il fût, n'approchait de la beauté des *Commentaires de César*. Son dessein n'avait été que de fournir des matériaux à ceux qui voudraient en composer une histoire en forme : « En quoi, dit Cicéron ***, il « peut avoir fait plaisir à de petits esprits qui ne « craindront point d'en défigurer les graces natu-

---

* Cœteri quàm bene atque emendatè, nos etiam quàm facilè atque celeriter eos confecerit, scimus. HIRT. *Præf. de bell. Gall.* lib. VIII.

** Constat inter omnes nihil tam operosè ab aliis esse perfectum, quod non horum elegantiâ Commentariorum superetur. HIRT. *Ibid.*

*** Dum voluit alios habere parata undè sumerent, qui vellent scribere historiam, ineptis fortassè gratum fecit, qui volent illa calamistris inungere; sanos quidem homines à scribendo deterruit. Nihil enim est in historiâ purâ et illustri brevitate dulcius.

« relles par le fard et l'ajustement qu'ils voudront y
« ajouter : mais tout homme sensé se donnera bien
« de garde d'y toucher en aucune sorte, ni d'y faire
« aucun changement ; car rien ne fait tant de plaisir
« dans l'histoire qu'une brièveté de style si claire et
« si élégante. » Hirtius emploie aussi la même pensée à l'égard des écrivains qui songeraient à composer une histoire sur les Mémoires de César.
« Certainement *, dit-il, il leur en fournit le moyen :
« mais, s'ils sont sages, il doit leur en ôter l'envie
« pour toujours. »

César avait par lui-même un bel esprit et un heureux naturel, on ne peut pas en douter : mais ** il avait pris soin aussi de le cultiver par une étude assidue, et de l'enrichir de tout ce que la littérature avait de plus rare et de plus exquis ; et c'était par ce moyen qu'il était venu à bout de l'emporter pour la pureté du langage et pour la délicatesse du style, sur presque tout ce qu'il y avait de plus éloquents orateurs à Rome. Ses *Commentaires* doivent être continuellement entre les mains des gens de guerre. Dans tous les temps les grands généraux *** l'ont regardé comme leur maître. La lecture de ce

* Adeò probantur omnium judicio, ut præcepta non præbita facultas scriptoribus videatur.

** Audio (inquit Atticus) Cæsarem omnium ferè oratorum latinè loqui elegantissimè.... Et ut esset perfecta illa benè loquendi laus, multis litteris, et iis quidem reconditis et exquisitis, summoque studio et diligentia est consecutus. Cicer. *In Brut.* n. 252. 253.

*** Il serait à souhaiter que tous nos généraux missent par écrit régulièrement toutes les opérations des campagnes où ils ont commandé. Quel secours ne serait-ce point pour une histoire ! Quelle lumière pour la postérité! Y a-t-il rien de plus estimable que les mémoires de M. de Turenne, impri-

livre a toujours fait leur occupation et leurs délices. Ils y voient la pratique des règles de l'art militaire, soit pour les sièges, soit pour les batailles. Ils peuvent y apprendre la manière de faire des Mémoires, ce qui n'est pas un talent médiocre.

Hirtius acheva ce que César n'avait pu faire. Le huitième livre de *la Guerre des Gaules* est de lui, aussi bien que ceux de la guerre d'Alexandrie et de celle d'Afrique. On doute qu'il soit l'auteur du livre qui traite de la guerre d'Espagne*.

Rollin, *Histoire ancienne*.

JUGEMENTS.

I.

César singulièrement me semble mériter qu'on l'étudie, non pour la science de l'histoire seulement, mais pour lui-même, tant il a de perfection et d'excellence par-dessus tous les autres, quoique

---

més dans le second tome de sa vie, et que ceux de Jacques II, roi d'Angleterre, alors duc d'Yorck?

* *Les Commentaires de César* sont aujourd'hui pour nous un monument national ; c'est le premier ouvrage qui nous ait donné des notions sur la Gaule ; il est devenu à la fois classique pour les amis des lettres et pour les militaires. La traduction française qu'en a donné Blaise de Vigenère, a eu plusieurs éditions ; celles de 1617, in-folio, 1625, in-4°, sont recherchées ; on y trouve le *Parallèle de César et de Henri IV*, par A. de Bandole. L'édition de Leyde, Elzévir, 1635, in-folio, *cum notis variorum*, est recommandable à cause des inscriptions sur les villes d'Espagne qui se trouvent à la fin, et des cartes et des figures. Goduin en donna une *ad usum Delphini*, Paris, 1678, in-4°. Parmi les éditions nouvelles, on remarque la traduction de M. le Déist de Botidoux, avec le texte en regard, des notes critiques et littéraires, un index géographique et six cartes de la Gaule, etc., 1809. 5 vol. in-8°. ainsi que celle de J. B. Varney, 1810, 2 vol. in-8°. La vie de Jules César a été écrite par Suétone dans ses *Douze Césars*, et par

Salluste soit du nombre. Certes, je lis cet auteur avec un peu plus de révérence et de respect qu'on ne lit les humains ouvrages; tantôt le considérant lui-même par ses actions et le miracle de sa grandeur; tantôt la pureté et inimitable polissure de son langage, qui a surpassé non seulement tous les historiens, comme dit Cicéron, mais, à l'aventure, Cicéron même. Avec tant de sincérité en ses jugements, parlant de ses ennemis, que, sauf les fauses couleurs de quoi il veut couvrir sa mauvaise cause et l'ordure de sa pestilente ambition, je pense qu'en cela seul on y puisse trouver à redire qu'il a été trop épargnant à parler de soi; car tant de grandes choses ne peuvent avoir été exécutées par lui, qu'il n'y soit allé beaucoup plus du sien qu'il n'y en met.

MONTAIGNE.

II.

Il n'y a rien de plus parfait dans leur genre que les *Commentaires de César*; et je m'étonne que Quintilien, qui a parlé de quelques harangues qu'on avait de lui, dont la force et la vivacité font connaître, dit-il, que ce Romain avait le même feu en parlant qu'en combattant, n'ait pas dit un seul mot de ses *Commentaires*. On y voit régner partout

---

Plutarque. MM. Achaintre et Lemaire ont donné aussi une excellente édition des *Commentaires de César* dans la collection des *Classiques latins*. Brery a écrit en français l'*Histoire de Jules César*, 750, 2 vol. in-12. A. G. Meissner a composé en allemand une vie de Jules César dont la première partie a paru à Berlin, 799, in-8°.

une élégance et une pureté de langage admirables, qui était son caractère particulier ; et l'on pourrait dire qu'ils se sentent de la naissance et de la noblesse de leur auteur, comme Quintilien le dit des ouvrages de Messala*. Peut-être que, regardant ces *Commentaires* comme de simples mémoires, et non comme une histoire en forme, il a cru n'en devoir pas faire mention.

Cicéron leur rend plus de justice. Il parle d'abord des harangues de César, et il dit qu'à la pureté du langage **, dont non-seulement un orateur, mais tout citoyen romain doit se piquer, il a ajouté tous les ornements de l'éloquence. Ensuite il passe à ses *Commentaires*, et il en fait un magnifique éloge.

Mais il faut avouer que les graces et les beautés de cet auteur se font mieux sentir à des personnes qui ont le goût et le jugement formés, qu'à des enfants tels qu'on les suppose en quatrième. L'imagination vive et prompte des jeunes gens aime la variété et le changement d'objets, et s'accommode moins de cette espèce d'uniformité qui règne dans les *Commentaires de César*, où l'on ne voit presque autre chose que des campements d'armée, des marches, des sièges de ville, des batailles, des harangues faites aux soldats par le général. Cette raison empêche quelques professeurs de faire voir

---

* Quodammodò præ se ferens in dicendo nobilitatem suam Quintil. lib. X, cap. 1.

** Voyez la note 2, page 407.

cet auteur en quatrième, et je n'ai garde de les blâmer.

ROLLIN, *Traité des Études.*

III.

Les *Commentaires de César* ont, sous le rapport du style, un très grand mérite ; mais ce mérite n'a rien d'éclatant, rien qui frappe : il n'est aperçu, il n'est senti que par les latinistes consommés, encore ne sont-ils pas toujours bien sûrs de ce qu'ils sentent et de ce qu'ils aperçoivent : quand ils sont de bonne foi, ils avouent que les éloges donnés aux *Commentaires* par les juges les plus respectables de l'antiquité influent beaucoup sur leur opinion, et que leur enthousiasme pour le style de César est en partie un enthousiasme de tradition. Les anciens ont, en effet, beaucoup exalté la diction de cet ouvrage : Cicéron semble la comparer aux Graces elles-mêmes, qui n'empruntent leurs charmes d'aucun ornement étranger : ils sont nus, dit-il, en parlant des *Commentaires;* mais ils sont remplis d'attraits et d'agréments, tant la forme en est pure et délicate ! Le tour de son éloge que je commente et développe un peu, retrace l'image de ces divinités qui n'en sont que plus belles, quand elles ont écarté toutes les parures, et même tous les voiles, *omni ornatu, tamquam veste, detracto;* il lance un anathème contre l'écrivain insensé qui tenterait d'orner cette exquise et précieuse simplicité : César, ajoute-t-il, en écrivant cet ouvrage d'un style si uni, a présenté un appât trompeur aux esprits bornés, qui, regardant ces *Commen-*

taires comme un canevas, croiront devoir les broder et les embellir ; mais il a fait tomber la plume des mains à quiconque n'est pas entièrement dépourvu de sentiment et de goût. Au reste personne n'a eu l'audace de braver l'anathème de Cicéron ; on a respecté la simplicité des *Commentaires de César*; mais un disciple de Cicéron lui-même, Hirtius, n'a pas craint de suppléer ce qui manquait à ces *Commentaires*, et d'en donner une continuation; ce qui semble presque aussi coupable que de chercher à les embellir ; heureusement la postérité n'est pas un juge plus sûr de l'attentat d'Hirtius, que de la délicatesse même, et de la rare pureté du style de César.

La qualité qui les caractérise, c'est ce que les rhéteurs et les grammairiens appellent la *propriété*; elle consiste, si je ne me trompe, dans un soin particulier d'employer les mots avec justesse, suivant leur acception primitive et originelle, en les écartant et les éloignant le moins possible de leur étymologie, en s'attachant scrupuleusement à leurs racines. César avait fait une étude approfondie de sa langue ; il était lui-même ce qu'il a dit de Térence, *puri sermonis amator*; il composa des traités de grammaire, sortes d'ouvrages qui paraissent bien peu dignes d'un si beau génie, mais qui étaient d'une si grande importance à une époque où la langue latine commençait à se dégager de la rouille des anciens temps, à s'épurer et à se former. Remarquons, pour ceux qui aiment ces rapprochements, que César naquit avant Lucrèce et Catulle, dont les vers pleins de génie conservent encore presque toute l'âpreté des premiers âges. Térence, en traduisant Ménandre, avait fait passer dans son propre style, autant que l'état de sa langue, encore informe, pouvait le permettre, la délicatesse exquise et la naïveté charmante de son modèle ; mais son exemple n'était que le premier signal du bon goût : il avait ouvert la voie, mais il fallait s'essayer à marcher sur ses traces ; il fallait, en l'imitant, continuer à polir l'instrument dont il avait fait un usage si heureux, et dont il avait montré les ressources ; les esprits les plus distingués eux-mêmes n'étaient point supérieurs à cette tâche. Il ne faut point s'étonner de voir César faire pour sa langue, avec plus de bonheur et de succès, ce que les Vaugelas et les Patru firent pour la nôtre ; ce grand homme ne trouvait pas indigne de lui de travailler à la fixer ; et peut-être a-t-il voulu donner, dans ses *Commentaires*, un exemple plus particulier de la pureté à laquelle elle pouvait atteindre, comme il avait fait voir précédemment dans le barreau et à la tribune, conjointement avec Cicéron, tout ce qu'une élégance vive, animée, sublime, pouvait y trouver de moyens et de richesses. Mais quand une langue n'existe plus, la postérité n'apprécie que difficilement le mérite des auteurs qui ont plus spécialement recherché l'espèce de grace attachée à la correction et à la pureté, tandis qu'elle sent toujours vivement les grands traits des écrivains qui se sont élevés à d'autres genres de beautés.

Dussault, *Annales littéraires.*

CÉSURE. Dans la poésie ancienne, on appelle ainsi une espèce de suspension, placée après le second pied de certains vers, comme l'asclépiade, le pentamètre, l'hexamètre, et marquée par une syllabe qui, à la fin du mot, se détache du pied qui la précède, pour faire seule un demi-pied, suivi d'un silence qui achève la mesure; ou pour se joindre, sans aucune pause, à une ou deux syllabes du mot suivant, et former un pied avec elles.

Il semble que, dans le premier cas, le silence qui achève la mesure demanderait un sens suspendu; et cependant on ne voit pas que les poètes se soient fait une loi de suspendre le sens à la césure.

> Odi profanum vulgus et arceo
> (Hor. *Od.*, III, 1.)
> Districtus ensis cui super impiâ
> Cervice pendet, etc.
> (*Ibid*, III, 1.)
> Tu, quum parentis regna per arduum
> Cohors gigantum scanderet impia.
> (*Ibid*, II, 16.)

Dans le premier de ces exemples, le sens n'est suspendu qu'au milieu du troisième pied; dans le second exemple, il n'y a de repos qu'à la césure du vers suivant; dans le troisième, il y a deux vers de suite sans aucun repos : rien de plus ordinaire dans les odes d'Horace.

Dans le second cas, c'est-à-dire lorsque la césure ne suppose aucun silence après elle pour achever la mesure, et qu'elle se joint immédiatement aux premières syllabes du mot suivant, les poètes ont encore moins pensé à y ménager un repos. Virgile, au contraire, a eu grand soin de varier les repos du sens; c'est l'un des charmes du style; et parmi ses vers les plus harmonieux, on n'en trouve quelquefois pas un qui se repose à la césure.

> Qualis populeâ mœrens Philomela sub umbrâ,
> Amissos queritur fœtus, quos durus arator
> Observans, nido implumes detraxit; at illa
> Flet noctem, ramoque sedens miserabile carmen
> Integrat, et mœstis latè loca questibus implet.
> (Virg. Georg. IV, 511.)

Il en est du vers saphique et du vers élégiaque, comme de l'asclépiade et de l'hexamètre;

> Latiùs regnes, avidum domando
> Spiritum, quam si Libyam remotis
> Gadibus jungas, etc.
> (Horat. Od. II, 2.)

On voit dans le premier et dans le troisième vers la césure ou syllabe en suspens après le second pied, suivie d'un repos; mais dans le second vers le repos se trouve placé au milieu du second pied, et nullement après la césure.

Il en est de même des vers élégiaques ou pentamètres.

> Arma gravi numero, violentaque bella parabam
>   Edere, materiâ conveniente modis.
> Par erat inferior versus: risisse Cupido
>   Dicitur, atque unum surripuisse pedem.
> (Ovid. Amor. lib. I, el. I, 5.)

On voit ici le repos placé après les dactyles *edere*, *dicitur* ; et il n'y en a point après la césure.

Ainsi, soit que la césure du vers reste isolée, comme dans l'asclépiade, soit qu'elle s'unisse aux premières syllabes du mot suivant, comme dans l'hexamètre, les poètes latins ont également négligé d'y suspendre le sens et d'y ménager un repos. A quoi servait donc la césure ?

Pour rendre raison de la césure de l'hexamètre, on a dit que, sans cela, il arriverait souvent que la fin d'un vers et le commencement de l'autre formeraient un vers de la même espèce, et qu'afin d'éviter cette confusion, il fallait que les vers fussent coupés au dixième temps, c'est-à-dire au milieu, et non à la fin d'un pied. Mais la véritable raison, ce me semble, est que la chute du second pied, s'il tombait sur la fin d'un mot, romprait trop brusquement le rhythme, qui, soutenu par la césure, ou le demi-pied suspendu, en devient plus majestueux.

MARMONTEL, *Éléments de Littérature*.

CHAIRE (ÉLOQUENCE DE LA). Saint Augustin, dans l'admirable traité qui a pour titre *de la Doctrine chrétienne*, et dont on ne peut trop recommander la lecture aux maîtres de rhétorique, distingue deux choses dans l'orateur chrétien : ce qu'il dit, et comment il le dit ; le fond des choses mêmes, et la manière de les traiter, ce qu'il appelle *sapienter dicere*, *eloquenter dicere*. Je commencerai

CHAIRE (ÉLOQUENCE DE LA).

par la dernière de ces deux parties et finirai par l'autre.

DE LA MANIÈRE DONT UN PRÉDICATEUR DOIT PARLER. — Saint Augustin, en suivant le plan que Cicéron nous a tracé des devoirs de l'orateur, dit qu'ils consistent à instruire, à plaire et à toucher. *Dixit quidam eloquens, et verum dixit, ita dicere debere eloquentem, ut doceat, ut delectet, ut flectat.* (*De Doctr. christ.* IV, 27.) Il répète la même chose en d'autres termes, en disant que l'orateur chrétien doit parler de telle sorte, qu'il soit écouté *intelligenter, libenter, obedienter* (*Ibid.*, IV, 30.) : c'est-à-dire qu'on comprenne bien ce qu'il dit, qu'on se plaise à l'entendre, et qu'on se rende à ce qu'il a voulu persuader ; car la prédication a ces trois fins : Que la vérité nous soit connue ; que la vérité soit écoutée avec plaisir ; que la vérité nous touche : *Ut veritas pateat, ut veritas placeat, ut veritas moveat.* (*Ibid.*, 61.) Je suivrai ce même plan, et je parcourrai les trois devoirs de l'orateur chrétien.

INSTRUIRE, ET POUR CELA PARLER AVEC CLARTÉ. — Comme le prédicateur parle pour instruire, et qu'il est redevable à tous, aux ignorants et aux pauvres, autant et peut-être encore plus qu'aux savants et aux riches, il doit se rendre intelligible à tous, et dans ses discours s'attacher principalement à la clarté. Il faut que tout y contribue : l'ordre, les pensées, l'expression, la prononciation.

C'est un mauvais goût de certains orateurs, que de croire qu'ils ont beaucoup d'esprit, quand il en faut pour les entendre *. Ils ignorent que tout discours qui a besoin d'interprète est un très mauvais discours **. La souveraine perfection du style d'un prédicateur serait que, plein de graces pour les savants, plein de clarté pour les ignorants, il plût également aux uns et aux autres ***. Mais si l'on ne peut réunir ces deux avantages, saint Augustin veut qu'on sacrifie le premier au second, et qu'on néglige l'ornement, et quelquefois même la pureté du langage, si cela est nécessaire pour se faire entendre, parce qu'en effet ce n'est que pour cela qu'on parle ****. Cette sorte de négligence, qui n'est pas sans esprit et sans art, comme il le remarque d'après Cicéron, et qui vient d'un homme plus attentif aux choses mêmes qu'aux mots *****, ne doit pas aller néanmoins jusqu'à rendre le discours bas et rampant, mais seulement plus clair et plus intelligible.

Saint Augustin avait d'abord écrit contre les manichéens d'un style plus orné et plus sublime,

* Tunc demùm ingeniosi scilicet, si ad intelligendos nos opus sit ingenio Quintil. *In Proœm.* VIII.

** Otiosum (*ou* vitiosum) sermonem dixerim, quem auditor suo ingenio non intelligit. *Ibid* v.

*** Ita et sermo doctis probabilis, et planus imperitis erit. *Ibid.*

**** Cujus evidentiæ diligens appetitus aliquandò negligit verba cultiora, nec curat quid benè sonet, sed quid benè indicet atque intimet quod ostendere intendit. Undè ait quidam, cum de tali genere locutionis ageret, esse in eâ quamdam diligentem negligentiam. Hæc tamen sic detrahit ornatum, ut sordes non contrahat. S. August. *De Doct. Christ.* IV, 24.

Melius est reprehendant nos grammatici, quàm non intelligant populi. *Id. in Psal.* CXXXVIII.

***** Indicat non ingratam negligentiam, de re hominis magis, quàm de verbis, laborantis.... Quædam etiam negligentia est diligens. *Orat.* 77. 78.

qui faisait que ceux qui avaient peu de science n'entendaient pas ses écrits, ou ne les entendaient qu'avec beaucoup de difficulté. On lui représenta que, s'il voulait que ses ouvrages fussent utiles à un plus grand nombre de personnes, il devait demeurer dans le style simple et ordinaire, qui a cet avantage au-dessus de l'autre, d'être intelligible en même temps aux savants et aux ignorants *. Le saint reçut cet avis avec son humilité ordinaire, et il en fit usage dans les livres qu'il composa depuis contre les hérétiques, et dans les discours qu'il prononça devant son peuple. Son exemple doit être une règle pour tous ceux qui instruisent.

Comme l'obscurité est le défaut que le prédicateur doit éviter avec le plus de soin, et que ceux qui écoutent n'ont pas la liberté de l'interrompre quand ils trouvent quelque chose d'obscur, saint Augustin veut qu'il lise dans les yeux et dans la contenance de ses auditeurs, s'ils l'entendent ou non, et qu'il répète la même chose en lui donnant différents tours, jusqu'à ce qu'il s'aperçoive qu'il est parvenu à se faire entendre : avantage que ne peuvent avoir ceux qui, servilement attachés à leur mémoire, apprennent leurs sermons mot à mot, et les récitent comme une leçon **.

* Me benevolentissimè monuerunt, ut communem loquendi consuetudinem non desererem, si errores illos tam perniciosos ab animis etiam imperitorum expellere cogitarem. Hunc enim sermonem usitatum et simplicem etiam docti intelligunt ; illum autem indocti non intelligunt. *De Gen. contrà Manich.* I, 1.

** Ubi omnes tacent ut audiatur unus, et in eum intenta ora convertunt, ibi ut requirat quisque quod non intellexerit, nec moris est, nec decoris :

Ce qui cause ordinairement l'obscurité du discours, c'est de vouloir toujours s'expliquer avec brièveté. Il vaut mieux pécher par trop d'étendue que par trop peu. Un style qui serait partout vif et concis, tel par exemple que celui de Salluste, ou tel que celui de Tertullien, peut convenir à des ouvrages qui, n'étant pas faits pour être prononcés, laissent au lecteur le loisir et la liberté de revenir sur ses pas, mais non à une prédication qui, par sa rapidité, échapperait à l'auditeur le plus attentif *. Il ne faut pas même supposer qu'il le soit toujours, et la clarté du discours doit être telle, qu'elle puisse porter la lumière dans les esprits les plus inappliqués, comme le soleil frappe nos yeux sans que nous y songions, et presque malgré nous. L'effet souverain de cette qualité n'est pas qu'on puisse entendre ce que nous disons, mais qu'on ne puisse pas ne point l'entendre **.

ac per hoc debet maximè tacenti subvenire cura dicentis. Solet autem motu suo significare utrùm intellexerit cognoscendi avida multitudo: quod donec significet, versandum est quod agitur multimodâ varietate dicendi : quod in potestate non habent, qui præparata et ad verbum memoriter retenta pronuntiant. S. Aug. *De Doct. Christ.* IV, 25.

* Cavenda, quæ nimiùm corripientes omnia sequitur, obscuritas; satius que est aliquid (orationi) superesse, quàm deesse.... Vitanda illa Sallustiana (quamquàm in ipso virtutis locum obtinet) brevitas, et abruptum sermonis genus, quod otiosum fortassè lectorem minùs fallit, audientem transvolat, nec dùm repetatur expectat. Quintil. IV, 2.

** Idipsum in consilio est habendum, non semper tam esse acrem (auditoris) intentionem, ut obscuritatem, apud se ipse discutiat et tenebris orationis inferat quoddam intelligentiæ suæ lumen; sed multis eum frequenter cogitationibus avocari, nisi tam clara fuerint quæ dicemus, ut in animum ejus oratio, ut sol in oculos, etiamsi non intendatur, incurrat. Quare, non ut intelligere possit, sed ne omninò possit non intelligere, curandum Quintil. VIII, 2.

CHAIRE (ÉLOQUENCE DE LA).

PLAIRE, ET POUR CELA PARLER D'UNE MANIÈRE ORNÉE ET POLIE. — Saint Augustin recommande au prédicateur de s'attacher avant tout et sur-tout à la clarté; mais il ne prétend pas qu'il doive s'y borner. Il n'a garde d'interdire à la vérité les ornements du discours, qu'elle seule a le droit d'employer. Il veut qu'on fasse servir l'éloquence humaine à la parole de Dieu, et non qu'on rende la parole de Dieu esclave de l'éloquence humaine *. Il sait que souvent on ne peut arriver au cœur que par l'esprit, et que pour remuer l'un, il faut plaire à l'autre. C'est une excellente qualité, selon lui, de n'aimer et de ne chercher dans les mots que les choses mêmes, et non les mots : mais il avoue en même temps que cette qualité est fort rare; que si la vérité est montrée nûment et simplement, elle touche peu de personnes **; qu'il en est de la parole comme de la nourriture, qui doit être assaisonnée pour être reçue avec plaisir; et que, par rapport à l'une et à l'autre, il faut avoir égard à la délicatesse des hommes, et donner quelque chose à leur goût ***.

C'est pour cela que les Pères ont été bien éloignés d'interdire à ceux qui sont appelés au ministère de la parole la lecture des anciens auteurs, et l'érudition profane. Saint Augustin dit que toutes les

---

* Nec doctor verbis serviat, sed verba doctori. *De Doct. Christ.* IV, 61.

** Bonorum ingeniorum insignis est indoles, in verbis verbum amare, non verba... Quod tamen si fiat insuaviter, ad paucos quidem studiosissimos suus pervenit fructus. *Ibid.* IV, 26.

*** Sed quoniam inter se habent nonnullam similitudinem vescentes atque discentes, propter fastidia plurimorum etiam ipsa, sine quibus vivi non potest, alimenta condienda sunt. *Ibid.* IV, 26.

vérités qui se trouvent dans les auteurs païens nous appartiennent, et que par conséquent nous avons droit de les revendiquer comme notre bien propre, en les retirant d'entre les mains de ces injustes possesseurs pour en faire un meilleur usage. (*De Doct. christ.* II, 20.) Il veut, qu'à l'exemple des Israélites, qui par l'ordre de Dieu même dépouillèrent l'Égypte de son or et de ses plus précieux vêtements sans toucher à ses idoles, nous laissions aux auteurs païens leur profane langage et leurs superstitieuses fictions, que tout bon chrétien doit avoir en horreur, et que nous leur enlevions les vérités qu'on y trouve, qui sont comme de l'or et de l'argent, et les graces du discours qui sont comme les vêtements des pensées, pour faire servir les unes et les autres à la prédication de l'Évangile *. Il cite un grand nombre de Pères qui en ont fait cet usage, à l'exemple de Moïse même, qui fut instruit avec soin dans toute la sagesse des Égyptiens **.

Saint Jérôme traite la même matière avec encore plus d'étendue dans une belle lettre, où il se défend

---

* Sic doctrinæ omnes gentilium, non solùm simulata et superstitiosa figmenta.... quæ unusquisque nostrûm duce Christo de societate gentilium exiens debet abominari atque devitare : sed etiam liberales disciplinas usui veritatis aptiores, et quædam morum præcepta utilissima continent.... quæ tanquàm aurum et argentum debet ab eis auferre christianus ad usum justum prædicandi Evangelii. Vestem quoque illorum.... accipere atque habere licuerit in usum convertenda christianum. *De Doctr Christ.* II, 60.

** Nonne aspicimus quanto auro et argento et veste suffarcinatus exierit de Ægypto Cyprianus doctor suavissimus, et martyr beatissimus? *De Doctr Christ.* II, 61.

Vir eloquentiâ pollens et martyrio. S. Hieron.

contre les reproches de ses adversaires, qui lui voulaient faire un crime de ce qu'il employait dans ses écrits l'érudition profane *. Après avoir indiqué plusieurs passages de l'Écriture où l'on cite des auteurs païens, il fait un long dénombrement des écrivains ecclésiastiques qui en ont aussi fait valoir les témoignages pour la défense de la religion chrétienne. Entre les écrivains sacrés, il avait nommé saint Paul, qui cite plusieurs endroits des poètes grecs. C'est, dit-il, qu'il avait appris du véritable David à arracher d'entre les mains des ennemis leurs armes pour les combattre, et à couper la tête du superbe Goliath de sa propre épée **.

Il est donc fort à souhaiter que ceux qui sont destinés au ministère de la prédication aient d'abord puisé l'éloquence dans les sources mêmes, c'est-à-dire dans les auteurs grecs et latins, que l'on a toujours regardés comme les maîtres dans l'art de bien parler. L'orateur sacré doit avoir appris d'eux à dispenser à propos les ornements du discours, non pour plaire simplement à l'auditeur, et encore moins pour se faire de la réputation, motifs que la rhétorique païenne même a jugés indignes de son orateur, mais pour rendre la vérité plus aimable aux hommes, en la leur rendant plus agréable, et pour les engager par cette espèce d'appât innocent

---

* Quæris cur in opusculis nostris secularium litterarum interdùm ponamus exempla, et candorem Ecclesiæ ethnicorum sordibus polluamus. S. Hieron. *epist. ad Magnum.*

** Didicerat à vero David extorquere de manibus hostium gladium, et Goliæ superbissimi caput proprio mucrone truncare *Ibid.*

à en goûter plus volontiers la sainte douceur, et à en pratiquer plus fidèlement les salutaires leçons*.

Tout le monde sait que l'éloquence de saint Ambroise produisit cet effet sur l'esprit d'Augustin, encore enchanté des beautés de l'éloquence profane. Ce grand évêque prêchait à son peuple la divine parole avec tant de graces et de charmes, que tous les auditeurs, comme par une sainte ivresse, étaient ravis et enlevés hors d'eux-mêmes**. Augustin ne cherchait dans ses prédications que les agréments du discours, et non la solidité des choses : mais il n'était pas en son pouvoir de faire cette séparation. Il croyait n'ouvrir son esprit et son cœur qu'à la beauté de la diction ; mais la vérité y entrait en même temps, et elle s'en rendit bientôt la maîtresse absolue***.

Il fit lui-même dans la suite un pareil usage de l'éloquence. On voit dans la plupart de ses sermons

* Illud, quod agitur genere temperato, id est ut eloquentia ipsa delectet, non est propter seipsum usurpandum, sed ut rebus quæ utiliter honestèque dicuntur..... aliquantò promptiùs et delectatione ipsâ elocutionis accedat, vel tenacius adhærescat, assensus.... Ita fit ut etiam temperati generis ornatu non jactanter, sed prudenter, utamur, non ejus fine contenti, quo tantummodò delectatur auditor : sed hoc potiùs agentes, ut etiam ipso ad bonum, quod persuadere volumus, adjuvetur. S. Aug. *de Doctr. Chr.* IV, 55.

** Veni ad Ambrosium episcopum..... cujus tunc eloquia strenuè ministrabant adipem frumenti tui.... et sobriam vini ebrietatem populo tuo *Confess.* V, 13.

*** Cùm non satagerem discere quæ dicebat, sed tantùm quemadmodùm dicebat audire.... veniebant in animum meum simul cum verbis quæ diligebam, res etiam quas negligebam : neque enim ea dirimere poteram Et dùm cor aperirem ad excipiendum quàm discertè diceret, pariter intrabat et quàm verè diceret. *Confess.* V, 14.

que le peuple, ravi en admiration, se récriait et applaudissait. Il était bien éloigné de rechercher et d'aimer ces applaudissements : son humilité sincère et profonde en était véritablement affligée, et lui faisait craindre la contagion secrète et subtile de cette vapeur empoisonnée. Mais d'où peuvent venir de si fréquentes acclamations, sinon de ce que la vérité mise ainsi en évidence, et placée dans tout son jour par un homme solidement éloquent, charme et enlève les esprits*?

Je ne puis m'empêcher ici d'exhorter les lecteurs à se donner la peine de lire un petit traité de M. Arnaud, qui a pour titre : *Réflexions sur l'Éloquence des Prédicateurs*. Il y réfute une partie de la préface que M. du Bois, son ami, avait mise à la tête de sa *Traduction des Sermons de saint Augustin*, où il prétendait montrer que la manière de prêcher de la plupart des prédicateurs était contraire à celle de ce saint docteur, en ce qu'on y faisait trop d'usage de l'éloquence humaine, qu'il croyait ne devoir pas être employée dans les prédications. Cette préface avait ébloui beaucoup de personnes, et avait reçu de grands applaudissements. On fut fort étonné, quand le petit traité de M. Arnaud parut, de voir qu'elle était presque tout entière fondée sur de faux principes et sur de faux raisonnements. Il est utile et agréable de comparer ensemble ces deux ouvrages, en lisant d'abord la

---

* Undè autem crebrò et multùm acclamatur ita dicentibus, nisi quia veritas sic demonstrata, sic defensa, sic invicta, delectat? *De Doctr. Chr.* IV, 56.

préface, pour voir si l'on y remarquera soi-même quelques défauts, et en y examinant ensuite la réfutation, pour juger si elle est solide et appuyée sur de bonnes raisons.

Le principe que j'ai établi en suivant les règles de saint Augustin, que l'orateur chrétien peut et doit même chercher à plaire à l'auditeur, a besoin d'être renfermé dans de certaines bornes, et demande quelque éclaircissement. Il y a dans la prédication deux défauts à éviter, dont l'un est de trop rechercher les ornements et les graces du discours, et l'autre de les trop négliger.

ROLLIN, *Traité des Études.*

MÊME SUJET.

Chez les anciens, l'éloquence n'entrait point dans les fonctions du sacerdoce ; et ce qui répondait le plus au genre de l'éloquence de la chaire, c'étaient les leçons des philosophes, les déclamations des sophistes, et les harangues des rhéteurs. Ceux-ci distinguaient deux genres d'éloquence, l'*indéfini* ou celui des questions, et le *fini* ou celui des causes. La question était générale, la cause était particulière. L'une tendait à établir une opinion, une maxime, une vérité de spéculation, et l'autre à constater un fait, ou à déterminer sa qualité morale ; à décider si une chose avait été, si elle était, si elle serait ; si elle était juste, honnête, utile, possible, vraisemblable ou non, qu'elle fût, ou qu'elle eût été, de telle ou de telle façon.

Or dans des républiques, où non-seulement le

salut des citoyens, mais celui de l'état, se trouvait tous les jours entre les mains de l'éloquence, les causes personnelles et la cause commune étaient d'un si grand intérêt, qu'on regardait comme un parleur oiseux celui qui s'amusait à des thèses spéculatives, sans objet réel et présent. Isocrate, que sa timide modestie avait éloigné des affaires, mit cette éloquence à la mode; et lorsque, dans la Grèce, la liberté fut descendue de la tribune avec Démosthène, et l'eut suivi dans le tombeau, les sophistes reprirent le genre d'Isocrate. Ils employèrent un talent, désormais destitué de fonctions publiques, à déclamer sur des sujets vagues, les uns avec la bonne foi, le zèle et le courage de la vertu; les autres, et le plus grand nombre, avec la vanité du bel esprit, qui cherchait à briller par un style fleuri, par des opinions singulières, et par les fausses lueurs de ces raisonnements subtils et captieux qui en ont pris le nom de *sophismes*.

A Rome, l'éloquence dégénéra de même en déclamations frivoles, dès que le tableau des proscriptions, et la langue de Cicéron percée par Antoine, avertirent tout homme éloquent, ou de flatter, ou de se taire, ou de ne dire, comme il convient sous les tyrans, que des choses vagues et vaines.

Jusque-là, ce genre d'éloquence philosophique avait paru si peu important, que les rhéteurs eux-mêmes dédaignaient d'en parler expressément dans leurs leçons*.

* Dividunt enim totam rem in duas partes, in causæ controversiam, et

CHAIRE (ÉLOQUENCE DE LA).

Mais cette éloquence, qu'on négligeait, tandis qu'elle était isolée et vague, on en faisait le plus grand cas lorsqu'elle entrait dans la composition des plaidoyers et des harangues : car toute cause particulière tient à une question générale, d'où elle est extraite ou déduite ; et c'était sur-tout à ce principe général que Cicéron recommandait à l'orateur de s'attacher, soit pour agrandir son sujet, soit pour dominer sur la cause *. (*Voyez* RHÉTORIQUE.)

L'éloquence de la tribune et du barreau était donc composée, et de celle qui est devenue l'éloquence des plaidoyers, et de celle qui est devenue l'éloquence de la chaire. Politique, morale, religion, tout fut de son domaine. Les philosophes disputaient, dans un langage subtilement obscur, de toutes les choses de la vie **. L'orateur en parlait avec chaleur, avec clarté, avec force, avec abondance ***. Ajoutez à cela le droit de parler en public de la politique, de la législation, de l'administration de l'état, de tous ses intérêts et au dedans et

quæstionis.... De causâ præcepta dant; de alterâ parte dicendi mirum silentium est. (Cic. *De Or.* II, 19.)

* Ornatissimæ sunt orationes eæ quæ latissimè vagantur, et à privatâ ac singulari controversiâ se ad universi generis vim explicandam conferunt et convertunt. (*De Or.* III, 30)

** De rebus bonis et malis, expetendis aut fugiendis, honestis aut turpibus, utilibus aut inutilibus, de virtute, de justitiâ, de continentiâ, de prudentiâ, de magnitudine animi, de liberalitate, de pietate, de amicitiâ, de fide, de officio, de cæteris virtutibus contrariisque vitiis. (*Ibid.*, l. II. chap. 16.)

*** Quis cohortari ad virtutem ardentiùs, quis à vitiis acriùs revocare, quis vituperare improbos vehementiùs, quis laudare bonos ornatiùs, quis cupiditatem vehementiùs frangere accusando potest ? Quis mœrorem levare mitiùs consolando? (*Ibid.*, l. II, ch. 9.)

au dehors*; car sa police s'exerçait même sur les mœurs personnelles : vous aurez une idée de l'orateur grec et romain. (*Voyez* orateur.)

Ce qui nous reste de l'éloquence politique de ces temps-là s'est réfugié dans les états républicains. Quant à l'éloquence morale, la religion lui a élevé, non pas une tribune, mais un trône ; et ce trône est la chaire.

Pour se faire une idée du ministère qu'elle y exerce, il faut se figurer dans un temple. au pied des autels, sous les yeux de Dieu même, et en présence de tout un peuple, une lice ouverte, où l'éloquence, aux prises avec les passions, les vices, les faiblesses, les erreurs de l'humanité, les provoque les unes après les autres, quelquefois toutes ensemble, les attaque, les combat, les terrasse avec les armes de la foi, du sentiment et de la raison.

L'homme qui parle est l'envoyé du ciel; et, par la sainteté de son caractère, il semble porter sur le front le nom du Dieu dont il est le ministre: la cause qu'il défend est celle de la vérité et de la vertu : ses titres sont les droits de l'homme, la loi de la nature empreinte dans tous les cœurs, et la loi révélée, écrite et consignée dans le dépôt des livres saints : les intérêts qu'il agite sont ceux du ciel et de la terre, du temps et de l'éternité : enfin les clients qu'il rassemble autour de lui et comme sous ses ailes, sont la nature dont il défend les droits; l'humanité, dont il venge l'injure; la faiblesse, dont

---

* De republicâ, de imperio, de re militari, de disciplinâ civitatis, de hominum moribus (*Ibid.*, l. II, ch. 16.)

il protège le repos et la sûreté ; l'innocence, à laquelle il prête une voix suppliante pour désarmer la calomnie, ou des accents terribles pour l'effrayer ; l'enfance abandonnée, pour qui, dans l'auditoire, il cherche des cœurs paternels : la vieillesse souffrante, l'indigence timide, la grande famille de Jésus-Christ, les malheureux, en faveur desquels il émeut les entrailles du riche et du puissant. Tel est le fidèle tableau du plaidoyer évangélique.

Si un semblable ministère est bien rempli, c'est une des plus belles institutions dont l'humanité soit redevable à la religion chrétienne. Mais pour le remplir dignement, il faut que l'orateur pense qu'il a pour juge Dieu et les hommes : Dieu, pour ne pas trahir sa cause, ou par de frivoles égards, ou par de lâches complaisances ; les hommes, pour s'accommoder à la faiblesse de leur entendement, lorsqu'il vient les instruire ; à la trempe de leur esprit, lorsqu'il veut les persuader ; et au naturel de leur âme, lorsqu'il cherche à les émouvoir. Ainsi, son éloquence doit être divine par la sublimité de ses motifs, et humaine par ses moyens.

C'est du côté humain qu'elle est un art, et un art peut-être aussi difficile que l'éloquence de la tribune et du barreau.

« Je ne sais, dit Cicéron, si de tous les travaux
« des humains, le plus grand n'est pas celui de l'ora-
« teur dans les causes contentieuses, où l'opinion
« des ignorants sur la force de votre éloquence tient
« à l'évènement et dépend du succès : où vous avez
« présent un adversaire qu'il faut repousser et frap-

CHAIRE (ÉLOQUENCE DE LA).

« per : où celui qui va décider du sort de l'affaire,
« est souvent aliéné contre vous, ami de la partie
« adverse, ennemi de la vôtre : où il s'agit de l'ins-
« truire, de le détromper, de le modérer, ou de
« l'exciter : où, de toute manière propre à la cause
« et convenable au temps, il faut le gouverner par
« la parole; le ramener de la bienveillance à la haine,
« de la haine à la bienveillance; et, comme avec une
« machine qui le pousse tantôt vers la sévérité,
« tantôt vers la clémence, tantôt vers la tristesse,
« et tantôt vers la joie, le remuer, l'entraîner mal-
« gré lui*. »

Or l'orateur, en chaire, trouve comme au barreau
un auditoire difficile et injuste; et non-seulement
dans ses juges des hommes prévenus d'opinions, de
sentiments, de passions opposées à ses maximes,
mais dans ces mêmes juges des parties intéressées,
qu'il faut réduire à prononcer contre les affections
les plus intimes de leur âme, contre leurs penchants
les plus chers.

Son éloquence aura donc à donner à ses pensées
au moins autant de force, et à ses paroles au moins

---

* In causarum contentionibus, magnum est quoddam, atque haud
sciam ande humanis operibus longè maximum, in quibus vis oratoris ple-
rumque ab imperitis exitu et victoriâ judicatur : ubi adest armatus adver-
sarius, qui sit et feriendus et repellendus : ubi sæpè is qui rei dominus
futurus est, alienus atque iratus, aut etiam amicus adversario et inimicus
tibi est : quum aut docendus is est, aut dedocendus, aut reprimendus, aut
incitandus, aut omni ratione, ad tempus, ad causam, oratione moderandus :
in quo sæpe benevo'entia ad odium, odium autem ad benevolentiam dedu-
cendum est · qui tanquam machinatione aliquâ, tum ad severitatem, tum
ad remissionem animi, tum ad tristitiam, tum ad lætitiam est contorquen-
dus. (Cic *De Orati*. l. II. 17)

autant de poids, que l'éloquence du barreau. *Omnium sententiarum gravitate, omnium verborum ponderibus est utendum.* (Cic. *De Orat.*, II, 17.) Encore n'a-t-elle pas toutes les mêmes armes que cette éloquence profane. Elle peut bien employer, comme elle, une action variée et véhémente, pleine de chaleur, d'enthousiasme, de sensibilité, de naturel, et de candeur*; mais d'opposer le vice au vice, les passions aux passions; d'intéresser, de faire agir en sa faveur la vanité, l'orgueil, l'ambition, l'envie, ou la colère, ou la vengeance, c'est ce qui n'est pas digne d'elle. Tous ses moyens doivent être innocents, et tous ses motifs vertueux : les uns surnaturels, dans les rapports de l'homme à Dieu ; les autres plus humains, dans les rapports de l'homme à l'homme, et dans ses retours sur lui-même ; mais ceux-ci toujours épurés.

Un petit nombre de vérités, effrayantes pour les méchants et consolantes pour les bons : un Dieu juste à qui tout est présent, et qui punit et récompense ; le passage d'une âme immortelle de la vie à l'éternité ; l'instant de ce passage, aussi imprévu qu'inévitable ; la solitude de cette âme, après la mort, devant son juge, et le bien et le mal qu'elle aura fait mis dans une exacte balance ; la révélation solennelle de la conscience de tous les hommes, au jugement universel ; un abîme de peine destiné aux coupables ; une source intarissable de félicité réservée aux justes dans le sein de Dieu même ; un

---

* *Accedat oportet actio varia, plena animi, plena spiritûs, plena doloris, plena veritatis* (*Ibid.*)

monde qui trompe et qui passe; le temps qui roule au sein de l'éternité immobile; la vie et tous ses biens emportés, comme des atômes, dans ce tourbillon dévorant; les générations humaines successivement englouties dans cet immense océan de l'éternité, et Dieu qui reste et qui les attend : voilà les grands leviers de l'éloquence évangélique.

Elle a quelques passions à remuer : la crainte, pour troubler la sécurité des méchants ; la commisération, pour émouvoir l'homme sensible en faveur de ses frères; l'indignation, pour repousser l'exemple d'une prospérité coupable; la honte, pour humilier l'homme vicieux et superbe, à la vue de sa bassesse, de son opprobre et de son néant. Elle a aussi, pour consoler, pour encourager l'homme faible et fragile, mais indulgent et secourable, l'espérance, la confiance en un Dieu père de la nature, les prodiges de sa clémence, les mystères de son amour. Enfin dans le soin de soi-même, dans l'intérêt de son propre bonheur, dans le penchant qu'ont tous les hommes, dont le cœur n'est pas dépravé, à s'aimer réciproquement, à se consoler dans leurs peines, à s'entr'aider dans leurs besoins, à se soulager dans leurs maux, l'orateur chrétien trouve encore des moyens de persuasion. Il fera, voir même dans cette vie, l'enfer anticipé du crime : aux convulsions d'une âme en proie aux passions, au trouble qui accompagne les plaisirs vicieux, à l'amertume qu'ils déposent, aux transes, aux angoisses, aux remords de l'iniquité, il opposera la sérénité de l'innocence, le calme de la bonne foi, les célestes pressentiments de la piété, les voluptés de la bienfaisance, les délices de la vertu. C'en est assez pour captiver, pour émouvoir un nombreux auditoire, et pour gagner la cause de la religion au tribunal même de la nature.

Un avantage que semble avoir l'éloquence de la chaire sur celle du barreau, c'est que l'orateur parle seul, et n'est point exposé à la réplique. Mais s'il veut laisser dans les esprits une persuasion durable, une conviction profonde, il plaidera lui-même les deux causes, et avec la même sincérité : car il faut bien qu'il se souvienne qu'il a dans l'auditoire un adversaire, d'autant plus opiniâtre qu'il est muet, et qui, dans son silence, s'exagère la force des raisons qu'il lui opposerait, s'il lui était permis de parler.

Je n'entends pas qu'un sermon dégénère en controverse scolastique; mais tout ce qu'un sujet présente d'objections graves à prévenir, ou de difficultés sérieuses à discuter et à résoudre, doit être exposé dans toute sa force, sans dissimulation et sans ménagement. C'est là ce qui donne sur-tout de la chaleur à l'éloquence, de la vigueur, de la véhémence au raisonnement et de l'éclat à la vérité.

Or, parmi les difficultés importantes, je compte non-seulement celles qui frappent des esprits solides, mais celles qui peuvent troubler, inquiéter la multitude et obscurcir, dans le commun des hommes, la lumière du sens intime, de la raison ou de la foi : tels sont les sophismes des passions, les prétextes du vice, les subterfuges de l'incrédulité.

Observons cependant que tout ce qui demande une dialectique déliée et suivie est peu propre à l'éloquence de la chaire, qui, destinée à captiver une multitude assemblée, doit être sensible, entraînante, et pour cela pleine d'images, de tableaux et de mouvements. Bossuet, le plus grand controversiste de l'Église romaine, a eu quelquefois le tort de l'être en chaire. Bourdaloue a prouvé la résurrection de Jésus-Christ, mais par les faits, en orateur, fondé sur des preuves morales : jamais il n'a mis en question aucun des dogmes révélés.

Il en est du dogme pour l'éloquence de la chaire, comme des lois pour l'éloquence du barreau; il faut l'établir en principe et ne le discuter jamais. Dans un auditoire chrétien, des incrédules sont en si petit nombre, que ce n'est pas la peine de les y attaquer. Il vaut mieux supposer, comme il est vraisemblable, qu'on parle à des esprits déjà persuadés de la vérité des prémisses, et s'attacher aux conséquences qui lient le dogme avec la morale, et communiquent à l'instruction, la sainteté, la sublimité de leur source.

La seule raison qu'on peut avoir d'insister sur le dogme, c'est de prémunir les fidèles contre la séduction des écrits et des entretiens dangereux; mais cette précaution même a ses dangers, et les voici :

Pour combattre l'incrédulité, il faut raisonner avec elle ; car les invectives ne prouvent rien : c'est la ressource des hommes sans talent qui veulent être remarqués : *Eloquentiam in clamore et in verborum cursu positam putant.* (*De.Orat.* III, 33.)

Or, raisonner sur des objets inaccessibles à la raison, c'est donner un mauvais exemple; c'est du moins laisser croire que chacun peut ainsi mettre les motifs de sa foi à l'épreuve du syllogisme; et si, pour quelques esprits justes, solides, éclairés, cette méthode est sûre, elle est bien périlleuse pour des esprits légers, superficiellement instruits.

De plus, si, en attaquant l'incrédulité, on lui laisse toutes ses armes, si on ne dissimule rien de ses prétextes spécieux, si les sophismes sont présentés avec tout l'appareil d'artifice et de force dont elle les a revêtus, ils troubleront les âmes faibles, ils scandaliseront les simples ; et au milieu des distractions d'un auditoire las de contentions théologiques, la solution échappera peut-être, la difficulté restera. Si, au contraire, pour combattre plus sûrement l'incrédulité, l'orateur la présente désarmée de ses raisons, ou affaiblie dans sa défense, on doit craindre qu'une heure après elle ne se montre elle-même, ou dans les livres ou dans le monde, avec ces moyens spécieux que l'éloquence aura dissimulés ou sensiblement affaiblis; et qu'alors, en s'apercevant que l'orateur en a imposé, on n'appelle artifice ce qui n'aura été que ménagement et prudence..... Or, la première qualité de l'orateur est de paraître de bonne foi; et dès qu'il a perdu la confiance de son auditoire, pour avoir manqué de candeur, il aura beau être éloquent, il faut qu'il renonce à la chaire.

Que faire donc pour arrêter les progrès et les ravages de l'incrédulité ? Que faire ? de bons livres, dont la lecture ait de l'attrait, et là, bien mieux que dans un discours rapide et fugitif, se donner le temps et l'espace de couper successivement les cent têtes de l'hydre, que le glaive de la parole tente inutilement de trancher à la fois.

Le champ fertile et vaste de l'éloquence de la chaire, c'est la morale. Il s'agit de faire, non des chrétiens, mais de bons chrétiens; de parler comme l'Évangile; d'inspirer aux hommes la bonté, l'indulgence, la bienveillance mutuelle, la bienfaisance active, la tempérance, l'équité, la bonne foi, l'amour de l'ordre et de la paix : il s'agit de renvoyer son auditoire plus instruit et sur-tout meilleur, de consoler, d'encourager les uns, de modérer et d'adoucir les autres, de resserrer les nœuds de la société et de la nature, et sur-tout les liens de cette charité universelle qui honore tant la religion, il s'agit de rendre le vice odieux, la vertu aimable, le devoir attrayant, la condition de l'homme, condamné à la peine, plus douce ou moins intolérable ; il s'agit de faire produire à la nature le plus de biens qu'il est possible, d'en extirper le plus de maux, et de couronner les efforts qu'on aura faits pour consommer l'ouvrage de la félicité publique, en imprimant au malheur même ce caractère consolant qui le rend cher à celui qui l'éprouve, et qui, dans le Dieu qui l'afflige, lui montre un rémunérateur.

La nature, l'objet, les principaux moyens de l'éloquence de la chaire une fois connus, il est aisé de déterminer quels en sont les genres et les caractères, et quelles dispositions elle exige dans l'orateur.

Observons d'abord, à l'égard des genres, qu'à l'inverse de l'éloquence du barreau, tandis que celle-ci doit sans cesse descendre du général au particulier, la première doit tendre et s'élever sans cesse du particulier au général : l'une ramène les maximes au fait; l'autre étend les faits en maximes ; celle-là cherche une décision, celle-ci une règle. Dans un plaidoyer, c'est la cause d'un homme qui s'agite ; dans un sermon, c'est la cause d'un peuple et celle de l'humanité.

Ainsi, soit l'homélie ou le sermon, soit le panégyrique ou l'oraison funèbre, tout doit tendre à l'instruction, à l'édification publique. C'est ce que personne n'oublie en agitant une question, ou de doctrine, ou de morale ; mais c'est ce qu'on doit aussi avoir en vue dans les éloges qui se prononcent dans un temple. Il est sans doute intéressant et juste de rendre des hommages solennels à de grandes vertus; il est peut-être indispensable de rendre de tristes honneurs à la mémoire de ceux que par devoir on a honorés pendant leur vie; et en jetant sur leurs faiblesses le voile du respect et de la charité, il est utile, pour l'exemple, de rappeler, sans adulation, ce qu'ils ont fait de bien et ce qu'ils ont eu de louable. Mais la louange, dans la bouche d'un orateur religieux, ne doit jamais être sans fruit : ce doit être comme un flambeau qui éclaire, non pas les ténèbres impénétrables de la mort, mais les sentiers périlleux de la vie, et qui échauffe, non pas les cendres de l'homme qui n'est plus, mais l'âme des hommes qui sont encore et qui ont besoin d'émulation.

CHAIRE (ÉLOQUENCE DE LA).

Ainsi, à proprement parler, il n'y aurait pour la chaire qu'un genre d'éloquence, celui qui traite des devoirs de l'homme. Mais parce qu'elle a tantôt pour base une maxime à développer, tantôt un exemple à produire, je distinguerai le sermon et l'éloge; et pour celui-ci je renvoie à l'article DÉMONSTRATIF.

Quant au sermon, c'est à lui d'imprimer son caractère à l'éloquence, et ce caractère est décidé par la qualité du sujet et par celle de l'auditoire.

Instruire, persuader, émouvoir, sont la tâche de l'éloquence en général; mais, selon le sujet, elle s'adresse plus directement à l'esprit ou à l'âme, et sur l'un et sur l'autre elle agit avec plus ou moins de douceur ou de violence. De là cette éloquence onctueuse et insinuante de Massillon, qui entraîne moins qu'elle n'attire, et qui rendrait irrésistible la séduction du mensonge, comme elle rend inévitable le charme de la vérité; de là cette éloquence dominante de Bourdaloue sur la raison, et cette éloquence impérieuse de Bossuet sur l'imagination et sur la volonté qu'elle subjugue à force ouverte, et comme dédaignant le soin de les gagner.

On sent que de ces deux moyens, le choix ne saurait être indifférent au génie de l'orateur et à son propre caractère. Mais selon qu'il est plus ou moins doué de cette vigueur de raisonnement qui étonne dans Démosthène, ou de cette souplesse d'âme qu'on admire dans Cicéron, ou de cette hauteur de pensée qui se distingue dans Bossuet, ou de cette abondance de sentiment qui s'épanche de l'âme de Massillon, ou de cette fermeté imposante et progressive qui donne à l'éloquence de Bourdaloue l'impénétrable solidité et l'impulsion irrésistible d'une colonne guerrière qui s'avance à pas lents, mais dont l'ordre et le poids annoncent que devant elle tout va ployer; selon, dis-je, que l'orateur se sentira porté naturellement vers l'un de ces genres d'éloquence, il s'attachera aux sujets les plus analogues à son génie.

Si intérieurement il se sent né pour les hautes conceptions et pour les images sublimes, il se saisira des sujets les plus susceptibles de grandeur et de majesté : il planera comme l'aigle sur les débris des trônes, sur les ruines des empires; il élèvera son auditoire à la hauteur de ses pensées, soit pour lui faire contempler l'étendue et la profondeur des desseins de Dieu, soit pour lui faire apercevoir du haut du ciel le néant de l'homme, et le forcer à s'écrier avec Bossuet : *O que nous ne sommes rien!* Je ne dirai qu'un mot pour caractériser ce genre. Un orateur est appelé à prononcer une oraison funèbre au milieu des tombeaux des rois. Il monte en chaire, il jette les yeux sur ces tombeaux, il parcourt d'un regard lent et sombre une cour en deuil, autour d'un pompeux mausolée; et, à la vue de cet appareil, de ce cortège de la mort, après quelques moments de silence, il débute ainsi : *Dieu seul est grand, mes frères**. Si ce n'est pas Bossuet qui a eu ce mouvement, quel autre est digne de l'avoir eu?

---

* C'est le début de l'Oraison funèbre de Louis-le-Grand par Massillon L'auteur anonyme d'une épître à M. de Chateaubriand, a caractérisé de

CHAIRE (ÉLOQUENCE DE LA).

Si le caractère de l'orateur est la force, la véhémence, une âpreté austère, et cette profonde sensibilité qu'on appelle si bien du nom d'*entrailles*, il livrera la guerre aux vices de la prospérité, aux passions des âmes superbes, à l'orgueil, à l'ambition, aux fiers ressentiments de la vanité offensée; à la cupidité, qui boit le sang des peuples; au luxe avide et insatiable, qui s'abreuve de leurs sueurs; à cette dureté des riches, que la vue des malheureux importune et n'amollit jamais; à cet amour-propre exclusif et impitoyable, qui change autour de lui la dépendance en servitude; à cet esprit de tyrannie et d'oppression, qui n'estime dans la fortune que le moyen d'acheter des esclaves, et dans l'autorité que le droit odieux de faire trembler ou gémir.

C'est à l'orateur, susceptible d'une sainte indignation, et capable des grands efforts de l'éloquence pathétique, à prendre l'homme ainsi dénaturé,

la manière suivante Bossuet, Fléchier et Massillon:

> Bossuet adressait, dans sa mâle éloquence,
> A l'ombre de Condé les regrets de la France:
> Et dans nos temples saints sa redoutable voix
> Au nom seul du Seigneur faisait trembler les rois.
> Fléchier, moins énergique et non moins plein de charmes,
> Sur Turenne au tombeau faisait verser des larmes.
> Et, lorsqu'en des instants de regrets et de deuil,
> Les chrétiens de Louis entouraient le cercueil,
> Quand la nef des lieux saints répétait les cantiques,
> Massillon écoutait ces chants mélancoliques,
> Et sa voix s'animant à ce lugubre chant,
> Faisait tonner ces mots: Chrétiens, Dieu seul est grand

F.

comme Hercule embrassait Anthée, à faire perdre terre à ce colosse, à le tenir suspendu sur l'abîme du tombeau et de l'avenir, et à l'étouffer de remords.

Qui nous donnera le modèle de ce genre? Ah! Bridaine nous l'eût donné, si on l'avait mis à sa place. Mais il nous reste de ce Bridaine (au moins s'il faut en croire M. l'abbé Maury) un morceau à côté duquel tout paraît faible en éloquence.

« Je me souviens, dit M. l'abbé Maury (et c'est au moins ce qu'on peut appeler un effort de mémoire); je me souviens, etc. » (*Voyez* BRIDAINE, t. VI, p. 4.)

Quel ton! quelle simplicité! quelle austérité imposante! Voilà, ce me semble, le vrai modèle de l'éloquence apostolique. Mais avec un caractère moins haut, moins étonnant, l'orateur peut avoir encore une éloquence pathétique; et alors ses mouvements ont moins d'indignation contre le vice, que d'intérêt pour l'humanité et d'amour pour la vertu. C'est l'éloquence des cœurs tendres, des âmes douces et sensibles; c'est, comme je l'ai dit, l'éloquence de Massillon. Elle n'opère pas des révolutions si soudaines; et pour ce qu'on appelle des *cœurs de bronze*, elle est trop faible; mais sur des âmes d'une trempe moins dure, et c'est le plus grand nombre, elle peut faire sans violence de profondes impressions. Son avantage est d'être conciliatrice et attrayante, de faire aimer la vérité, tandis qu'une éloquence plus forte et plus austère la fait craindre. L'une ressemble à un ami sage, mais indulgent et consolant; l'autre, à un juge redoutable : or il faut vaincre sa répugnance pour s'abaisser devant son juge, et il ne faut que suivre son penchant pour se livrer à son ami.

Au reste, l'éloquence est un remède; et selon le genre des maladies et la complexion des malades, un sage orateur sait le rendre ou plus doux ou plus violent.

Enfin, si le talent de l'orateur est cette force de raison véhémente et irrésistible, qui subjugue l'entendement, et contre laquelle le mensonge et l'erreur n'ont ni défense ni refuge; s'il est l'homme dont le grand Condé disait, en voyant Bourdaloue monter en chaire : *Silence, voilà l'ennemi*, c'est à lui qu'appartiennent ces sujets, où, en discutant les plus grands intérêts de l'homme, on lui démontre que ses vices font de lui un esclave, ses passions une victime, et ses erreurs un insensé; que lui-même il forge les chaînes qui le flétrissent et qui l'accablent; que pour lui, le plus capricieux, le plus tyrannique des maîtres, c'est sa volonté, libre comme il veut qu'elle le soit, c'est-à-dire sans frein ni loi; que la nature et la raison sont trop souvent des guides infidèles; que le sens intime s'altère et s'obscurcit; que l'opinion change, non-seulement d'un temps à l'autre en même lieu, d'un lieu à l'autre en même temps, mais dans un monde qui vit ensemble, et bien souvent dans le même homme, et d'un jour, d'un moment à l'autre; que toute règle qui fléchit doit avoir elle-même un modèle inflexible pour se rectifier, et que ce modèle est la loi, non pas uniquement la loi de l'homme, qui ne peut être que défectueuse et vacillante comme lui; mais la loi d'un être immuable; incorruptible par essence, qui ne peut ni tromper ni se tromper jamais, dont l'intelligence est sagesse, la volonté justice, la puissance vertu, et dont l'unique dessein sur l'homme est le désir de le rendre heureux.

Du mélange de ces couleurs primitives de l'éloquence, se formeront, et selon le génie de l'orateur et selon la nature des sujets qu'il méditera, une infinité de nuances. Le meilleur même de tous les genres sera celui qui participera de tous; car si, en parlant à un seul homme, il est bon de savoir affecter successivement son esprit et son cœur, de savoir agir par la raison sur son entendement, sur son imagination par de vives peintures, sur son âme par la chaleur et la force du sentiment, combien plus la réunion de ces moyens n'est-elle pas avantageuse, lorsque c'est une multitude assemblée qu'il s'agit de rendre attentive et docile, de désabuser et d'instruire, d'intéresser et d'émouvoir, en un mot, de persuader? Quel effet un tableau terrible ne fait-il pas au milieu d'un raisonnement simple et calme? quelle chaleur les mouvements de l'âme ne répandent-ils pas dans une suite d'inductions et de preuves? quelle force que celle de l'interrogation, pour convaincre; de l'accumulation pour accabler; de la gradation pour confondre; de l'indignation, du reproche, de la menace, pour troubler, pour épouvanter l'auditeur ? quel attrait que celui d'un intérêt sensible, quand l'orateur, après avoir humilié, confondu, rempli l'assemblée de trouble et de terreur, semble relever, embrasser, ranimer dans son sein et présenter à Dieu le pécheur humble et repentant? Telles sont les vicissitudes de l'éloquence de la chaire; et celui-là seul en possède le talent dans sa plénitude, qui est en état d'en déployer et d'en mouvoir tous les ressorts.

Toutefois, dans les grandes choses, comme dans les petites, il faut se souvenir du précepte du fabuliste : (La Fontaine, liv. IV, fab. 5.)

Ne forçons point notre talent.

Rien n'est plus froid, et bien souvent rien n'est plus ridicule qu'un pathétique simulé. Pour paraître ému, attendez que vous le soyez en effet; et pour cela pénétrez-vous d'abord, pénétrez-vous profondément de la vérité, de l'importance du sujet que vous méditez; observez, en les méditant, quels sont les endroits où vous êtes vous-même saisi, troublé de crainte, attendri de pitié, suffoqué de douleur, soulevé d'indignation; alors laissez parler votre âme, laissez couler de votre plume, à flots rapides, une éloquence passionnée; la place en est marquée par la nature; le succès en est sûr : tout ce qui vient du cœur va au cœur infailliblement. Mais si vous avez pris une légère effervescence d'imagination pour une émotion réelle; si vos mouvements oratoires sont recherchés, étudiés, et artistement arrangés, vous ne serez en chaire qu'un froid comédien; et le comble de l'indécence est d'y paraître exprimer ce qu'on ne sent pas.

Un autre rapport détermine le caractère de l'éloquence : c'est le rapport des convenances avec la classe d'hommes qui formera l'auditoire auquel on se propose de parler.

Je distingue trois de ces classes : le monde, le peuple et la cour.

Par le monde, on entend un ordre de citoyens d'un esprit cultivé et d'un goût difficile. Pour l'instruire, il faut l'attirer; pour l'attirer, il faut lui plaire; pour lui plaire, il faut s'accommoder à la délicatesse de ce goût sévère et frivole, qui veut de l'élégance à tout.

« Athéniens, disait Démosthène (dans son dis-
« cours *Pour la Couronne*), lorsqu'il s'agit du destin
« de la Grèce, qu'importe si j'ai employé ce terme-
« ci ou celui-là, si j'ai porté ma main de ce côté-ci,
« ou de l'autre ? » A plus forte raison, un prédicateur a-t-il le droit de dire à son auditoire : Lorsqu'il s'agit de votre salut, qu'importe la négligence ou l'élégance de mon geste et de mes discours? Mais Démosthène, qui connaissait la légèreté du public d'Athènes, n'avait pas laissé de former avec le plus grand soin sa prononciation, son action et son style. Le prédicateur, dans nos villes, doit la même condescendance à un auditoire mondain. « Hæc duo no-
« bis quærenda, *dit Cicéron* : primum, quid; deindè,
« quomodo dicamus : alterum, quod totum arte
« tinctum videtur, tametsi artem requirit, est pru-
« dentiæ mediocris. Alterum est in quo oratoris vis
« illa divina virtusque cernitur, ea quæ dicenda
« sunt, ornatè, copiosè, varièque dicere. » (*De Orat.,*

l. II, 27.)* La même chose est vraie de l'orateur chrétien, à l'égard d'un monde éclairé. Que le prédicateur l'accable des reproches les plus sanglants; qu'il lui présente le miroir de la satire la plus cruelle, même la plus humiliante; que, sauf l'allusion personnelle, qui est un crime dans l'orateur et le plus lâche abus de son autorité, il parle de la calomnie au calomniateur; à l'homme envieux, de l'envie; de l'avarice, à l'homme sordide; des plus honteuses dissolutions, à un auditoire sans mœurs : qu'il leur prononce leur sentence éternelle, mais en bons termes, avec le geste et le son de voix qui convient, ils s'en iront tous satisfaits. *Caput artis decere* (Cic., *de Orat.*, I, 29). Cette maxime de Roscius est pour la chaire comme pour le théâtre : or la décence, à l'égard du monde, est la conformité d'action et de langage avec les usages reçus. Il faut donc s'y assujettir, sous peine de déplaire, et, ce qui est plus fâcheux encore, de s'exposer au ridicule, et d'attacher à la parole même la dérision et le mépris qu'aurait excités l'orateur.

Mais il en est des bienséances pour l'orateur chrétien comme des modes pour le sage : il doit leur accorder ce qu'il ne peut leur refuser; et voici, ce me semble, la ligne sur laquelle un prédicateur

---

* ..... « Il faut d'abord chercher ce qu'on doit dire, et ensuite comment on le dira. De ces deux parties, la première, qui a consisté trouver les pensées, et qui semble renfermer toutes les difficultés de l'art, n'exige cependant qu'une médiocre habileté : quant à la seconde, où il s'agit d'orner les pensées d'une diction riche et variée, c'est là que triomphent l'énergie et la sublimité de l'éloquence. » (Traduction de M. Gaillard, Cic. de M. J. V. Le Clerc.)

doit marcher. *Grandis et, ut ità dicam, pudica oratio non est maculosa, nec turgida, sed naturali pulchritudine exsurgit* (Petron. Satir. II). « Que l'éloquence « ait une grandeur et une dignité modeste; qu'elle « soit sans tache et sans enflure; qu'elle s'élève or-« née de sa propre beauté. » Il serait bien honteux que, tandis que le plus profane des auteurs exige d'elle la pudeur d'une vierge, on la vît parmi nous, en chaire, se parer des atours d'une courtisanne, ne s'occuper que du soin de plaire, et porter cette complaisance jusqu'à la prostitution.

Une diction pure et noble, un geste sage et modéré, une prononciation distincte et naturelle, un accent vrai, jamais exagéré; voilà ce que l'orateur doit à l'usage et aux bienséances; mais du bel esprit, mais des fleurs, mais les coquetteries maniérées d'un langage artificiellement composé; voilà ce que le monde, tout frivole qu'il est, non-seulement n'exige pas, mais ce qu'il dédaigne et méprise, comme une complaisance indigne du ministère de l'orateur; car le monde est comme Tibère, qui lui-même était dégoûté des adulations du sénat.

Une éloquence douce est quelquefois placée; mais une éloquence doucereuse et fade ne l'est jamais. Écoutons le maître de l'art : « Sit nobis ornatus et « suavis orator, ut suavitatem habeat austeram et « solidam, non dulcem atque decoctam. » (*De Orat*. III, 26.) Cette leçon, donnée à l'orateur profane, est encore plus expresse pour l'orateur chrétien. Quant au soin d'orner l'éloquence, je suis bien éloigné de l'interdire; car une beauté réelle et solide ajoute à la force; et en même temps qu'elle donne à la vérité plus d'attrait et de charme, elle lui donne aussi plus de pouvoir et d'ascendant. Mais ce qui est indigne de la chaire, c'est d'y paraître disputer un prix de rhétorique avec des phrases élégantes, et d'y faire sa cour à l'auditoire, en s'étudiant à l'amuser.

L'auditoire dont nous parlons est celui qui présente à l'orateur le plus de vices à combattre. C'est sur ce monde, la classe d'hommes la plus riche et la plus oisive, la plus vicieuse et la plus corrompue; sur ce monde, où il n'y a presque plus de pères, de mères, d'enfants, de frères, ni d'amis; sur ce monde où le luxe et la cupidité qui accompagne le luxe ont tout dépravé, tout perdu; c'est sur lui, dis-je, que l'éloquence religieuse et morale doit porter ses grands coups. C'est là qu'elle a besoin de vigueur et de véhémence, pour flétrir la mollesse, pour dépouiller l'orgueil, pour châtier le vice, pour venger la nature, pour forcer au moins l'impudence à se cacher ou à rougir. Et ce qui laisse sans excuse la timidité, la faiblesse, les lâches complaisances de l'orateur qui ne songe qu'à plaire; c'est que plus il serait sévère, ardent à réprimer les désordres du siècle, plus il en serait applaudi. Le modèle accompli de ce genre d'éloquence serait Massillon, s'il ne manquait pas quelquefois d'énergie et de profondeur; il connaissait le cœur de l'homme aussi bien que Racine, et lorsqu'on lui demandait où il l'avait étudié : *C'est en moi-même*, répondait-il humblement. C'était trop dire et ne pas dire assez

« Sit boni oratoris multa auribus accepisse, multa
« vidisse, multa animo et cogitatione, multa etiam
« legendo percurrisse (*De Orat.* I. ch. 50).* » Ce n'est
pas au milieu du tourbillon du monde qu'on en
observe les mouvements ; c'est du dehors qu'il faut
le voir, mais n'en être pas éloigné : car si de trop
près le coup d'œil est confus, de trop loin il serait
trop vague ; et Massillon était à la distance que
l'observation demandait. Venons à la classe du
peuple.

Il devrait y avoir pour lui, dans une ville comme
Paris, une mission perpétuelle ; car, dans les instructions qui lui sont adressées, l'éloquence qui lui convient n'est presque jamais employée. C'est avec lui surtout qu'elle doit être en sentiments et en images ; c'est
avec lui que le premier talent de l'orateur est l'action.
Nos beaux parleurs font vanité de mépriser les missionnaires. C'est d'eux pourtant qu'on doit apprendre
à parler au peuple avec fruit, à l'attirer en foule,
à le frapper des vérités qui l'intéressent, à le toucher, à l'émouvoir. Je sais bien que cette éloquence
a ses excès et ses abus ; qu'on n'en a fait que trop
souvent une pantomine indécente. Mais ce n'était
pas lorsque Bridaine jouait de la flûte en chaire, ou
qu'il y montrait un squelette (si toutefois il est
vrai, comme on le dit, qu'il ait employé ces moyens);
ce n'était pas alors qu'il était un modèle de l'éloquence populaire ; c'est, par exemple, lorsqu'en

---

* « Le devoir d'un bon orateur est d'avoir beaucoup vu, beaucoup
entendu, beaucoup lu, beaucoup médité. » (Traduction de M. Gaillard,
Cic. de M. J. V. Le Clerc.)

prêchant la passion, il disait : « J'ai lu, mes frères,
« dans les livres saints, que, lorsque sur les chemins
« on trouvait un homme assassiné, on faisait assem-
« bler tous les habitants d'alentour, et on les faisait
« tous jurer l'un après l'autre, sur le cadavre, qu'ils
« n'étaient ni auteurs ni complices du meurtre : mes
« frères, voilà l'homme qu'on a trouvé assassiné;
« que chacun de vous approche donc, et qu'il jure,
« s'il ose, qu'il n'a point de part à sa mort. »

Rappelerai-je encore sur le même sujet une parabole employée par ce même missionnaire, qu'on
a voulu faire passer pour un bouffon ? « Un homme
« accusé d'un crime dont il était innocent, était
« condamné à la mort par l'iniquité de ses juges. On
« le mène au supplice, et il ne se trouve ni po-
« tence dressée, ni bourreau pour exécuter la sen-
« tence. Le peuple, touché de compassion, espère
« que ce malheureux évitera la mort. Un homme
« élève la voix, et dit : *Je vais dresser une potence, et
« je servirai de bourreau.* Vous frémissez d'indigna-
« tion ! Eh bien, mes frères, chacun de vous est cet
« homme inhumain. Il n'y a plus de juifs pour cru-
« cifier Jésus-Christ ; vous vous levez et vous dites :
« *C'est moi qui le crucifierai.* » J'ai moi-même entendu Bridaine, avec la voix la plus perçante et la
plus déchirante, avec la figure d'apôtre la plus vé-
nérable, tout jeune qu'il était, avec un air de componction que personne n'a jamais eu comme lui en
chaire ; je l'ai entendu prononcer ce morceau, et j'ose
dire que l'éloquence n'a jamais produit un effet semblable : on n'entendit que des sanglots.

Je sais bien qu'aux yeux d'un critique froidement spirituel, les moyens de cette éloquence peuvent prêter au ridicule; qu'il trouvera comique, par exemple, cette peinture du jugement dernier, où le missionnaire du Plessis, appelant tour à tour au tribunal de l'Éternel des hommes de tous états, les interrogeait, répondait pour eux, et leur prononçait leur sentence. Mais lorsque après avoir dit : « Qui êtes-vous?—Je suis un marchand.—Et vous? —« Un procureur.—Et vous?—Un artisan.—Et « vous? etc., » il finissait ainsi : *Et vous?* et qu'en découvrant ses cheveux blancs, il répondait d'une voix tremblante et le front prosterné : *Je suis le missionnaire du Plessis;* qu'il avouait le peu de fruit qu'avait produit son ministère; qu'il en accusait sa faiblesse et son indignité, et que, tombant à genoux, et demandant miséricorde, il conjurait les âmes justes qui étaient dans son auditoire de joindre leurs prières à celles d'un misérable pécheur pour fléchir le souverain juge : peut-on douter de l'émotion que ce tableau devait causer?

C'est un des grands moyens de l'éloquence populaire que de se jeter ainsi soi-même dans la foule, de s'associer à ses auditeurs, de devenir leur égal et leur frère, d'espérer, de craindre avec eux. Bridaine n'y manquait jamais. « Pauvres de Jésus-Christ, « disait-il, je suis pauvre comme vous : je n'ai rien; « mais Dieu m'a donné une voix forte pour péné- « trer jusqu'à l'âme du riche, et pour y porter la « compassion de vos maux et de vos besoins. »

Quoi qu'en dise un goût délicat, c'est ainsi que

l'éloquence doit parler au peuple; mais il faut qu'elle lui présente les espérances parmi les craintes, les encouragements au milieu des épreuves, les consolations à côté des afflictions et des travaux. La condition du peuple lui prouve assez un Dieu sévère; il faut que la religion, après lui avoir annoncé un Dieu juste, lui montre un Dieu propice et bon.

Cette éloquence populaire serait peut-être le moyen le plus infaillible de perfectionner la police d'un grand royaume, si on donnait plus de dignité à ce corps important des ministres de l'Évangile, que le nom de pasteurs caractérise, ou devrait caractériser. Il semble que le mot de *bénéfices à charge d'âmes* soit devenu un mot vide de sens, tant le choix de ceux qui les occupent est mis au rang des choses indifférentes et négligées. De bons curés seront, quand on le voudra bien, dans les villes et les campagnes, des missionnaires perpétuels, et, de plus, des arbitres, des conciliateurs, de fidèles dépositaires de la confiance des familles, des liens de concorde, de zélés surveillants de la tranquillité publique, et, sous les yeux d'un gouvernement sage, quelque chose de plus encore. Mais il faut pour cela qu'ils soient l'élite du clergé, que leurs fonctions bien remplies soient un titre d'élévation, et qu'au-dessous des premiers pasteurs, il n'y ait rien dans la hiérarchie de plus distingué, de plus honoré, ni de mieux récompensé qu'eux.

Nous arrivons enfin à l'auditoire de la cour, et voici pourquoi j'ai cru devoir le distinguer de celui du monde. Rien de plus utile que le ministère de la parole, rigoureusement limité à la censure générale des mœurs. Rien de plus dangereux que ce ministère, s'il s'arrogeait le droit de la censure personnelle. On voit évidemment que l'esprit de parti, le fanatisme, la révolte, les animosités, les haines, la vengeance, qui montent quelquefois en chaire, deviendraient, sous la sauve garde de la religion, les fléaux de la société, si le poignard de la satire était l'arme de l'éloquence. Or ce qui distingue une censure générale et permise, d'avec cette satire personnelle qui serait diffamation, c'est que l'une, par l'étendue de ses rapports, regarde une espèce d'hommes, un caractère abstrait, un être collectif, et que l'autre, par l'unité ou presque l'unité de ses applications, attaquerait une ou quelques personnes. Ainsi, dans une ville, dans un village, comme dans une cour, si un homme est seul de sa classe, ou si une classe d'hommes distincte se réduit à un très petit nombre; rien qui leur soit directement, exclusivement applicable en diffamation; rien d'évidemment susceptible d'allusion particulière, ne doit entrer dans la censure évangélique : car désigner sans équivoque, c'est nommer; et il serait affreux que la satire eût le droit de nommer en chaire. La conséquence de ce principe est qu'à la cour, plus que partout ailleurs, la censure du vice, dans la bouche de l'orateur, doit être prudente et réservée; qu'elle doit s'y armer de toute sa force et de toute son énergie, mais s'en tenir aux mœurs locales et aux vices du plus grand nombre, à l'envie, à l'adulation, à la calomnie, à la cupidité, à la mauvaise foi, à toutes ces honteuses métamorphoses de l'ambition et de l'intérêt, qui donneront toujours assez d'exercice à l'éloquence, et s'y interdire tous les tableaux qui ne seraient que des portraits.

Ainsi, d'un côté le courage, et de l'autre la liberté de l'orateur aura ses bornes; mais si la crainte des allusions que la malignité peut faire, va jusqu'à n'oser se permettre de développer les devoirs de la classe d'hommes qu'on vient édifier, instruire et corriger, s'il est possible, elle dégénère en faiblesse, et l'orateur n'est plus lui-même en chaire qu'un timide et vil complaisant. Quant aux préceptes généraux, il doit pouvoir dire, comme David, en parlant au Dieu qui l'envoie: *Loquebar te testimoniis tuis in conspectu regum, et non confundebar* (Psal. CXVIII). Il a du moins un droit que nulle puissance de la terre ne peut lui disputer, c'est l'éloge de la vertu; et dans une assemblée où il ne serait pas permis de louer la modération, la magnanimité, la justice, l'amour de l'ordre et de la paix, l'humanité, l'économie et la bienfaisance éclairée, l'aversion pour le mensonge complaisant et adulateur, le respect pour la vérité; dans une assemblée où le vice aurait le pouvoir tyrannique, non-seulement d'empêcher l'éloquence de peindre ce qui lui ressemble, mais d'honorer et d'exalter ce qui ne lui ressemble pas; où ce serait, aux yeux de l'envie, une entreprise téméraire que de rendre hommage aux talents, au génie, au désintéressement, à la droiture courageuse d'un homme public, digne d'être indiqué pour exemple; un orateur qui sentirait les devoirs de son ministère plutôt que de s'avilir à cet excès de condescendance, renoncerait à se montrer jamais.

MARMONTEL, *Éléments de Littérature.*

MÊME SUJET.

Commençons d'abord par considérer de quels avantages peut profiter celui qui se propose d'annoncer les vérités de la religion, et quels obstacles il doit avoir à surmonter. La chaire a évidemment des avantages qui lui sont particuliers. Les sujets qu'on y traite ont une dignité et une importance qu'on ne peut pas trouver dans ceux des autres genres de discours. Ils sont de nature à intéresser tout le monde, ils s'adressent directement au cœur de l'homme, et en outre, admettent tous les genres d'ornements, et permettent à l'orateur de déployer toute la chaleur, toute la véhémence dont il se sent inspiré. Un avantage bien considérable encore est celui d'adresser la parole, non pas à un seul ou à un petit nombre de juges, mais à une grande multitude. Le prédicateur ne craint pas d'être interrompu. Il n'a point de réplique à faire, et par conséquent n'est jamais contraint d'improviser. Il choisit son sujet à loisir, et se présente en public muni de tous les secours qu'il a pu retirer d'une longue préparation.

Toutefois l'éloquence de la chaire a aussi ses difficultés. Le prédicateur, il est vrai, n'a point d'adversaire à combattre, mais les contestations et les débats excitent le génie et raniment l'attention. Il est peut-être possesseur trop tranquille du champ

CHAIRE (ÉLOQUENCE DE LA). 459

sur lequel il s'est placé. Les sujets de ses discours sont nobles et imposants par eux-mêmes ; mais traités si souvent, ils sont devenus familiers à tout le monde. Depuis tant de siècles ils sont dans la bouche d'un si grand nombre de prédicateurs, et sous la plume d'un si grand nombre d'écrivains ; les auditeurs les ont entendus si souvent, que pour soutenir encore leur attention, il faut des efforts extraordinaires de génie. L'art n'offre rien de plus difficile que de donner de la grace et de la nouveauté à une chose commune. Aucun genre de composition n'est plus propre à mettre le talent à l'épreuve, parce que l'exécution en fait tout le mérite. Il ne s'agit point ici de donner aux hommes une instruction nouvelle et de les convaincre d'une vérité qu'ils ignorent, mais de revêtir une vérité, dont ils avaient déjà la connaissance et même la conviction, de couleurs assez belles et assez fortes pour produire sur leur imagination et sur leur cœur une impression profonde [*]. Il faut encore consi-

---

[*] Ce que je viens de dire à ce sujet coïncide parfaitement bien avec les observations qu'a faites le célèbre La Bruyère en comparant, dans son ouvrage intitulé *les Mœurs de ce siècle*, l'éloquence de la chaire avec celle du barreau : « L'éloquence de la chaire, en ce qui y entre d'humain et du talent
« de l'orateur, est cachée, connue de peu de personnes, et d'une difficile
« exécution. Il faut marcher par des chemins battus, dire ce qui a été dit
« et ce que l'on prévoit que vous allez dire ; les matières sont grandes, mais
« usées et triviales ; les principes sûrs, mais dont les auditeurs pénètrent
« les conclusions d'une seule vue ; il y entre des sujets qui sont sublimes,
« mais qui peut traiter le sublime ? Le prédicateur n'est point soutenu
« comme l'avocat par des faits toujours nouveaux, par de différents évé-
« nements, par des aventures inouies ; il ne s'exerce point sur les questions
« douteuses ; il ne fait point valoir les violentes conjectures et les présomp-

dérer que le prédicateur ne peut guère prendre ses sujets que dans les qualités abstraites de l'homme, c'est-à-dire ses vices et ses vertus ; tandis que les orateurs qui parlent au barreau ou à la tribune peuvent mettre en scène des personnes, et c'est un bien plus sûr moyen d'intéresser les auditeurs et d'agir sur leur imagination. Le seul but du prédicateur est de nous engager à détester le vice, celui de l'avocat est de nous faire prendre le criminel en horreur. Ce dernier nous signale un individu vivant, et soulève bien plus aisément notre indignation. Voilà pourquoi nous avons tant de prédicateurs assez bons, et si peu qui soient véritablement éminents. L'éloquence de la chaire est bien loin d'être parmi nous à son plus haut point de perfection, mais il faut convenir qu'il n'est aucun genre d'éloquence dans lequel il soit plus difficile d'exceller *. Cependant la carrière est assez

« tions ; toutes les choses néanmoins qui élèvent le génie, lui donnent de
« la force et de l'étendue, et contraignent bien moins l'éloquence qu'elles ne
« la fixent et la dirigent. Il doit, au contraire, tirer son discours d'une
« source commune, et où tout le monde puise ; et s'il s'écarte de ces lieux
« communs, il n'est plus populaire, il est abstrait ou déclamateur. » La
Bruyère tire de ces réflexions une conséquence très juste : « Il est plus aisé
« de prêcher que de plaider ; mais il est plus difficile de bien prêcher que
« de bien plaider. » (*Les caractères* ou *Mœurs de ce siècle*.)

* Ce que je dis ici, et dans d'autres endroits, sur la distance que nous avons encore à franchir pour atteindre la perfection dans l'art de prêcher, et sur le petit nombre d'orateurs qui se sont distingués dans ce genre d'éloquence, est relatif, et ne doit être compris que dans le sens d'une perfection idéale, à laquelle, depuis les apôtres, personne n'atteignit, et peut-être n'atteindra jamais. Car il serait injuste de ne pas avouer qu'un assez grand nombre de prédicateurs ont porté l'éloquence de la chaire au point nécessaire à l'édification, qui est la véritable fin qu'elle doit se proposer. Je pa

noble, elle est digne qu'on y déploie tous les efforts de son zèle.

Quelques personnes penseront peut-être qu'un prédicateur ne devrait pas avoir recours à l'éloquence, que l'art oratoire n'est applicable qu'au développement des sciences et des inventions humaines, et que les vérités de la religion se propagent avec d'autant plus de succès qu'elles sont exprimées avec plus de simplicité. Cette objection aurait quelque poids si, comme le croient la plupart des personnes qui la mettent en avant, l'éloquence n'était qu'un art brillant et insidieux, une vaine étude de mots et de raisonnements spécieux, dont le seul but est de plaire et de flatter l'oreille. Mais j'ai mis depuis long-temps mes lecteurs en garde contre cette fausse idée de l'éloquence. Ce bel art n'est autre chose que celui de placer la vérité dans son jour le plus favorable, pour mieux convaincre et persuader, et c'est ce que doit avoir uniquement à cœur tout honnête homme qui prêche l'Évangile. Le succès de son ministère ne dépend que de la manière dont il remplit ce but; et s'il fallait, ce que je ne crois pas bien nécessaire, le prouver jusqu'à l'évidence, il suffirait de renvoyer aux discours des prophètes et des apôtres qui sont

---

tage sincèrement l'opinion d'un excellent juge, le docteur Campbell (*Rhétorique*, liv. 1, ch. 10), qui observe qu'en prenant en considération combien le talent de l'éloquence est accordé à peu de personnes, combien il est difficile aux prédicateurs de s'exercer dans cet art à cause des obligations que leur imposent leurs devoirs journaliers, et du temps qu'ils sont obligés d'y consacrer, on doit encore s'étonner d'entendre un si grand nombre de sermons éloquents.

des modèles de l'éloquence la plus sublime et la plus persuasive, adaptée à l'imagination et aux passions des hommes.

Pour prêcher avec succès, il faut avoir une idée juste du but de la prédication, et ne jamais le perdre de vue ; car il est impossible de réussir dans tel art que ce soit si l'on n'en connaît bien la fin et l'objet. Ce but est de persuader aux hommes de devenir meilleurs. Tout sermon doit donc être un discours persuasif ; ce n'est pas que le prédicateur ne puisse instruire et raisonner, j'ai dit plus haut que la persuasion n'était fondée que sur la conviction. Pour faire sur le cœur une impression durable, c'est à l'intelligence qu'il faut d'abord s'adresser ; et celui qui prétendrait diriger ou réprimer les passions des hommes sans émettre des principes sûrs, sans éclairer leur esprit, ne serait qu'un vain déclamateur. Il pourrait faire naître quelques émotions fugitives, exciter quelque ardeur passagère, mais jamais il ne produirait une impression solide et durable. Il ne faut pas, en même temps, qu'un prédicateur oublie que toutes ses instructions doivent être pratiquées, et que, par conséquent, la persuasion est le but vers lequel doivent tendre tous ses efforts. Ce n'est pas pour discuter quelque question obscure qu'il monte en chaire, ce n'est pas pour éclaircir quelque point de métaphysique, ou pour donner aux hommes quelques connaissances nouvelles ; c'est seulement pour leur inculquer des idées claires sur les vérités religieuses, et les graver profondément dans leur cœur. C'est ainsi que l'éloquence de la chaire est l'éloquence qui s'adresse à la multitude. Une des principales qualités d'un sermon, c'est d'être à la portée de toutes les classes d'auditeurs, et non pas en s'accommodant à l'humeur et aux préjugés généralement reçus (ce qui serait méprisable de la part d'un prédicateur), mais en calculant ses mouvements et ses expressions de manière à produire sur le peuple une impression profonde, de manière à aller jusqu'au cœur et à s'en emparer. Je ne dois donc pas craindre d'affirmer qu'un sermon abstrait et philosophique, quelques admirateurs qu'il ait pu trouver, est contraire à l'idée qu'un prédicateur doit avoir du véritable esprit de l'éloquence de la chaire. C'est à la raison sans doute qu'on doit toujours s'adresser, mais il faut expliquer avec clarté son sujet, et occuper son auditoire, non pas avec de vains sons, mais avec un sens facile et intelligible. Si vous n'êtes pas persuasif, on fera peu de cas de votre talent pour raisonner.

Maintenant, si le but essentiel de l'éloquence de la chaire est la persuasion, il est évident que le prédicateur, pour être écouté avec intérêt, doit réunir presque toutes les qualités morales. J'ai prouvé, dans une précédente lecture, qu'un homme ne pouvait être éloquent, sur quelque sujet que ce fût, s'il n'exprimait *veræ voces ab imo pectore*, s'il ne parlait le langage de ses propres sentiments, de sa propre conviction. Si cette conviction est, comme je le crois, nécessaire dans les autres genres de discours publics, elle est indispensable pour ceux qui doivent être prononcés en chaire. C'est ici sur-tout qu'il est de la plus grande importance que l'orateur croie fermement aux vérités qu'il annonce et à la sagesse des principes qu'il veut inculquer aux autres ; et ce n'est pas assez qu'il les connaisse par spéculation, il faut qu'il en soit vivement et fortement pénétré. Voilà ce qui donne à ses exhortations une énergie et une ferveur dont les effets sont bien plus sûrs que ceux que peuvent produire les ressources de l'art oratoire, ressources qui, toutes seules, suffiraient à peine pour cacher les efforts d'un vain déclamateur. Un véritable esprit de piété est ce qui peut le mieux garantir de ces erreurs, dans lesquelles les jeunes gens qui débutent dans la carrière sont trop sujets à tomber. C'est cet esprit, qui peut seul rendre leurs sermons véritablement solides, pressants et utiles, et les préserver du danger de se livrer à ces discours pompeux et frivoles où l'on n'a pour but que d'amuser l'auditoire. La difficulté d'atteindre à ce haut degré de piété et de vertu qu'exige l'éloquence de la chaire, et d'y réunir cette connaissance approfondie du cœur de l'homme et ces autres talents sans lesquels on n'est jamais un excellent prédicateur, est une des causes principales pour lesquelles nous voyons un si petit nombre de personnes atteindre à la perfection.

La gravité et la chaleur doivent caractériser plus particulièrement l'éloquence de la chaire, que celle de la tribune et du barreau. Les sujets sérieux de ces discours exigent de la gravité ; leur importance aux yeux des hommes demande de la chaleur. Il est difficile et rare d'imprimer à la fois ces deux caractères à l'éloquence. Lorsque la gravité domine, elle amène avec elle une sorte de solennité monotone. La chaleur, dépourvue de gravité, a quelque chose de trop léger, ou rentre dans la déclamation théâtrale. Les prédicateurs doivent s'attacher particulièrement à réunir ces deux qualités dans la composition de leurs discours, aussi bien que dans leur débit. C'est cette réunion qui donne à un sermon ce caractère que les Français appellent *onction*, manière touchante, pleine d'affection et d'intérêt, que fait prendre à l'orateur le sentiment profond de toute l'importance des vérités qu'il annonce, et l'ardent désir de les graver profondément dans le cœur de ceux qui l'écoutent.

Le prédicateur, après s'être fait une juste idée de la nature et de l'objet de l'éloquence de la chaire, doit mettre tous ses soins au choix des sujets. C'est à la théologie, plutôt qu'à la rhétorique, à déterminer les règles qui peuvent guider dans ce choix. Nous dirons seulement que ces sujets, en général, doivent être ceux qui semblent, pour le moment, les plus utiles et les mieux appropriés aux circonstances et à l'auditoire. On ne peut appeler éloquent l'homme qui, devant une assemblée nombreuse, traite un sujet qui n'est à la portée que d'un petit nombre de personnes. Ces applaudissements qu'un vulgaire ignorant prodigue à ce qu'il ne peut comprendre, l'homme raisonnable en fait promptement justice en les couvrant de son mépris. L'utilité est inséparable de la véritable éloquence, et l'on ne peut long-temps prétendre à la réputation de bon prédicateur, si l'on n'est reconnu pour être un prédicateur utile.

Lorsque, plus tard, je traiterai de la distribution du discours en général, je ferai connaître les règles relatives a la distribution des différentes parties d'un sermon, c'est-à-dire l'introduction, la division, l'argumentation, le pathétique et la conclusion. Je vais, dès à présent, développer les règles et les observations qui sont particulières à la composition des discours de la chaire.

La première règle prescrit l'unité dans un sermon. Elle est nécessaire dans tous les genres de composition ; néanmoins, dans tous les autres genres de discours, l'orateur n'est pas toujours le maître de l'observer, parce qu'il n'a pas toujours le choix et la direction de son sujet. Mais si, dans un sermon, le prédicateur y manque, c'est lui seul qu'il en faut accuser. J'entends par unité celle d'un point principal auquel tout le sermon doit se rapporter. Un sermon ne doit pas renfermer une foule de sujets divers, il faut qu'un seul le remplisse tout entier. Cette règle est fondée sur l'expérience qui nous apprend que l'esprit humain ne peut bien saisir qu'un seul objet à la fois. L'impression est d'autant plus faible, que l'attention se divise davantage. Toutefois cette unité, sans laquelle il ne peut y avoir ni beauté ni force dans un sermon, ne défend pas que le discours soit partagé en différents points ou chapitres, ou qu'une seule et même pensée y soit mainte et mainte fois reproduite, et présentée aux auditeurs sous tous ses points de vue. Il ne faut pas l'entendre dans un sens aussi limité ; elle admet quelque variété, elle admet aussi quelques légères excursions, pourvu cependant qu'il existe toujours assez de rapports entre ce que l'on introduit et le fond du sujet, pour que l'ensemble ne produise qu'une seule et même impression. C'est ainsi, par exemple, qu'on peut employer différents arguments pour exciter à l'amour de Dieu ; on peut examiner les causes pour lesquelles cette vertu s'éteint chaque jour ; l'esprit ne perd pas de vue le grand objet qu'on lui présenta d'abord. Mais, parce que mon texte dit : *Celui qui aime Dieu doit aimer aussi ses semblables*, si j'entremêle dans mon discours des arguments en faveur de l'amour de Dieu, et des arguments en faveur de l'amour du prochain, je blesse l'unité d'une manière impardonnable, et je ne laisse dans le cœur de ceux qui m'écoutent qu'une impression obscure et passagère.

En second lieu, un sermon est d'autant plus frappant, et ordinairement d'autant plus utile, que le sujet en est plus précis et plus particulier. Cette règle n'est, en grande partie, qu'une conséquence de la précédente. Quoiqu'on puisse observer encore l'unité en traitant un sujet général, cependant cette unité ne peut jamais être aussi complète qu'elle le serait dans un sujet particulier. L'impression sera toujours moins forte, et l'instruction donnée par l'orateur sera aussi moins directe, et nécessairement moins convaincante. Cependant les sujets généraux, comme l'excellence de la religion, le bonheur que procurent les sentiments véritablement religieux, fixent souvent le choix des jeunes prédicateurs, parce qu'ils leur semblent plus fertiles et plus faciles à traiter. Il ne faut pas sans doute négliger ces grandes considérations sur la religion ; elles sont très convenablement placées en quelques circonstances, mais ce ne sont pas les sujets les plus favorables aux grands effets de la prédication. Elles entraînent presque inévitablement dans le sentier battu des lieux communs. L'attention se fixe bien mieux sur quelque point particulier et intéressant d'une grande question, vers lequel l'orateur dirige toute la force de ses arguments et de son éloquence. Rappeler à la pratique d'une vertu, se déchaîner contre un vice, ce sont des sujets où l'on peut encore conserver l'unité et la précision ; mais le sujet devient bien plus intéressant, si l'orateur prend cette vertu ou ce vice sous un aspect particulier, s'il en examine un des principaux caractères, ou s'il considère son influence dans certaines situations de la vie. L'exécution, j'en conviens, en est plus difficile, mais le mérite et l'effet en sont bien plus grands.

Troisièmement, ne cherchez jamais à dire sur un sujet tout ce qu'il est possible de dire ; c'est une des plus grandes fautes qui se puissent commettre. Choisissez ce qu'il y a de plus utile, de plus frappant et de plus persuasif, et que tout votre discours roule là-dessus. Si les doctrines que prêchent les ministres de l'Évangile étaient absolument nouvelles pour les auditeurs, il faudrait sans doute s'étendre davantage, et entrer dans de plus grands développements, parce qu'on ne saurait alors leur donner une instruction assez complète. Mais l'éloquence de la chaire a moins pour but l'instruction que la persuasion, et rien n'est plus opposé à la persuasion qu'un inutile et fatigant détail. Il y a toujours bien des choses que le prédicateur suppose suffisamment connues, et auxquelles il ne doit toucher que légèrement. S'il cherche à ne rien omettre de ce qui appartient à son sujet, il encombre inévitablement son discours, et perd ainsi toute sa force.

Il faut qu'en préparant son sermon, il se mette à la place d'un auditeur attentif et réfléchi, qu'il suppose que c'est à lui que l'orateur s'adresse, et considère avec impartialité quels passages lui semblent plus frappants, quels arguments lui paraissent d'une plus grande évidence, quelles parties produisent sur son esprit une plus vive impression. Ce sont là les principaux matériaux de son discours, ce seront ceux sur lesquels son génie se déploiera probablement avec plus d'énergie. La méthode d'amplifier ou de traîner un sujet en longueur, adoptée par un trop grand nombre de ministres, est capable d'énerver les vérités les plus nobles. Peut-être qu'en observant la règle que je viens de prescrire, il y aurait moins de sermons sur un même texte; mais je ne pense pas que ce fût un grand mal. Je ne vois pas quel avantage il résulte de faire entrer dans un seul texte l'ensemble de toutes les vérités religieuses. La méthode, sans contredit la plus simple et la plus naturelle, est de choisir dans un sujet le côté auquel le texte se rapporte le mieux, et de ne pas s'y arrêter plus long-temps qu'il ne faut pour l'examiner et le discuter ; c'est ce qu'il est possible de faire avec autant de profondeur que de clarté dans un ou deux discours seulement; car c'est une erreur de croire qu'on traite un sujet d'autant plus à fond qu'on s'y arrête plus long-temps ; au contraire, ce qu'ont de fastidieux ces longs développements que prennent quelques orateurs dans leurs sermons, vient le plus souvent de ce qu'ils n'ont pas assez de discernement pour saisir ce qu'il y a de plus important dans un sujet, ou de ce qu'ils ne sont pas assez habiles pour placer ce sujet sous le point de vue le plus favorable.

En quatrième lieu, efforcez-vous sur-tout de rendre vos instructions intéressantes pour vos auditeurs. C'est un grand point ; c'est la marque la plus certaine du véritable génie de l'éloquence de la chaire; car rien n'est si funeste au succès de la prédication que la sécheresse, et là où elle se trouve il n'y a point de bon sermon. L'intérêt, dans un discours, dépend beaucoup du débit, parce que la manière dont on parle influe considérablement sur l'impression que l'on produit ; mais il dépend plus encore de la composition. La pureté du langage, l'élégance des descriptions ne sont que des moyens secondaires pour intéresser en prêchant. Le grand secret consiste à parler au cœur, et à faire en sorte que chacun des auditeurs puisse croire que le ministre s'adresse particulièrement à lui. Pour y

CHAIRE (ÉLOQUENCE DE LA). 471

atteindre, écartez tous les raisonnements compliqués, les propositions générales uniquement spéculatives, et les vérités pratiques énoncées d'une manière abstraite et métaphysique. Le discours doit, autant que possible, s'adresser tout entier aux auditeurs, non pas dans la forme d'une dissertation, mais dans le style que doit prendre un homme qui parle à la multitude, c'est-à-dire en mêlant la doctrine ou la partie didactique du sermon à ce que l'on appelle l'application, ou à ce qui a immédiatement rapport à la pratique.

Il est important de prendre en considération l'âge, le caractère et la condition des personnes devant lesquelles on doit parler. Toutes les fois que ce que vous dites se rapproche de la manière de sentir d'un homme, ou de la situation dans laquelle il se trouve, vous êtes sûr de l'intéresser. Pour y parvenir, il n'est pas d'étude plus nécessaire que celle du cœur humain et des évènements de la vie Pénétrer dans les replis les plus cachés du cœur, montrer l'homme à l'homme, lui peindre son caractère mieux que jamais il ne l'avait vu, voilà ce qui produit un effet merveilleux. Tant que le prédicateur se tient retranché dans des observations générales, et ne descend pas jusqu'à faire sentir les nuances délicates des mœurs et les traits particuliers à chaque caractère, les auditeurs sont portés à croire que ce n'est pas d'eux qu'il s'agit dans le sermon. La peinture frappante du moral de l'homme donne seule au discours d'un prédicateur toute sa force et tout son effet. Voilà pourquoi les exemples empruntés à l'histoire, ou tirés des circonstances réelles de la vie, tels que nous en trouvons un grand nombre dans les saintes Écritures, commandent toujours l'attention lorsqu'on en fait un choix heureux. Il ne faut pas laisser échapper une occasion favorable de les citer ; ils compensent, jusqu'à un certain point, le désavantage que nous avons déjà fait remarquer comme inséparable de l'éloquence de la chaire, celui de n'avoir à traiter que des qualités abstraites, et presque jamais des personnes ; et, en faisant mieux sentir le poids et la réalité des vérités religieuses, ils achèvent d'en opérer la conviction. Les sermons les plus admirables, les plus utiles, mais dont la composition, il est vrai, offre le plus de difficultés, sont entièrement fondés sur le développement de quelque caractère particulier, ou d'un passage remarquable de l'histoire sacrée qui fournit l'occasion de mettre à découvert une partie des secrets du cœur humain. Les autres sujets ont été maintes fois rebattus ; ceux-ci nous présentent un champ immense, qui n'a cependant été exploré jusqu'ici que par un bien petit nombre de prédicateurs ; ils ont, en outre, l'avantage d'être intéressants, nouveaux, et sur-tout utiles. Le sermon du docteur Buttler, sur le caractère de Balaam, donnera une idée du genre de ceux dont je veux parler.

Cinquièmement, enfin, qu'il me soit permis d'engager les prédicateurs à se garder d'adopter un style ou une manière que la mode ou le goût du moment auraient mis en vogue. La mode est un torrent qui,

CHAIRE (ÉLOQUENCE DE LA).

un jour, entraîne tout, pour laisser tout à sec le lendemain. Tantôt les sermons sont poétiques, tantôt ils sont philosophiques ; dans un temps, le pathétique y doit dominer; dans un autre temps, c'est le raisonnement, selon que quelque prédicateur célèbre a adopté l'une ou l'autre manière. Chacune est également vicieuse, lorsqu'elle est portée à l'extrême; et celui qui s'y conforme gêne et corrompt tout à la fois son génie. Le goût universel des hommes, ce goût qui ne s'assujettit point aux vains caprices de la mode, est seul revêtu de la véritable autorité, et jamais il n'approuve un genre quelconque de prêcher qu'il ne soit fondé sur la connaissance du cœur humain, qu'il ne soit véritablement utile ; enfin, qu'il ne rentre dans la juste idée que l'on doit se faire d'un sermon, qui est un discours sérieux et persuasif prononcé devant un grand nombre d'hommes pour les engager à devenir meilleurs. Voilà ce qu'un prédicateur ne doit jamais perdre de vue. Ce sera pour lui un moyen bien plus sûr d'obtenir des succès et de la réputation, que de se plier avec une complaisance servile au goût du moment ou à la fantaisie passagère de ses auditeurs. Le bon sens et la vérité sont de tous les temps, la mode et le caprice passent vite. Que l'orateur ne s'applique pas à ne suivre que tel ou tel exemple, qu'il ne se fasse pas l'imitateur constant de tel ou tel prédicateur, même de celui que l'on admire davantage. En plaçant sous ses yeux plusieurs modèles à la fois, il peut, en cherchant à imiter ce que chacun d'eux a de mieux, perfectionner son goût et son style; au lieu que l'imitation servile d'un seul maître éteint le génie, ou, pour mieux dire, est une preuve qu'on en est entièrement dépourvu.

A l'égard du style, il est incontestable que la première des qualités qu'il doit avoir, c'est la clarté. Comme il faut que les sermons soient à la portée de toutes les classes d'auditeurs, il y doit régner la plus grande simplicité. Les mots peu usités, emphatiques, ou pompeux, sur-tout ceux qui n'appartiennent qu'à la poésie ou au langage philosophique, doivent en être soigneusement écartés. Les jeunes prédicateurs sont exposés à se laisser séduire par leur éclat, et cette erreur peut-être est excusable chez de jeunes écrivains; mais qu'ils soient bien persuadés que c'est une véritable erreur, et qu'elle vient de ce qu'ils n'ont pas encore le goût formé. La chaire exige, il est vrai, la plus grande noblesse d'expression; elle n'admet rien de bas, rien de rampant, aucune tournure, aucune phrase vulgaires. Mais cette dignité est parfaitement compatible avec la simplicité. Les mots peuvent être simples, très usités et faciles à comprendre, et le style avoir, en même temps, de la noblesse et de la vivacité; car le style vif convient très bien à l'éloquence de la chaire. La chaleur des sentiments d'un prédicateur, la grandeur et l'importance des sujets qu'il traite, justifient et quelquefois exigent que ses expressions soient pleines de chaleur et de vivacité. Non-seulement il peut employer les métaphores et les comparaisons, mais il peut encore faire usage de la prosopopée en s'adressant aux saints, aux pécheurs; il peut personnifier des objets inanimés; s'écrier avec admiration ou indignation; enfin se servir des figures de langage les plus passionnées. Dans les lectures précédentes je me suis arrêté assez long-temps sur l'usage et l'emploi de ces sortes de figures pour qu'il ne me reste rien de particulier à ajouter ici, seulement je rappellerai, comme une des règles les plus essentielles, qu'il ne faut jamais employer les figures fortes ou le style pathétique que lorsque le sujet l'exige impérieusement, et que l'orateur y est poussé par la nature de l'émotion qui l'agite.

Le langage de l'Écriture-Sainte, lorsqu'il est convenablement employé, est un bel ornement dans un sermon. On peut s'en servir soit en le citant textuellement, soit en y faisant seulement allusion. Ces citations, à l'appui de ce qu'un prédicateur avance, donnent de l'autorité à ses principes, et prêtent à son discours quelque chose de plus solennel et de plus respectable. Les allusions à des passages ou à des expressions remarquables de ce beau livre, produisent, lorsqu'elles sont heureuses, un effet très agréable. Elles fournissent au prédicateur des expressions métaphoriques qu'on ne pourrait faire entrer dans aucun autre genre de composition, et qui varient son style ou lui donnent de l'éclat. Mais qu'il ait bien soin que ces allusions soient faciles et naturelles; car si elles paraissent forcées, on les prendra pour des jeux de mots [*].

---

[*] L'évêque Sherlock, en démontrant combien le christianisme a contribué aux progrès de la raison et au développement des principes de la religion

Les jeux de mots, les pointes, les expressions subtiles ou affectées ne doivent jamais paraître dans un sermon. Ils sont trop loin de la dignité de la chaire, et donnent au prédicateur un air prétentieux, dont il ne saurait trop se garantir. Son style doit être plutôt fort et expressif que brillant. Mais qu'il se garde bien de croire que c'est en multipliant les épithètes qu'il donne à son style de la force et de l'expression. C'est une grave erreur. Les épithètes ont souvent, il est vrai, beaucoup de beauté, beaucoup de force; mais si on les répand sans discernement, si l'on en surcharge le nom de chaque objet, au lieu de prêter de l'énergie au style, elles le rendront faible et embarrassé; au lieu d'embellir une image, elles n'en laisseront prendre qu'une idée obscure ou confuse. Celui qui me parle *d'un monde périssable, fragile ou passager*, ne produit pas sur moi une impression aussi forte que s'il n'avait employé qu'une seule épithète heureusement choisie. Je finis cet article

naturelle, reproche aux incrédules l'abus qu'ils font de ces deux avantages : « Comment témoignons-nous notre reconnaissance pour de si grands bien-
« faits ? avec quel dédain nous traitons l'Évangile de Jésus-Christ, à qui nous
« devons les progrès de nos lumières et de notre raison, lorsque nous nous
« efforçons de lui opposer nos lumières et notre raison même ! Devons-nous
« élever contre le Seigneur cette main desséchée, à laquelle le Seigneur a
« rendu la chaleur et la vie ? » Cette allusion à l'un des miracles les plus célèbres me paraît infiniment heureuse. Le docteur Seed aime à faire des allusions
aux passages de l'Écriture ; mais elles sont trop souvent forcées, comme celle-
ci de son IV° sermon : « Une grande vertu ne paraît jamais seule ; les vertus, ses
« compagnes, la suivent pleines de joie et d'allégresse. » Il veut rappeler ce
passage du XLV° psaume, où il est parlé de jeunes vierges qui accompagnent
la fille du roi. Dans le XIII° sermon, après avoir dit que l'on avait nommé
avec justice les universités les yeux des nations, il ajoute : « Et si les yeux
« d'une nation sont mauvais, tout le corps sera plongé dans les ténèbres. »

par engager les prédicateurs à ne jamais avoir une expression favorite qui se reproduise souvent et quelquefois malgré eux ; rien n'approche davantage de l'affectation, rien n'amène plus promptement le dégoût. Qu'une expression remarquable par son éclat ou sa beauté ne revienne pas deux fois dans le même discours ; ces sortes de répétitions décèlent l'envie de briller, et en même temps annoncent un esprit stérile.

Quand à la question de savoir si l'on doit écrire un sermon tout entier et le réciter ensuite de mémoire, ou n'en préparer que le sujet et les pensées, et s'en reposer sur le moment du débit pour trouver les expressions, mon opinion est qu'on ne peut prescrire aucune règle à cet égard. Il faut que chaque prédicateur suive l'une ou l'autre méthode, suivant les dispositions de son génie. Les expressions brûlantes qu'inspire la chaleur du débit ont bien plus de grace et d'énergie que celles que l'on cherche dans le silence du cabinet. Mais ces expressions ne viennent pas toujours à ceux même qui ont le plus de disposition pour improviser, et ceux que la présence d'un auditoire intimide peuvent bien moins encore compter dessus. Les commençants feront donc toujours bien d'écrire leurs sermons. C'est même une précaution absolument nécessaire pour acquérir l'habitude de parler correctement, et sur-tout de se former une idée convenable des sujets religieux. Je crois même devoir aller plus loin, et dire que cette méthode non-seulement est excellente pour ceux qui commencent, mais qu'il faut y persister aussi long-temps qu'il est possible, c'est-à-dire qu'il faut écrire d'abord, pour confier ensuite sa composition à la mémoire. Les prédicateurs sont en général si disposés à se relâcher à cet égard, que je ne crois pas nécessaire de faire connaître les inconvénients qui peuvent résulter d'une trop grande exactitude.

Plus tard je traiterai séparément de la prononciation ou du débit. Je me contenterai de remarquer ici que l'usage qui a prévalu en Angleterre de lire les sermons, est un des plus grands obstacles qui puissent s'opposer aux progrès de l'éloquence de la chaire. Un discours dont le seul but est la persuasion, ne peut avoir la même force si on le lit; c'est ce qui n'échappe à personne; et le préjugé, généralement répandu contre cet usage, est fondé sur la nature. Je crois que ce que l'on gagne de cette manière en correction, n'est pas compensé par ce que l'on perd du côté de la force et de la persuasion. Ceux qui n'auraient pas assez de mémoire pour retenir un discours tout entier, pourraient avoir recours à quelques notes, qu'ils placeraient devant eux; en les consultant, ils conserveraient presque toute la liberté et l'aisance d'un homme qui parle.

Les prédicateurs français ont de l'éloquence de la chaire une idée bien différente de celle des prédicateurs anglais; les uns et les autres sont à cet égard tout-à-fait partagés d'opinion. Un sermon français est presque toujours une exhortation vive et animée; un sermon anglais n'est d'un bout à l'autre qu'une froide dissertation. Dans l'un l'orateur s'adresse principalement à l'imagination et aux passions, dans l'autre il ne parle qu'à l'entendement. C'est le mélange de ces deux genres de composition, de la chaleur des Français et de l'exactitude des Anglais, qui, selon moi, formerait un modèle accompli de sermon. Un sermon français nous semble une harangue fleurie, et quelquefois même dictée par l'enthousiasme. Les prédicateurs de cette nation reprochent à ceux de la nôtre d'être plutôt des philosophes et des logiciens que des orateurs *. Les défauts des sermons français en général viennent de l'usage que les prédicateurs ont adopté de choisir leur texte dans la leçon du jour où ils prêchent, en sorte que le rapport entre ce texte et le sujet du discours est presque toujours peu naturel ou forcé **. L'application qu'ils font de l'écriture a plus pour objet de plaire à l'imagination que d'instruire. L'habitude de diviser leur sujet en deux ou trois points principaux donne à ces sermons un air de gêne et de roideur; enfin leur composition a en général trop de développement; ils s'appliquent plutôt à étendre ou à délayer un petit nombre de pensées, et à bien écrire, qu'à déployer une riche variété de sentiments. Malgré tous ces défauts, on ne peut nier que leurs sermons

* Les sermons sont, suivant notre méthode, de vrais discours oratoires, et non pas, comme chez les Anglais, des discussions métaphysiques plus convenables à une académie qu'aux assemblées populaires qui se forment dans nos temples, et qu'il s'agit d'instruire du christianisme, d'encourager, de consoler, d'édifier. (*Rhétorique française*, par M. Crévier, tom. I, n° 134.)

** Un des meilleurs sermons de Massillon, celui sur la froideur et la négligence avec lesquelles on remplit les devoirs du chrétien, a pour texte ces paroles de saint Luc, IV, 38 : « Surgens autem Jesus de synagogâ, in-
« troivit in domum Simonis; socrus autem Simonis tenebatur magnis fe-
« bribus, et rogaverunt illum pro eâ. »

ne soient conformes à l'idée qu'on doit se faire d'un discours persuasif adressé à une multitude, et voilà pourquoi je pense qu'on peut les lire avec fruit.

Saurin est le plus distingué des prédicateurs protestants de France. Quoique trop pompeux dans sa manière, il est riche, éloquent et plein de piété. Les deux orateurs les plus remarquables de l'église romaine sont Bourdaloue et Massillon. * L'on n'est pas d'accord en France sur la préférence à accorder à l'un d'eux, et tous deux ont leurs partisans. L'on accorde plus de solidité et plus de force de raisonnement à Bourdaloue, à Massillon une manière plus touchante et plus persuasive. Bourdaloue, en effet, raisonne profondément; il expose la vérité avec piété, avec chaleur, avec zèle; mais son style verbeux est trop rempli de citations tirées des Pères de l'Église,

* Blair, dans sa XXVIe leçon, avait déjà donné la palme aux prédicateurs français. Il en coûtait peut-être trop à l'honneur national d'avouer de nouveau sa défaite.

Voici comme il s'exprime :

« Les discours des prédicateurs anglais sont plus soignés, et renferment
« plus de sagesse que ceux d'aucune autre nation. Nous avons des sermons
« imprimés qui, pour la plupart, sont pleins de sens et respirent la piété
« et la morale la plus pure; mais l'éloquence, ce pouvoir de persuader,
« d'intéresser, de gagner le cœur, qui est ou devrait être le seul but de ce
« genre de composition, est bien loin de s'y trouver à la hauteur du sujet.
« Je ne crois pas qu'aucun art soit, chez nous, plus loin de sa perfection
« que celui du prédicateur; j'aurai plus tard occasion d'en faire connaître
« la cause; mais il suffit, pour être convaincu de ce que j'avance, de re-
« marquer qu'un sermon anglais, au lieu d'être écrit d'un style persuasif et
« animé, s'élève rarement au-dessus de celui qui convient à la correction et
« à la précision du raisonnement; lorsque, au contraire, nous voyons dans
« les sermons de Bossuet, de Massillon, de Bourdaloue, de Fléchier, qu'ils
« visent et atteignent presque toujours à un genre d'éloquence bien supé-
« rieur à celui que veulent adopter les prédicateurs anglais. » F.

et l'on n'y trouve pas assez d'imagination. Massillon a plus de grace, plus de sentiment; et, selon moi, plus de génie. Il montre plus de connaissance du monde et du cœur humain; il est pathétique, persuasif, et peut-être le plus éloquent des prédicateurs modernes.

Avant le rétablissement de Charles II, les sermons anglais n'étaient remplis que d'une théologie scolastique. On les divisait et on les subdivisait à l'infini. L'on y faisait un grand étalage d'érudition, et l'on y joignait des apostrophes très pathétiques à la conscience des auditeurs. Après cette époque, l'éloquence de la chaire devint plus correcte et plus soignée. Elle ne fut plus encombrée de pédanterie, ni embarrassée des divisions scolastiques des sectaires, mais elle perdit en même temps sa chaleur, son énergie touchante, et adopta tout-à-fait la forme du froid raisonnement et de l'instruction pastorale. Comme les dissidents conservèrent dans leurs sermons une partie de l'ancienne méthode, l'église établie crut par cela même devoir s'en écarter davantage. On taxa d'enthousiasme et de fanatisme toute composition vive, tout débit passionné, et c'est à cette opinion qu'il faut attribuer ce style d'argumentation qui caractérise les sermons de l'église anglaise, espèce de style d'autant moins persuasif, qu'il se rapproche davantage de la sécheresse d'une discussion. Il est vrai que l'on ne peut porter la correction plus loin qu'elle ne l'est dans un grand nombre de ces sermons; ils pourraient servir de modèles s'ils n'étaient conçus sur un plan trop resserré et imparfait. Le docteur Clarke, par exemple est plein de bon sens; ses raisonnements sont on ne peut plus justes et plus clairs; ses citations sont infiniment heureuses, son style est toujours aisé, toujours élégant; il sait instruire et convaincre; que lui manque-t-il donc? rien que le don d'intéresser et d'aller au cœur de ses auditeurs. Il vous montre ce que vous devez faire, mais il ne vous y excite point. Il parle aux hommes comme s'ils étaient de pures intelligences dépourvues de passions et d'imagination. La manière de l'archevêque Tillotson est plus libre et plus animée; ses discours ont, plus que ceux d'aucun prédicateur anglais, le caractère de l'éloquence populaire; aussi c'est jusqu'aujourd'hui le meilleur modèle que l'on puisse suivre. Cependant il ne faut pas encore le considérer comme un orateur parfait; sa composition est trop lâche et trop négligée, son style est trop faible et quelquefois même trop plat. Mais la plupart de ses sermons ont tant de chaleur et d'énergie, ils sont tous si clairs et si faciles, il y règne tant de raison et de véritable piété, que c'est lui rendre justice que de le regarder comme au-dessus de tous les prédicateurs anglais.

Le docteur Barrow est plus remarquable par sa prodigieuse fécondité et la vigueur extraordinaire de ses conceptions, que par le succès de son exécution. Nous voyons en lui un génie supérieur, original, mais génie trop sauvage que n'a point poli l'étude de l'éloquence.

Je ne tenterai pas de donner une idée du caractère de tous les écrivains qui, dans ce siècle et dans les précédents, ont publié des sermons. L'on trouve parmi eux beaucoup de noms infiniment respectables. Leurs ouvrages sont dignes d'éloge, ils réunissent plusieurs genres de mérite; la raison et la piété règnent partout chez eux, leurs instructions sont pleines de sagesse et d'utilité, mais leur éloquence n'est peut-être pas toujours à la hauteur du sujet. L'évêque Atterbury peut être particulièrement cité comme un modèle de style élégant et correct; quelques-uns de ses sermons ont même une chaleur et une éloquence qu'on ne rencontre que rarement dans les discours de ce genre. L'on pourrait encore conseiller la lecture des ouvrages de l'évêque Buttler, comme très propre à donner une juste idée de ces sermons de caractères dont nous avons parlé plus haut, si, à la place de ces essais philosophiques si abstraits, il nous avait donné plusieurs sermons dans le genre de ces deux excellents discours qu'il composa, l'un sur ceux qui se trompent eux-mêmes, et l'autre sur le caractère de Balaam.

Quoique tous les écrits des ministres anglais puissent être lus avec fruit par ceux qui se consacrent à l'Église, cependant il faut se garder de les imiter de trop près et sur-tout d'en transcrire de trop longs passages dans les sermons que l'on compose. C'est une mauvaise habitude et qui rend bientôt incapable de rien produire de son propre fond. Il vaut infiniment mieux monter en chaire avec des pensées et des expressions qui vous appartiennent, ne fussent-elles même que médiocres, que de défigurer une composition par un placage d'ornements mal assortis, qui ne font que mieux découvrir la pauvreté du génie de l'écrivain. Lorsqu'un prédicateur veut traiter un sujet, il ne faut pas qu'il commence par consulter les auteurs qui ont écrit sur le même texte ou sur le même sujet. S'il en consulte un grand nombre ils jetteront dans ses idées de la perplexité et de la confusion; s'il n'en consulte qu'un seul, il en adoptera la méthode pour ainsi dire sans le vouloir, quelque bonne ou quelque vicieuse qu'elle puisse être. Qu'il commence au contraire par bien méditer son sujet. Qu'il écoute les premières pensées qu'il lui inspire; qu'il les assemble, qu'il les dispose; qu'il se forme ensuite le plan dont il ne doit plus s'écarter, et qu'il le mette par écrit. Alors, et seulement alors, il pourra chercher à connaître comment d'autres ont traité le même sujet. Par ce moyen, sa méthode et ses propres pensées lui resteront, il aura même l'avantage de pouvoir les perfectionner en les comparant avec celles des auteurs qu'il consulte, ou d'introduire de nouvelles pensées dans sa composition en leur donnant ses expressions et son style. Voilà comme, sans être un plagiaire, on peut s'aider des écrits que nous ont laissés nos prédécesseurs.

Enfin, que le prédicateur n'oublie jamais le but principal pour lequel il monte en chaire, celui que nous avons indiqué au commencement de cette lecture, qui est d'inspirer à ses auditeurs les meilleures résolutions, de les engager à aimer Dieu et à marcher toujours dans les voies de l'honneur et de la vertu. Que lorsqu'il compose, il ait continuellement ce but devant les yeux. Ses ouvrages en seront plus estimés et plus utiles. Qu'il n'embellisse la vérité que pour la faire plus aisément pénétrer dans le cœur de ceux qui l'écoutent, et que ses ornements soient simples, mâles et naturels. Les applaudissements les plus flatteurs qu'un prédicateur puisse recevoir, sont, sans contredit, ceux qu'il doit à l'impression vive et profonde que son discours produit sur son auditoire. Le plus bel éloge que jamais un prédicateur ait reçu fut celui que Louis XIV adressa à Massillon. Après l'avoir entendu prêcher à Versailles, il lui dit : « Mon père, quand « j'ai entendu les autres prédicateurs, j'ai été très « content d'eux. Pour vous, toutes les fois que je « vous ai entendu, j'ai été très mécontent de moi-« même. »

BLAIR, *Leçons de Rhétorique.*

* On ne saurait trop relire l'*Essai sur l'Éloquence de la Chaire*, par le cardinal Maury. On peut aussi consulter deux articles de M. Lacretelle aîné ; l'un, sur *l'Éloquence de la Chaire*, considérée dans les premiers orateurs ; l'autre intitulé : *Vues générales sur l'Éloquence de la Chaire.* Voyez encore dans notre *Répertoire* les articles BEAUVAIS, BOISMONT, BOSSUET, BOURDALOUE, FLÉCHIER, MASSILLON, POUPLLE, etc.

NOTE ᴬ.

DISSERTATION SUR LE CANTIQUE DES CANTIQUES.

Le Cantique des Cantiques de Salomon (c'est le titre par excellence qu'ont fait donner à ce poème l'heureux choix du sujet et la supériorité de l'exécution), est un épithalame ou chant nuptial, ou plutôt, pour rendre plus littéralement le terme hébreu, un *chant d'amour* où se trouvent retracés les sentiments les plus tendres et les plus impétueux, et qui respire toute la douceur et tout l'emportement de la passion. Les principaux personnages de ce drame sont Salomon lui-même et son épouse, qui tantôt conversent ensemble, tantôt parlent séparément. De jeunes vierges, compagnes de l'épouse, sont introduites sur la scène, où elles paraissent rester constamment; elles prennent part au dialogue. Il est aussi fait mention des jeunes gens amis de l'époux; mais ce sont des personnages muets. On reconnaît ici les mœurs des Hébreux qui avaient coutume de réunir, dans leurs mariages, un certain nombre de leurs amis. C'est ainsi qu'on voit, dans le livre de Judith, Samson entouré de trente de ses compagnons, le jour de la célébration de ses noces. Dans le Nouveau Testament, ils sont appelés également *les amis de l'époux*, en deux mots hébreux qui ont cette signification. Il y est fait encore mention de dix jeunes vierges qui devaient aller au-devant du fiancé, et le conduire dans la maison de sa future. Toutes ces circonstances indiquent assez que ce poème de Salomon est fondé sur les cérémonies nuptiales en usage chez les Hébreux, et qu'il s'agit de la célébration d'un mariage. La plupart des commentateurs s'accordent à cet égard; mais ils sont, au contraire, partagés d'opinion sur le plan, l'économie de l'ouvrage en général et l'arrangement de plusieurs de ses parties. Pour nous, le seul objet qui doive d'abord nous occuper, c'est d'examiner si ce poème contient une fable ou la représentation de quelque action; et parmi cette foule d'opinions que les savants ont émises sur ce sujet, je n'en trouve point de plus plausible, et qui me paraisse mieux fondée, que celle du célèbre Bossuet, cet homme extraordinaire, dont les vastes connaissances égalaient le génie sublime. Je vais tâcher, Messieurs, de vous exposer, en peu de mots, ce qu'il pensait sur la forme et l'arrangement de cet ouvrage; et nous verrons si l'on en peut conclure avec quelque fondement que ce soit un drame régulier.

On sait que le repas nuptial, de même que toutes les autres cérémonies solennelles chez les Hébreux, se célébrait pendant sept jours. C'est en partant de cette circonstance, que Bossuet a cru devoir examiner, analyser ce poème, et le diviser en sept parties qui correspondent aux sept jours que durait la célébration des noces. Les retours successifs du jour et de la nuit y sont marqués d'une manière bien distincte, et c'est sur ces indices que notre critique s'appuie pour distribuer les différentes parties de l'ouvrage. Le banquet des noces étant fini, la fiancée était conduite le soir vers son époux. C'était de ce moment que commençait la semaine nuptiale; car les Hébreux, comme on sait, comptaient les jours à partir du soir. L'époux, qui est représenté ici comme un berger, part de grand matin pour aller à ses travaux. La jeune épouse s'éveille bientôt après, et ne retrouvant point son bien-aimé, elle éclate en expressions remplies de tendresse et d'inquiétude. C'est cet incident qui forme l'exorde du poème. Le départ matinal de l'époux paraît être conforme à la coutume. De là, la prière que l'époux fait en partant, et qu'il renouvelle à plusieurs reprises, de ne point troubler le repos de sa jeune épouse :

« Filles de Jérusalem ! je vous en conjure par les che-
« vreuils et les biches des champs, ne réveillez point et
« ne faites point sortir de son repos celle que j'aime,
« jusqu'à ce qu'elle le veuille elle-même *. »

On ne retrouve pas moins souvent cette exclamation des jeunes vierges :

« Qui est celle qui monte du désert? Qui est celle qui
« paraît comme l'aube du jour ** ? »

C'est ainsi qu'elles saluent la jeune épouse au moment où elle sort de la couche nuptiale, et se montre à leurs yeux. Tout cela ne peut convenir qu'aux premières heures du jour. Le poète fait aussi quelquefois mention de la nuit, soit en termes exprès, soit indirectement, en rappelant quelques circonstances qui s'y rapportent. Si l'on admet ces différentes indications du temps, et qu'on y donne quelque attention, on sentira, je n'en doute pas, la nécessité de cette division en sept parties, dont chacune remplit la durée d'un jour. Bossuet soupçonne encore que, par le dernier jour, Salomon a voulu désigner celui du sabbat, puisque l'époux ne sort pas seul, comme les jours précédents, pour aller à ses occupations ordinaires, mais qu'il se montre en public avec son épouse. Telle est l'opinion de l'illustre Bossuet; opinion, au reste, que je ne regarde point comme une démonstration, mais comme une conjecture ingénieuse et vraisemblable sur

* Adjuro vos, filiæ Israël ! per capreas, cervosque camporum, ne suscitetis, neque evigilare faciatis dilectam quoadusque ipsa velit. *Cant.* II, 7; III, 5; VIII, 4.

** Quæ est ista quæ ascendit per desertum? Quæ est ista quæ progreditur quasi aurora consurgens. *Ibid*, III, VIII, 5; VI, 9.

un point extrêmement obscur; et si je m'y attache, c'est qu'elle me paraît seule jeter quelque lumière sur des ténèbres qu'on ne pourra jamais dissiper entièrement.

Ce sentiment de Bossuet est le plus favorable de tous à ceux qui prétendent que le Cantique de Salomon est un drame régulier; il nous y montre en effet l'imitation et la représentation d'un événement réel. Mais si ceux qui le qualifient de drame prennent ce mot dans son acception générale et commune, ils veulent sans doute faire entendre que ce poème renferme une *fable, ou action simple, une et entière, d'une étendue raisonnable, où tout se lie et se suit, et qui, au moyen d'une suite d'incidents variés, est amenée à un dénouement régulier et parfait.* Cependant la célébration d'un banquet nuptial ne réunit point toute les circonstances que semble exiger cette définition. Nous ne connaissons, à la vérité, que très imparfaitement les usages et les cérémonies que les Hébreux observaient dans leurs mariages; mais rien ne fait supposer que ces usages et ces cérémonies aient été susceptibles de cette variété d'incidents dont il s'agit, et aient pu fournir la matière d'une action telle que nous l'avons définie. Tout s'y passait dans la gaieté et dans la joie. Il pouvait bien survenir quelque incident inattendu, soit en bien, soit en mal, qui donnât lieu à quelque fable simple, peut-être, mais véritable. Il s'agit d'examiner, dans le poème même, s'il s'y présente un pareil incident. Mais inutilement ferait-on cette recherche. La marche des évènements, depuis le commencement jusqu'à la fin, est toujours uniforme; toute la variété qu'on y remarque consiste dans les différentes impressions que l'amour peut faire sur le cœur de deux jeunes époux qui s'aiment, et qui tantôt éprouvent les tourments de l'absence, tantôt goûtent le bonheur de se trouver réunis. La jeune mariée se plaint de l'absence de son bien-aimé; elle le cherche, le trouve et le ramène, pour le perdre encore et le chercher de nouveau, mais en vain. Elle se plaint, elle se désespère; elle charge ses compagnes de divers messages pour lui. Enfin, pour adoucir sa douleur, elle se retrace tous les charmes et toutes les graces de son époux. On ne voit rien là qui ressemble à une véritable action, ou qui se rapproche plus du genre dramatique proprement dit, que telle ou telle églogue de Théocrite ou de Virgile, dans laquelle des bergers célèbrent alternativement leurs amours, leurs jeux, et se disputent le prix du chant; assurément personne ne s'avisera de mettre ces bucoliques dialoguées au même rang que les poèmes d'Euripide et de Térence. On peut donc conclure de ces diverses observations, que le cantique de Salomon doit appartenir à l'espèce inférieure dont nous avons parlé d'abord, et que, n'ayant, pour ainsi dire, de dramatique que la forme, on ne doit pas le considérer comme un véritable drame.

Il est cependant un point de vue sous lequel il offre de grandes ressemblances avec le drame grec; le chœur des jeunes Israélites paraît avoir beaucoup de rapport avec les chœurs des tragédies de Sophocle et d'Euripide. Ces jeunes vierges sont toujours présentes, et prêtes à donner des conseils ou des consolations; elles conversent avec les principaux personnages: on les interroge, elles répondent; elles prennent part à tout ce qui se passe sur la scène, et ne la quittent jamais. Des savants ont pensé que Théocrite, contemporain des *Septante*, et reçu comme eux à la cour de Ptolémée-Philadelphe, avait recueilli quelques traits de ce poème, que l'on retrouve presque mot pour mot dans ses charmantes idylles. Je ne verrais pas moins de vraisemblance à supposer que les Grecs ont puisé dans la même source l'idée d'introduire des chœurs dans leurs tragédies; mais il est beaucoup plus probable qu'ils n'eurent que fort tard connaissance de ce cantique : et d'ailleurs on sait que les chœurs des Grecs ont une origine bien différente. Ce ne fut pas le chœur qu'on ajouta à l'action, mais l'action au chœur.

DU SUJET ET DU STYLE DU CANTIQUE DE SALOMON. — Je viens d'exposer en peu de mots ce qui me paraît le plus probable dans cette foule d'opinions contradictoires, sur la conduite et l'économie du Cantique de Salomon. Il s'agit maintenant d'examiner quel est le sujet de ce poème; nouvelle question qui ne présente pas moins de doute et d'obscurité. Quelques savants veulent qu'on s'attache uniquement au sens littéral; d'autres voient partout un sens figuré et allégorique : cette dernière opinion fait encore naître deux sentiments opposés; les uns admettent l'allégorie simple, les autres l'allégorie que j'appelle mystique et qui est établie sur un fait historique. Je regarderais volontiers cette question comme étrangère à mon sujet et je l'éviterais comme obscure et difficile, si je n'avais souvent parlé de cette espèce d'allégorie; mais j'ai dit qu'elle se liait intimement à la poésie sacrée des Hébreux; j'ai prononcé sans cesse le mot de diction parabolique; j'en ai désigné l'usage et montré la force; j'ai fait observer mille fois cet art de rendre sensibles les idées les plus abstraites en les revêtant d'images empruntées aux objets naturels. A mon avis, ce point est de la plus haute importance, et seul il suffirait, s'il était bien entendu, pour donner une parfaite intelligence de toute la poésie hébraïque. Puis-je donc me défendre, quand l'occasion s'en présente, de traiter à fond une question tant de fois effleurée?

Pour en venir sans détour à mon sentiment particulier,

je regarde le Cantique de Salomon comme entièrement allégorique. Je me fonde sur l'accord et l'autorité des deux églises juive et chrétienne, et plus encore sur l'analogie de cet ouvrage avec la nature du style parabolique. Ils me paraissent avoir fait bien peu d'attention à ce rapport évident, ceux qui refusent de le classer parmi les ouvrages allégoriques, en prétextant je ne sais quelle prétendue inconvenance et le peu de dignité qu'ils croient remarquer dans les images. Pour lever cette difficulté qui semble avoir arrêté plusieurs critiques, je vais expliquer avec quelque étendue la nature et les principes de cette allégorie, ainsi que son analogie avec les autres productions des poètes hébreux.

L'esprit humain est si borné, que ses méditations et ses recherches peuvent à peine le conduire à quelque idée précise sur la nature divine. Aussi Dieu, pour s'accommoder à la faiblesse de notre complexion et de nos sens, a-t-il daigné affaiblir, pour ainsi dire, les traits de sa grandeur, et ne montrer à nos yeux sa gloire immense qu'enveloppée de certaines images qui puissent en tempérer l'éclat. Ainsi l'on peut dire, et cela s'accorde avec le témoignage des Écritures, que Dieu est descendu sur la terre sous une forme humaine, ayant un corps, des membres, des sens et des passions comme nous, et semblable en tout à un mortel. Cette sorte d'allégorie est appelée en grec αν̓θρωποπαθειαν (*incarnation*) : elle est d'un usage fort étendu, et occupe une place importante dans la théologie proprement dite, telle qu'on la voit dans les livres saints. Les passions y jouent le principal rôle ; il n'est aucune affection, aucune émotion forte qui ne soit attribuée à Dieu, avec tous ses caractères et toute son énergie ; sans en excepter même celles où l'imperfection humaine paraît le plus sensiblement empreinte, telles que la colère, le chagrin, la haine et la vengeance. On conçoit aisément que dans un drame si animé, l'amour, cet amour ardent et passionné qu'éprouvent les mortels, ne pouvait manquer de figurer aussi. Ce n'est donc pas seulement la tendresse, la bonté d'un père qu'on attribue à Dieu, on lui prête encore toute la force, toute l'ardeur, toutes les inquiétudes de l'amour conjugal, toutes les émotions qui l'accompagnent, les désirs, les regrets, la mélancolie et la jalousie.

Cette figure, au reste, est la moins obscure de toutes ; elle porte sur des bases bien évidentes, et quoiqu'on puisse la représenter sous divers aspects et l'entourer d'accessoires de divers genres, elle ne laisse pas de conserver toujours sa clarté naturelle. Dieu s'est choisi parmi les nations, pour se l'attacher particulièrement, un peuple de la postérité d'Abraham, et il a ratifié son choix par un pacte solennel. Ce pacte imposait aux deux parties des conditions réciproques : d'une part, l'amour, la protection, la conservation ; de l'autre, la fidélité, l'obéissance et l'adoration. C'est là l'origine de cette union conjugale entre Dieu et son Église, de ce contrat solennel tant de fois célébré sous cette image, par la plupart des écrivains sacrés. Cette figure est même un exemple remarquable de la métaphore qu'Aristote appelle analogique, qui a lieu lorsque dans une proposition qui se compose de quatre idées, la première a le même rapport avec la seconde que la troisième avec la quatrième, et qu'ainsi l'on peut changer des mots qui ont tous le même sens et les remplacer indifféremment l'un par l'autre. Dans l'allégorie dont il s'agit, Dieu est supposé avoir avec son Église les mêmes rapports qu'un époux avec son épouse ; et Dieu est représenté comme l'époux de l'Église, l'Église comme l'épouse de Dieu. La même relation se retrouve dans toutes les idées accessoires et dans tous les détails. Par exemple, la piété du peuple, son impiété, son idolâtrie, sa réprobation, sont à l'égard de cette divine alliance, ce que sont à l'égard d'un contrat de mariage, la chasteté et l'immodestie d'une épouse, le crime d'adultère et le divorce. Cette idée est si familière aux écrivains sacrés, que le mot *adultère* est communément employé chez eux pour signifier le culte rendu aux idoles, moins comme une expression métaphorique, que dans le sens propre et littéral.

Voyons maintenant quelle prédilection les poètes sacrés ont pour cette figure, avec quelle complaisance ils s'y arrêtent, avec quelle hardiesse ils l'étendent à toutes les parties de la pensée, et la suivent dans tous les détails. S'agit-il d'exprimer la réconciliation de l'Église avec Dieu, Isaïe, parmi une foule d'images du même genre, dit élégamment :

« Car celui qui t'a formée sera ton époux ; le Seigneur « des armées est son nom ; et ton rédempteur, le saint « d'Israël ; il sera appelé le Dieu de toute la terre*.

Et dans un autre passage en forme de comparaison :

« Car, comme un jeune homme se marie à une vierge, « et comme tes enfants se marient chez toi, ainsi ton « Dieu se réjouira de toi, de la joie qu'un époux a de « son épouse**. »

Lorsque Jérémie s'élève avec force contre les Juifs, et qu'il leur reproche d'avoir abandonné le culte du vrai Dieu, il emploie à peu près la même image, mais avec un

* Quia dominabitur tui qui fecit te, Dominus exercituum nomen ejus ; et redemptor tuus sanctus Israel ; Deus omnis terræ vocabitur. *Isaïe*, ch. LIV, v. 5.

** Habitabit enim juvenis cum virgine, et habitabunt in te filii tui ; et gaudebit sponsus super sponsam, et gaudebit super te Deus tuus. *Isaïe*, ch. LXII, v. 5.

peu plus de cette hardiesse qu'inspire l'indignation. C'est d'après le même principe que toute la première partie de la prophétie d'Osée doit être considérée; soit qu'on s'arrête à l'explication littérale, soit qu'on cherche le sens allégorique, l'on y reconnaîtra clairement le caractère et les règles de cette figure qui semble en quelque sorte consacrée particulièrement à ce sujet. Au reste, aucun des prophètes n'a employé cette image avec autant de hardiesse et de liberté qu'Ézéchiel; ce prophète, emporté par une ardente imagination, s'inquiétait peu des ornements du style, et passait souvent la mesure dans le choix de ses expressions; je crains bien aussi que, pour cette raison, il ne s'attire de graves censures de la part de ces critiques délicats qui sont sortis des écoles françaises. Son audace éclate sur-tout dans deux paraboles où il peint l'ingratitude des Juifs envers Dieu, et où il leur reproche d'avoir abandonné son culte, par des images tirées de la femme adultère, et des amours criminels de deux impudiques. Si l'on voulait faire une sérieuse attention à ces paraboles que le prophète a mises dans la bouche de Dieu même, avec une application claire et directe de l'allégorie, et sans chercher à couvrir, par la décence des expressions, la hardiesse des images qui va quelquefois jusqu'à la licence, l'on ne s'aviserait plus, j'en suis persuadé, d'objecter à ceux qui regardent le Cantique de Salomon comme un poème également chaste et élégant, que les images et les expressions de cet ouvrage paraissent indignes d'un sujet aussi saint, et s'éloignent de cette modestie sévère, de cette gravité religieuse qui caractérise les autres écrits des poètes hébreux. Ajoutons encore à ces exemples le psaume XLIVe, épithalame sacré, rempli d'allusions allégoriques à l'alliance de Dieu et de son Église, qui n'ont jamais été un objet de doute pour les commentateurs sensés et de bonne foi; et cependant c'est une opinion commune et bien fondée, que ce psaume a été composé pour une occasion semblable, et porte sur un fait aussi réel que le Cantique de Salomon. Observons encore, en terminant cet article, que les écrivains de la nouvelle alliance ont employé fréquemment cette image dans le même sens allégorique que leurs prédécesseurs, et qu'ils l'ont consacrée de nouveau par leur autorité.

Ces considérations doivent, à mon avis, facilement détruire toutes les objections qu'on a tirées de la bassesse des images, pour rejeter entièrement l'explication allégorique de ce poème. Cependant je n'essaierai point, pour le moment, de confirmer mon opinion par des preuves tirées du poème; j'y vois de trop grandes difficultés; et quoique l'autorité des anciens, et sur-tout l'analogie de ce genre d'allégorie avec les autres genres me portent à croire mon hypothèse véritable, je n'espérerais pas pouvoir l'établir clairement par des preuves directes, puisées dans l'ouvrage même.

Mais, après tout, quand on accorderait que ce poème est allégorique, il resterait encore une autre question à résoudre: à laquelle des trois espèces d'allégorie que nous avons indiquées, convient-il de le rapporter? L'on se rappelle que la première est une métaphore continuée; la seconde, une parabole proprement dite; la troisième enfin, une allégorie mystique, qui, sous le voile d'un fait historique, renferme un sens sublime et sacré. Je partage entièrement l'opinion de ceux qui placent le Cantique de Salomon dans cette dernière classe d'allégorie.

LOWTH, *Cours de Poésie sacrée*, trad. de F. ROGER.

FIN DU SIXIÈME VOLUME.

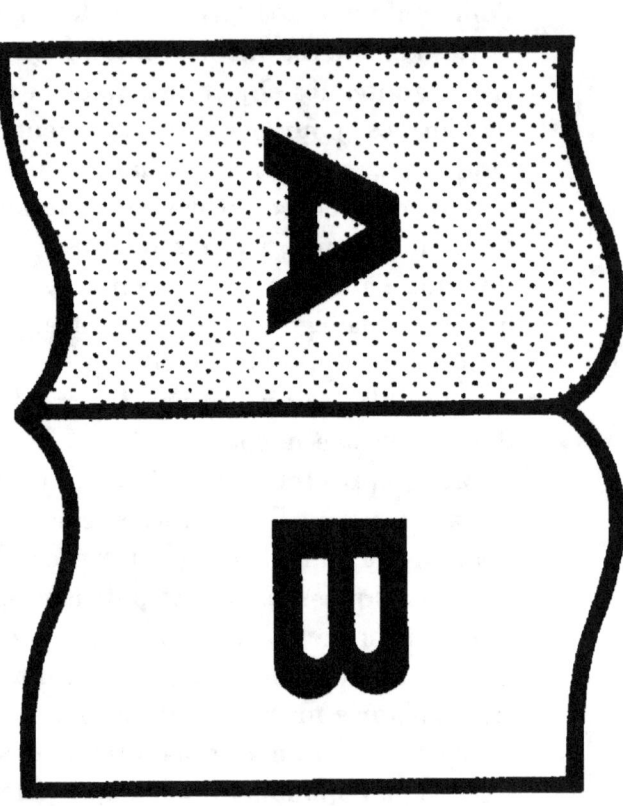

Contraste insuffisant
NF Z 43-120-14